沂南方言志

钱曾怡 主编
邵燕梅 刘长锋 邵明武 著

齊魯書社

出版说明

山东方言具有丰富的特色，在汉语发展中影响深广，历来受到相关学者的注意。改革开放以来，山东方言研究有了更大的发展，取得了显著的成绩。除去相继出版了济南、曲阜、长岛、临清、莒县等多个县市的方言志和《山东省志·方言志》、《山东方言研究》、多种方言词典以及针对当地方言指导各地人民学习普通话的教材以外，还发表了各种各样的调查报告和研究性论文。

本丛书是上述成果的重要组成部分，出版以来，受到同行学者的高度重视，国内外已有多篇文章专题评介，至于被列为参考书目、被引用的内容更是不计其数。这套丛书规定有大体统一的编写体例，要求在有限的字数内最大限度地记录方言事实、突出方言特点。在布点上，力求能够照顾到山东方言各区片的平衡，能够全面反映山东方言的整体面貌。

学术著作出版难，加以方言学著作排版难，又受到读者面的限制，本丛书的出版所经历的坎坷自不待言，但是我们还是得到了有识之士多方面的关心和支持。由衷感谢语文出版社、齐鲁书社、吉林人民出版社、中国文史出版社、时代文艺出版社！还要特别感谢罗福腾同志，虽然已经离开母校，却仍然始终如一地记挂着这套丛书的组稿、编撰、出版等等诸多事宜。

本丛书由已故著名语言学家李荣先生写序,谢谢李老师!

惟有继续坚持求实探新的精神,争取达到更高的质量要求,才是对上述支持者的最好的回报。我们将尽力!

钱曾怡

2010 年 8 月改定于山东大学

序

山东的方言研究工作，从 50 年代的方言普查起，一直做得不错。1982 年，山东方言研究会成立。1984 年 9 月，《山东省方言调查提纲》出版。这几年的工作进展顺利，已写成三十五种方言志和一部《山东人学习普通话指南》。

《山东人学习普通话指南》已由山东大学出版社出版[①]，颇受读者欢迎。书中罗列山东话语音、词汇、语法的特点，指出山东人学习普通话的要点，叙事详明，切合实际，充分反映出山东方言研究的水平。这里就字音和句法选些例子来说。

一般的说，山东话和北京话声韵调的对应关系相当整齐。可是有些地方有些字音对应关系与众不同，学习时要个别记忆。书中（110～113 面）《山东人容易读错的字》举出一百五十一个字，现在转录十九个字：

	山东有些方言	北京话
猫	阳平	阴平
他	上声	阴平
放假的“假”	上声	去声
泥腻鸟	m－	n－

① 钱曾怡主编，曹志耘、罗福腾、武传涛编著，1988 年 9 月第 1 版第 1 次印刷。

忘望	m－	w－
族	c－	z－
缩所森	sh－	s－
蛇	－a	－e
做	－u, －ou	－uo
农	－u	－ong
龙垄	－iong	－ong
倾	－iong	－ing
横	－un, －ong	－eng

刚才说的一百五十一个字是就全省方言立论，要个别记忆的字各地多寡不同。山东各地教学普通话，不妨把那一百五十一个字检查一遍，把本地要注意的字都摘出来，分别造成句子反复练习，预计会有效果。

平常都说汉语方言之间，尤其是官话方言之间，语法的差别不大。其实就山东方言而言，句法颇有特色，《山东人学习普通话指南》（196～210 面）一共举了五项，现在只转录一项比较句的例子。青岛、烟台、威海、潍坊、淄博、新泰等大片地区最常见的比较句用“起”字，跟北京话对比如下：

青岛等地方言	**北京话**
一天强起一天	一天比一天好
一天热起一天	一天比一天热
他长得不高起我	他长得不比我高
	他长得没我高
这本书不好看起那本	这本书不比那本好看
	这本书没那本好看
论手艺他不差起你	论手艺他不比你差
全班儿没聪明起他	全班没有比他再聪明的了

我不知道起你？（反问） 我不比你知道吗？

这种成套格式的对比，对语言教学（包括推广普通话）很有参考价值。

近年来，全国各地都在编地方志，语言调查为国情调查的重要内容之一，方言志为地方志不可缺少的部分。山东已写成的方言志可分为两类，一类十万字左右，可以作为单行本出版；一类字数在两万到五万之间，可以作为方志的一部分或单独出版。我只看过其中两部的稿本。总的印象是体例符合方言志以记录事实为主的原则，并且报告了一些新鲜的事实，水平跟《山东人学习普通话指南》差不多。各地发行的方言志日渐增加，方言志的出版还是不容易。好在山东省各地区、市、县已经筹措了一些出版费，《山东方言志丛书》即将陆续问世，令人欣慰。是为序。

李　荣

1989 年春

目　录

第一章　绪　言

一　地理人口简况

沂南县位于山东省东南部、沂河中游、蒙山东麓，因地处沂水县南而得名。北临沂水县，东靠日照市莒县，东南临莒南县，南接临沂市河东区、兰山区，西南临费县，西连蒙阴县，地处北纬 35° 19′～35° 46′，东经 118° 07′～118° 43′。东西最大横距 54 公里，南北最大纵距 47 公里，总面积 1774.08 平方公里，约占山东省面积的 1.15%。沂南县地形复杂。西部山区占全县总面积的 58%，中部平原占 23.3%，东部丘陵占 18.7%。全县有大小山头 3400 余座，其中的五彩山海拔 762.8 米，居群峰之首，大青山、孟良崮纵贯南北。全县有大小河流 128 条，沂河、蒙河、汶河三河境内流长共 153 公里，为诸河之主脉。

沂南县属暖温带季风气候，四季分明，年平均气温 12.8℃。境内矿产资源丰富。其中，金、铜储量居临沂市首位；石英砂矿为全国同类第二大矿；黑色花岗岩被誉为“中国蓝”，具有重要的开采利用价值；徐公店所产砚石，因形状奇异、石质细腻闻名遐迩。

京沪高速公路、205 国道纵贯县境西南，日东高速公路从县境南部横穿而过，206 国道沿县境东南边缘穿过。境内还有三条省道（S227、S229、S336）分别横贯东西和南北，交通非常便利。

2004年，沂南县重新进行了规划，现辖16镇1乡（界湖镇、铜井镇、苏村镇、依汶镇、大庄镇、张庄镇、辛集镇、杨家坡镇、葛沟镇、砖埠镇、青驼镇、孙祖镇、双堠镇、岸堤镇、湖头镇、蒲汪镇；马牧池乡），计600个行政村。2002年，全县有汉族867488人；少数民族有24个，计2047人，其中回族1193人、苗族422人、蒙古族139人、彝族61人、壮族58人、满族49人、朝鲜族27人、土家族17人、侗族15人、瑶族14人、藏族10人、维吾尔族8人、布依族8人、傈僳族5人、黎族4人、高山族4人、白族3人、傣族2人、拉祜族2人、独龙族2人、东乡族1人、土族1人、哈尼族1人、塔吉克族1人。据2007年沂南县统计局的统计数字，全县17个乡镇共304789户居民，计913750人，其中男性463887人，女性449863人。

各族人民都以汉语为交际工具。

二　历史沿革

沂南县历史悠久。

据史料记载，今沂南县地夏属东夷；商属人方；西周时期，西部属于鲁国，东部属莒国；春秋时期，部分地域为齐之阳国；战国时期，楚灭莒、鲁后，今境交替为楚、齐所有，公元前223年，秦灭楚，今境东部属秦国，西部仍属齐国；秦属琅琊郡莒县；西汉大部地域属兖州城阳国；南为阳都县，北为东安县，东北部属莒县，西北部属卢县；东汉大部地域属徐州刺史部琅琊国，为阳都、东安、莒县、开阳、临沂等县地。

以后，历代区划及名称稍有变更。隋代废郡设州，分属莒州东莞县、莒县和沂州临沂县、费县；唐代置沂州，分隶临沂和费县；后历经五代、北宋、南宋、元代、明代等，区划及名称少有变更；至清代，分属于山东省青州府莒州和兖州府沂州。

1949 年，属山东省人民政府鲁中南行政公署沂蒙专署。新中国成立后，1950 年 5 月，属沂水专区；1953 年 8 月，属临沂专区；1958 年 11 月，沂南县撤销，辖区并入沂水、临沂、蒙阴、莒县等 4 县；1961 年，经国务院批准，于 8 月复置县，属临沂地区；1994 年 12 月 17 日，临沂撤地设市，属临沂市。

三　方言概况

（一）区属及特点

沂南方言属于汉语官话方言的冀鲁官话，具有冀鲁官话的基本特点，即中古入声清声母字今读阴平，次浊声母字今读去声，全浊声母字今读阳平。由于北部与沂水县、东部与莒县接壤，沂南方言带有胶辽官话的特点；又因南部与临沂市兰山区接壤，所以也带有中原官话的特点。

下面主要从声母、韵母、声调及音节四个方面谈谈沂南方言的语音特点。

1．声母

（1）中古知、庄、章三组字读音不同，分为两套读音，知组三等和章组多数读为舌叶音（章组止摄和除“赎”外的通摄字除外），知组二等和庄组多数读为舌尖后音。例如：

知知tʃʅ^{213}≠之章tʂʅ^{213}　池澄tʃʻʅ^{53}≠匙禅tʂʻʅ^{53}　世书ʃʅ^{31}≠事崇ʂʅ^{31}

照章tʃɔ^{31}≠罩知tʂɔ^{31}　潮澄tʃʻɔ^{53}≠巢崇tʂʻɔ^{53}　烧书ʃɔ^{213}≠梢生ʂɔ^{213}

周章tʃəu^{213}≠邹庄tʂəu^{213}　绸澄tʃʻəu^{53}≠愁崇tʂʻəu^{53}　兽书ʃəu^{31}≠瘦生ʂəu^{31}

蒸章tʃəŋ^{213}≠争庄tʂəŋ^{213}　称昌tʃʻəŋ^{213}≠撑彻tʂʻəŋ^{213}　声书ʃəŋ^{213}≠生生ʂəŋ^{213}

（2）中古日母字（止摄字除外）今声母读为零声母。中古日母字的读音与今齐齿呼韵母的部分零声母音节相同。例如：

日＝意影i^{31}　热＝叶以iə^{31}　饶＝摇以iɔ^{53}　柔＝油以iəu^{53}

然＝言疑iã^{53}　人＝银疑iã^{53}　瓤＝羊以iaŋ^{53}　仍＝营以iŋ^{53}

乳＝雨云y^{55}　弱＝月疑yə^{31}　软＝远云yã^{55}　闰＝运云yã^{31}

中古日母止摄字的今声母除“蕊[le^{55}]”字外，其他皆读为舌尖后浊边音[ɭ]。例如：

儿ɭə^{53}　耳ɭə^{55}　二ɭə^{31}

（3）分尖团。例如：

积精tsi^{213}≠吉见tɕi^{213}　妻清tsʻi^{213}≠欺溪tɕʻi^{213}　西心si^{213}≠希晓ɕi^{213}

尖精tsiã^{213}≠艰见tɕiã^{213}　千清tsʻiã^{213}≠牵溪tɕʻiã^{213}　先心siã^{213}≠掀晓ɕiã^{213}

聚从tsy^{31}≠具群tɕy^{31}　趣清tsʻy^{31}≠去溪tɕʻy^{31}　絮心sy^{31}≠蓄晓ɕy^{31}

绝从tsyə^{53}≠掘群tɕyə^{53}　雀清tsʻyə^{213}≠缺溪tɕʻyə^{213}　雪心syə^{213}≠血晓ɕyə^{213}

（4）中古精组洪音字今读为齿间声母[tθ]、[tθʻ]、[θ]。例如：

与开口呼韵母相拼

资tθʅ^{213}　咂tθɑ^{213}　灾tθɛ^{213}　遭tθɔ^{213}　走tθəu^{55}　脏tθɑŋ^{213}

泚tθʻʅ^{213}　擦tθʻɑ^{213}　猜tθʻɛ^{213}　操tθʻɔ^{213}　凑tθʻəu^{31}　仓tθʻɑŋ^{213}

思θʅ^{213}　撒θɑ^{213}　腮θɛ^{213}　嫂θɔ^{55}　搜θəu^{213}　桑θɑŋ^{213}

与合口呼韵母相拼

租tθu^{213}　坐tθuə^{31}　钻tθuã^{213}　尊tθuə̃^{213}　宗tθuŋ^{213}

粗tθ‘u^{213}　错tθ‘uə^{31}　窜tθ‘uã^{213}　村tθ‘uə̃^{213}　匆tθ‘uŋ^{213}

苏θu^{213}　梭θuə^{213}　酸θuã^{213}　孙θuə̃^{213}　送θuŋ^{31}

（5）中古影疑母开口一等字今读为舌面后鼻辅音声母[ŋ]。例如：

恶~心ŋə^{55}　哀ŋε^{213}　扼 ŋe^{213}　袄ŋɔ^{55}

欧ŋəu^{213}　安ŋã^{213}　恩 ŋə̃^{213}　昂ŋɑŋ^{213}

2．韵母

（1）单元音韵母较多。

普通话的复合韵母ai[ai]、ei[ei]、ao[au]在沂南方言中读为单元音[ε]、[e]、[ɔ]。普通话的前响二合复元音韵母在沂南方言中只有一个[əu]。例如：

白菜pe$^{53-35}$tθ‘ε˙　赔本p‘e^{53}pə̃^{55}　高傲kɔ$^{213-23}$ŋɔ^{31}

（2）鼻化元音韵母多。

普通话的前鼻辅音尾韵母在沂南方言中读为鼻化元音韵母，后鼻辅音尾韵母带有鼻化色彩。如普通话的鼻辅音尾韵母在沂南方言中的读音为（此处的记音按照实际发音记录。普通话的后鼻辅音尾韵母在他处记为带鼻辅音尾韵母）：

普通话 n 韵尾　甘kã^{213}　砍k‘ã^{55}　旱 xã^{31}　权tɕ‘yã^{53}

普通话 ŋ 韵尾　昌tʃ‘ã^{ŋ213}　良liã^{ŋ55}　王uã^{ŋ55}　攻kuə̃^{ŋ213}

（3）蟹摄开口二等见系字今多读[iε]韵母。

中古蟹摄开口二等见系字今沂南方言基本读为[iε]

（“揩、楷、骇”读为[ɛ]），如“矮、挨、崖、涯”等。下面例子中的前后两个音节在普通话中的读音是相同的，而在沂南方言中，除了尖团音的区别外，韵母也是不同的（中古蟹摄二等字在前）。例如：

界 tɕiɛ^{31}≠借梗三tsiə^{31}　　解理~tɕiɛ^{24}≠姐假三tsiə^{55}

街tɕiɛ^{213}≠节山四tsiə^{213}　　械ɕiɛ^{41} ≠卸假三siə^{41}

鞋ɕiɛ^{53}≠邪假三siə^{53}　　解姓ɕiɛ^{31}≠谢假三siə^{31}

3．声调

沂南方言有四个调类，中古清声母入声字基本归阴平，全浊声母入声字基本归阳平，次浊声母入声字基本归去声，从中古入声字的今调类来看，沂南方言属于冀鲁官话。例如：

清 声 母	接精tsiə^{213}	揭见tɕiə^{213}	北帮pe^{213}	织章tʃʅ^{213}
全浊声母	习邪si^{53}	贼从tθe^{53}	直澄tʃʅ^{53}	泽澄tʂe^{53}
次浊声母	聂泥 ȵiə^{31}	猎来liə^{31}	灭明miə^{31}	热日iə^{31}

4．音节

“零音节”现象也存在于沂南方言中。沂南方言的零音节是指发音过程中失去音素音位（元音音素和辅音音素）、保留调位（声调）和时位（音长）的音节，在语流中具体表现为前一音节的读音拉长，且同时按照其在轻声前的音变规律发生调值变化。零音节现象是本来读为轻声的音节在语流中弱化乃至音素音位脱落的情况，是沂南方言比较自然的语流音变。

沂南方言零音节主要是“唠”在句子中作为动态助词、介词和在复合语气词语速较快时出现的一种声韵母脱落的现象，如果慢读，其独立音节仍然明显，两者意义相同，比较如下表：

	快读	慢读	语义
动态助词	①拿〇钱再家走。 ②吃〇饭去割牛草。	①拿唠钱再家走。 ②吃唠饭去割牛草。	①拿了钱再回家。 ②吃完饭再去割牛草。
介词	①一耳刮子打〇脸上了。 ②把豆子挑〇场当央儿吧。	①一耳刮子打唠脸上了。 ②把豆子挑唠场当央儿吧。	①一耳光打在脸上。 ②把大豆挑到场中间吧。
复合语气词	①你还赶集〇啵？ ②你想发财〇啵？ ③你到底会炒菜〇啵？	①你还赶集唠啵？ ②你想发财唠啵？ ③你到底会炒菜唠啵？	①你还去不去赶集？ ②你还想不想发财？ ③你到底会不会炒菜？

（二）内部差异

从时间上来讲，本志记录的沂南方言基本是 20 世纪 50 年代至 70 年代中期出生的人所说的方言，兼记一些老派说法和新派说法。现在 60 岁以上（20 世纪 50 年代前出生）老人的说法为“老派”（这种说法往往多数人能够听懂，但年轻人多不使用），“新派”则指 20 世纪 70 年代中期以后出生的年轻人的说法。

从地域上来讲，沂南方言在全县境内语法一致，词汇的差异较小，语音的差异较为明显。

按照语音的差异，沂南方言大体上可分为四片：

第一片为“沂南中片”（简称“中片”），以界湖为中心的中北部大部分地区，包括界湖、张庄、依汶、铜井、苏村、辛集、大庄、杨家坡、葛沟（位于西南角的于家庄子、薛家庄子、柳汪三个村除外）九镇，另加砖埠镇的北部及湖头镇和蒲汪镇西部的个别村庄。

本方言志描写和记录的是沂南县政治、经济和文化中心的县政府所在地界湖镇方言，界湖方言可以作为本片方言的代表，且基本上反映沂南方言的面貌。

第二片为“沂南西片”（简称“西片”），包括双堠、孙祖、岸堤三镇和马牧池乡，共四个乡镇。

第三片为“沂南东片”（简称“东片”），包括湖头、蒲汪两镇（除西部个别村庄之外）的大部分村庄。

第四片为“沂南南片”（简称“南片”），包括青驼镇、砖埠镇的南部少数村庄、葛沟镇西南角个别村庄。

四片的主要语音差异见下表：

片	中片	西片	东片	南片
①中古知庄章今读	tʃ tʃʻ ʃ tʂ tʂʻ ʂ	tʃ tʃʻ ʃ	tʃ tʃʻ ʃ tʂ tʂʻ ʂ	tʂ tʂʻ ʂ
②中古日母字今读	零声母	零声母	零声母	ʐ
③精组洪音字今读	tθ tθʻ θ	tθ tθʻ θ	tθ tθʻ θ	ts tsʻ s
④深臻三等精组今读	老：tʃ tʃʻ ʃ 新：ts tsʻ s	tʃ tʃʻ ʃ	ts tsʻ s	ts tsʻ s
⑤次浊入声字今声调	去声 31	去声 31	去声 31	阴平213

说明和举例（例字和读音只举表中有特殊读法的一个片）：

①中古知、庄、章三组字，中片和东片的发音是沂南方言语音的主要特点。西片发音与蒙阴方言相同，南片发音与临沂市兰山区方言相同。

②中古日母字读为零声母是沂南方言语音的另一主要特点，南片读为[ʐ]，与临沂市兰山区方言相同。

③精组洪音字在中、西、东三片读为齿间声母[tθ]、[tθ‘]、[θ]，如“攒、餐、三”分别读为[tθã^{55}]、[tθ‘ã^{213}]、[θã^{213}]；而南片读为[ts]、[ts‘]、[s]，上面三个字分别读为[tsã^{55}]、[ts‘ã^{213}]、[sã^{213}]。

④深、臻两摄开口三等精组字读为舌叶声母[tʃ]、[tʃ‘]、[ʃ]时，韵母为开口呼；若读为[ts]、[ts‘]、[s]，韵母为齐齿呼。中片存在新老异读，“进臻、侵深、心深”的老读音分别为[tʃə̃^{31}]、[tʃ‘ə̃^{213}]、[ʃə̃^{213}]，新读音分别为[tsiə̃^{31}]、[ts‘iə̃^{213}]、[siə̃^{213}]。

⑤中古次浊入声字在中、东、西三片读为去声，说明沂南方言大部属于冀鲁官话区，在南片读为阴平，属于中原官话区。

另外，东片的中古入声字单独发音的音长略短于实际语流。

四　记音符号

本书采用国际音标记音，所用音标及有关符号如下：

（一）　辅音表

发音方法＼发音部位			双唇	唇齿	齿间	舌尖前	舌尖中	舌尖后	舌叶	舌面前	舌面后
塞音	清	不送气	p				t				k
		送气	p‘				t‘				k‘
	浊	不送气									g
塞擦音	清	不送气			tθ	ts		tʂ	tʃ	tɕ	
		送气			tθ‘	ts‘		tʂ‘	tʃ‘	tɕ‘	
	浊	不送气			dð	dz		dʐ	dʒ	dʑ	

发音部位 / 发音方法		双唇	唇齿	齿间	舌尖前	舌尖中	舌尖后	舌叶	舌面前	舌面后
鼻音	浊	m				n			ȵ	ŋ
边音	浊					l	ɭ			
闪音	浊					ɾ	ɽ			
边擦音	清					ɬ				
擦音	清		f	θ	s		ʂ	ç	ʃ	x
擦音	浊		v	ð	z		ʐ	ʑ	ʒ	ɣ

（二）元音表

类别 / 舌位 / 唇形 / 音标 / 舌位	舌面						舌尖			卷舌
	前		央		后		前		后	央
	不圆	圆	不圆	圆	不圆	圆	不圆	圆	不圆	不圆
高	i	y				u	ɿ	ʮ	ʅ	
半高	e									
中			ə							ɚ
半低	ε									
低	a		ʌ		ɑ					

（三）声调符号

本书声调采用五度标记法，用 5、4、3、2、1 五个数字分别表示相对音高的高、半高、中、半低、低。

单字的调值标在国际音标的右上角，变调后的调值标在单字调值之后，中间加短横“–”。轻声音节不标记实际音值，全部在国际音标的右上角标实心圆点“·”。例如：日头 i$^{31-55}$t‘əu$^{\cdot}$、月明 yə$^{31-55}$miŋ$^{\cdot}$、月子食yə$^{31-55}$tθɿ$^{\cdot}$ʃɿ^{53}。

（四）其他符号

ø，零声母符号。

r，在音节末尾，表示该音节的元音卷舌（即该音节的韵母为儿化韵）。

~，在元音之上表示该元音鼻化，在词语或例句中替代该词语。

—、═，在音标或汉字下，“—”表示白读，“═”表示文读。

/，表示前后的音或语词可以替换。

（新）、（老），分别表示新派、老派的读音或说法。

五　发音合作人

从2005年6月开始一直到本书稿确定之前，笔者对沂南方言进行了若干次调查，几次调查的发音合作人有：

邵明武，男，1955年生，大专，沂南县地方志办公室公务员，沂南县杨家坡镇官泉村人。主要发音人。

唐聚欣，男，1956年生，初中肄业，农民，沂南县界湖镇界湖南村人。主要发音人。

冯文举，男，1951年生，高小，农民，沂南县湖头镇湖头村人。主要发音人。

肖建堂，男，1964年生，大专，沂南县湖头镇文化站站长，沂南县湖头镇肖家官庄人。主要发音人。

张冠之，男，1940年生，大专，教师，沂南县铜井镇人。辅助发音人。

肖靖，女，1968年生，大专，公务员，沂南县苏村镇人。辅助发音人。

以上发音合作人均自幼生活在本地，且都没有外地长期居住或生活的经历，方音纯正可靠。

还有一些热情的陌生人，给笔者提供了鲜活生动的沂南口语语料，使本志的方言事实更为全面、真实和翔实。感谢朴实、善良、好客的沂南人！

第二章　语音

一　单字音系

（一）声母 31 个（含零声母）

p 边步	pʻ 偏盘	m 麻麦	f 饭发		
t 低到	tʻ 太铁	n 难纳			l 兰路
tθ 尊醉	tθʻ 曹醋		θ 苏送		
ts 精贱	tsʻ 齐切		s 修徐		
ʧ 主进	ʧʻ 昌船		ʃ 书新		
tʂ 庄助	tʂʻ 初床		ʂ 生诗	ʐ 芮$_{新}$瑞$_{新}$	ɭ 扔耳
tɕ 经急	tɕʻ 丘旗	ȵ 年鸟	ɕ 休虚		
k 杠郭	kʻ 开抗	ŋ 安爱	x 花厚		

ø 严软午微有药让人入日闰仍

说明：

①[tʃ]、[tʃʻ]、[ʃ]发音稍靠前，接近舌尖前音[ts]、[tsʻ]、[s]。

②个别中古日母字新派读为[ʐ]，例如作为姓氏的“芮”和“瑞”的新派读音为[ʐ]。

（二）韵母 37 个

ɿ 子次池		ʮ 朱厨树	
ʅ 之尺市			
	i 蜜地日	u 读路不	y 取女乳
ɑ 八杂割	iɑ 加牙俩	uɑ 抓褂画	

ə 波可个	iə 灭借热	uə 郭握脱	yə 略学若
ɛ 开歹寨	iɛ 街遣鞋	uɛ 怀怪外	
e 北墨摘	ue 推亏卫		
ɔ 包找到	iɔ 交苗饶		
əu 沟楼后	iəu 丢柔肉		
ã 甘烂按	iã 边连然	uã 端团万	yã 冤玄软
ə̃ 根林恩	iə̃ 金近人	uə̃ 村文轮	yə̃ 军运闰
ɑŋ 方昌畅	iɑŋ 江亮让	uɑŋ 庄床逛	
əŋ 征等秤	iŋ 兵情仍	uŋ 东共穷	yŋ 兄熊荣

说明：

①鼻化元音[ɑ̃]中，[ɑ]的实际音值是[a]。

②[ɛ]的实际音值比舌面前半低元音的舌位略低，即开口度略大。

③鼻辅音韵尾[ŋ]发音不到位，前面的[ɑ]略带鼻化音，如“方”读为[fɑ̃ŋ213]。

（三）声调 4 个

阴平	213	高专边	急竹曲	一约挖			
阳平	53	穷陈寒	鹅娘麻	局宅合			
上声	55	古展草	五老网				
去声	31	近厚	盖正	汉世	共树	岸漏	麦药

（四）声韵配合关系

沂南方言共有 479 个不带调的单字音节，其中开口呼 216 个，齐齿呼 108 个，合口呼 117 个，撮口呼 38 个。

下面是沂南方言声母、韵母配合表，有音无字的音节用圆圈“○”表示（圈内数字表示注释顺序）。

韵母＼声母		p	p'	m	f	t	t'	n	l	tθ	tθ'	θ	ts	ts'	s	tʃ	tʃ'	ʃ	tʂ	tʂ'	ʂ	tɕ	tɕ'	ȵ	ɕ	k	k'	ŋ	x	ø
开口呼	ɿ									子	词	思				知	吃	湿												
	ʅ																		支	眵	施									
	ɑ	八	趴	马	法	答	塔	纳	拉	杂	擦	仨						傻	扎	察	杀					割	磕	腌	哈	啊
	ə	波	泼	摸	佛	德	特	那	乐	则	测	色				遮	车	赊								哥	科	恶	盒	呃
	ɛ	摆	排	买		呆	台	乃	来	灾	才	腮						甩	斋	差	筛					该	开	爱	海	哎
	e	北	拍	梅	飞	德	忒	内	雷	贼		塞							摘	册	涩					隔	客	扼	黑	诶
	ɔ	包	跑	毛	否	刀	套	脑	老	早	草	扫				召	超	烧	爪	巢	稍					高	考	奥	好	噢
	əu					豆	头		搂	走	凑	搜				周	抽	收	邹	愁	瘦					沟	口	欧	后	
	ã	班	盘	满	凡	单	谈	南	兰	赞	蚕	三				占	缠	苫	斩	产	衫					干	看	安	汉	唵
	ə̃	本	盆	门	分			恁	临	咱	涔	森				真	沉	身	针	鹨	渗					根	肯	恩	恨	嗯
	ɑŋ	帮	旁	忙	方	当	汤	囊	狼	脏	仓	桑				张	昌	商								缸	康	昂	杭	①
	əŋ	崩	朋	蒙	风	灯	疼	能	冷	僧	曾	僧				征	称	升	争	铛	生					更	坑	②	哼	③
齐齿呼	i	比	皮	米		的	踢		里				积	七	西							机	其	你	喜					一
	iɑ	叭	④	⑤					俩													家	掐		虾					鸭
	iə	憋	撇	灭		迭	贴		列				接	且	些							杰	茄	捏	歇					爷
	iɛ																					街			鞋					挨
	iɔ	标	漂	苗		刁	条		料				焦	劁	小							交	敲	鸟	效					要
	iəu			⑥		丢			六				揪	秋	修							纠	丘	牛	休					优

韵母 \ 声母		p	p‘	m	f	t	t‘	n	l	tθ	tθ‘	θ	ts	ts‘	s	ʧ	ʧ‘	ʃ	tʂ	tʂ‘	ʂ	tɕ	tɕ‘	ȵ	ɕ	k	k‘	ŋ	x	ø
齐齿呼	iã	边	偏	面		点	天		连				尖	千	先							监	牵	年	县					烟
	iɔ̃												进	亲	新							金	钦		欣					音
	iɑŋ								凉				将	枪	箱							江	腔	娘	香					秧
	iŋ	兵	平	明		丁	听		灵				精	青	星							京	轻	宁	兴					应
合口呼	ʮ															朱	出	书												
	u	不	扑	木	夫	独	土	奴	鲁	祖	粗	苏							竹	初	梳					古	苦		胡	屋
	uɑ																	耍	抓	欻	刷					瓜	夸		花	挖
	uə					多	脱	挪	罗	坐	错	锁				拙	绰	说	桌	戳	缩					锅	扩		火	窝
	uɛ								⑦										拽	揣	衰					乖	快		怀	歪
	ue					对	煺		泪	嘴	脆	碎							追	吹	摔					归	亏		灰	为
	uã					端	团	攮	乱	钻	窜	酸				专	川	拴								关	宽		欢	万
	uɔ̃					蹲	吞		论	尊	村	孙				准	春	顺								棍	困		昏	文
	uɑŋ																		庄	窗	双					光	筐		荒	王
	uŋ					东	同	浓	笼	粽	从	松							中	冲						工	空		红	翁
撮口呼	y								吕				足	蛆	须							居	区	女	虚					鱼
	yə								略				绝	雀	雪							决	缺	虐	学					月
	yã													全	选							捐	圈		玄					元
	yɔ̃												俊	皴	巡							军	群		熏					云
	yŋ												粽	从	松							炯	穷		兄					永

说明：

（1）ɭ 声母只拼 ə 韵母，为中古止摄日母“儿而尔迩耳饵洱二贰”和白读的“理”，未列入表中。

（2）ʐ 声母只有“芮姓锐新瑞新”三字，未列入表中。

（3）表中有音无字的音节说明如下：

① ɑŋ^{31} 用于应答，相当于“啊”或“噢”：那就这样吧？——～。

② ŋəŋ^{213} 用于形容从远处听到的声音：什么东西在～～地响？

③ əŋ^{31} 用于应答，相当于“啊”或“噢”：～，知道了。

④ pʻiɑ^{31} 指皮鞭或皮带甩动的声音，或者掌击的声音：～～，又是两响。

⑤ $\text{miɑ}^{31}\text{u}^{\cdot}$ 猫叫或学猫叫的声音：～～，这只小猫叫唤个不停。

⑥ miəu^{213} 唤猫的声音。

⑦ luɛ^{213} 拽，扔：把它～了！

二 同音字汇

凡 例

1．本字汇共收入沂南方言常用字 5000 余个，按“单字音系”韵、声、调的顺序排列。

2．括号中的“阴、阳、上、去、轻”分别表示阴平、阳平、上声、去声、轻声。

3．无适当字可写的用方框“□”表示。

4．有歧义或其他需要解释的字后加例词或简单释义，例词中用“～”代替本字。

5．一字多音的情况，按照下述方式进行处理：

①意义不同的，分别在字后用小字注释或举例。

②又音在字下的括号内标注小字“又”。

ɿ

tθ（阴）只（老）～要资姿咨兹滋梓滓辎
（阳）自吱嗞
（上）子仔籽姊紫
（去）字恣

tθʻ（阴）疵龇泚差参～
（阳）此词祠慈瓷磁辞雌蠀
（上）跐踩，踏
（去）次刺赐伺

θ（阴）思私自～丝咝斯撕厮嘶厕茅～司～法
（上）死
（去）四肆司～机，～令饲嗣似相～巳祀侍～郎

宅（村名）

tʃ（阴）蜘知执汁秩质织职帜掷稚只量词（老）
（阳）直值殖植置侄
（去）制智至致炙（老）治痔

tʃʻ（阴）痴吃尺哧
（阳）迟池驰弛赤斥持
（上）耻（老）
（去）叱

ʃ（阴）湿失室识式～样饰（老）适释嘘象声词
（阳）十什家～拾实食蚀石
（去）式形～轼世势誓逝饰（新）

ʅ

tʂ（阴）支枝肢四～吱（又）卮栀只量词（新）脂之芝
（阳）肢胳拉～
（上）纸只（新）～要止趾旨指
（去）志痣炙（新）

tʂʻ（阴）眵嗤哧
（阳）匙时姓氏
（上）侈齿耻（新）
（去）翅饬敕胵膍～

ʂ（阴）施师狮诗矢虱尸
（阳）时

（上）屎使史驶始

（去）是氏示视试嗜牸士仕市柿事恃侍

（轻）豉似~的

i

p （阴）屄逼贴近，逼近避（老）

（阳）鼻逼~迫

（上）比必毕彼鄙妣秕

（去）币毕（又）毙碧辟复~臂壁璧避（新）闭敝蔽弊匕婢裨箅篦弼愎

p‘ （阴）批匹劈~木头坯邳辟开~僻偏~霹噼痹庇

（阳）皮脾啤疲毗琵砒罴

（上）劈~叉擗丕（新）胚（老）痞纰

（去）屁僻~静譬

m （阴）咪眯~缝

（阳）迷谜拟（老）泥弥糜縻（老）篾

（上）米

（去）秘密蜜觅泌幂昧

t （阴）低滴提~溜堤

（阳）提（又）~溜敌抵~消笛迪嫡的~确涤翟嘀狄籴荻

（上）底的目~邸诋

（去）地弟递第帝蒂谛缔

（轻）的助词地助词得助词

t‘ （阴）梯踢剔嚏

（阳）提~高；~溜（又）蹄啼

（上）题体

（去）替剃屉惕悌倜

（轻）去助词

l （阴）哩擽

（阳）离梨犁劙厘狸黎黧藜璃缡缕~子

（上）里李礼理鲤

（去）力利莉痢例栗立粒荔厉励丽吏历沥莅履

ts （阴）积绩迹鸡~巴唧鲫济救~；~南脊瘠鹡

（阳）即集辑缉藉狼~；慰~籍疾嫉蒺楫寂

（上）挤跻

（去）际祭剂面~子荠~菜济不~；经~

ts‘ （阴）七妻凄熄戚槭嘁漆膝

（阳）齐脐脖~荠荸~蛴

（去）砌沏□胎生动物生育

s （阴）西息熄媳锡昔惜犀

<u>膝</u>夕析淅晰悉袭徙
（阳）习席
（上）洗玺
（去）细
tɕ（阴）<u>今</u>几茶~机饥鸡~蛋基吉急紧~己击姬激戟屐髻蓟鳖箕
（阳）急着~及给极汲棘
（上）几~个纪姓氏虮
（去）系~鞋带季计技妓伎记纪~念继寄既忌冀稷
tɕʻ（阴）期欺箕（又）栖湆地~弃（老）蹊泣瞡缕~缡子
（阳）其旗棋麒奇骑崎祁芪歧耆鳍鬐
（上）起启企岂杞绮乞祈
（去）气汽器契泣弃（新）
ȵ（阴）妮
（阳）尼拟（新）倪霓弥（新）
（上）你
（去）匿逆（新）腻油~昵溺
ɕ（阴）吸牺稀希熙嘻嬉奚
（阳）畦
（上）喜禧
（去）系戏隙屑不~
ø（阴）一乙衣依伊揖壹译肏
（阳）仪夷姨咦毅疫役沂怡宜移遗疑抑逸肄逆（老）
（上）椅倚尾~巴蚁已以
（去）日易意义议谊异忆亿翼艺益医矣腻亦

u

p（阴）不<u>拨</u>
（阳）埻脖~脐荸~荠醭白~；面~膍~胵
（上）卜占~补哺<u>拨</u>（又）
（去）布步部埠簿怖
pʻ（阴）铺~盖捕扑噗瀑
（阳）葡蒲菩
（上）卜（又）占~朴仆甫脯浦埔匍圃溥普谱璞
（去）铺~子堡
m（阴）没水~了头顶
（阳）没~有模~子谋
（上）某母拇姆亩牡
（去）木沐没~收（老）目苜睦牧穆牟幕慕墓募暮蓦
f（阴）夫芙肤麸覆复腹付~钱福幅蝠葍~蓄苗

辐凫咐袱

（阳）服~务扶抚拂赴浮俘孵佛仿~沸附伏符辅阜缚敷

（上）府俯腑腐阜（又）斧釜匐

（去）父副服一~药负妇付姓富蕾蕾~苗傅赋驸

t （阴）都~城嘟督瘃

（阳）毒独渎犊笃

（上）读牍赌堵睹肚牲畜的胃

（去）度渡镀踱杜吐肚腹部妒蠹

（轻）涂糊~馏糊~

t‘ （阴）突凸秃□烫；已宰杀的猪、鸡等用热水烫后去毛

（阳）图涂~抹途徒

（上）土吐屠菟

（去）兔唾

n （阳）奴努农

（去）怒

l （阴）撸□~油

（阳）卢芦炉鸬颅庐鲈蝼

（上）鲁橹虏掳卤

（去）路露~水鹭赂录禄碌绿~林陆~地鹿辘

漉辱

tθ （阴）租组足

（阳）族卒

（上）阻祖诅

tθ‘ （阴）促粗簇猝

（阳）徂殂

（去）醋

θ （阴）苏速宿~舍酥稣簌

（阳）俗

（去）诉素嗉觫塑肃溯粟（新）

tʂ （阴）竹嘱粥

（阳）逐轴烛触

（去）苎伫助筑祝

tʂ‘ （阴）初缩畜~牲束

（阳）锄雏

（上）储褚姓楚楚~树础

（去）触怵

ʂ （阴）梳疏蔬叔淑束

（阳）述熟塾蜀属

（上）数动词

（去）术庶数名词恕漱

k （阴）姑估咕骨谷孤箍菇鸪蛄辜

（上）古估（又）牯凸鼓股贾汩诂瞽

（去）故顾固锢雇崮

k‘ （阴）哭枯窟刳
（上）苦酷老
（去）库裤绔酷新
x （阴）乎呼烀互弧忽惚唿揔用手掌击打扈姓摢
（阳）胡湖糊葫蝴瑚煳猢~狲壶核杏~囫和牌~了划~拉
（上）虎唬琥狐浒
（去）户护沪获瓠祜笏
ø （阴）乌呜坞邬污屋巫诬戊□折断
（阳）无吴蜈梧芜
（上）五伍吾捂焐焖午上~武鹉舞侮
（去）勿物务误恶可~悟痦雾晤兀杌靰

ɥ

tʃ （阴）猪诸朱珠诛蛛术白~
（阳）轴（又）
（上）煮渚主拄
（去）著箸注住驻蛀柱投帚扫~
（轻）碡碌~
tʃ‘ （阴）出搐
（阳）除厨橱殊
（上）杵鼠矗
（去）处绌
ʃ （阴）书舒枢输叔（又）
（阳）秫赎
（上）暑鼠黍署薯
（去）戍竖树庶

y

l （阴）陆~~续续捋
（阳）驴
（上）吕侣铝屡旅膂履捋（又）缕褛
（去）绿~色律虑滤率
ts （阴）足
（去）聚铸
ts‘ （阴）蛆黢蹴趋
（上）取娶
（去）趣
s （阴）宿~舍蓿须胥戌粟（老）
（阳）俗徐
（上）栩需
（去）续叙序绪絮肃婿
tɕ （阴）居~住菊掬鞠狙车~马炮拘驹桔锔

（阳）局巨
（上）举矩沮咀莒
（去）居～民句据剧锯炬距拒具俱惧犋飓
（轻）苣莴～
tɕʻ（阴）曲蛐区驱躯岖趋屈墟桃～（蒙阴县地名）祛龋
（阳）渠瞿衢朐
（去）去觑
ȵ（上）女
ɕ（阴）虚墟废～嘘动词吁～气
（上）旭许诩
（去）畜～牧蓄恤酗
ø（阴）愚寓淤瘀羽域禹吁吆喝牲口声迂嚅燸蠕
（阳）于竽余予喻裕鱼渔如茹俞榆逾娱虞禺隅臾谀萸盂
（上）语雨與宇屿庾汝辱乳儒擩
（去）入玉与预豫吁呼～育遇欲浴峪郁尉～迟愉愈誉狱御驭芋聿毓昱煜褥缛

ɑ

p（阴）八扒钒叭巴芭疤笆捌剥～皮
（阳）拔跋爸鲅妭雹
（上）把动词靶
（去）把名词；介词耙～地罢霸坝
（轻）巴尾～吧
pʻ（阴）趴扒啪□大体的形状
（阳）爬耙铁～筢～子
（去）怕帕
（轻）琶琵～
m（阴）犸～猴抹擦拭；摘掉（帽子、眼镜）嬷嘛牛叫声
（阳）麻
（上）马妈码嬷（又）
（去）骂蚂
（轻）嘛叹词吗蟆蛤～
f（阴）发法砝
（阳）罚乏□碾米伐垡筏阀
t（阴）答搭褡瘩耷跶哒嗒
（阳）达沓
（上）打
（去）大
tʻ（阴）塌蹋溻煽遢塔獭
（上）他她它

（去）榻

n （阳）拿

（上）哪

（去）那娜衲捺纳

（轻）呐

l （阴）拉～车邋瘌

（阳）拉～呱落～下砬旯

（上）垃喇

（去）辣腊蜡拉大步走

（轻）啦鞡靰～

tθ （阴）咂

（阳）杂砸咋怎么

（轻）臜腌～

tθ' （阴）擦礤礓～子

θ （阴）撒散落仨臜（又）腌～塞榫

（阳）⿰目散看

（上）撒～播洒

（去）萨飒

ʃ （阳）蛇（老）啥

（上）傻

tʂ （阴）查姓氏楂渣喳咋～呼拃扎～针踏脚～车匝

（阳）扎水～人闸～门炸油～铡霅白～雨

（上）诈～人眨闸手～砟

（去）乍蚱诈～骗榨炸～弹痄苲树～子

tʂ' （阴）叉交～杈农具差～别插察嚓馇碴喳（又）

（阳）茶搽茬麦～地瓜查调～镲

（上）杈树～衩蹅踩,踏㖷猪～食锸

（去）岔差错

ʂ （阴）沙泥～挲～牛莎纱砂杀刹煞霎鲨杉

（去）厦偏～沙～米

k （阴）割嘎旮轧～伙胳～拉肢

（阳）嗝～气蛤～蜊尕尜

（上）葛～条噶生～古

（去）架～拉尬尴～

k' （阴）喀磕揢倒出

（上）咖卡～片咔

ŋ （阴）阿～子（捕鸟兽的工具）腌～臜

（去）□占为己有

x （阴）哈～气喝

（阳）合～黑蛤～蟆哈语气词

（轻）哈语气词（又）

ø （阴）阿～姨

（轻）啊

iɑ

p （阴）叭（又）
（阳）□～勾
p‘ （阴）啪
（去）□象声词
m （去）□猫叫声
l （上）俩
tɕ （阴）角（老）家加茄雪～痂嘉夹荚浃颊佳戛
（阳）铗
（上）假真～；放～甲胛岬贾姓氏
（去）价～钱架～子驾嫁稼
tɕ‘ （阴）掐恰齣
（上）卡～住恰（又）
（去）洽袷髂～腰
ɕ （阴）瞎虾
（阳）侠峡狭霞暇遐瑕辖匣
（上）瞎（又）
（去）下吓夏厦～门
ø （阴）雅鸦亚不～于桠垭压欺～□栽种农作物押鸭丫
（阳）牙芽蚜讶琊衙涯
（上）哑
（去）压～根儿亚～洲轧～路龉

uɑ

tʂ （阴）髽抓□叫嚷
（阳）欻快速且粗略地扫
（上）爪
tʂ‘ （阴）嗐戳动词撮～把子
（阳）欻拟声词□笨拙
ʂ （阴）刷～子；粉～唰
（上）耍
（去）刷淘汰
k （阴）瓜呱～哒刮
（上）呱拉～寡剐
（去）挂卦褂
k‘ （阴）夸刮（又）
（上）垮侉
（去）跨挎胯
x （阴）花哗砉
（阳）华中～；～山划～船滑猾哗铧桦
（去）话化画划计～
ø （阴）挖哇洼凹
（阳）娃娲
（上）瓦名词搲吕
（去）瓦动词呱拟声词袜□食物黏在锅底鹍搲撮合

ə

p （阴）波菠玻拨钵播剥～削泊舶博搏薄～荷
（阳）驳薄勃脖渤
（上）簸动词
（去）簸～箕鹁～鸪
（轻）卜萝～啵

p‘ （阴）坡颇泼
（阳）婆擎清扫，清除
（上）叵笸
（去）破珀粕

m （阴）摸嬷（又）
（阳）磨动词蘑魔膜模～范馍摹摩
（上）抹～灰
（去）没～收（新）末沫茉默墨莫漠寞脉含情～～陌磨名词
（轻）么

f （阳）佛大～

t （轻）的助词地助词得助词

t‘ （阳）特～别，～务
（上）他（又）她（又）它（又）

n （去）那（又）呐讷

l （去）乐安～（新）

tθ （阴）则
（去）仄

tθ‘ （去）厕～所

θ （阴）私～孩子

ʧ （阴）遮蔗褶折～断哲蜇
（阳）蛰辙浙[illegible]
（上）者
（去）这鹧
（轻）着助词

ʧ‘ （阴）车马～池～畔（村名）
（上）扯
（去）彻撤

ʃ （阴）佘赊
（阳）舌蛇（新）折～本佘（又）
（上）舍四～五入设
（去）奢社射麝赦舍宿～涉摄（新）

ɭ （阳）儿
（上）而尔迩耳饵洱理
（去）二贰

k （阴）各胳～膊格骼疙咯蝌哥（新）歌阁搁革戈膈葛～沟
（阳）蛤～蟆嗝打～呻子硌胳～肢人□～纠
（上）葛姓舸□～去
（去）个过～去

k‘ （阴）可克科蝌刻颗棵稞窠咳渴壳磕瞌嗑～么（推测）
（上）可（又）坷～垃柯苛疴
（去）课骒恪嗑～瓜子儿
ŋ （阴）阿～胶恶～霸
（阳）额厄扼鳄鄂鹅（新）俄（新）峨（新）娥（新）蛾（新）讹（新）
（上）恶～心
（去）遏愕萼（新）噩
x （阴）喝呵诃赫褐鹤合这～儿
（阳）禾和～气何河活合～作盒涸颌核～桃荷～花菏阖曷
（上）□（又）～拉
（去）荷负～贺货～郎郝和介词；连词
（轻）荷薄～
ø （阴）呃

iə

p （阴）憋鳖
（阳）别～腿；分～；～扭；不要（新）蹩
（上）瘪
（去）别～扭（又）
p‘ （阴）撇～捺
（上）瞥撇～嘴
m （阴）咩
（去）灭蔑
t （阴）爹跌
（阳）叠碟牒蝶谍迭氎白～布
（上）蹀
t‘ （阴）铁贴帖
l （阴）咧
（阳）洌～涎
（上）劣裂分～；～开挒咧～嘴
（去）列冽裂～开（又）烈趔猎
ts （阴）节疖接
（阳）截捷睫结～扎
（上）姐蠽～溜疖（又）
（去）借褯
ts‘ （阴）切且
（去）窃怯妾惬趄趔～挈
s （阴）些楔揳
（阳）斜邪
（上）写
（去）卸屑木～泄泻亵榭躞瀣
tɕ （阴）结～果揭羯劫

（阳）杰竭洁诘拮桔~梗劫（又）
（轻）价助词
tɕʻ（阴）趄躺下
（阳）茄
ȵ（阴）捏摄（老）
（去）乜聂蹑镊涅孽（新）
ɕ（阴）血歇蝎□烘烤
（阳）协胁携挟~持
（上）谐□敞开衣襟□毁坏
ø（阴）爷噎掖
（阳）也爷（又）
（上）野液腋冶耶邪椰揶惹
（去）夜叶业孽（老）页谒曳咽热靥

uə

t（阴）多拸垛~泥玩咄饳啄掇掂~
（阳）夺铎
（上）朵躲哆
（去）跺剁垛~子舵堕惰
tʻ（阴）托脱拖
（阳）驮陀驼鸵砣佗椭
（去）拓
n（阴）搦
（阳）挪
（上）喏
（去）诺懦糯
l（阴）烙动词啰
（阳）罗萝箩猡逻锣螺摞骡裸
（去）烙~铁骆络洛落~后乐（老）安~
tθ（阴）作~业；~事
（阳）昨作~料捽琢凿
（上）捽（又）撮量词嘬佐柞
（去）左坐座做作造~祚
tθʻ（阴）搓撮动词□托起
（阳）矬
（去）错挫措锉
θ（阴）梭唆蓑娑嗽咳~
（阳）□（脾气、风）急趖
（上）锁琐唢索嗦缩
ʧ（阴）拙
（阳）酌着~火；~人卓
ʧʻ（阴）戳名词绰
（去）啜辍龊
ʃ（阴）说
（阳）酌（老）勺芍
（去）朔
tʂ（阴）桌捉

（阳）卓琢啄涿着~重酌（新）浊镯

tʂʻ（阳）戳动词

（去）辍（又）

ʂ（上）所缩（又）

k（阴）郭锅帼聒过超越（界限）哥（老）

（上）国果馃裹椁括

（去）过~去

kʻ（阴）廓阔广~

（上）括廓（又）扩

（去）阔~气

x（阴）豁劐戽

（上）火伙攉~拉

（去）获祸货和~面霍藿

ø（阴）窝涡蜗莴倭握沃

（阳）鹅（老）俄（老）峨（老）娥（老）蛾（老）讹（老）萼（老）

（上）我

（去）卧饿沃斡龌

yə

l（去）略掠

ts（阳）爵嚼绝

tsʻ（阴）雀

（上）鹊

s（阴）雪削薛

（阳）睃偷看踅（又）

tɕ（阴）觉~得决诀抉角~斗脚厥噘蕨獗撅蹶镢

（阳）掘倔崛橛噘矍攫

tɕʻ（阴）缺确却壳纸~子

（阳）瘸

（上）抈

（去）阙榷

ɕ（阴）血靴□牛、马惊谑欺骗

（阳）学穴噱

（去）谑戏~

ø（阴）约曰□走路快

（上）哕抈（又）

（去）月钥葽乐音~岳疟虐粤悦钺越药若弱

ɛ

p（阳）别不要

（上）摆□漂洗

（去）败拜

pʻ（阴）攠~到地上；一~屎

（阳）排俳徘牌簰

（上）迫~击炮□踢

（去）派湃

m （阳）埋掩~霾

（上）买

（去）卖迈

t （阴）呆

（上）待~家里歹傣逮

（去）带代袋贷黛岱大~夫待等~戴怠殆迨

t‘ （阴）态胎汰呔

（阳）台抬苔部薹

（去）太钛泰

n （上）乃奶名词

（去）耐奈奶动词

l （阳）来莱

（上）□猛拉

（去）赖籁癞濑睐

（轻）唻语气词

tθ （阴）灾栽

（上）载记~宰哉崽

（去）再在载~重

tθ‘ （阴）猜

（阳）才财材裁

（上）采彩睬

（去）菜蔡

θ （阴）腮鳃

（去）塞要~赛

tʂ （阴）斋

（上）□~菜（苦草）

（去）债寨□~子（名词）；~画子（动词）□清洗

tʂ‘ （阴）钗□嫁接差出~秸

（阳）豺柴

（上）踩蹅豆~子

ʂ （阴）筛

（上）甩洒

（去）晒

k （阴）该垓赅

（上）改

（去）盖丐钙概溉

k‘ （阴）开慨

（上）揩楷凯铠恺

（去）忾

ŋ （阴）嗳哀

（上）癌蔼霭

（去）爱嫒暧艾碍

x （阴）□用脚前部踢

（阳）还~是亥孩核审~骇骸劾阂颔

（上）海

（去）害

（轻）嗨嗐咳

ø （阴）哀

（轻）哎唉

iɛ

tɕ （阴）阶秸（又）街皆腊瘦械
（上）解~释
（去）界届解~元戒诫介芥疥
ç （阳）鞋
（去）解姓；~开澥懈邂蟹
ø （阴）挨~个
（阳）埃挨~揍崖涯堐
（上）矮
（去）隘

uɛ

l （阴）□掷
tʂ （阴）拽扔
（上）跩转~文
（去）拽拉
tʂʻ （阴）揣搋
（去）踹嘬吃膪
ʂ （阴）衰
（上）甩
（去）帅率
k （阴）乖掴蝈
（上）拐柺
（去）怪蒯~拉草
kʻ （上）㧟蒯姓氏
（去）快块筷会~计侩
x （阳）怀槐淮徊踝
（上）□~拉
（去）坏
ø （阴）歪
（阳）蛙~子（青蛙）
（上）崴
（去）外
（轻）喂叹词

e

p （阴）北笔杯悲卑地势低洼碑掰百伯柏
（阳）白
（上）卑~鄙捭比（又）
（去）被备惫背倍蓓辈悖贝狈避（老，又）
（轻）膊
pʻ （阴）丕（老）拍迫压~
（阳）培陪赔裴
（上）呸胚（新）魄
（去）配佩沛辔
（轻）膊（又）

m （阳）媒煤眉媚楣梅酶霉莓玫枚
（上）美每
（去）妹（新）魅昧袂寐陌麦脉号～墨谜（老）
f （阴）飞妃非菲匪翡
（阳）肥淝
（上）痱
（去）费废吠肺沸
t （阴）得必须德
（阳）特～为
n （上）馁
（去）内
l （阴）勒垒（新）□唤鸭、鹅声
（阳）雷
（上）累成年～月垒（新，又）耒诔蕾磊儡蕊
（去）勒（又）累（新）受～类泪（新）肋擂
tθ （阴）则啧
（阳）贼
θ （阴）塞堵住，填入
tʂ （阴）摘窄责
（阳）宅翟泽择
tʂʻ （阴）侧测恻册策拆
ʂ （阴）色涩啬瑟
（阳）谁
k （阴）格隔
kʻ （阴）客刻克剋
（去）剋（又）
ŋ （阴）扼
（上）额
x （阴）黑嘿
ø （阴）诶（又）欸

ue

t （上）抵～账
（去）兑对队碓
tʻ （阴）推忒
（上）腿
（去）退褪煺蜕
l （阴）垒（老）
（上）锐（老）
（去）累（老）受～泪（老）芮（老）姓氏
tθ （阴）堆
（上）嘴
（去）罪～恶最醉
tθʻ （阴）崔催摧璀
（去）脆粹翠萃悴瘁淬
θ （阴）虽（新）尿睢濉
（阳）随髓（老）遂隧邃燧绥
（去）碎岁穗祟

tʂ （阴）追椎锥□拟声词
（去）拽（又）拉缀赘坠
tʂʻ （阴）吹炊
（阳）垂槌锤
ʂ （阴）摔
（上）水
（去）税睡瑞（老）
ʐ （去）芮（新）姓氏瑞（新）锐（新）
k （阴）规龟归轨瑰圭闺国
（上）鬼诡癸
（去）贵跪桂柜鳜
kʻ （阴）亏窥盔
（阳）傀奎葵睽逵馗魁夔
（去）溃襛馈匮聩喟愧岿

x （阴）挥麾灰恢咴马叫声辉徽
（阳）回茴或惑
（上）毁悔诲撥
（去）会绘烩桧汇惠慧贿秽讳卉晦遗
ø （阴）威煨猥偎卫微危
（阳）为作~，~什么维潍惟唯帷韦违围
（上）委（又）萎桅伟苇尾年头年~伪薇偎猥慰
（去）畏喂动词位未为~什么（又）卫（又）胃谓猬纬尉魏
（轻）喂叹词（又）

ɔ

p （阴）包胞苞
（阳）瓟
（上）饱保堡褒褓煲鸨宝
（去）把介词（又）抱菢刨~子鲍报暴爆曝豹趵
pʻ （阴）抛胞同~泡气~脬尿~剖~开
（阳）刨~地袍
（上）跑
（去）炮泡浸
m （阴）□包，裹妈~~（乳房）學
（阳）毛~重矛茅锚猫□~肉
（上）毛~票儿卯铆□皮~
（去）冒帽把介词（又）茂貌贸
f （上）否
t （阴）刀扨叨鱽
（阳）□驱猪声
（上）倒颠~捯岛捣导蹈
（去）到倒~车道悼盗稻

（轻）掇拾~
t‘（阴）掏涛滔
（阳）桃逃讨淘萄陶醄
（去）套
n（阴）孬
（阳）挠铙
（上）脑恼瑙惱丝~
（去）闹淖
l（阴）劳捞~鱼痨崂牢
（上）老姥佬
（去）涝捞没~着
（轻）唠助词；介词
tθ（阴）遭糟
（上）早枣澡蚤
（去）造糙躁噪燥灶皂
tθ‘（阴）操早~糙（又）
（阳）曹槽懆~心
（上）草
（去）肏（又）
θ（阴）骚臊~气搔缫
（上）扫嫂
（去）臊害~
ʧ（阴）朝今~召招昭诏沼兆
（去）赵照
（轻）着助词（又）
ʧ‘（阴）绰焯
（阳）朝~代潮嘲
ʃ（阴）烧
（阳）韶绍
（上）少多~
（去）少~年邵
tʂ（阴）啁拟声词
（上）爪（又）找
（去）笊~篱罩
（轻）着助词（又）
tʂ‘（阴）抄钞吵叫嚷超~过
（阳）巢
（上）炒吵~闹
（去）超大步跨越
ʂ（阴）梢捎筲稍
（上）稍
（去）哨潲
k（阴）高膏羔糕
（上）搞稿槁镐
（去）告诰
k‘（阴）犒
（上）考烤拷
（去）靠铐犒（又）焅
ŋ（阴）爊嗷
（阳）敖熬
（上）袄
（去）奥澳懊傲遨鳌

x（阴）蒿薅
（阳）毫豪壕嚎耗
（上）好形容词
（去）号好动词浩和介词、连词（又）

ø（阴）嗷（又）
（轻）哦噢

iɔ

p（阴）标镖膘骠彪镳
（上）表裱婊
（去）摽鳔

p‘（阴）飘漂～在水上
（阳）朴姓瓢嫖剽
（上）瞟
（去）票漂～亮

m（阴）喵
（阳）苗描瞄
（上）秒渺藐
（去）妙庙缪姓氏

t（阴）刁叼雕碉貂
（上）屌
（去）掉调声～吊钓

t‘（阴）挑～毛病
（阳）条调～整笤
（上）挑～拨
（去）跳眺粜

l（阴）撂
（阳）辽疗聊僚撩燎星火～原镣潦嘹獠屪～子寥
（上）了寥（又）燎～茶
（去）料瞭廖尥

ts（阴）焦～急蕉礁椒
（去）焦脾气怪～

ts‘（阴）悄锹劁缲～裤角
（阳）瞧憔樵
（去）诮俏鞘峭缲名词（把裤角缝一～）

s（阴）肖消销硝逍宵霄箫萧潇
（上）小
（去）笑啸

tɕ（阴）教～书交胶较郊跤狡角（新）娇骄浇缴
（上）较（又）绞饺茭矫搅铰剿侥
（去）叫噍觉睡～教～育窖轿

tɕ‘（阴）敲跷
（阳）乔桥侨荞
（上）巧
（去）壳翘撬橇窍

ȵ（上）鸟袅

（去）尿

ç （阴）嚣羞

（上）晓

（去）效校学~；~电表孝酵

ø （阴）要~求腰幺吆夭妖邀

（阳）尧肴淆摇谣窑姚饶扰绕围~

（上）咬舀杳

（去）要重~耀跃鹞绕~道□撬

əu

m （阴）哞

t （阴）都兜

（上）斗一~抖陡

（去）斗争~豆逗痘窦

（轻）镯（又）糊~涂（又）糊~

t‘ （阴）偷

（阳）头投骰□改造：~犁

（去）透

l （阳）娄楼搂~柴火偻喽髅蒌耧瞜

（上）搂~着睡觉篓

（去）露~头漏瘘陋

tθ （上）走

（去）做奏揍

tθ‘ （去）凑

θ （阴）搜艘嗖锼

（上）叟擞

ʧ （阴）舟周啁搊州洲

（上）肘□拧

（去）咒㤘固执

ʧ‘ （阴）抽

（阳）绸稠筹仇酬售

（上）丑

（去）臭

ʃ （阴）收

（上）手首守

（去）受授兽寿

tʂ （阴）诌邹掫诹㧅粥葤

（去）纣昼皱绉骤

tʂ‘ （阳）愁

（上）瞅

ʂ （阴）嗖（又）

（去）瘦

k （阴）勾钩沟

（上）狗苟枸

（去）够构购垢篝

k‘ （阴）抠眍

（阳）□厉害

（上）口

（去）扣寇

ŋ （阴）区欧殴鸥呕怄沤

怄偶
（上）藕怄（又）
（去）怄（又）

x （阴）齁吼
（阳）侯猴喉瘊
（去）后候厚

iəu

m （阴）□唤猫声
（去）谬
t （阴）丢
l （阴）溜～光蹓
（阳）刘流硫琉留榴馏蒸～水瘤
（上）柳绺
（去）六陆数词溜一～馏～饭熘镏蹓（又）
ʦ （阴）揪啾鬏
（阳）就～着菜（动词）
（上）酒
（去）就副词；连词
ʦʻ （阴）秋鳅楸
（阳）□鸡鹅用嘴啄人囚
s （阴）修宿星～
（去）袖秀绣锈
ʨ （阴）纠赳鸠阄
（上）九究久玖灸疚韭咎
（去）旧救舅柩臼
ʨʻ （阴）丘蚯邱龟阄（又）□～～（稍微，略微）
（阳）求球㞗裘仇姓
（上）糗朽～烂
ȵ （阴）妞
（阳）牛
（上）扭纽钮忸
（去）拗执～谬
ɕ （阴）休羞朽腐～
（去）臭嗅
ø （阴）优忧邮幽悠黝诱□甩
（阳）由油釉游蝣尤犹鱿柔揉
（上）有友酉莠
（去）又右佑幼肉

ã

p （阴）般搬瘢班斑扳颁
（上）板版扳介词，从
（去）半伴绊拌办扮瓣
pʻ （阴）番潘攀
（阳）盘～腿；一～菜蟠
（上）盘一～炮仗

（去）盼判畔叛襻

m（阴）嫚羊叫声

（阳）瞒蛮埋~怨馒鞔

（上）满扳介词，从（又）

（去）曼慢漫蔓谩𡾋幔镘墁

（轻）嫚语气词

f（阴）番幡翻帆

（阳）凡平~矾范烦繁藩樊姓氏

（上）反返

（去）犯饭贩泛凡~是范

t（阴）单丹担~任耽

（上）胆疸

（去）旦但担~子弹子~惮淡蛋石诞坦

t‘（阴）贪坦平~袒滩摊瘫坍

（阳）团谈痰弹~琴坛谭潭檀

（上）毯掸疃

（去）叹探炭

n（阳）南喃语气词难困~男

（上）暖溇俺

（去）难灾~

（轻）喃语气词（又）

l（阳）蓝篮兰拦栏

（上）览揽缆懒溇（又）

（去）烂乱滥

tθ（阴）簪

（上）咱攒

（去）赞暂錾

tθ‘（阴）参~加鸧鸟啄食餐

（阳）残蚕惭□弹：~头皮錾~磨

（上）惨

（去）灿

θ（阴）三

（上）伞散~架儿馓~子

（去）散~伙算

ʧ（阴）瞻毡

（上）展黵

（去）占~卜；~领战颤（老）栈

ʧ‘（阳）缠禅坐~蟾

（去）颤（新）

ʃ（阴）苫膻扇动词骟煽

（上）陕闪

（去）扇名词善膳鳝疝单禅~让

tʂ（阴）崭

（上）斩盏

（去）站蘸绽栈

tʂ‘（阴）掺搀

（阳）谗馋镵

（上）产铲动词
（去）铲名词
ʂ（阴）山杉珊删
（阳）嗲语气词
（轻）嗲语气词（又）
k（阴）干杆电线～子肝竿甘柑尴～尬
（上）感敢赶杆笔～子秆擀管介词
（去）干
k‘（上）砍坎刊槛堪勘龛侃
（去）看
ŋ（阴）安鞍庵谙鹌
（上）俺（又）唵动词埯揞
（去）按案暗岸腌
x（阴）罕酣憨鼾
（阳）韩含哈语气词颔函寒涵还～是
（上）喊
（去）汉汗旱焊撼憾翰颌
（轻）哈语气词（又）
ø（阴）唵叹词

iã

p（阴）边编鞭
（上）扁煸蝙匾砭贬
（去）便变遍辩辨辫卞汴
p‘（阴）偏篇
（阳）便～宜骈
（上）谝
（去）片骗
m（阳）棉绵眠
（上）免勉娩缅腼
（去）面
t（阴）颠掂踮
（上）点典碘
（去）电佃店惦玷垫殿奠
t‘（阴）天添
（阳）田甜恬填
（上）舔
l（阳）联连莲鲢帘廉镰怜
（上）脸敛
（去）练炼链恋殓楝
ts（阴）尖煎笺
（上）剪践
（去）渐饯贱践溅间～苗箭荐
ts‘（阴）千歼迁钎扦阡芊潜签
（阳）钱前
（上）浅
s（阴）鲜先仙
（上）藓
（去）线腺

tɕ （阴）间中～坚奸兼艰肩监～督犍
（上）减碱茧检俭捡柬拣简趼
（去）见舰件涧建健键腱歉～年剑鉴谏监国子～

tɕʻ （阴）牵谦铅
（阳）钳嵌乾黔虔
（上）遣谴缱
（去）欠歉道～槛纤茜倩堑

ȵ （阳）年黏棉鲇喃语气词（又）
（上）碾动词辇撵埝拈捻动词蹍
（去）碾名词念捻名词廿

ɕ （阴）掀锨
（阳）咸闲涎嫌贤衔弦舷
（上）纤显险喊
（去）现县限宪献陷馅苋

ø （阴）焉鄢蔫嫣烟胭俨腌～菜淹阉恹渊～子冉
（阳）言研芫严延～安蜒沿颜～色岩炎盐阎闫檐然燃
（上）眼演延拖～奄掩偃兖魇衍染
（去）厌咽验颜姓氏宴筵雁堰赝彦谚焰燕砚酽餍□用桶在井内打水

uã

t （阴）端
（上）短
（去）段缎锻椴煅锻断□追赶

tʻ （阴）湍
（阳）团～结
（上）疃（又）

n （上）暖
（去）攮

l （阳）鸾栾姓
（上）卵
（去）乱（又）

tθ （阴）钻动词
（上）纂
（去）攮（又）钻名词

tθʻ （阴）窜汆
（阳）攒秫秸～
（去）窜篡（新）□用簸箕簸东西

θ （阴）酸
（去）算蒜

tʃ （阴）专砖

（上）转~弯
（去）赚撰转~圈儿篆传~记
ʧ‘（阴）川穿
（阳）传~奇椽船
（上）喘
（去）串~联篡（老）歂
ʃ（阴）闩拴栓
（去）涮
k（阴）关观参~官倌棺鳏
（上）管~理馆莞
（去）观寺~冠衣~；~军贯惯掼灌罐
k‘（阴）宽
（上）款
x（阴）欢獾
（阳）环还~原桓
（上）缓
（去）换唤焕痪幻患宦
ø（阴）弯湾剜豌
（阳）丸玩完顽
（上）晚挽碗腕皖
（去）万圻地名用字

yã

ʦ‘（阳）全烇诠痊荃铨筌泉
s（阴）宣渲喧揎暄萱
（阳）旋转漩璇
（上）宣（又）选癣
（去）楦绚旋快速地切镟
ʨ（阴）捐娟绢鹃
（上）卷~起蜷锩
（去）卷~子圈猪~倦眷券（老）桊
ʨ‘（阴）圈圆~
（阳）权颧拳蜷
（上）犬蜷
（去）劝券（新）
ɕ（阴）轩暄
（阳）玄眩炫悬
（去）馆吃券发~桥
ø（阴）冤鸳渊深~
（阳）元阮园原源员圆袁猿辕垣援缘
（上）远软
（去）怨院愿苑

ə̃

p（阴）奔~跑贲锛宾槟鬓斌彬濒
（阳）甭
（上）本
（去）奔~头儿笨殡膑
p‘（阴）喷~洒拼姘

（阳）盆贫频
（上）品
（去）喷~干活儿；~香聘
m（阴）闷性格内向
（阳）门民岷苠
（上）扪敏闵悯闽抿泯皿渑
（去）闷憋~焖妹（又）懑麦（又）默
f（阴）分~开纷芬
（阳）坟
（上）粉焚
（去）分~外份氛忿愤粪奋嬎
n（上）恁您
l（阳）林淋临磷鳞麟粼邻囹
（上）凛懔廪檩
（去）嫩论（老）赁吝
tθ（上）咱
tθ'（阴）参~差
ʧ（阴）真尽（老）~前边儿针沾粘斟
（上）枕名词珍诊疹
（去）浸（老）枕名词；动词尽（老）进（老）晋（老）镇阵振震

ʧ'（阴）深（老）侵（老）亲（老）~人郴
（阳）沉秦（老）辰娠晨臣陈尘
（上）寝（老）
（去）吣（老）~食儿亲（老）~家趁称~职
ʃ（阴）心（老）芯（老）深（新）琛辛（老）新（老）薪（老）身申搷燊
（阳）寻（老）神舍邻~百家晨（又）
（上）沈审婶
（去）甚葚信（老）讯（老）芯（老，又）囟（老）衅（老）肾慎
tʂ（阴）臻枕动词
tʂ'（阳）岑鸩
（去）衬
ʂ（阴）生森参人~籸粮油渣
（上）渗
（去）渗（又）瘆
k（阴）跟根
（阳）哏
（上）艮
（去）亘
k'（上）肯恳垦啃

（去）褙揹
ŋ（阴）恩
（去）摁
x（阳）痕含衔
（上）很狠
（去）恨
（轻）噷
ø（去）嗯

iə̃

ʦ（阴）津（新）
（去）进（新）浸（新）尽（新）晋（新）
ʦ‘（阴）亲（新）~人侵（新）
（阳）秦（新）
（上）寝（新）
（去）沁（新）吣（新）
s（阴）心（新）芯（新）新（新）薪（新）
（阳）寻（老；又）
（去）芯（新；又）信（新）囟（新）
ʨ（阴）今仅~只金斤巾筋襟矜锦捡拽
（上）紧仅不~禁~不住谨
（去）近妗禁~止劲使~靳
ʨ‘（阴）钦
（阳）勤芹琴禽擒
ɕ（阴）锌欣馨
（去）衅（新）
ø（阴）因姻洇阴荫音窨殷湮
（阳）人仁银淫壬寅
（上）引隐瘾缰饮~酒尹吟忍
（去）印胤任纴刃纫认饮~牛

uə̃

t（阴）敦墩礅蹾蹲吨
（上）盹趸扺（又）~账
（去）顿炖钝沌囤盾遁
（轻）饨馄~
t‘（阴）吞~咽
（阳）屯豚臀
（上）踳踏
（去）吞~子
l（阳）仑伦论~语轮抡沦
（上）檩（又）□~开
（去）论（新）嫩（又）
tθ（阴）尊遵

（上）撙
tθʻ（阴）村皴（新）
（阳）存
（去）寸
θ（阴）孙狲猢~虽（老）
（上）髓（新）损（新）笋（新）榫（新）
ʧ（阴）津（老）肫
（上）准
（去）俊（老）峻（老）骏（老）竣（老）稕
ʧʻ（阴）皴（老）春椿清（老）
（阳）唇纯莼醇蠢
（上）蠢（又）
ʃ（阴）伸
（阳）旬（老）询（老）殉（老）荀（老）循（老）巡（老）
（上）损（老）髓（老；又）笋（老）榫（老）
（去）舜讯（老；又）顺
k（阴）闺（又）
（上）滚磙
（去）棍
kʻ（阴）昆坤
（去）困
x（阴）昏婚荤
（阳）魂浑横~竖
（去）混馄~饨诨溷
ø（阴）温瘟
（阳）文纹蚊汶闻
（上）稳吻刎
（去）问璺
（轻）午晌~

yə̃

ʦ（阴）津（新；又）
（去）俊（新）峻（新）骏（新）竣（新）
ʦʻ（阴）清（老；又）皴（新；又）
s（阳）寻（新）浔鲟旬（新）询（新）殉（新）荀（新）徇峋循（新）巡（新）
（上）损（新；又）笋（新；又）榫（新；又）髓（新；又）
（去）逊汛迅讯（新）
ʨ（阴）军均钧君
（上）菌
（去）郡
ʨʻ（阳）群裙
（上）捆
ɕ（阴）熏勋薰
（去）训驯
ø（阴）晕拥

（阳）云匀闻
（上）允
（去）运酝韵孕熨闰润

ɑŋ

p （阴）邦⿰口邦梆帮
（上）绑榜
（去）谤磅傍~晚棒
p‘ （阴）乓膀浮肿
（阳）旁傍~牛彷膀~胱螃
滂庞
（上）耪
（去）胖
m （阴）牤
（阳）忙芒~种茫氓
（上）盲□捆绑莽蟒
f （阴）方芳
（阳）防房坊妨肪芳（又）
（上）访仿纺
（去）放
t （阴）当~时裆铛螳
（上）党挡
（去）当上~档挡（又）荡宕
t‘ （阴）汤趟~水蹚
（阳）堂膛棠唐糖塘搪
（上）躺倘淌傥
（去）趟一~烫
n （阴）囊浮肿囔
（阳）囊皮~
（上）攮馕暖（又）
（去）齉□人多
l （阴）螂啷
（阳）郎狼廊琅锒朗~读
（上）朗明~
（去）浪
tθ （阴）脏弄~赃
（去）葬藏西~脏内~
tθ‘ （阴）仓苍舱沧
（阳）藏隐~
（去）蹭
θ （阴）丧~事桑
（上）嗓搡
（去）丧~失磉蹭（又）搡（又）
ʧ （阴）张章樟
（上）长生~涨上~掌
（去）帐账胀涨发~丈仗
杖樟（又）障瘴
ʧ‘ （阴）昌菖倡
（阳）长~短肠场打~常尝
偿
（上）场~地厂敞氅
（去）畅唱怅
（轻）尚和~

ʃ （阴）商墒伤
（上）偿(又)赏晌饷
（去）尚祟~绱上
（轻）裳衣~
k （阴）刚~强钢~铁纲缸缰港~炭光
（阳）刚~~地
（上）港香~冈岗
（去）杠钢~刀□烟酒等劲头足
k‘ （阴）康糠慷
（去）扛抗炕
ŋ （阴）肮昂
（上）焐烧
（去）盎
x （阴）夯
（阳）航杭吭语气词行~列绗
（轻）吭语气词
ø （去）□叹词

iaŋ

l （阳）良粮量丈~梁粱墚凉冰~
（上）两俩伎~
（去）量数~亮辆谅晾凉~鞋
ʦ （阴）浆桨螀
（上）将~来蒋奖
（去）匠酱虹将大~
ʦ‘ （阴）枪呛~水炝
（阳）墙蔷
（上）抢
（去）呛够~跄像动词
s （阴）相~互箱厢湘襄镶
（阳）祥详翔庠
（上）想
（去）相~貌象像名词橡
ʨ （阴）刚副词江豇姜僵疆缰（又）礓
（上）讲耩港太阳~（村名）
（去）降下~强倔~犟糨
ʨ‘ （阴）腔羌
（阳）强~壮；勉~
ȵ （阳）娘棉（又）
（去）酿（新）
ɕ （阴）香乡
（阳）降~服享
（上）响饷
（去）向项巷
ø （阴）央秧鸯殃嚷攘
（阳）羊洋杨扬阳瓤穰
（上）养痒仰疡壤酿（老）
（去）样漾让

uɑŋ

tʂ（阴）庄装包~桩妆
（上）装~盐；~钱
（去）幢撞状壮
tʂʻ（阴）疮窗
（阳）床
（上）闯
（去）串~门儿创撞
ʂ（阴）霜孀礵双一~
（上）爽□拿起物体垂直向下使其对应整齐
（去）双~生
k（阴）光咣胱
（上）广犷
（去）逛洸桄
kʻ（阴）匡筐诓诳
（阳）狂
（上）□摇晃
（去）矿旷圹况匡（又）框眶
x（阴）荒慌
（阳）黄簧磺皇煌蝗徨凰
（上）晃~眼幌恍谎
（去）晃~动
ø（阴）汪枉
（阳）王亡芒麦~
（上）往来~网辋
（去）忘妄望往~前走旺坳地名

əŋ

p（阴）崩嘣绷~带
（阳）甭（又）
（上）绷~着脸
（去）蹦泵迸蚌~埠
pʻ（阴）烹澎水溅嘭怦
（阳）朋棚彭膨澎~湖蓬篷
（上）捧
（去）碰
m（阴）蒙骗；猜懵
（阳）蒙~山朦盟萌
（上）猛蒙~古虻
（去）梦孟
f（阴）风疯讽枫丰封蜂
（阳）冯峰锋烽逢缝~补
（去）缝裂~奉俸凤
t（阴）灯登蹬噔
（上）等
（去）扽邓瞪澄沉淀凳磴
tʻ（阴）熥

（阳）疼腾滕藤誊
（上）挺
n （阳）能
（去）弄泞
l （阴）扔
（上）冷
（去）愣楞棱
（轻）弄词缀
tθ （阴）曾增赠憎僧
（去）憎综
tθ‘ （阴）噌
（阳）曾层
（去）蹭（又）
ʧ （阴）蒸贞侦正～月征
（上）整
（去）正～在政证症怔郑
ʧ‘ （阴）称～呼撑～杆
（阳）惩澄～清橙拯乘承丞呈逞程成城诚盛～满
（去）秤
ʃ （阴）升声
（阳）绳什～么
（去）胜剩圣盛兴～
tʂ （阴）铿争筝睁铮
（上）拯（又）
（去）挣
tʂ‘ （阴）撑支～铛
（去）牚
ʂ （阴）生牲笙甥
（上）省山东～
k （阴）更～换耕粳庚赓羹
（上）梗哽埂颈耿
（去）更～加
k‘ （阴）坑吭
（阳）□示意的声音
ŋ （阴）□象声词
x （阴）亨哼
（阳）行道～衡横～竖恒
（上）横蛮～□扔
（去）□叹词
ø （去）□叹词

iŋ

p （阴）兵冰
（上）丙柄炳邴饼秉禀
（去）病并
p‘ （阴）乒
（阳）平评坪苹萍凭屏瓶
m （阳）名铭明鸣
（去）命
t （阴）丁叮盯仃钉～子疔蝰（又）
（上）顶鼎

（去）定锭腚钉~住订

t‘（阴）听厅汀

（阳）亭停廷庭挺副词蜓艇莛

（上）挺动词铤

（去）挺下棋将对方要走的棋路堵上梃~棍

l（阴）灵棂伶玲铃翎零龄陵~墓菱绫

（上）领岭陵丘~

（去）另令

ʦ（阴）精睛菁晶

（上）井阱

（去）净静靖婧

ʦ‘（阴）青清（新）蜻

（阳）情晴晴

（上）请

（去）亲（新；又）~家

s（阴）星腥惺猩

（阳）姓性木质易弯易裂

（上）醒擤省反~

（去）性~格姓

ʨ（阴）京惊鲸经~过荆更五~粳

（上）景境警

（去）竟镜竞敬径经~线颈茎劲~

ʨ‘（阴）轻倾卿

（阳）擎

（上）顷苘

（去）庆磬

ȵ（阴）□喝得~~的

（阳）宁安~；~可凝

（上）拧

（去）宁姓泞佞

ɕ（阴）兴~许

（阳）形邢姓氏刑型行层饧

（去）兴高~杏幸

ø（阴）应英婴嘤樱鹦缨鹰莺

（阳）营莹萤迎盈赢蝇仍

（上）影颖瘿撄

（去）硬映

uŋ

t（阴）东冬咚

（上）董懂

（去）动洞冻栋

t‘（阴）统~一通嗵彤

（阳）同桐铜童瞳

（上）统总~桶捅筒

（去）痛

n（阴）哝

（阳）浓~厚脓齉
（去）弄浓泥泞；黏稠
l （阳）龙笼聋胧咙珑隆窿
（上）拢垄陇
（去）弄（又）
（轻）弄词缀（又）
tθ （阴）宗综棕踪鬃
（上）总
（去）纵粽
tθ‘ （阴）从匆葱聪
（阳）从
θ （阴）松凇嵩
（阳）㞞无能
（上）怂耸
（去）送宋颂讼诵
tʂ （阴）中当~忠衷钟盅终
（上）冢种~类肿
（去）中射~仲众重轻~种~菜
tʂ‘ （阴）充冲~击
（阳）虫重~复种姓氏
（上）崇宠憧
（去）铳冲朝向
k （阴）工功攻宫弓躬蚣供~应
（上）恭拱龚巩
（去）共供~养贡
k‘ （阴）空~虚
（上）孔恐
（去）空~缺控
x （阴）轰哄闹~~烘
（阳）宏弘红虹洪鸿
（上）哄骗
（去）哄起~
ø （阴）翁嗡
（去）瓮齆

yŋ

l （阳）龙
（上）垄
ts （去）纵粽
ts‘ （阳）从䝼
s （阴）松
（去）颂讼
tɕ （上）窘迥
tɕ‘ （阴）倾
（阳）穷蛩
ɕ （阴）兄凶胸
（阳）雄熊㞞精液
ø （阴）涌拥痈庸雍臃~肿
（阳）庸（又）荣容溶熔榕蓉融戎绒茸冗
（上）永泳咏踊勇涌（又）蛹恿

（去）用佣

三　语流音变

（一）变调和轻声

本节主要考查沂南方言两字组的连读变调情况。变调情况有一定的灵活性，说话速度的快慢、说话的语境，甚至不同的人，都常常会有细微的差别。本志介绍的是沂南方言一般性连读变调规律及相应的语言事实。

1．变调

两字组连读变调和两字组后字读轻声表

后字＼前字	阴平 213	阳平 53	上声 55	去声 31
阴平 213	213＋213→ 23+213 春分　穿衣	53+213 （不变） 茶花　实心	55+213 （不变） 水缸　老家	31+213 （不变） 正经　电灯
阳平 53	213＋53→ 23+53 天堂　心肠	53+53 （不变） 祠堂　铜钱	55+53 （不变） 水平　礼堂	31+53 （不变） 步行　内行
上声 55	213＋55→ 23+55 东海　糕饼	53+55 （不变） 十五　牙齿	55+55 （不变） 井水　雨水	31+55 （不变） 糯米　月饼
去声 31	213＋31→ 23+31 招待　黑市	53+31 （不变） 农业　麻木	55+31 （不变） 准备　马路	31+31 （不变） 地道　后代
轻声	213+轻→ 21+1 巴结　兄弟	53＋轻→ 35＋3 棉花　拳头	55＋轻→ 21＋5 点心　体面	31＋轻→ 55＋3 办法　上年

“阴平＋轻声”的变调中，语速稍快时，前字读音有时变为低平调 22。

“阴平＋轻声”和“上声＋轻声”的变调相同，但若着重强调“阴平＋轻声”中的阴平字会读为原调 213，而上声字不会读为原调。

沂南方言后字读为轻声的变调模式较为常见。

2. 轻声

沂南方言的轻声音节除了调值和音长变得又轻又短之外，声母、韵母方面也存在一些相应的变化。

（1）声母的变化

① 轻声音节的声母有浊音化倾向甚至发为浊音，不送气的清塞音和清塞擦音略带浊音或发为浊音（此处记为浊音）。例如：

倒腾 tɔ$^{55-21}$t‘əŋ˙→dəŋ　兄弟 ɕyŋ$^{213-21}$ti˙→di˙
零件 liŋ$^{53-35}$tɕiã˙→dʑiã˙　味道 ue$^{31-55}$tɔ˙→dɔ˙
娘家 ȵiɑŋ$^{53-35}$tɕia˙→dʑi˙　鸡巴 tsi$^{213-21}$pɑ˙→bə˙

② 有的声母发生同部位的转化，有的保留古音，有的尖团音互混。例如：

捣腾 tɔ$^{55-21}$t‘əŋ˙→təŋ˙　作腾 tθuə$^{213-21}$t‘əŋ˙→təŋ˙
得罪 te$^{213-21}$tθue˙→tue˙　琵琶 p‘i$^{53-35}$p‘ɑ˙→pə˙
煎饼 tsiã$^{213-21}$piŋ˙→tsiã$^{213-21}$miŋ˙/tɕiɑ$^{213-21}$ȵiŋ˙
脊梁 tsi$^{213-21}$liɑŋ˙→ȵiɑŋ˙　早晨 tθɔ$^{55-21}$ʧ‘ə̃˙→ʃə̃˙
玩弄 uã$^{53-35}$nuŋ˙→luŋ˙　和尚 xə$^{53-35}$ʃɑŋ˙→ʧ‘ɑŋ˙
近便 tɕiə̃$^{31-55}$piã˙→miã˙　棉花 miã$^{53-55}$xuɑ˙→ȵiã/ȵiɑŋ$^{53-55}$xuə/xu˙

（2）韵母的变化

① 央元音化。ɑ、u 央化为 ə。例如：

敲打 tɕʻiɔ$^{213-21}$tɑ˙→tə˙　遛跶 liəu$^{213-21}$tɑ˙→tə˙

滴答 ti$^{213-21}$tɑ˙→tə˙　刨查 pʻɔ$^{53-35}$tʂʻɑ˙→tʂʻə˙

下巴 ɕiɑ$^{31-55}$pɑ˙→pə˙　挪巴 nuə$^{53-35}$pɑ˙→pə˙

喇叭 lɑ$^{55-21}$pɑ˙→pə˙　底下 ti$^{55-21}$ɕiɑ˙→ɕiə˙

媳妇 si$^{213-21}$fu˙→fə˙　亲家 tsʻiŋ$^{31-55}$tɕiɑ˙→tɕiə˙

指甲 tʂʅ$^{213-21}$tɕiɑ˙→tɕiə˙　哈欠 xɑ$^{213-21}$tɕʻiã˙→xə$^{213-21}$ɕiə˙

② 高元音化。例如：

这么 tʃə$^{31-55}$mə˙→mu˙　场合 tʃʻəŋ$^{55-21}$xə˙→xu˙

比划 pi$^{55-21}$xuɑ˙→xu˙　地瓜 ti$^{31-55}$kuɑ˙→ku˙

③ 元音鼻化。例如：

麦子 me$^{31-55}$tθʅ˙→mə̃$^{31-55}$tθʅ˙　妹妹 me$^{31-55}$me˙→mə̃$^{31-55}$mə̃˙

黑夜 xe$^{213-21}$iə˙→xe$^{213-21}$iã˙　白夜 pe$^{53-35}$iə˙→pe$^{53-35}$iã˙

晌午 ʃɑŋ$^{55-21}$u˙→ʃɑŋ$^{55-21}$uə̃˙　耽误 tã$^{213-21}$u˙→tã$^{213-21}$uə̃˙

（二）儿化

沂南方言儿化比较复杂，规律性也比较强。根据儿化后的语音变化以及变化的方式，可以分为普通型儿化和特殊型儿化。儿化时只是韵母发生卷舌变化的称为普通型儿化。特殊型儿化除了韵母发生变化之外，还伴随着声母的读音发生一定程度的变化。沂南方言的儿化读音不仅取决于音节的韵母，还取决于音节的声母。儿化的作用与普通话基本相同，可以表达指称的细小以及喜爱的感情等。

有些儿化韵存在着较为明显的新老读法。老读一般在年龄偏大的人群（一般指 20 世纪 70 年代以前出生的人）中使用，新读一般在年轻人中使用。

沂南方言儿化的具体规律以及相应的儿化韵如下：

1．普通型儿化

普通型儿化韵读音规律与普通话基本相同，无韵尾的韵母儿化时由主要元音（韵腹）直接加上卷舌动作，有韵尾的韵母儿化时能够直接卷舌的韵尾带上卷舌动作，不能够直接卷舌的韵尾脱落，由主要元音带上卷舌动作或加上鼻化色彩。沂南方言只有两个韵尾，一个元音韵母 u，一个辅音韵尾 ŋ，u 可以直接卷舌，ŋ 脱落后由主要元音加上鼻化色彩并带上卷舌动作。另外，与普通话相对应的前鼻辅音尾韵母的沂南方言鼻化韵母，其儿化韵发音是失去鼻化色彩并由主要元音卷舌。

普通型儿化只限于九个声母：p、p‘、m、f、k、k‘、ŋ、x、ø。韵母只限于开口呼和合口呼。

原韵母	儿化韵	例词		
		p、p‘、m、f（拼开、u）	k、k‘、ŋ、x（拼开合）	ø（拼合口）
ɑ	ɑr	刀把儿　法儿	刷卡儿	
uɑ	uɑr		门挂儿	洼儿
ə	ər	山坡儿　么儿	唱歌儿	
uə	uər		水果儿	鸟窝儿
e	er	葱白儿	方格儿	
ə̃		本儿　花盆儿	树根儿	
ue	uer		小鬼儿	有味儿
uə̃			驴打滚儿	下文儿
u	ur	红布儿	扁担箍儿	小屋儿
ɔ	ɔr	红包儿　寒毛儿	高高儿的	棉袄儿
əu	əur		小狗儿	
ɛ	ɛr	牌儿	盖儿　爱儿	
ã		班儿　盘儿	豆腐干儿	

原韵母	儿化韵	例词		
		p、p‘、m、f（拼开、u）	k、k‘、ŋ、x（拼开合）	ø（拼合口）
uɛ	uɛr		拐儿　筷儿	
uã			开关儿	
ɑŋ	ãr	鞋帮儿　螃儿	鱼缸儿	
uɑŋ	uãr		柳条筐儿	
əŋ	ə̃r	凉棚儿	挖坑儿	
uŋ	uə̃r		空儿　红儿	渔翁儿

2．特殊型儿化韵

特殊型儿化韵的特殊之处表现在韵母发生相应卷舌变化的同时，声母也会发生一定程度的变化，如有的增加某种伴随性的语音特点，在一定程度上改变声母的读音，有的改变音节的声母，变成另外的辅音音素，有的是在声母与介音后发生一定的音色改变，等等。特殊型儿化韵是沂南方言非常有特色的语音变读现象，也是沂南方言不同于其他冀鲁官话的一个较为鲜明的重要特点。

根据这类儿化韵的内部差异，可以分为以下几类：

（1）“闪音+卷舌”型儿化韵

此类型儿化韵重要的特点是在韵母卷舌的基础上，伴随着闪音的加入，有的是加在声母、韵母之间，有的加在介音与韵母之间。主要有以下几种类型：

① 甲型儿化韵

此种儿化韵主要限于 t、t‘、n、tθ、tθ‘、θ 六个声母与开口呼、合口呼相拼的音节，儿化时在声母和韵母之间增加闪音 ɾ（实际上，是声母带上了闪音的色彩），其中，韵母 ɿ 变成 e，韵尾 ŋ 前面的元音带鼻化。详见下表：

原韵母	儿化韵	例词	
		t、tʻ、n（拼开合）	tθ、tθʻ、θ（拼开合）
ɑ	ɾɑr	一沓儿　捺儿	黑板擦儿　爷仨儿
uə	ɾuər	花朵儿　托儿	雅座儿　犯错儿
u	ɾur	嘟儿　秃儿	小卒儿　吃醋儿
ɛ	ɾɛr	鞋带儿　窗台儿	小菜儿　腮儿
ã		鸡蛋儿　炭儿	簪儿　小三儿
uã	ɾuɛr	段儿　团儿	钻儿　秫秸攒儿
ɿ	ɾer		籽儿　词儿　丝儿
uə̃	ɾuer	打盹儿　屯儿	东村儿　分寸儿
ue		成对儿　小腿儿	受罪儿　穗儿
ɔ	ɾɔr	小刀儿　头脑儿	甜枣儿　草儿　臊儿
əu	ɾəur	兜儿　小偷儿	
ɑŋ	ɾɑ̃r	档儿　趟儿	仓儿　嗓儿
əŋ	ɾə̃r	油灯儿　藤儿	小曾儿　层儿
uŋ	ɾuə̃r	洞儿　桶儿	小祖宗儿　小葱儿

②乙型儿化韵

此种儿化韵只限于声母 tɕ、tɕʻ、ɕ 与齐齿呼相拼的音节，儿化时除了韵母卷舌之外，在声母、介音与韵母之间增加闪音 ɾ，单元音韵母 i、y 在 ɾ 后加 e、u，后鼻辅音尾韵母在 ɾ 后变 ə̃、uə̃。详见下表：

原韵母	儿化韵	例词
		tɕ、tɕʻ、ɕ（拼齐齿呼、撮口呼）
i	iɾer	小鸡儿　下棋儿　小戏儿
iã		仝儿们　皮筋儿　使劲儿
y	yɾur	马驹儿　蛐蛐儿
iɑ	iɾɑr	木架儿　发卡儿　小虾儿
iə	iɾər	打结儿　茄儿　歇歇儿

<table>
<tr><th rowspan="2">原韵母</th><th rowspan="2">儿化韵</th><th>例　词</th></tr>
<tr><th>tɕ、tɕ‘、ɕ（拼齐齿呼、撮口呼）</th></tr>
<tr><td>iɛ</td><td rowspan="2">iɾɛr</td><td>秋秸儿　小鞋儿</td></tr>
<tr><td>iã</td><td>一件儿　小钱儿　馅儿</td></tr>
<tr><td>iɔ</td><td>iɾɔr</td><td>睡一觉儿　小桥儿</td></tr>
<tr><td>iəu</td><td>iɾəu</td><td>小九九儿　打球儿</td></tr>
<tr><td>yã</td><td>yɾɛr</td><td>铺盖卷儿　一圈儿　鞋楦儿</td></tr>
<tr><td>yə̃</td><td>yɾɛr</td><td>小军儿　一群儿</td></tr>
<tr><td>iɑŋ</td><td>iɾɑ̃r</td><td>小姜儿　腔儿　响儿</td></tr>
<tr><td>iŋ</td><td>iɾə̃r</td><td>光景儿　庆儿　杏儿</td></tr>
<tr><td>yŋ</td><td>yɾuə̃r</td><td>小熊儿</td></tr>
</table>

③丙型儿化韵

此种儿化韵限于声母 p、p‘、m、t、t‘ 和齐齿呼韵母（iɑ、iɛ、iəu、iə̃、iɑŋ 除外）相拼的音节。这类儿化韵有两种：一种是老的读法（老读），韵母变洪音，表现为 i 介音丢失，在声母和韵母之间增加闪音 ɾ；一种是新的读法（新读），表现为保留介音，在介音与主要元音之间增加闪音 ɾ（表格中老读在上，新读在下）。详见下表：

<table>
<tr><th rowspan="2">原韵母</th><th rowspan="2">儿化韵</th><th colspan="2">例　词</th></tr>
<tr><th>p、p‘、m（拼齐齿）</th><th>t、t‘（拼齐齿）</th></tr>
<tr><td rowspan="2">i</td><td>ɾɛr</td><td rowspan="2">鼻儿　皮儿　米儿</td><td rowspan="2">底儿　题儿</td></tr>
<tr><td>iɾɛr</td></tr>
<tr><td rowspan="2">iə</td><td>ɾər</td><td rowspan="2">鳖儿　撇儿</td><td rowspan="2">碟儿　帖儿</td></tr>
<tr><td>iɾər</td></tr>
<tr><td rowspan="2">iã</td><td>ɾɛr</td><td rowspan="2">边儿　面儿</td><td rowspan="2">店儿　天儿</td></tr>
<tr><td>iɾɛr</td></tr>
<tr><td rowspan="2">iɔ</td><td>ɾɔr</td><td rowspan="2">表儿　苗儿</td><td rowspan="2">调儿　条儿</td></tr>
<tr><td>iɾɔr</td></tr>
<tr><td rowspan="2">iŋ</td><td>ɾə̃r</td><td rowspan="2">兵儿　瓶儿</td><td rowspan="2">钉儿　莛儿</td></tr>
<tr><td>iɾə̃r</td></tr>
</table>

④丁型儿化韵

此种儿化韵限于 ts、ts‘、s、ȵ 四个声母与齐齿呼、撮口呼韵母（iɑ、iɛ、yɑ̃、yə̃除外）相拼的音节。这类儿化韵也有新老两种读法：老读改变声母，ts、ts‘、s 分别改为 tθ、tθ‘、θ，ȵ 改为 n，韵母变为洪音（i 介音丢失 y 介音变为 u），增加闪音 ɾ 后卷舌；新读声母不改变，介音不丢失，在介音和主要元音之间增加闪音 ɾ。韵母 yŋ 与 ts、ts‘、s 相拼的音节多为白读音，如“粽、纵、从、松”，有儿化韵的音节为“粽、松”，其儿化韵读音也有新老之分，无论新老声母都发生变化，老读的声母变为 tθ、tθ‘、θ，新读的声母变为 tɕ、tɕ‘、ɕ（表格中老读在上，新读在下）。详见下表：

原韵母	儿化韵	例词	
		ts、ts‘、s（拼齐齿）	ȵ（拼齐齿、撮口）
i iə̃	ɾer iɾer	赶集儿　东西儿 小秦儿(新) 灯芯儿(新)	小妮儿
iə	ɾər iɾər	一节儿　一些儿	一捏儿
y	ɾur yɾur	有趣儿　风俗儿	闺女儿
yə	ɾuər yɾər	麻雀儿　小雪儿	
iɑ̃	ɾɛr iɾɛr	尖儿　签儿　仙儿	年儿　埝儿
iɔ	ɾɔr iɾɔr	辣椒儿　小小儿	鸟儿
iəu	ɾəur iɾəur	小酒儿　袖儿	牛儿　妞儿
iɑŋ	ɾɑ̃r iɾɑ̃r	老将儿　木箱儿	新娘儿
iŋ	ɾə̃r iɾə̃r	蛋清儿　井儿	小宁儿
yŋ	ɾuə̃r yɾuə̃r	糯米粽儿　马尾松儿	

儿化韵具体的音变形式举例如下：

（赶） 集儿 tsi^{53}→tθɾer（老）tsiɾer（新）

（小） 徐儿 sy^{53}→θɾur（老）syɾur（新）

（小） 仙儿 siɑ̃^{213}→θɾɛr（老）siɾɛr（新）

（小） 妮儿 ȵi^{213}→ȵɾer（老）ȵiɾer（新）

（糯米）粽儿 tsyŋ^{31}→tɕyɾuə̃r（老）tθɾuə̃r（新）

（2）零声母型儿化韵

此类型儿化韵包含两种不同声母的音节，一种是l声母音节，儿化时卷舌声母l变读为舌尖后单元音ʅ；一种是零声母ø与齐齿呼、撮口呼韵母相拼，儿化时有老、新两种读法，在韵母卷舌的基础上，老读增加舌尖后单元音ʅ，原韵母细音儿化后变为洪音，新读在介音与主要元音之间增加闪音ɾ。详见下表：

原韵母	l		ø	
	儿化韵	例词	儿化韵 老/新	例词
i	ʅer	玉米粒儿	ʅer/iɾer	玩意儿
e		眼泪儿（新）		
iə̃			ʅer/iɾer	人儿　鞋印儿
ɑ	ʅɑr	旮旯儿		
iɑ		哥俩儿	ʅɑr/iɾɑr	小鸭儿 豆芽儿
iə			ʅər/iɾər	树叶儿
uə	ʅuər	小锣儿		
yə		大略儿	ʅuər/iɾər	小月儿 药儿
u	ʅur	小鹿儿		
y		小驴儿	ʅur/yɾur	小鱼儿 小雨儿
ɛ	ʅɛr	小来儿		

原韵母	l		∅	
	儿化韵	例词	儿化韵	例词
iɛ			ʅɛr/iɾɛr	河堐儿
ã	ʅɛr	小篮儿		
iã		小莲儿	ʅɛr/iɾɛr	屋檐儿
uã	ʅuɛr	小栾儿		
yã	ʅuer		ʅuɛr/yɾɛr	包圆儿 小院儿
ue		眼泪儿（老）		
uə̃		车轮儿		
yə̃			ʅuer/yɾer	小云儿 小军儿
ɔ	ʅɔr	姥姥儿		
iɔ		布料儿	ʅɔr/iɾɔr	虾腰儿 小鹞儿
əu	ʅəur	小楼儿		
iəu		小刘儿	ʅəur/iɾəur	加油儿 鸡肉儿
ɑŋ	ʅɑ̃r	波浪儿		
iɑŋ		小梁儿	ʅɑ̃r/iɾɑ̃r	瓤儿 山羊儿
əŋ	ʅə̃r	棱儿		
iŋ		找零儿	ʅə̃r/iɾə̃r	苍蝇儿 营儿
uŋ	ʅuə̃r	一笼儿		
yŋ		一垄儿	ʅuə̃r/yɾuə̃r	内容儿 丝绒儿

零声母 ∅ 和撮口呼单元音 y 相拼，其儿化韵除了表中的[ʅur]和[yɾur]，还有两种自由变读形式，即[ʅuer]和[yɾuer]。例如“小雨儿”有四种儿化韵形式，既可以读为[ʅur]、[yɾur]，也可以读为[ʅuer]、[yɾuer]。

受普通话影响，l 声母儿化音节中的 ʅ 带有轻微的辅音化倾向。

（3）伴随边擦音色彩的儿化韵

此类型儿化韵限于舌叶声母 tʃ、tʃʻ、ʃ 和舌尖后声母 tʂ、tʂʻ、ʂ 与开口呼、合口呼韵母相拼的音节，儿化时在韵母卷舌的基础上，舌叶声母变为相应的舌尖后声母，即 tʃ、tʃʻ、ʃ 分别变为 tʂ、tʂʻ、ʂ，舌尖后声母不变，并且伴随边擦音色彩（受舌尖后音影响，边擦音的位置略靠后）。详见下表：

原韵母	儿化韵	例词					
		tʂ→tʂɬ	tʂʻ→tʂʻɬ	ʂ→ʂɬ	tʃ→tʂɬ	tʃʻ→tʂʻɬ	ʃ→ʂɬ
ɑ	ɑr	手闸儿	分岔儿	白纱儿			
uɑ	uɑr	鸡爪儿	欻儿欻儿地	牙刷儿			
ə	ər				存折儿	小车儿	宿舍儿
ʅ	er	树枝儿	汤匙儿	老师儿			
e	er	小翟儿	一册儿	颜色儿			
ə̃	er	小臻儿	衬儿		一阵儿	小陈儿	走神儿
ue	uer	耳坠儿	耳垂儿	出水儿			
uə̃	uer				没准儿	开春儿	同花顺儿
u	ur	蜡烛儿	小锄儿	木梳儿			
ʮ	ur				算盘珠儿	一出儿	小人书儿
ɛ	ɛr	寨儿	棉花柴儿	细筛儿			
ɑ̃	ɛr	小站儿	小铲儿	小山儿	毛毡儿		打闪儿
uɛ	uɛr	打拽儿	下膪儿	主帅儿			
uɑ̃	uɛr				碎砖儿	羊肉串儿	门闩儿
ɔ	ɔr	灯罩儿	小炒儿	树梢儿	出招儿	潮儿	小邵儿
əu	əur	小邹儿	犯愁儿	精瘦儿	小周儿	一抽儿	小手儿
ɑŋ	ɑ̃r				查账儿	大肠儿	头晌儿
əŋ	ə̃r	风筝儿	椅子掌儿	外甥儿	齐整儿	小秤儿	细绳儿
uŋ	uə̃r	酒盅儿	飞虫儿				

常用儿化词语“小猪儿、找主儿”除了[tʂɫur]的儿化读音外，还有一种比较常见的自由变读形式[tʂɫuer]。其他词语很少见这种自由变读形式。

四 沂南方言与普通话语音比较

（一）声母、韵母、声调对照

1．声母对照

沂南话	普通话	例 字	例 外 字
p	p	八办帮	琶琵～
pʻ	pʻ	怕盼旁	胞细～痹麻～庇包～
m	m	马满忙	泥～墙；一身～
f	f	发凡方	
t	t	大胆当	特～为坦～埠啄
tʻ	tʻ	他谈汤	
n	n	那南囊	溇（又）
l	l	拉兰郎	嫩扔蕊辱
tθ	ts	杂赞赃	吱～声
tθʻ	tsʻ	擦蚕仓	
θ	s	洒三桑	臜腌～旋头上俩～儿
ts	tɕ	积尖将	
	ts	足粽纵	
tsʻ	tɕʻ	七前墙	歼～击；～灭
s	ɕ	西先相	
ʧ	tʂ	知朱招	津天～浸俊
ʧʻ	tʂʻ	尺出潮	殊特～皴深
ʃ	ʂ	湿书声	新老寻老辛老信老笋老榫老

沂南话	普通话	例字	例外字
tʂ	tʂ	蒸支庄	踏脚~车责择泽
tʂ‘	tʂ‘	齿初巢	册测侧策恻
ʂ	ʂ	诗叔生	色涩森
ɭ	ø	儿耳二	扔理
ʐ	ʐ	芮新锐新瑞新	
tɕ	tɕ	家坚江	刚~才更五~
tɕ‘	tɕ‘	掐牵强	阉（又）
ȵ	n	你念娘	
ɕ	ɕ	喜现项	
k	k	割甘缸	
k‘	k‘	磕看康	
ŋ	ø	啊安肮	
x	x	哈航厚	
ø	ø	言完原	
	ʐ	然肉热	

2．韵母对照

沂南话	普通话	例字	例外字
ɿ	ɿ	资	
	ʅ	知	
ʅ	ʅ	支	
ʮ	u	珠	
i	i	比	
u	u	不	
y	y	居	

沂南话	普通话	例字	例外字
ə	ər	儿	理
ɑ	a	八	
	ɤ	割	
iɑ	ia	家	
	iɑu	角	
uɑ	ua	抓	
ə	ɤ	搁	过

沂南话	普通话	例字	例外字
	o	波	郝
iə	iɛ	灭	
uə	uo	多	
	ɤ	饿	
yə	yɛ	绝	
	iɑu	脚	
ɛ	ai	带	
iɛ	ai	挨	
	iɛ	街	
	ia	崖	
uɛ	uai	帅	
e	ai	白	
	ei	北	
	ə	德	
	ɤ	隔	
	o	墨	
ue	uei	轨	
ɔ	ɑu	包	
iɔ	iɑu	表	
əu	ou	豆	

沂南话	普通话	例字	例外字
iəu	iou	丢	
ã	an	盼	
iã	ian	边	
uã	uan	端	
yã	yan	卷	
ə̃	ən	本	论
	in	宾	
iə̃	in	金	
uə̃	uən	敦	
yə̃	yən	均	
ɑŋ	ɑŋ	方	
iɑŋ	iɑŋ	良	
uɑŋ	uɑŋ	庄	
əŋ	əŋ	朋	
iŋ	iŋ	并	
uŋ	uŋ	东	
	uəŋ	翁	
yŋ	yŋ	炯	
	uŋ	龙	

3．声调对照

沂南话	普通话	例　字
阴平 213	阴平 55	高抽粗安　一秃积歇
	阳平 35	急竹得福　答责执菊
	上声 214	笔匹窄铁　法塔雪谷
	去声 51	质客纳入　勒涩复域
阳平 53	阳平 35	穷神徐平　鹅人龙麻　局食杂白
上声 55	上声 214	古楚体粉　女老买网
去声 31	去声 51	近柱荡像　盖帐　共阵 让怒尚样　欲鹿　月麦

（二）沂南人学习普通话应注意的语音问题

1．声母

（1）沂南方言分尖团。中古精组在沂南方言中分为两组：齿间音[tθ]、[tθ‘]、[θ]和舌尖前音[ʦ]、[ʦ‘]、[s]。[tθ]、[tθ‘]、[θ]拼洪音韵母，普通话读[ʦ]、[ʦ‘]、[s]；[ʦ]、[ʦ‘]、[s]拼细音韵母，普通话读[ʨ]、[ʨ‘]、[ɕ]。

普通话的[ʨ]、[ʨ‘]、[ɕ]来自精组细音和见系细音；沂南方言的[ʨ]、[ʨ‘]、[ɕ]只来自见系细音，精组细音读成[ʦ]、[ʦ‘]、[s]。

沂南人在学习普通话时应注意将[ʦ]、[ʦ‘]、[s]拼齐齿呼和撮口呼的字改为[ʨ]、[ʨ‘]、[ɕ]，将[tθ]、[tθ‘]、[θ]拼开呼和合口呼的字改为[ʦ]、[ʦ‘]、[s]。

下面是沂南方言尖音字表（表中左边第一列为沂南方言的韵母）：

	ts→tɕ	tsʻ→tɕʻ	s→ɕ
i	积唧鲫绩迹济脊瘠／集即藉籍辑楫缉疾嫉蒺／挤跻／寂祭际荠剂	七漆妻凄萋戚槭嘁膝熄／齐蛴脐荠荸～／沏砌	西息熄媳膝锡徙悉袭昔惜夕析淅晰／习席／洗玺／细
y	足／聚铸	蛆黢蹴趋／取娶／趣	须顼需胥婿宿蓿／徐俗／绪续叙序絮肃
iə	节接疖／截捷睫结～扎／姐螫／借捷睫褯	切且／窃怯妾惬挈锲	些楔揳／斜邪／写／泄卸泻屑谢榭亵燮瀣
yə	绝爵嚼	雀鹊	雪薛削／踅晙
iɔ	焦蕉礁椒	缲悄诮锹劁／憔樵瞧／愀／鞘俏峭	肖消销逍宵霄硝绡萧潇箫／小／笑啸
iəu	揪啾鬏／就～着菜／酒／就～是	秋鳅楸／囚	修脩宿／袖岫秀绣锈
iã	尖煎笺／剪践／渐箭间～苗荐践饯贱溅	千歼迁钎阡扦芊潜签／钱前／浅	鲜先仙／藓／线腺
yã		全诠铨痊筌烇荃泉	宣萱喧暄渲揎／旋璇漩／选癣／绚楦镟
iə̃	津／进浸尽晋	亲／秦／侵寝／沁吣	心芯新薪／寻／芯信囟
yə̃	津／俊峻骏竣	清	寻浔鲟旬询殉徇峋荀循巡／勋／逊汛迅讯

	ts→tɕ	ts'→tɕ'	s→ɕ
iɑŋ	桨桨螀／将～来奖蒋／匠酱虹将大～	枪呛～水炝／蔷墙／抢／呛够～跄像	相～互湘箱厢襄镶／祥详翔庠／想／相～貌象像橡
iŋ	精菁睛晶／井阱／靖婧静净	青清蜻／情晴赗／请／亲～家	星腥猩惺／姓／醒擤省反～／性姓

（2）中古知组三等、章组多数字在沂南方言中读为舌叶音声母[ʧ]、[ʧ']、[ʃ]，学习普通话时应注意把它们分别读为舌尖后（翘舌音）声母[tʂ]、[tʂ']、[ʂ]。参照“同音字汇”部分，把舌叶音声母读为相应的翘舌音声母即可。

（3）在沂南方言中，深臻两摄的精组三等非入声字声母读为 [ʧ]、[ʧ']、[ʃ]（部分为老读音），这些字有：侵、秦、寝、吣、沁、寻（深摄）；津、尽～前边、进、晋、浸、亲～戚、亲～家、秦、尽～力、辛、新、薪、信、讯、俊、笋、旬、荀、损、榫、迅、巡、循、殉（臻摄）。用普通话读这些字时，除了“笋、损、榫”三字的声母要读为[s]外，其他的要把[ʧ]、[ʧ']、[ʃ] 分别读为[tɕ]、[tɕ']、[ɕ]。

（4）中古庄组在沂南方言中基本读为翘舌音声母[tʂ]、[tʂ']、[ʂ]（“簪”字除外），而在普通话中，有少数字不读为翘舌音，学习普通话时应注意把这些字读为平舌音声母[ts]、[ts']、[s]：岑、森、参人～、渗～水、涩、篡(老)、瑟、侧、测、色、啬、责、策、册、缩、泽、择。

（5）中古影疑母开口一二等字在沂南方言中读为舌面后鼻辅音声母[ŋ]。沂南人在学习普通话时应注意把后鼻辅音声母去掉，把“恶、爱、哀、熬、袄、藕、安、俺、恩、昂”等音节读为零声母音节。

（6）中古日母字在沂南方言中多数读为零声母，如“日嚅燸蠕儒擩汝乳入辱褥缛若惹热弱扰饶绕柔揉肉然燃染软人仁壬任纴刃忍纫认闰润嚷攘瓤穰壤让仍”等，沂南人在学习普通话时应注意把这些字的读音由零声母改为[ʐ]声母。此外，把“扔”字的读音由[l]声母也改为[ʐ]声母。

2．韵母

沂南方言韵母和普通话韵母大多存在一一相对的关系，但具体音值却存在较大出入。具体表现为：

（1）单元音韵母较多。

普通话的复合元音韵母 ai [ai]、ei [ei]、ao [au]在沂南方言中分别读为单元音[ɛ]、[e]、[ɔ]；普通话韵母 uai [uai]、uei [uei]、iao [iau]在沂南方言中分别读为[uɛ]、[ue]、[iɔ]。

沂南人在学习普通话时，应注意把这几个单元音韵母读为复元音韵母，二合复元音韵母读为三合复元音韵母。

（2）鼻化元音韵母多。

普通话中的前鼻辅音韵尾在沂南方言中读为鼻化辅音韵尾。沂南方言的八个鼻化元音韵母与普通话的前鼻辅音韵母对应如下：

ɑ̃——an　iɑ̃——ian　uɑ̃——uan　yɑ̃——yan

ə̃——ən　iə̃——iən　uə̃——uən　yə̃——yən

沂南人在学习普通话时，应注意把鼻化辅音韵尾读为前鼻辅音韵尾。

（3）在沂南方言中，蟹摄开口二等见系字多读为[iɛ]韵母，对应普通话的[iɛ]、[ia]、[ai]三个韵母。沂南人在学习普通话时应注意这些字所对应的普通话读音，并注意[iɛ]韵母中主要元音[ɛ]发音时的舌位应比沂南方言中略高些。蟹摄开口二等见系字的沂南方言韵母与普通话韵母的具体对应情况见下表：

沂南韵母	普通话韵母	例 字
iɛ	iɛ	皆阶秸介界芥疥届戒械谐街解讲~、~开解姓解理解,明白懈蟹
	ia	涯崖
	ai	挨~个挨~打矮
ɛ	ai	揩楷骇隘
iɑ	ia	佳

（4）中古深臻两摄开口三等帮、泥、精组字（入声除外）沂南方言读为开口呼[ə̃]，普通话为齐齿呼[in]。例如（横线前为沂南方言读音，后为普通话读音）：

宾[pə̃^{213}]—[pin^{55}]　殡[pə̃^{31}]—[pin^{51}]　拼[p‘ə̃^{213}]—[p‘in^{55}]

贫[p‘ə̃^{53}]—[p‘in^{35}]　品[p‘ə̃^{55}]—[p‘in^{214}]　聘[p‘ə̃^{31}]—[p‘in^{51}]

民[mə̃^{53}]—[min^{35}]　抿[mə̃^{55}]—[min^{214}]　林[lə̃^{55}]—[lin^{35}]

进[tʃə̃^{31}]—[tɕin^{51}]老　侵[tʃ‘ə̃^{213}]—[tɕ‘in^{55}]老　新[ʃə̃^{213}]—[ɕin^{55}]老

沂南人学习普通话时，要专门注意纠正这些字的读音，需要纠正的字有“宾槟鬓斌彬濒殡膑拼姘贫频品聘门民岷苠敏闵悯闽抿泯皿渑林淋临磷鳞麟粼邻凛懔廪檩赁吝尽（老）~前边儿浸（老）尽（老）进（老）晋（老）侵（老）亲（老）~人秦（老）寝（老）吣（老）~食儿亲（老）~家心（老）芯（老）辛（老）新（老）薪（老）信（老）芯（老，又）囟（老）衅（老）”等。另外，第二人称代词“您”也应由洪音变为细音。

（5）宕、江两摄入声字的韵母大部分读[ə]、[uə]、[yə]，少数读为其他韵母。沂南人在学习普通话时，应注意以下几点：

①沂南方言的[ə]韵母在前拼[p]、[p‘]、[m]时，用普通话朗读时应注意把多数改读为[o]韵母，如“博泊梁山泊薄泊莫膜寞摸剥驳”等字；前拼其他声母时应注意改读为[ɤ]韵母，如“各阁搁胳~膊壳乐欢~鹤恶善~”等字。

②沂南方言的[uə]韵母用普通话朗读时应注意把多数改读为[uo]韵母，如“托铎踱诺落烙骆酪洛络作错凿昨柞索着衣~；附~酌勺芍郭廓扩霍藿劐桌卓琢啄涿戳浊捉镯朔握”等字。

③沂南方言的[yə]韵母用普通话朗读时应注意把多数改读为[yɛ]韵母，如“爵雀鹊嚼脚却虐疟约觉知~确学”等字。

④宕江两摄的少数入声字读为其他韵母，学习普通话时应特别注意记忆这些字，沂南方言与普通话的韵母对应如下：

沂南方言	普通话
勺 ʃuə^{53}	ʂɔ^{35}
芍 ʃuə^{53}	ʂɔ^{35}
郝 xə^{31}	xau^{214}
绰宽~ tʃ‘ɔ^{213}	tʂ‘uo^{51}
剥~开 pɑ^{213}	pau^{55}
胳~拉肢 kɑ^{213}	kɤ^{55}
药 yə^{31}	iau^{51}
钥 yə^{31}	iau^{51}
跃 iɔ^{31}	yɛ^{51}

沂南方言	普通话
雹 pɑ^{53}	pau^{35}
角老 tɕiɑ^{213}	tɕiau^{214}
弱 yə^{31}	ʐuo^{51}
若 yə^{31}	ʐuo^{51}

（6）在沂南方言中，中古曾开一、曾开三庄组和梗开二入声字韵母多为[e]，存在文白异读的白读韵母多为[e]，文读韵母多为[ə]；曾合一和梗合二入声字韵母多为[ue]。

沂南人学习普通话时要特别注意把单元音[e]读为有动程的复元音韵母[ei]，注意沂南方言韵母与普通话韵母间的对应关系，正确发好普通话韵母读音。

以上各摄入声字的沂南方言韵母与普通话韵母之间的对应关系见下表：

中古韵摄		沂南韵母	普通话韵母	例 字
曾摄	开一	e	ei	北肋贼黑得必须勒
			ɤ	德塞堵住，填入特～为
		ue	uei	忒
		e 白/ə 文	o	墨
			ɤ	刻克
		ə̃白/ə 文	o	默
	庄开三	e	ɤ	侧测色啬
	合一	ue	uo	或惑
		ue 白/uə 文		国

中古韵摄		沂南韵母	普通话韵母	例字
梗摄	开二	e	ai	白百伯柏拍拆宅窄掰麦脉号～摘择～菜
			o	迫魄
			ɤ	泽择选～客责策册隔
		ə	ɤ	赫革核～桃
		ɛ		核考～
		u	u	核杏～
		ɛ	ai	踖豆～子
		e 白/ə 文	ɤ	格额扼
			o	陌
	合二	u	ua	划比～
		uɑ		划计～
		u 白/uə 文	uo	获

3．声调

沂南方言与普通话在声调方面的不同之处有两点，一是四个调类的调值不同，二是中古清声母入声字的归类不同，具体参见“声调对照表”。

沂南人学习普通话，除了要练好普通话四个声调的发音之外，还要记住中古清声母入声字在普通话中的归类情况。

中古清声母入声字在普通话中的归类表

沂南话	普通话	例字
阴平	阴平	答~应喝塌溻插夹掐鸭押接腌跌帖服~贴汁湿嘿吸揖擦撒~手割渴喝八札杀瞎区鳖揭歇蝎憋切楔结~实噎拨泼脱撮聒豁~口挖刷刮拙说发缺七漆膝悉虱失一窟忽黢出屈托作~孽搁胳削约郭剫剥桌戳名词捉壳忒黑息熄织拍拆摘积昔惜只劈滴踢剔戚锡析击激吃扑秃哭屋督粥叔
阴平	阳平	答回~挟执急级给察折~断哲蜇节结~束钵厥决诀吉橘博泊阁啄戳动词得德则媳职识伯格责革隔烛蝠蝙~足菊竹福幅焯
	上声	塔帖请~法獭葛撇铁雪血笔骨郝觉~得角北百柏窄脊尺适谷曲嘱脚
	去声	踏榻洽摄帖临~涩屑阔豁~然血（书）瑟质室不猝戌作工~各恶~毒雀鹊绰却廓确握塞刻克鲫侧测色啬式饰迫客策册僻迹释绩束速触复腹覆宿促粟沃

第三章 词 汇

凡 例

1. 本词汇收集沂南比较有方言特点的常用词语七千条左右，按《方言》2003 年第一期“汉语方言词语调查条目表”分类记录，具体条目视方言内容有所增删。原表有二十九类，本词汇将第二十六类“副词、介词”等分为“副词”和“介词、连词”两类，增加了“象声词”一类，共三十一类。

2. 各词条的内容依次为词目、注音、释义和例句，后两项视需要酌加。两个或两个以上的例句，中间用“|”隔开。

3. 意义相同的词排在一起，第一条顶格，其余的缩一格排在后面。同义词可互相说明的，不另加释义。

4. 多义词用①②③等表示不同义项的顺序。

5. 释义中如果没有专门的地域性说明，皆指沂南县境内比较通行的说法；如果专门说明，则表示这种说法只在说明的区域通行，如注明“西片”则指这种说法只通行于沂南县境内的西部边缘地区。

6. 儿化词语标注实际音值，读音依照实际变化标注，并在音节末尾加表示卷舌动作的字母“r”。

7. 其他符号说明：

~~，字下加浪线表示该字是同音替代。

( )，括号中的成分可有可无。

/，斜线表示一字多音，斜线的前后为一个字的读音，若前后两音调值相同，只在后一个音节标出。

一　天文

日头 i$^{31-55}$t‘əu˙ ①太阳：～享毒了 ②阳光：晒～

　日头儿 i$^{31-55}$ tɾ‘əur˙

西晒日头（儿）si$^{213-23}$ʂɛ^{31}i$^{31-55}$t‘əu˙(tɾ‘əur˙) 午后的阳光

日头（儿）地儿 i$^{31-55}$t‘əu˙(tɾ‘əur˙) tɾer^{31} 阳光照射到的地方

背阴帮儿 pe^{31}iə̃$^{213-23}$pãr^{213} 阳光照射不到的地方

　阴凉地儿 iə̃$^{213-23}$liaŋ^{53}tɾer^{31}

云影儿 yə̃^{53}iɾə̃r^{55}/yə̃^{53}ɾə̃r^{55} 阳光强烈的天气里，浮云遮住阳光所形成的阴影

朝阳儿 ʧ‘ɔ^{53}ɾãr^{53} 向阳

日子食 i$^{31-55}$tθɿ˙ʃɿ^{53} 日蚀

风嘎拉 fəŋ$^{213-21}$ka˙la˙ 月晕

　风嘎拉儿 fəŋ$^{213-23}$ka$^{213-21}$ɾar˙

雨嘎拉 y^{55}ka$^{213-21}$la˙/y$^{55-21}$ka˙la˙ 日晕

月明 yə$^{31-55}$miŋ˙ 月亮

哑巴月明 ia$^{55-21}$pa˙yə$^{31-55}$miŋ˙ 被薄云挡住的月亮

月子食 yə$^{31-55}$tθɿ˙ʃɿ^{53} 月蚀

　天狗吃月亮 t‘iã$^{213-23}$kəu^{55}ʧ‘ɿ$^{213-23}$yə$^{31-55}$liaŋ˙

月明地儿 yə$^{31-55}$miŋ˙tɾer^{31} 月光照射到的地方

　月亮地儿 yə$^{31-55}$liaŋ˙tɾer^{31}

月黑头 yə$^{31-55}$xe˙t‘əu^{53} 没有月光的夜晚

星 siŋ^{213} 星星

勺星 ʃuə$^{53-35}$siŋ˙ 北斗星

勺子星 ʃuə$^{53-35}$tθʅ˙siŋ^{213}

长庚儿 ʧʻɑŋ$^{53-35}$kə̃r˙ 启明星

天河 tʻiã$^{213-23}$xə^{53} 银河

流星 liəu$^{53-35}$siŋ˙/liəu^{53}siŋ^{213}

贼星 tθe$^{53-35}$siŋ˙

扫帚星 θɔ$^{31-55}$ʧʮ˙siŋ^{213} 彗星

风老婆 fəŋ$^{213-23}$lɔ$^{55-21}$pʻə˙ 大风；狂风

大风 tɑ^{31}fəŋ^{213}

□风 θuə$^{53-35}$fəŋ˙ 刮得很猛且风向不定的风

旋风 syã$^{53-35}$fəŋ˙/syã$^{31-55}$fəŋ˙

小风儿 siɔ^{55}fə̃r^{213} 微风

风丝儿 fəŋ$^{213-23}$θɾer^{213} 微风：一点儿～都没有

顶风 tiŋ$^{55-21}$fəŋ˙ 逆风

顺风 ʃuə̃$^{31-55}$fəŋ˙

倒风 tɔ^{55} fəŋ^{213} 风改变了方向

火风 xuə$^{55-21}$fəŋ˙ 干热风。多出现在 5 月下旬至 6 月初

小麦儿干热风 siɔ^{55}mer^{31}kã$^{213-23}$iə^{31}fəŋ^{213}

西南火风 si^{213}nã^{53}xuə$^{55-21}$fəŋ˙

旁风 pʻɑŋ$^{53-35}$fəŋ˙ 从两侧刮来的风

风煞了 fəŋ$^{213-23}$ʂɑ$^{213-21}$lɔ˙ 风停了

煞风了 ʂɑ$^{213-23}$fəŋ$^{213-21}$lɔ˙

云彩 yə̃$^{53-35}$tθʻɛ˙ 云

瓦碴子云 uɑ^{55}tʂʻɑ$^{213-21}$tθʅ˙yə̃^{53} 不连片的瓦状碎云：～，晒死人

烧云 ʃɔ$^{213-23}$yə̃^{53} 霞

虹 tsiɑŋ^{31} 彩虹

黑云彩 xe$^{213-23}$yə̃$^{53-35}$tθʻɛ˙ 乌云

打闪 tɑ^{55}ʃɑ̃^{55} 闪电

刮拉 kuɑ$^{213-21}$lɑ˙ 响雷

霹雳 p'i$^{213-21}$li˙ ①响雷 ②雷击

霹雳呱子 p'i$^{213-21}$li˙kuɑ$^{213-21}$tθʅ˙ 一连串的响雷

打闪 tɑ^{55}ʃɑ̃^{55} 闪电

霹雳合闪 p'i$^{213-21}$li˙xə$^{53-35}$ʃɑ̃˙ 雷电交加

　雷暴合闪 le$^{53-35}$pɔ˙xə$^{53-35}$ʃɑ̃˙

大雨 tɑ^{31}y^{55}

小雨 siɔ^{55}y^{55}

　小雨儿 siɔ^{55}ɾur/yɾur/ɾuer/yɾuer^{55}

麻杆子雨 mɑ$^{53-35}$kɑ̃˙tθʅ˙y^{55}

雾露毛儿 u$^{31-55}$ləu/lu˙mɔr^{53} 毛毛雨

　雾露毛子 u$^{31-55}$ləu/lu˙mɔ$^{53-35}$tθʅ˙

雷暴雨 le$^{53-35}$pɔ˙y^{55} 雷雨

白霅雨 pe$^{53-35}$tʂɑ˙y^{55} 天上有日光时下的雨

潲雨 ʂɔ^{31}y^{55} 雨因风吹而斜着下，潲进室内

潲雨 ʂɔ$^{31-55}$y˙ 因风吹而斜着下的雨

布雨 pu$^{31-55}$y˙ 夏秋之间下的连阴雨

布雨世 pu$^{31-55}$y˙ʃʅ^{31} 汛期：下连阴雨的一段日子

发布雨 fɑ^{213}pu$^{31-55}$y˙ 进入汛期，下连阴雨

滴答 ti$^{213-21}$tə˙ ①拟声词 ②指下雨

布洒 pu$^{213-21}$ʂɛ˙ 洒（雨点儿）：～几个雨点子

雨停了 y^{55}t'iŋ$^{53-35}$lɔ/liə˙

　雨罢了 y^{55}pɑ$^{31-55}$lɔ˙

　住点儿了 tʃu^{31}tɾɛr/ tiɾɛr$^{55-21}$lɔ˙

不住点儿 pu$^{213-23}$tʃu^{31}tɾɛr^{55} 雨一直不停

不罢点儿 pu$^{213-23}$pɑ^{31}trɛr^{55}

打了过雨 tɑ$^{55-21}$lɔ˙kuə$^{31-55}$y˙ 被雨淋过了（西片）

打了过水 tɑ$^{55-21}$lɔ˙kuə$^{31-55}$ʂue˙ （中、东片）

直压直倒 ʧʅ^{53}iɑ^{31}ʧʅ^{53}tɔ^{31} 形容雨极大：雨～的

瓢浇 p‘iɔ^{53}tɕiɔ^{213}

开天了 k‘ɛ$^{213-23}$t‘iã$^{213-21}$lɔ/lə˙ 阴雨天转晴

天开脸了 t‘iã^{213}k‘ɛ$^{213-23}$liã$^{213-21}$lɔ˙

冻冻 tuŋ$^{31-55}$tuŋ˙ 冰

冻冻凌儿 tuŋ$^{31-55}$tuŋ˙ʅə̃r^{53} 小冰块儿

冻冻凌子 tuŋ$^{31-55}$tuŋ˙liŋ$^{53-35}$tθʅ˙

琉璃锥子 liəu$^{53-35}$li˙tʂue$^{213-21}$tθʅ˙ 冰锥儿

琉璃单 liəu$^{53-35}$li˙tã^{213}

琉琉 liəu$^{53-35}$liəu˙

上冻 ʃɑŋ^{31}tuŋ^{31} 结冰

雹子 pɑ$^{53-35}$tθʅ˙ 冰雹

上露水 ʃɑŋ^{31}lu$^{31-55}$ʂue˙ 下露

上雾 ʃɑŋ^{31}u^{31} 下雾

起雾 tɕ‘i^{55}u^{31} 开始下雾

雾茫儿的 u^{31}mɑ̃r$^{53-35}$ti˙ 略微有些雾

雾个铮儿的 u$^{31-55}$kə˙tʂɬə̃r$^{213-21}$ti˙

薄屎雪 pə^{53}ʂʅ^{55}syə^{213} 雨夹雪

霜雪子 ʂuɑŋ$^{213-21}$syə˙tθʅ˙ 霜；霜花

盐粒子 iã^{53}li$^{31-55}$tθʅ˙ 霰

天（儿） t‘iã^{213}/（t‘rɛr/t‘irɛr^{213}） 天气

漫阴 mã$^{31-55}$iə̃˙ 阴霾天

闷热 mə̃^{31}iə^{31}/mə̃$^{31-55}$iə˙

燥热 tθɔ$^{31-55}$iə˙

恍惚热 xuaŋ$^{55-21}$xu˙iə^{31} 很热

方古热 faŋ$^{213-21}$ku˙iə^{31}

方热 faŋ$^{213-23}$iə^{31}

狗头臊脑 kəu^{55}t‘əu^{53}sɔ^{31}nɔ^{55} ①（天气）闷热 ②人不稳重

暖和 naŋ$^{55-21}$xu˙ ①不冷不热，温度比较适宜 ②取暖

三伏（天） θã$^{213-23}$fu^{53}（t‘iã˙） 包括初伏、中伏、末伏

当伏顶子 taŋ$^{213-23}$fu^{53}tiŋ$^{55-21}$tθʅ˙ 中伏最热的一天

伏顶子 fu^{53}tiŋ$^{55-21}$tθʅ˙

交九 tɕiɔ$^{213-23}$tɕiəu^{55} 数九

二 地理

湖 xu^{53} 洼地；平原地

河崖地 xə^{53}iɛ^{53}ti^{31} 指位于大河两岸的平原地

半坡地 pã^{31}p‘ə$^{213-23}$ti^{31} 在丘陵和平原地之间，高于平原地而低于丘陵

山半坡 ʂã$^{213-23}$pã^{31}p‘ə^{213} 山腰

山地 ʂã$^{213-23}$ti^{31} 山坡地，山上的地

黄泥油子（地） xuaŋ$^{53-35}$mi˙iəu$^{53-35}$tθʅ˙（ti^{31}） 土质较差的黄土地

黄泥头 xuaŋ$^{53-35}$mi˙t‘əu^{53}

黑泥油子 xe$^{213-23}$mi^{53}iəu$^{53-35}$tθʅ˙ 颜色较黑的带有黏性的土地

热潮土 iə^{31}ʧ‘ɔ^{53}t‘u^{55} 潮土，河边的沙土地

河淤土 xə^{53}y$^{213-23}$t‘u^{55}

黄沙土 xuaŋ^{53}ʂa$^{213-23}$t‘u^{55}

油沙土儿 iəu^{53}ʂa$^{213-23}$t‘ɾur^{55}

岭砂土 liŋ^{55}ʂa$^{213\ 23}$t‘u^{55} 棕壤类上壤

沙包地 ʂɑ$^{213-23}$pɔ$^{213-23}$ti^{31} 沙土地

沙窝儿地（儿） ʂɑ$^{213-23}$uər$^{213-23}$ti^{31}（trər/tirər^{31}）

沙臊地 ʂɑ$^{213-23}$θɔ^{31}ti^{31}

黑沙包儿 xe$^{213-23}$ʂɑ$^{213-23}$pɔr^{213} 黑色沙土地

园 yã^{53} 菜地，菜园

捆山蒌子 tɕʻyə̃^{55}ʂã$^{213-23}$yə$^{31-55}$tθɿ˙ 绕过山脊的长条形的地

湖溜子 xu^{53}liəu$^{213-21}$tθɿ˙ 两条丘陵间的长条形田地

涝洼地 lɔ^{31}uɑ$^{213-23}$ti^{31} 低洼而常积水的田地

老荒 lɔ$^{55-21}$xuɑŋ˙ 常年积水的低洼地

坷垃 kʻə$^{55-21}$lə˙ 土块

坷垃头子 kʻə$^{55-21}$lə˙tʻəu$^{53-35}$tθɿ˙

垡子 fɑ$^{53-35}$tθɿ˙ ①连草带根带土一起刨起来的大土块 ②耕地时翻出来的大土块

坷埌 kʻə^{55}lɑŋ^{53} 坑儿，洼儿，陷阱

窝落儿 uə$^{213-23}$ɭuər^{213}

崮 ku^{31} 四面陡峭顶部较平的山，平顶的山

崮子 ku$^{31-55}$tθɿ˙

崮顶子 ku$^{31-55}$tiŋ$^{55-21}$tθɿ˙ 崮的顶部或山顶

梁 liɑŋ^{53} 较平缓的山脊

梁子 liɑŋ$^{53-35}$tθɿ˙

坳 uɑŋ^{31} 山侧低洼处或两山相夹之处，多用于村名、地名，今多写为“旺”

[山曼] mã^{31} 地名用字：团圆～

坊 uã^{31} 地名用字：佛子～｜大～｜老～

池畔 ʧʻə$^{213-21}$pʻã˙ 岸堤镇村名

光崖 kuɑŋ$^{213-21}$iɛ˙ 悬崖峭壁

崖头 iɛ^{53}tʻəu^{53}

挡崖 tɑŋ^{55}iɛ^{53} ①悬崖峭壁 ②正对着悬崖的位置

堐头 iɛ^{53}t‘əu^{53} 平路上有坡度的地方

上坡 ʃɑŋ^{31}p‘ə^{213} ①由低处通向高处的坡儿 ②走上坡的路 ③到山坡地干农活

下坡 ɕiɑ^{31}p‘ə^{213} ①由高处通向低处的坡儿 ②走下坡的路

垭口 iɑ$^{213-21}$k‘əu$^{\cdot}$ 两山之间可通行的狭窄地方；山口，多用于地名

　垭巴 iɑ$^{213-21}$pə$^{\cdot}$

　山垭巴 ʂã$^{213-23}$iɑ$^{213-21}$pə$^{\cdot}$

道口 tɔ^{31}k‘əu^{55}/tɔ$^{31-55}$k‘əu$^{\cdot}$ 路口，特指渡口：杨家～

墩 tuã^{213} 大土丘，又指较大的坟丘

孤墩子 ku$^{213-21}$tuã$^{\cdot}$tθɿ$^{\cdot}$ 土丘

汪 uɑŋ^{213} 水坑；池塘

　水汪 ʂue$^{213-23}$uɑŋ^{213}

河堐 xə^{53}iɛ^{53} ①河：～发大水了 ②河岸

河堐头 xə^{53}iɛ^{35}t‘əu^{53} 河堤

溜子 liəu$^{213-21}$tθɿ$^{\cdot}$ 迅速的水流

紧水溜子 tɕiã^{55}ʂue^{55}liəu$^{213-21}$tθɿ$^{\cdot}$ 河深处湍急的水流

沟沟道道 kəu$^{213-21}$kəu$^{\cdot}$tɔ$^{31-55}$tɔ$^{\cdot}$ 泛指水沟

　沟沟汊汊 kəu$^{213-21}$kəu$^{\cdot}$tʂ‘ɑ$^{31-55}$tʂ‘ɑ$^{\cdot}$

　河沟子 xə$^{53-35}$kəu$^{213-21}$tθɿ$^{\cdot}$

　水沟 ʂue^{55}kəu^{213}

沟娄子 kəu$^{213-21}$ləu$^{\cdot}$tθɿ$^{\cdot}$ 小沟儿

　沟娄儿 kəu$^{213-23}$ɭəur^{213}

渊子 iã$^{213-21}$tθɿ$^{\cdot}$ 河中的深水坑

堵堑 tu^{55}tɕ‘iã^{31} 用土石等把水流拦住，有暂时性的和永久性的，永久性的即堤坝

迭堑 tiə$^{53-35}$tɕʻiã˙

截堑 tsiə^{53}tɕʻiã^{31}

池头 ʧʻɿ^{53}tʻəu^{53} 在河、沟、汪等边缘挖掘的用于浇地的水坑，旁边一般安装有桔槔

鬼汪子 kue^{55}uɑŋ$^{213-21}$tθɿ˙

大井 tɑ^{31}tsiŋ^{55} 人工挖掘的蓄水供浇地用的池塘

泉子 tsʻyã$^{53-35}$tθɿ˙ 泉眼

冷泉 ləŋ$^{213-21}$tsʻyã˙ 雨后出现的山泉，雨水沿山石缝隙流出而形成

冷泉子 ləŋ$^{213-21}$tsʻyã˙tθɿ˙

控山水 kʻuŋ^{31}ʂã$^{213-23}$ʂue^{55} 山泉水

青石 tsʻiŋ$^{213-21}$ʃɿ˙ 石灰岩

砂石 ʂɑ$^{213-21}$ʃɿ˙ 砂岩

凤凰岩 fəŋ$^{31-55}$xuɑŋ˙iã^{53} 板状的石灰石质的石块，可做建筑材料

面石 miã$^{31-55}$ʃɿ˙ 页岩

红石 xuŋ$^{53-35}$ʃɿ˙ 质地比花岗岩软的红色石头

烂石 lã$^{31-55}$ʃɿ˙ 不成料的石头

黑沙 xe$^{213-23}$ʂɑ^{213} 黑色页岩风化粉碎后形成的小沙块

面沙 miã$^{31-55}$ʂɑ˙ 细软的沙

铁石 tʻiə$^{213-21}$ʃɿ˙ 红褐色或黑褐色的含铁量较高的石头

料石 liɔ$^{31-55}$ʃɿ˙ 经过加工用于建筑的石头

石薄板 ʃɿ^{53}pə^{53}pã^{55} 石板，一般指青石材质的石板，有时也指页岩材质的石板

石头蛋子 ʃɿ$^{53-35}$tʻəu˙tã$^{31-55}$tθɿ˙ 小石块，多指较圆滑者

石子儿 ʃɿ^{53}tθɾer^{55} 加工过的大小均匀的小石块

石碴子 ʃɿ^{53}tʂʻɑ$^{55-21}$tθɿ˙ 未加工过的小石块

河溜子儿 xə$^{53-35}$liəu˙tθɾer^{55} 鹅卵石

沙蛋子 ʂa$^{213-23}$tã$^{31-55}$tθɿ˙ 颗粒较大的沙石

娘娘屎 ȵiaŋ$^{53-35}$ȵiaŋ˙ʃɿ^{55} 沙石块

墼 ʦi^{213} 土坯

墼块 ʦi$^{213-31}$k'uɛ˙

坯 p'i^{213} 未经烧制的土砖

火石 xuə^{55}ʃɿ^{53} 一种半透明矿石，与火镰撞击可产生火花，旧时用来取火

火石牙子 xuə^{55}ʃɿ^{53}ia$^{53-35}$tθɿ˙

火镰石 xuə^{55}liã^{53}ʃɿ^{53} （西部）

土垃 t'u$^{55-21}$lə˙ 干土

土垃面子 t'u$^{55-21}$lə˙miã$^{31-55}$tθɿ˙ 粉末状的干土

埻土 pu$^{53-35}$t'u˙ ①非常细的土 ②灰尘（东部）

石灰 ʃɿ$^{53-35}$xue˙ 生石灰

白灰 pe^{53}xue^{213}/pe$^{53-35}$xue˙ 热石灰

洋灰 iaŋ^{53}xue^{213} 水泥

镘灰 mã^{31}xue^{213} 建筑过程中，在未干的混凝土表面上撒上水泥并平整

混合灰 xuə̃^{31}xə^{53}xue^{213} 石灰和水泥按照一定比例混合而成的混凝土

官路 kuã$^{213-23}$lu^{31} 旧时的大路

城里 ʧ'əŋ$^{53-35}$li˙ 城市或城市里面

城 ʧ'əŋ^{53} 县级以上行政机关所在地：县～｜省～｜都～｜北京～

街 ʨiɛ^{213} ①乡镇驻地 ②集市 ③乡村里的街道

当街 taŋ$^{213-23}$ʨiɛ^{213} 本村的中心街道

当路上 taŋ$^{213-23}$lu$^{31-55}$ʃaŋ˙ 路面上：别弄车子放～，堵着路，旁人怎么走？

挡头儿 taŋ$^{31-55}$t'ɾəur˙ ①障碍物 ②限度，上限：这是个～，绝不能超了这个数儿

挡杠儿 taŋ$^{31-55}$kãr˙

挡墙 taŋ$^{55-21}$ts'iaŋ˙ 起隔离作用的矮墙

跟儿里 ker$^{213-21}$li˙ 附近：～没贼贼不来

旮旯子 ka$^{213-23}$la$^{53-35}$tθʅ˙ 角落

　旮旯儿 ka$^{213-23}$ɭar^{53}

半边缫子 pã^{31}piã^{213}ts'iɔ$^{31-55}$tθʅ˙ 边缘：葛沟在～上

石塘 ʃʅ^{53}t'aŋ^{53} 采石后留下的坑

布泛 pu$^{31-55}$fã˙ 风化：刚挖出来的土石，冬天一冻，春天～了就能种了

　布粉 pu$^{31-55}$fə̃˙ （西片）

本乡本疃 pə̃^{55}ɕiaŋ^{213}pə̃^{55}t'ɾuɛr/t'ɾɛr^{55} 本乡本土

□窝落子 ʂuaŋ/tʂ'uaŋ^{55}uə$^{213-21}$luə˙tθʅ˙ 陷阱

凹窝 ua$^{213-23}$uə^{213} 低洼处

四哨 θʅ^{31}ʂɔ^{31} 村子四周

瞭哨子 liɔ^{31}ʂɔ$^{31-55}$tθʅ˙ 村子周边儿，村边的住宅

　哨门里 ʂɔ$^{31-55}$mə̃˙li^{55}

闲场儿 ɕiã^{53}tʂ'ɬãr^{55} 空地；无主儿的荒地

志石 tʂʅ$^{31-55}$ʃʅ˙ 界石

总石练 tθuŋ^{55}ʃʅ^{53}liã^{31} 埋在地下的巨石，特指巨大的地下岩石

石伙连 ʃʅ^{53}xuə^{55}liã^{53} 由多块紧密相连且表面光滑程度差不多的大石头连成的一片

　伙石连 xuə^{55}ʃʅ^{53}liã^{53}

三　时令、时间

春上 tʃ'uə̃$^{213-21}$ʃaŋ˙ 春天

打春 ta^{55}tʃ'uə̃^{213} 立春

开春儿 k'ɛ$^{213-23}$tʂ'ɬuer^{213} 立春以后

没春 mu^{53}tʃ'uə̃^{213} 某阴历年中没有立春节气

冷天 ləŋ^{55}t‘iɑ̃^{213} ①冬天 ②天气很冷的日子

热天 iə^{31}t‘iɑ̃^{213} ①夏天 ②气温很高的天气

冷冷哈哈的 ləŋ$^{55-21}$ləŋ˙xɑ$^{213-21}$xɑ˙ti˙ （天）冷

热乎燎天的 iə$^{31-55}$xu˙liɔ^{53}t‘iɑ̃$^{213-21}$ti˙ 天很热

过麦 kuə$^{31-55}$me/mə̃˙ 麦收过后

秋里 ʦ‘iəu$^{213-21}$li˙ 秋天

秋没下里 ʦ‘iəu$^{213-21}$mu˙ɕiɑ$^{31-55}$li˙ 早秋庄稼未收割时，青黄不接时

冬里 tuŋ$^{213-21}$li˙ 冬天

冬歇 tuŋ$^{213-21}$ɕiə˙ 冬至日（中、西、南片）

冬闲 tuŋ$^{213-21}$ɕiɑ̃˙ （东片）

小年儿 siɔ^{55}nɛr/ȵiɪrɛ^{53} 腊月二十三或二十四（西部二十三过，中东部大多二十四过，与所谓“官辞三民辞四”不完全相符）

辞灶 tθ‘ɿ^{53}tθɔ^{31} 过小年儿

骑年靠近 ʨ‘i^{53}ȵiɑ̃^{53}k‘ɔ^{31}ʨiə̃^{31} 春节将至

办年货 pɑ̃^{31}ȵiɑ̃^{53}xuə^{31} 准备过年的物品

置年 ʧʅ$^{31-55}$ȵiɑ̃˙

送财神 θuŋ^{31}tθ‘ɛ$^{53-35}$ʃə̃˙ 春节前到各家各户说着吉利话（如“财神进门来，又添人口又添财”）卖财神赵公元帅的画像。“卖”说为“送”

请财神 ʦ‘iŋ^{55}tθ‘ɛ$^{53-35}$ʃə̃˙ 买印有财神赵公元帅的画像，“买”不说“买”而说“请”表示恭敬

门上虎爷 mə̃$^{53-35}$ʃɑŋ˙xu$^{55-21}$iə˙ 门神

请家堂 ʦ‘iŋ^{55}ʨiɑ$^{213-21}$t‘ɑŋ˙/ʦ‘iŋ^{55}ʨiɑ$^{213-23}$t‘ɑŋ^{53} 过年这一天，把祖先牌位请回家里过年

请纸 ʦ‘iŋ^{55}tʂʅ^{55}

送家堂 θuŋ^{31}ʨiɑ$^{213-21}$t‘ɑŋ˙/θuŋ^{31}ʨiɑ$^{213-23}$t‘ɑŋ^{53} 过了年之后把祖先牌位送回原处

发纸马 fɑ$^{213-23}$tʂʅ^{55}mɑ^{55} 大年三十子夜过后，摆上酒菜和饺子，烧纸敬奉祖先和神仙

大年三十 tɑ^{31}ȵiã^{53}θã$^{213-23}$ʂʅ^{53} 除夕

大年三十儿 tɑ^{31}ȵiã^{53}θã$^{213-23}$ʂɫer^{53}

年三十 ȵiã^{53}θã$^{213-23}$ʂʅ^{53}

年除日 ȵiã^{53}ʧʻɥ$^{53-35}$i˙ （中东部）

年五更 ȵiã^{53}u$^{55-21}$tɕiŋ˙ 大年夜，除夕之夜

大年初一 tɑ^{31}ȵiã^{53}tʂʻu$^{213-23}$i^{213} 正月初一

五末日 u^{55}mə$^{31-55}$i˙/u$^{55-21}$mu˙i˙ 从大年初一到初五的五天。五天之内在锅里放进馒头、水饺等食物，称为“压锅”

磕头钱 kʻɑ$^{213-23}$tʻəu$^{53-35}$tsʻiã˙ 压岁钱

对子 tue$^{31-55}$tθɿ˙ 对联，春联

门对子 mə̃$^{53-35}$tue˙tθɿ˙ 竖贴在门框上的对联

框对子 kuɑŋ$^{31-55}$tue˙tθɿ˙

门单子 mə̃^{53}tã$^{213-21}$tθɿ˙ 对联的横批

落门钱子 luə$^{31-55}$mə̃˙tsʻiã$^{53-35}$tθɿ˙ 大年三十这一天贴在门楣、门头上的五色（红黄蓝绿紫）彩纸，纸上有镂花和祈福语

正月十五 ʧəŋ$^{213-21}$yə˙ʃʅ$^{53-35}$u˙ 元宵节

二月二 ɭə$^{31-55}$yə˙ɭə^{31} 农历二月初二

寒食 xã$^{53-35}$ʃʅ˙ 清明前一天。此日上坟祭祀先人

清明 tsʻiŋ$^{213-21}$miŋ˙ 清明节

五月端午 u$^{55-21}$yə˙tuã$^{213-21}$u˙ 端午节

六月六 liəu$^{31-55}$yə˙liəu^{31} 阴历六月初六。农村旧时习俗，此日在院子里或路上摆上酒席祭天，祈求上苍护佑，以求风调雨顺，五谷丰登

七夕 tsʻi$^{213-23}$si^{213} 乞巧节。阴历七月初七之夜，妇女过此节日

鬼节 kue^{55}tsiə^{213} 也叫“中元节”，阴历七月十五。这一天一般都要包水

饺吃，祭祀祖先，祈求先祖保佑全家平安、幸福

八月十五 pɑ$^{213-21}$yə˙ʃʅ$^{53-35}$u˙ 中秋节，阴历八月十五

腊八 lɑ^{31}pɑ^{213}/lɑ$^{31-55}$pɑ˙ 阴历腊月初八。农村旧习，这一天要喝腊八粥

头年 t'əu^{53}ȵiã^{53} 过年之前的一段时间

上年 ʃɑŋ$^{31-55}$ȵiã˙ 去年

歲过年去 uɛ$^{55-21}$kə/kuə˙ȵiã$^{53-35}$tɕ'y˙ 过了年以后

头几年 t'əu^{53}tɕi^{55}ȵiã^{53} 前几年

　头二年 t'əu$^{53-35}$ɭə˙ȵiã˙

　头两年 t'əu$^{53-35}$liɑŋ˙ȵiã˙

头两年 t'əu^{53}liɑŋ^{55}ȵiã^{53} 前两年

过两年 kuə/kə$^{31-55}$liɑŋ˙niã˙ 过几年

　过两年儿 kuə/kə$^{31-55}$liɑŋ˙nrɛr/ȵirɛr^{53}

　压年 iɑ$^{213-23}$ȵiã^{53}

　待年 tɛ^{31}ȵiã^{53}

过两年 kuə/kə^{31}liɑŋ^{55}ȵiã^{53} 两年以后

过明年 kuə/kə^{31} miŋ$^{53-35}$ȵiã˙ 后年（西片）

转年 ʧuã^{55}ȵiã^{53} ①过了年，明年 ②过几年后：这事儿～再说吧

抹年 mɑ$^{213-23}$ȵiã^{53} 过了年，明年

抹过年去 mɑ$^{213-21}$kə˙ȵiã$^{53-35}$tɕ'y˙

年头儿 ȵiã^{53}t'rəur^{53} 年初

年尾儿 ȵiã^{53}uer^{55} 年底

年根儿 ȵiã^{53}kər^{213} 春节前后的一段时间，或单指年底

头半年 t'əu$^{53-35}$pã˙ȵiã^{53} 一年之中的前六个月

　上半年 ʃɑŋ$^{31-55}$pã˙ȵiã^{53}

后半年 xəu$^{31-35}$pɑ˙ȵiɑ̃^{53} 一年之中的后六个月

下半年 ɕiɑ$^{31-55}$pã˙ȵiã^{53}

年儿半载 ȵiã$^{53-35}$ɭə˙pã^{31}tθɛ^{55} 一年半年，指半年到一年的一段不确定的时间

成年（价） tʃʻəŋ^{53}ȵiã$^{53-35}$（tɕiə˙） 整年

整年价 tʃəŋ^{55}ȵiã$^{53-35}$tɕiə˙

长年 tʃʻɑŋ^{53}ȵiã^{53}

五冬六夏 u^{55}tuŋ^{213}liəu^{31}ɕiɑ^{31}

年顶年 ȵiã^{53}tiŋ^{55}ȵiã^{53} 一年年，每年

年年 ȵiã^{53}ȵiã^{53} 每年

歉年 tɕiã^{31}ȵiã^{53} 收成不好的年份儿

八辈子 pɑ$^{213-23}$pe$^{31-55}$tθɿ˙ 强调时间长：～不走动的亲戚

月头儿 yə^{31}tʻɾəur^{53} 月初

月尾儿 yə^{31}uer^{55} 月末，月底

上月 ʃɑŋ^{31}yə^{31} 上个月

下月 ɕiɑ^{31}yə^{31} 下个月

三头儿两月的 θã$^{213-23}$tʻɾəur^{53}liɑŋ^{55}yə$^{31-55}$ti˙ 说不准多长时间

仨头儿俩月的 θɑ$^{213-23}$tʻɾəur^{53}liɑ^{55}yə$^{31-55}$ti˙

个把月儿 kə$^{31-55}$pɑ˙ɻuər/yɻuər^{31} 一个月左右

个月成十的 kə^{31}yə^{31}tʃʻəŋ^{53}ʃɿ$^{53-35}$ti˙ 一个多月

个月二十天的 kə^{31}yə^{31}ɭə$^{31-55}$ʃɿ˙tʻiã$^{213-21}$ti˙ 接近一个月

月顶月 yə^{31}tiŋ^{55}yə^{31} 每个月

大尽 tɑ$^{31-55}$tʃə̃/tsiə̃˙ 阴历三十天的月份儿

小尽 siɔ$^{55-21}$tʃə̃/tsiə̃˙ 阴历二十九天的月份儿

今们儿 tɕi/tɕiə̃$^{213-21}$mer˙ 今天

今 tɕi/tɕiə̃^{213} ～晌午｜～下晚儿

夜来 iə$^{31-55}$lɛ˙ 昨天

夜 iə^{31} ～上午｜～晚上

前日 ʦ‘iɑ̃$^{53-35}$i· 前天

前夜 ʦ‘iɑ̃$^{53-35}$iə·

前天 ʦ‘iɑ̃^{53}t‘iɑ̃^{213}

前 ʦ‘iɑ̃^{53} ～早晨｜～晚上

大前日 tɑ^{31}ʦ‘iɑ̃$^{53-35}$ i· 大前天

大前天 tɑ^{31}ʦ‘iɑ̃^{53}t‘iɑ̃^{213}

大前夜 tɑ^{31}ʦ‘iɑ̃$^{53-35}$iə·

大前 tɑ^{31}ʦ‘iɑ̃^{53} ～早晨｜～晌午｜～晚上

赶明儿 kɑ̃^{55}mɾə̃r/miɾə̃r^{53} 明天

明日 miŋ$^{53-35}$i·

明夜 miŋ$^{53-35}$iə·

明天 miŋ^{53}t‘iɑ̃^{213}

明 miŋ^{53} ～早晨｜～晌午｜～晚上

过明天 kuə/kə^{31}miŋ^{53}t‘iɑ̃^{213} 后天

过明日 kuə^{31}miŋ$^{53-35}$i·

过明夜 kuə^{31}miŋ$^{53-35}$iə·

过明 kuə$^{31-55}$miŋ· ～早晨｜～下晚儿｜～晚上

后天 xəu^{31}t‘iɑ̃^{213}

后日 xəu$^{31-55}$i·

后夜 xəu$^{31-55}$iə·

后 xəu^{31} ～早晨｜～晌午｜～晚上

大过明天 tɑ^{31}kuə^{31}miŋ^{53}t‘iɑ̃^{213} 大后天

大后天 tɑ^{31}xəu^{31}t‘iɑ̃^{213}

大后日 tɑ^{31}xəu$^{31-55}$i·

大后夜 tɑ^{31}xəu$^{31-55}$iə·

头两天 t‘əu$^{53-35}$liaŋ˙t‘iã^{213} 前两天，前几天

　头二天 t‘əu$^{53-35}$ɭə˙t‘iã^{213}

　前两天 ʦ‘iã$^{53-35}$liaŋ˙t‘iã^{213}

天顶天 t‘iã$^{213-23}$tiŋ^{55}t‘iã^{213} 每天，天天，成天

　天天 t‘iã$^{213-23}$t‘iã^{213}

　见天 ʨiã^{31}t‘iã^{213}

成天价 ʧ‘əŋ^{53}t‘iã$^{213-21}$ʨiə˙ 一天天，每天；一整天，全天

　整天价 ʧəŋ^{55}t‘iã$^{213-21}$ʨiə˙

　朝天价 ʧɔ$^{213-23}$t‘iã$^{213-21}$ʨiə˙

好几天 xɔ$^{55-21}$ʨi˙t‘iã^{213} 几天

十来天 ʃʅ^{53}lɛ^{53}t‘iã^{213} 十几天

　十拉天 ʃʅ$^{53-35}$lə˙t‘iã^{213}

早晨 tθɔ$^{55-21}$ʃə̃˙

饭时 fã$^{31-55}$ʂʅ˙ 吃饭的时间（多指早饭、午饭）

饭时门儿 fã$^{31-55}$ʂʅ˙mer˙ 吃早饭的时间，早晨八点多钟

饭时头儿 fã$^{31-55}$ʂʅ˙t‘ɾəur˙ 吃午饭的时间，午后一点钟左右

上午 ʃaŋ^{31}u^{55}

　头晌儿 t‘əu^{53}ʂłãr^{55}

　头午 t‘əu^{53}u^{55}

　前半晌儿 ʦ‘iã$^{53-35}$pã˙ʂłãr^{55}

　上半晌儿 ʃaŋ$^{31-55}$pã˙ʂłãr^{55}

　头半晌儿 t‘əu$^{53-35}$pã˙ʂłãr^{55}

下晌儿 ɕia^{31}ʂłãr^{55} 下午

　后晌儿 xəu^{31}ʂłãr^{55}/xəu$^{31-55}$ʂłãr˙

　后半晌儿 xəu$^{31-55}$pã˙ʂłãr˙

　下半晌儿 ɕia$^{31-55}$pã˙ʂłãr˙

过晌儿 kuə$^{31-55}$ʂɬɑ̃r˙

晌午头儿 ʃɑŋ$^{55-21}$u˙t‘ɾəur^{53}　正午，中午

晌午 ʃɑŋ$^{55-21}$u/uə̃˙

晌午歪 ʃɑŋ$^{55-21}$u˙uɛ^{213}　太阳偏西的时刻，大约两三点钟

晌歪 ʃɑŋ$^{55-21}$uɛ˙

天晌歪 t‘iɑ̃$^{213-23}$ʃɑŋ$^{55-21}$uɛ˙

晌午扭嘴儿 ʃɑŋ$^{55-21}$u˙ȵiəu^{55}tθɾuer^{55}

下下凉儿 ɕiɑ$^{31-55}$ɕiɑ˙ʅɑ̃r^{53}　夏季等到下午稍凉爽的时候：晌午头儿里太热，咱～着再走吧

多半天 tuə$^{213-21}$pɑ̃˙t‘iɑ̃^{213}　大半天

露头明儿 ləu$^{31-55}$t‘əu˙mɾə̃r/miɾə̃r^{53}　（天）刚麻麻亮

半晌 pɑ̃$^{31-55}$ʃɑŋ˙　①半天，很大一会儿 ②大约上午十点到十一点之间的时间

日头西了 i$^{31-55}$t‘əu˙si$^{213-21}$lɔ˙　傍晚

日头西门儿 i$^{31-55}$t‘əu˙si$^{213-21}$mer˙

烧火时 ʃɔ$^{213-23}$xuə^{55}ʂʅ^{53}

烧火时门儿 ʃɔ$^{213-23}$xuə^{55}ʂʅ$^{53-35}$mer˙

下晚儿 ɕiɑ^{31}uɛr^{55}

喂牛时门儿 ue^{31}ȵiəu^{53}ʂʅ$^{53-35}$mer˙　（东片）

免黄黑儿 miɑ̃^{55}xuɑŋ^{53}xer^{213}

蚂蚱眼子 mɑ$^{31-55}$tʂɑ˙iɑ̃$^{55-21}$tθʅ˙

合黑儿 xɑ^{53}xer^{213}　天将要黑

上黑影儿 ʃɑŋ^{31}xe$^{213-23}$ɾə̃r /iɾə̃r^{55}　天刚开始黑

抹黑儿 mɑ$^{213-23}$xer^{213}

忽黑摸门儿 xu$^{213-23}$xe^{213}mə$^{213-23}$mer^{53}　天很黑的样子

大黑 tɑ$^{31-55}$xe˙　天黑多时：～了，你拿着手灯照个明儿吧

黑夜 xe$^{213-21}$iã˙ 晚上，夜里

黑日 xe$^{213-21}$i˙

半夜五更 pã$^{31-55}$iə˙u$^{55-21}$tɕiŋ˙ 深更半夜

五更半夜 u$^{55-21}$tɕiŋ˙pã$^{31-55}$iə˙

半晌午夜 pã^{31}ʃaŋ^{55}u^{55}iə^{31} 正午或半夜

半夜门儿 pã^{31}iə$^{31-55}$mer˙ 半夜前后

整晚上 ʧəŋ^{55}uã$^{55-21}$ʃaŋ˙ 一整夜

整夜 ʧəŋ^{55}iə^{31}

上半夜 ʃaŋ$^{31-55}$pã˙iə^{31}

头半夜 t‘əu$^{53-35}$pã˙iə^{31}

下半夜 ɕia$^{31-55}$pã˙iə^{31}

后半夜 xəu$^{31-55}$pã˙iə^{31}

白夜 pe$^{53-35}$iə/iã˙ 白天

白日 pe$^{53-35}$i˙

大白天 ta^{31}pe^{53}t‘iã^{213} ①白天 ②光天化日：～的，你怎么偷我的玉黍？（西部）

大半天 ta^{31}pã^{31}t‘iã^{213}/ta$^{31-55}$pã˙t‘iã^{213} 这么长时间，很长时间

老半天 lɔ^{55}pã^{31}t‘iã^{213}

一点钟 i$^{213-23}$tiã^{55}tʂuŋ˙ 午后一点（西片）

下一点 ɕia^{31}i$^{213-23}$tiã^{55} ①午后一点 ②凌晨一点

星期 siŋ$^{213-23}$tɕ‘i^{213} ①一周 ②星期天

阵子 ʧə̃$^{31-55}$tθʅ˙ 一段时间：前～｜前一～｜这～

一伐子 i$^{213-23}$fa$^{53-35}$tθʅ˙

现今晚儿 ɕiã$^{31-55}$tɕi˙uɛr^{55} 现在，如今

才刚 tθ‘ɛ^{53}tɕiaŋ^{213} 刚才

才刚么 tθ‘ɛ^{53}tɕiaŋ$^{213-21}$mə˙

才刚忙儿 tθʻɛ^{53}tɕiaŋ$^{213-23}$mãr^{53}

刚才 tɕiaŋ$^{213-23}$tθʻɛ^{53}

刚么儿 tɕiaŋ$^{213-21}$mər˙

刚忙儿 tɕiaŋ$^{213-23}$mãr^{53}

刚 tɕiaŋ^{213}

头回 tʻəu^{53}xue^{53} 第一次

盼儿 pʻɛr^{31} 时候，工夫：这～老王可能到界湖啦

盼子 pʻã$^{31-55}$tθʅ˙

一盼子 i$^{213-23}$pʻã$^{31-55}$tθʅ˙ ①一会儿，一段时间 ②一直，长期以来

一盼儿 i$^{213-23}$pʻɛr^{31}

一大盼子 i$^{213-23}$ta^{31}pʻã$^{31-55}$tθʅ˙ 很长一段儿时间

老大盼子 lɔ^{55}ta^{31}pʻã$^{31-55}$tθʅ˙

共从 kuŋ^{31}tsʻyŋ^{53} 一直，很久：～没见他了

从然 tsʻyŋ^{53}iã^{53}/tsʻyŋ$^{53-35}$iã˙

若干 yə^{31}kã^{213} 很久：～没见他了

会子 xue$^{31-55}$tθʅ˙

一时半会儿 i$^{213-23}$ʂʅ^{53}pã^{31}xuer^{31} 一会儿，较短的时间

一时半刻 i$^{213-23}$ʂʅ^{53}pã^{31}kʻe/kʻə^{213}

一时半霎儿 i$^{213-23}$ʂʅ^{53}pã^{31}ʂɬar^{213}

一霎儿半霎儿 i$^{213-23}$ʂɬar^{213}pã^{31}ʂɬar^{213}

一霎儿 i$^{213-23}$ʂɬar^{213} 一小会儿，指很短的时间

一霎儿霎儿 i$^{213-23}$ʂɬar$^{213-21}$ʂɬar˙

一霎霎儿 i$^{213-23}$ʂa$^{213-21}$ʂɬar˙

早晚 tθɔ^{55}uã^{55}/tθɔ$^{55-21}$uã˙ 很快（就要发生），时间短

前后脚 tsʻiã^{53}xəu^{31}tɕyə^{213} 相继，相隔时间很短

早先 tθɔ^{55}siã^{213} 以前，过去

先前 siã$^{213-23}$ts'iã^{53}

在早 tɛ^{31}tθɔ^{55}

在早儿 tθɛ^{31}tθɔr^{55}

早里 tθɔ$^{55-21}$li˙

早一来 tθɔ$^{55-21}$i˙lɛ^{53}

早先里 tθɔ^{55}siã$^{213-21}$li˙

末了儿 mə^{31}ʅɔr^{55} ①后来 ②（时间）最后 ③最后一个

末末了儿 mə$^{31-55}$mə˙ʅɔr^{55}

末后儿 mə^{31}xəur^{31} 末尾，最后

后进上 xəu^{31}ʧə̃$^{31-55}$ʃɑŋ˙

后尾里 xəu^{31}ue$^{55-21}$li˙

临晚儿 lə̃^{53}uɛr^{55} 末尾，最后；时间较晚

如今 y^{53}tɕiə̃^{213} 现在：到～他都不来，他想干什么？

往后 uɑŋ^{31}xəu^{31} ①以后 ②向后面，向后来：事儿已经过去了，咱就～看吧

打这往后 ta^{55}ʧə^{31}uɑŋ^{31}xəu^{31} 从此以后

打那往后 ta^{55}na^{31}uɑŋ^{31}xəu^{31} 从那以后

头子上 t'əu$^{53-35}$tθɿ˙ʃɑŋ˙ 开始

当年 tɑŋ$^{213-23}$ȵiã^{53} ①年轻的时候 ②那年

想当年 siɑŋ^{55}tɑŋ$^{213-23}$ȵiã^{53}

小当年 siɔ^{55}tɑŋ$^{213-23}$ȵiã^{53}

喷当年 p'ə̃^{31}tɑŋ$^{213-23}$ȵiã^{53} 正是年轻有为的时候

当档子 tɑŋ$^{213-23}$tɑŋ$^{31-55}$tθɿ˙ 年轻力壮的时候：～的时候，他能挑到二百多斤

要紧道子里 iɔ^{31}tɕiə̃^{55}tɔ$^{31-55}$tθɿ˙li˙ 关键时候，紧要关头：这霎儿喷在～，你看看你能走得了吗？

逢集 fəŋ^{53}tsi^{53} 轮到有集市的日子

集空儿里 tsi^{53}k‘uə̃r$^{31-55}$li˙ 农村里没有集市的日子

破集子 p‘ə^{31}tsi$^{53-35}$tθʅ˙ 不逢集的日期

一个集空儿 i$^{213-23}$kə^{31}tsi^{53}k‘uə̃r^{31} 五天的时间

集间集 tsi^{53}tɕiã^{31}tsi^{53} 相隔五天

茬口儿 tʂ‘ɑ$^{53-35}$k‘əur˙ 时机，机会：这个～你还不走，等什么？

巴到 pɑ$^{213-21}$tɔ˙ 每逢，每到：～逢集，他就去买香油馃子

赶日 kã$^{55-21}$i˙ 改日，改天

压天 iɑ$^{213-23}$t‘iã^{213} 过几天：～我再去吧

　待天 tɛ^{31}t‘iã^{213}

掩儿时 iã^{55}tɕi^{55}ʂʅ^{53} 以后有空的时候

马子世 mɑ$^{55-21}$tθʅ˙ʃʅ^{31} 闹土匪的时期

四　农业

耪地 p‘ɑŋ^{55}ti^{55} 用锄头松土、锄草

耧地 ləu^{53}ti^{31} 用钉耙平整土地

耩地 tɕiɑŋ^{55}ti^{31} 用耧播种

荡地 tɑŋ^{31}ti^{31} 平整土地

溜种 liəu^{31}tʂuŋ^{55} 将种子放到开好的垄沟里

　捋种子 ly^{55}tʂuŋ$^{55-21}$tθʅ˙

　捋种儿 ly^{55}tʂɫũr^{55}

埠 pu^{31} 用铁锨或其他农具将低矮的田垄加高：～椒子沟｜～茄子沟

扶 fu^{53} 用犁把地整成垄、沟相间的地，以便于栽种某些作物：～地瓜沟｜～果子沟

刨地头子 p‘ɔ^{53}ti^{31}t‘əu$^{53-35}$tθʅ˙ 用镢头将田地的两头耕不到的地方刨起来

墁埯子 mã^{31}ŋã$^{55-21}$tθɿ˙ 用手培土，将栽种红薯、花生、豆类等农作物的小坑填平

培埯儿 p‘e^{53}ŋɛr^{55}

剜地 uã$^{213-23}$ti^{31} 用铁锨翻地

折地 ʧə$^{213-23}$ti^{31}

垒地坝子 le^{55}ti^{31}pɑ$^{31-55}$tθɿ˙ 整理梯田，将地边加高防止水土流失

春地 ʧ‘uã$^{213-23}$ti^{31} 春天耕种的土地

春茬子 ʧ‘uã$^{213-21}$tʂ‘ɑ˙tθɿ˙/ʧ‘uã$^{213-23}$tʂ‘ɑ$^{53-35}$tθɿ˙ 春天播种的农作物

麦茬 me/mã^{31}tʂ‘ɑ^{53} 收割完小麦之后的土地，一般种豆子、玉米等作物：～地瓜｜～豆子

麦茬子 me/mã$^{31-55}$tʂ‘ɑ˙tθɿ˙（西片）

重茬 tʂ‘uŋ^{53}tʂ‘ɑ^{53} 在一块土地上连续两年种植同一种作物

调茬子 tiɔ^{31}tʂ‘ɑ$^{53-35}$tθɿ˙ 收割上季作物，播种下季作物

调畦子 t‘iɔ^{53}ɕi$^{53-35}$tθɿ˙ 把土地打上畦埂，使成畦子状

抽趟子 ʧ‘əu$^{213-23}$t‘ɑŋ$^{31-55}$tθɿ˙ ①多人收割庄稼时，由割得快的人先在地中间动手收割，其他人在其两侧收割 ②撤走

调趟子 tiɔ^{31}t‘ɑŋ$^{31-55}$tθɿ˙

打斜子 tɑ^{55}siə$^{53-35}$tθɿ˙ 平整田地时弄斜了田垄

犁沟儿 li^{53}kəur^{213} 耕地时，犁铧经过的地方，在地面上出现的沟状长槽

耙拥子 pɑ^{31}yŋ$^{213-21}$tθɿ˙ 耙地时从耙齿上弄下来的乱草

腰角地 iɔ$^{213-23}$tɕiɑ$^{213-23}$ti^{31} 适宜耕种的田地

腰窝地 iɔ$^{213-23}$uə$^{213-23}$ti^{31}

畦 ɕi^{53} 培育秧苗：～地瓜｜～稻子｜～烟｜～椒子｜～茄子

□ ʧ‘ɛ^{213} 嫁接：～桃｜～栗子

压 iɑ^{213} 插（枝）；栽种：～果子（花生）｜～芋头

埯 ŋã^{55} 种：～果子｜～玉黍｜～豆子｜～绿豆

麦口 me/mə̃^{31} kʻəu^{55} 麦收时节

麦季 me/mə̃^{31}tɕi^{31}

割麦子 kɑ$^{213\text{-}23}$me/mə̃$^{31\text{-}55}$tθʅ˙ 收割小麦

插稻子 tʂʻɑ$^{213\text{-}23}$tɔ$^{31\text{-}55}$tθʅ˙ 插稻秧

割稻子 kɑ$^{213\text{-}23}$tɔ$^{31\text{-}55}$tθʅ˙ 收割水稻

割稻 kɑ$^{213\text{-}23}$tɔ^{31}

落干 luə^{31}kã^{213} 植物播种之后因土地干燥而未出苗

两夹杠 liɑŋ^{55}tɕiɑ$^{213\text{-}23}$kɑŋ^{31} 从两边往中间赶（或者挤）

场 ʧʻɑŋ^{53} 翻晒粮食、碾压谷物的空地

压场 iɑ^{31}ʧʻɑŋ^{53} 碾压场地使之平整

按场 ŋã^{31}ʧʻɑŋ^{53}

摊场 tʻã$^{213\text{-}23}$ʧʻɑŋ^{53} 把农作物在场院中摊开晾晒

打场 tɑ^{55}ʧʻɑŋ^{53} 麦子、高粱、豆子等农作物收割后在场上脱粒

圆场 yã^{53}ʧʻɑŋ^{53} 使铺在场院中的禾秆成圆形,便于碾压

扬场 iɑŋ^{53}ʧʻɑŋ^{53} 把收割、脱粒后的谷物用机器、木锨等扬起，借风力吹掉壳和尘土，分离出干净的子粒

掠 lyə^{31} 轻轻地扫：～～院子｜～～场｜～～当门

掠场 lyɔ^{31}ʧʻɑŋ^{53} ①一人扬场时，另一人用扫帚轻扫从半空中落下来的粮食的表面，将柴草等扫出 ②把场地打扫干净

光场 kuɑŋ^{31}ʧʻɑŋ^{53} 用扫帚把场地打扫干净

拦穰 lã^{53}iɑŋ^{53} 将已经打过的秸秆儿平铺到场地里，再次用碌碡碾轧

轧犋 kɑ$^{213\text{-}23}$tɕy^{31} 两家合伙用牛耕种土地

壕汪 xɔ$^{53\text{-}35}$uɑŋ˙ 粪坑，化粪池

攒粪 tθã^{55}fə̃^{31} 积肥

沤粪 ŋəu$^{213\text{-}23}$fə̃^{31} 把树叶、草、水等埋在坑里，使之腐烂变成粪肥

出汪泥 ʧʻɥ$^{213-23}$uɑŋ$^{213-21}$mi˙ 把池塘、沟渠里的淤泥挖出来做肥料

溜粪 liəu^{31}fə̃^{31} 耕地时把粪沿着沟倒进沟里，再耕下一趟时便埋进土里

捋粪 ly^{55}fə̃^{31}

上地 ʃɑŋ^{31}ti^{31} 施肥

上粪 ʃɑŋ^{31}fə̃^{31} 施农家肥（人和畜禽的粪便）

浇粪 tɕiɔ$^{213-23}$fə̃^{31} 施液态的农家肥

上园 ʃaŋ^{31}yɑ̃^{53} ①到菜园里去 ②为菜地施农家肥

大粪 tɑ$^{31-55}$fə̃^{31} 人的粪便

碱水 tɕiɑ̃$^{55-21}$ʂue˙ ①碱的水溶液 ②特指人的尿液：～罐子

浑水 xuə̃^{53}ʂue^{55} ①浑浊的水 ②特指人的尿液

溜化肥 liəu^{31}xuɑ^{31}fe^{53} 耕地时把化肥施入墒沟

捋化肥 ly^{213}xuɑ^{31} fe^{53}

牛脚底板子 ȵiəu^{53}tɕyə$^{213-23}$ti^{55}pɑ̃$^{55-21}$tθɿ˙ 牛栏中牛长期趴卧之处的硬土板，时间长了可挖出来做肥料

粪叉子 fə̃^{31}tʂʻɑ$^{213-21}$tθɿ˙ 拾粪用的工具

抓钩 tʂuɑ$^{213-23}$kəu^{213} 农具，一般有二至三个钩子

发棵 fɑ$^{213-23}$kʻə^{213} ①分蘖 ②植株长大

接心儿 tsiə$^{213-23}$θrer/ʂɬer^{213} 指下雨后土壤适合种子发芽和作物生长的湿度

地脚 ti$^{31-55}$tɕyə˙ 墒情，即土壤湿度的情况

斗子 təu$^{55-21}$tθɿ˙ 用杞柳编成的打水浇地用的半球形农具

掘杆子 tɕyə^{53}kɑ̃$^{213-21}$tθɿ˙ 打水杆子

撑杆 ʧʻəŋ$^{213-21}$kɑ̃˙ 桔槔

井 tsiŋ^{55}

干井子 kɑ̃$^{213-21}$tsiŋ˙tθɿ˙ 干涸的水井

枯井 kʻu$^{213-23}$tsiŋ^{55}

机井 tɕi$^{213-23}$tsiŋ^{55} 用水泵吸水的深水井。这种井用机械开凿

压水井 iɑ^{31}ʂue^{55}tsiŋ^{55} 利用大气压原理人工压水抽水的水井

压水 iɑ^{31}ʂue^{55} 用压水井打水

□水 iã^{31}ʂue^{55} 桶在井里打水

秫秸攒 ʃɥ$^{53-35}$tɕiɛ˙tθʻuã^{53} 将收获后的高粱秸秆捆扎成捆后聚拢而成的圆锥状的秸秆儿垛

木车子 mu$^{31-55}$ʧʻə˙tθɿ˙ 木制的独轮手推车

　小拥车儿 siɔ^{55}yŋ$^{213-23}$tʂʻɬər^{213}

车子 ʧʻə$^{213-21}$tθɿ˙ ①人力车的统称，有时单指自行车 ②特指木制独轮手推车

小铁车儿 siɔ^{55}tʻiə$^{213-23}$tʂʻɬər^{213} 铁制的小型手推车

　小推车儿 siɔ^{55}tʻue$^{213-23}$tʂʻɬər^{213}

地排车 ti^{31}pʻɛ^{53}ʧʻə^{213} 两轮板车

绞棍 tɕiɔ$^{55-21}$kuə̃˙ 运输作物秸秆时，固定在车上便于捆扎装载的木棍

　夹棍 tɕiɑ$^{213-21}$kuə̃˙

　插棍 tʂʻɑ$^{213-21}$kuə̃˙

耙 pɑ^{31} 碎土、平地的农具

洋镐 iɑŋ^{53}kɔ^{55} 镐

镵 tʂʻã^{53} 犁壁

傍牛 pʻɑŋ$^{53-35}$ȵiəu˙ 耕地、耩地、打场、赶牛车时，人旁边牵着牛或赶着牛往前走

牛梭头 ȵiəu^{53}θuə$^{213-21}$tʻəu˙ 牛轭

牛笼头 ȵiəu^{53}luŋ$^{53-35}$tʻəu˙ 牛笼嘴

牛鼻桊 ȵiəu^{53}pi$^{53-35}$tɕyã/tɕyə˙ 穿在牛鼻子中间的铁环

让绳 iɑŋ$^{31-55}$ʃəŋ˙ 耕地时围绕牛脖子拴在牛梭头上的绳子

　牛让绳 ȵiəu^{53}iɑŋ$^{31-55}$ʃəŋ˙

牛撇绳 ȵiəu^{53}p‘iə$^{213-21}$ʃəŋ˙ 耕地时拴在牛角上，绕牛耳一圈至犁把上的绳子

撇牛绳 p‘iə$^{213-23}$ȵiəu^{53}ʃəŋ^{53}

使牛鞭 ʂʅ^{55}ȵiəu^{53}piã^{213} 耕地时赶牛用的长鞭子

夹板儿 tɕiɑ$^{213-21}$pɛr˙ 用来束缚小牛的类似牛鼻桊的用具

耙 p‘ɑ^{53}

耙子 p‘ɑ$^{53-35}$tθʅ˙

铁耙 t‘iə$^{213-23}$p‘ɑ^{53}

木锨 mu$^{31-55}$ɕiã˙

锨 ɕiã^{213} 铁锨

镢头 tɕyə$^{213-21}$t‘əu˙

镢塞 tɕyə$^{213-23}$θɑ^{213} 镶镢头用的木榫

杈 ʧ‘ɑ^{213} 一端为长柄，另一端为两三个长弯齿的农具

釿子 ʧə$^{213-21}$tθʅ˙ 较窄长的粗席，用于围成粮囤

茓 syə^{53} 旋转着安放釿子，使之成为粮囤

茓釿子 syə^{53}ʧə$^{213-21}$tθʅ˙

栈子 ʧã$^{31-55}$tθʅ˙ 将玉米秸用细绳编起来，放在囤沿内围起来的粮囤

箔 pə^{53} 用芦苇或高粱秸杆编成，用于晾晒农作物的器具

箔笆子 pə^{53}pɑ$^{213-21}$tθʅ˙

碌碡 ly$^{31-55}$ʧʮ˙ 有锥柱体和齿轮状（条形槽）两种

王碌碡 uɑŋ$^{53-35}$ly˙ʧʮ˙ 上面有条形槽

对轱辘子 tue$^{31-55}$ku˙lu˙tθʅ˙ 砘子。作物播种后，用来镇压垄子的石制农具

砘轱辘子 tuã$^{31-55}$ku˙lu˙tθʅ˙

碌碡格子 ly$^{31-55}$ʧʮ˙kə$^{213-21}$tθʅ˙ 套在碌碡上的木制框子

磨 mə^{31} 石磨

大磨 tɑ^{31}mə^{31} 专门用来磨面粉的石磨

水打磨 ʂue^{55}tɑ^{55}mə^{31} 靠水力驱动的石磨

磨台 mə^{31}tʻɛ^{53} 石磨的底座

磨嵌 mə^{31}tɕʻiã^{31} 垫放在两层磨盘之间的木块儿，起支撑作用，方便清扫上下磨盘间的粮食

磨罩 mə^{31}tʂɔ^{31} 用秫秸编成的罩在磨上的器具

推磨 tʻue$^{213-23}$mə^{31}

拉磨 lɑ$^{213-23/53}$ mə^{31} 把驴蒙上眼后套上磨，让它拉着磨转动

磨沟 mə^{31}kəu^{213} 围绕石磨所踏出的圆周形道路

磨眼 mə^{31}iã^{55} 磨盘上处于中心偏外一点儿的向磨里漏粮食的空洞

磨脐（子） mə^{31}tsʻi^{53}（tsʻi$^{53-35}$tθɿ˙） 底层磨盘中心的铁轴或木轴

磨穿 mə^{31}tʃʻuã^{213} 固定在两层磨盘中心凹坑里的铁圈

磨嘴 mə^{31}tθue^{55} 磨台上将磨出的粉状物或糊状物扫出或刮出的出口

压碾 iɑ^{31}ȵiã^{31} 人推着碾杆转动，把粮食碾碎

碾沟 ȵiã^{31}kəu^{213} 围绕石碾所踏出的圆周形道路

毇 tʃʻuã^{31} 将谷子在碾上碾过，然后用簸箕簸，去掉谷糠；用碓粗舂米粒

伐 fɑ^{53} 将粮食粒用水轻泡之后，用碾挤压，使之外皮脱落，簸去外皮儿：～麦仁

五 植物

麦子 me/mə̃$^{31-55}$tθɿ˙ 小麦

丹 tã^{213} 一种小麦病害，发生于灌浆期前后：～打高山霜打洼

麦穗子 me/mə̃^{31}θue$^{31-55}$tθɿ˙ 麦穗儿

麦穗头子 me/mə̃^{31}θue^{31}tʻəu$^{53-35}$tθɿ˙

麦余头子 me/mə̃$^{31-55}$y˙tʻəu$^{53-35}$tθɿ˙ 打场时未完全脱粒的麦穗儿

麦秸 me/mɑ̃^{31}tɕiɛ^{213}　脱粒后的麦秆

　麦秸子 me/mɑ̃^{31}tɕiɛ$^{213\text{-}21}$tθɿ˙

麦秸莛儿 me/mɑ̃^{31}tɕiɛ$^{213\text{-}23}$t'ɾɑ̃r^{55}　脱粒后的麦秆，但不包括穗部

麸子 fu$^{213\text{-}21}$tθɿ˙　麦皮

茬（子） tʂɑ^{31}（tʂɑ$^{31\text{-}55}$tθɿ˙）　树木砍伐后、庄稼收割后的根部：树～｜麦～

麦茬 me/mɑ̃^{31}tʂɑ^{31}　麦子的根茎

玉米 y^{31}mi^{55}

　苞米 pɔ$^{213\text{-}23}$mi^{55}

　苞谷 pɔ$^{213\text{-}23}$ku^{55}

　玉麦 y^{31}me/mɑ̃^{31}

　玉黍 y$^{31\text{-}55}$ʃʮ˙

玉米棒子 y$^{31\text{-}55}$ʃʮ˙pɑŋ$^{31\text{-}55}$tθɿ˙　玉米的果实

　苞米棒子 pɔ$^{213\text{-}23}$mi^{55}pɑŋ$^{31\text{-}55}$tθɿ˙

　玉黍棒子 y$^{31\text{-}55}$ʃʮ˙pɑŋ$^{31\text{-}55}$tθɿ˙

　棒子 pɑŋ$^{31\text{-}55}$tθɿ˙

玉米秸 y^{31}mi^{55}tʂ'ɛ/tɕiɛ^{213}　玉米秸秆

　苞米秸 pɔ$^{213\text{-}23}$mi^{55}tʂ'ɛ/tɕiɛ^{213}

　棒子秸 pɑŋ$^{31\text{-}55}$tθɿ˙tʂ'ɛ/tɕiɛ^{213}

　玉黍秸 y$^{31\text{-}55}$ʃʮ˙tʂ'ɛ/tɕiɛ^{213}

甜秆儿 t'iɑ̃^{53}kɛr^{55}　较甜的玉米秸秆或高粱秸秆

秫秫 ʃʮ$^{53\text{-}35}$ʃʮ˙　高粱：黏～｜饭～

　高粱 kɔ$^{213\text{-}23}$liɑŋ^{53}

秫秸 ʃʮ^{53}tʂ'ɛ/tɕiɛ^{213}　高粱秸秆

莛子 t'iŋ$^{53\text{-}35}$tθɿ˙　某些草本植物的茎，特指高粱秸上端结穗的一节，不包括穗部

豆秸 təu^{31}tɕiɛ^{213} 大豆秸秆

个子 kə$^{31\text{-}55}$tθɿ˙ 用秸秆儿捆扎的一捆儿庄稼：麦～丨谷～丨秫秸～

红谷子 xuŋ$^{53\text{-}35}$ku˙tθɿ˙ 色泽发红的谷子

小米儿 siɔ^{55}mɾer/miɾer^{55} 谷子去壳后的子实

谷草 ku$^{213\text{-}21}$tθ'ɔ˙ 谷子秸秆

稻草 tɔ$^{31\text{-}55}$tθ'ɔ˙ 稻子秸秆

糠 k'ɑŋ^{213} ①植物秸秆被粉碎之后的粉末：加～拌饲料喂牛 ②失去水分：萝卜～了

席蘼子 si^{53}mi$^{53\text{-}35}$tθɿ˙ 篾片

圪档 kə$^{53\text{-}35}$tɑŋ˙ 玉米秸秆或高粱秸秆

圪档瓤子 kə$^{53\text{-}35}$tɑŋ˙iɑŋ$^{53\text{-}35}$tθɿ˙ 去皮后的高粱秸秆或玉米秸秆

秫秫挠子 ʃɥ$^{53\text{-}35}$ʃɥ˙nɔ$^{53\text{-}35}$tθɿ˙ 脱粒后的高粱穗

莩子 uə/ŋə$^{31\text{-}55}$tθɿ˙ 粮食籽粒的外壳：秫秫～

秧 iɑŋ^{213} 匍匐蔓延的瓜类、豆类的茎：果子～丨瓜～

秧子 iɑŋ$^{213\text{-}21}$tθɿ˙

地瓜 ti^{31}kuɑ^{213}/ti$^{31\text{-}55}$kuə˙/ti$^{31\text{-}55}$ku˙ 红薯

飞地瓜 fe$^{213\text{-}23}$ti$^{31\text{-}55}$kuə˙ 从根上扎出去很远才结的地瓜，一般结在红薯沟里

地瓜母子 ti$^{31\text{-}55}$kuə/ku˙mu$^{55\text{-}21}$tθɿ˙ 育过秧苗之后的红薯

地瓜芽子 ti$^{31\text{-}55}$kuə/ku˙iɑ$^{53\text{-}35}$tθɿ˙ 用于栽培的红薯幼苗

地瓜栽子 ti$^{31\text{-}55}$kuə/ku˙tθɛ$^{213\text{-}21}$tθɿ˙

地瓜秧子 ti$^{31\text{-}55}$kuə/ku˙iɑŋ$^{213\text{-}21}$tθɿ˙ ①同“地瓜芽子” ②红薯的茎

地瓜□子 ti$^{31\text{-}55}$kuə/ku˙tʃ'ɛ$^{213\text{-}21}$tθɿ˙ 未完全长成红薯的根部

地瓜米子 ti$^{31\text{-}55}$kuə/ku˙mi$^{55\text{-}21}$tθɿ˙ 剁碎并晒干后的颗粒状红薯干

地瓜干子 ti$^{31\text{-}55}$kuɑ/kuə/ku˙kã$^{213\text{-}21}$tθɿ˙ 地瓜片

瓜干儿 kuɑ$^{213\text{-}23}$kɛr^{213}

地瓜皮子 ti$^{31-55}$kuə/ku˙p‘i$^{53-35}$tθɿ˙

地瓜炕 ti$^{31-55}$kuə/ku˙k‘ɑŋ^{31} 培育红薯秧的畦田

熟条秧子 ʂu$^{53-35}$t‘iɔ˙iɑŋ$^{213-21}$tθɿ˙ 一种草，学名马唐，像红薯秧一样匍匐蔓延于地面，茎叶水分多而且较脆弱，节叶处易扎根

熟草秧子 ʂu$^{53-35}$tθ‘ɔ˙iɑŋ$^{213-21}$tθɿ˙

狗皮草 kəu^{55}p‘i^{53}tθ‘ɔ^{55} 一种像红薯秧一样匍匐蔓延于地面的草，茎叶水分少而且较干硬，节叶处易扎根。非常耐旱，生命力极强，有保持水土的作用

狗皮扒子 kəu^{55}p‘i^{53}pɑ$^{213-21}$tθɿ˙

葛条 kɑ$^{213-23}$t‘iɔ^{53} 葛藤

莠子 iəu$^{55-21}$tθɿ˙ 狗尾草

莠草 iəu$^{55-21}$tθ‘ɔ˙

莠子草 iəu$^{55-21}$tθɿ˙tθ‘ɔ^{55}

荞麦 tɕ‘iɔ$^{53-35}$me/mə̃˙

秕子 pi$^{55-21}$tθɿ˙ 不长果实的植物

秕个子 pi$^{55-21}$kə˙tθɿ˙

秕眼子 pi$^{55-21}$iã˙tθɿ˙

青睁 ts‘iŋ$^{213-23}$tʂəŋ^{213} 豆荚无籽粒：这棵豆子~

青汤狼子 ts‘iŋ$^{213-23}$t‘ɑŋ^{213}lɑŋ$^{53-35}$tθɿ˙ 到收获期还未成熟的农作物

棉花 ȵiɑŋ$^{53-35}$xu˙/ȵiɑŋ$^{53-35}$xuə˙/ȵiã$^{53-35}$xuə˙/miã$^{53-35}$xuə˙

棉花桃子 ȵiɑŋ/ȵiã$^{53-35}$xuə˙t‘ɔ$^{53-35}$tθɿ˙ 棉桃儿

棉花瓤子 ȵiã/ȵiɑŋ/miã$^{53-35}$xuə/xu˙iɑŋ$^{53-35}$tθɿ˙ 棉絮

絮棉 sy^{31}miã^{53}

棉花籽儿 ȵiã/ȵiɑŋ/miã$^{53-35}$xuə/xu˙tθɾer^{55} 籽棉

转悠葵 tʃuã$^{31-55}$iəu˙k‘ue^{53} 向日葵

转日葵 tʃuã^{31}i^{31}k‘ue^{53}

　转葵 ʧuã^{31}k‘ue^{53}

　昌荣花 ʧ‘aŋ$^{213-21}$yŋ˙xua^{213}　（西片）

葵花籽儿 k‘ue^{53}xua˙tθɾer^{55}　向日葵的子实

土豆子 t‘u^{55}təu$^{31-55}$tθɿ˙　马铃薯

　土豆儿 t‘u^{55}trəur^{31}

　地豆子 ti^{31}təu$^{31-55}$tθɿ˙

　地蛋 ti^{31}tã^{31}

豆子 təu$^{31-55}$tθɿ˙　黄豆，大豆

豆角子 təu$^{31-55}$ʨyə˙tθɿ˙　豆角儿

蘼豆 mi$^{53-35}$təu˙　芸豆和扁豆的统称

月蘼豆 yə$^{31-55}$mi˙təu˙　芸豆

秋蘼豆 ʦ‘iəu$^{213-21}$mi˙təu˙　扁豆

爬豆 p‘a$^{53-35}$təu˙　豇豆的一种。子实粒小

果子 kuə$^{55-21}$tθɿ˙　花生

　地果子 ti$^{31-55}$kuə˙tθɿ˙

皮果子 p‘i$^{53-35}$kuə˙tθɿ˙　没脱壳的花生

果子米 kuə$^{55-21}$tθɿ˙mi^{55}　花生仁儿

　果子米儿 kuə$^{55-21}$tθɿ˙mɾer/miɾer^{55}

　果子仁儿 kuə$^{55-21}$ɩθɿ˙ʅcr/iɾer^{53}

果子皮 kuə$^{55-21}$tθɿ˙p‘i^{53}　花生的外壳儿

果子皮儿 kuə$^{55-21}$tθɿ˙p‘ɾer/p‘iɾer^{53}　花生米外面的红皮

　果子师皮子 kuə$^{55-21}$tθɿ˙ʃɿ$^{213-21}$p‘i˙tθɿ˙

囊瓜 naŋ^{53}kua^{213}　南瓜

　倭瓜 uə$^{213-21}$kua˙

　方瓜 faŋ$^{213-21}$kua˙

稍瓜 ʃɔ$^{213-21}$kua/kuə˙　脆瓜

苦瓜 k‘u$^{55-21}$kuɑ/kuə˙ 未成熟的甜瓜和面瓜。因其成熟之前发苦，故称

甜瓜 t‘iã$^{53-35}$kuɑ/kuə˙

面瓜 miã$^{31-55}$kuɑ/kuə˙ 口感绵软的甜瓜

玩瓜 uã$^{53-35}$kuɑ/kuə˙ 香瓜

马瓞儿 mɑ$^{55-21}$pɔr˙ 一年生蔓草，茎细长，果实很多且呈圆形，味苦

小瓜儿 siɔ^{55}kuɑr^{213} 西葫芦

　小窝瓜 siɔ^{55}uə$^{213-21}$kuɑ/kuə˙

黄瓜 xuɑŋ$^{53-35}$kuɑ/kuə˙

瓠子 xu$^{31-55}$tθʅ˙ 瓠瓜

炎炎葫芦 iã$^{53-35}$iã˙xu$^{53-35}$lu˙ 果实中间细，像两个球连在一起的葫芦

　丫丫葫芦儿 iɑ$^{213-21}$iɑ˙xu$^{53-35}$ɭəur˙

薤 ɕiɛ^{31} ①多年生草本植物，地下有鳞茎，叶子细长，花紫色，鳞茎可做蔬菜 ②这种植物的鳞茎

　薤蒜 ɕiɛ^{31}θuã^{31}

洋蒜 iɑŋ^{53}θuã^{31} 洋葱

大蒜 tɑ^{31}θuã^{31} 洋葱（西片）

蒜苗子 θuã^{31}miɔ$^{53-35}$tθʅ˙ 嫩的蒜梗和蒜叶

　蒜苗儿 θuã^{31}mɾɔr/miɾɔr^{53}

蒜薹 θuã^{31}t‘ɛ^{53} 蒜的花茎

蒜毫 θuã^{31}xɔr^{53} 蒜薹的梢部

独蒜子 tu$^{53-35}$θuã˙tθʅ˙ 独头蒜

　独瓣子蒜 tu^{53}pã$^{31-55}$tθʅ˙θuã^{31}

银子菜 iə̃$^{53-35}$tθʅ˙tθ‘ɛ^{31} 苋菜

　银心菜 iə̃$^{53-35}$ʃə̃˙tθɛ^{31}

麻汁子菜 mɑ$^{53-35}$ʧʅ˙tθʅ˙tθ‘ɛ^{31} 马齿苋

　麻汁菜 mɑ$^{53-35}$ʧʅ˙tθ‘ɛ^{31}

马踏菜 ma$^{55-21}$tʂa˙tθʻɛ^{31}

荤南菜 xuə̃$^{213-21}$nã˙tθʻɛ^{31}

灰淡菜 xue$^{213-21}$tã˙tθʻɛ^{31}

椒子 tsiɔ$^{213-21}$tθʅ˙ 辣椒

菜椒 tθʻɛ^{31}tsiɔ^{213} 没有辣味的大辣椒

灯笼椒 təŋ$^{213-21}$luŋ˙tsiɔ^{213}

洋柿子 iaŋ^{53}ʂʅ$^{31-55}$tθʅ˙ 西红柿

莴苣 uə$^{213-21}$tɕy˙

生菜 ʂəŋ$^{213-21}$tθʻɛ˙

苤蓝 pʻi$^{55-21}$lə˙

腌菜 iã$^{213-21}$tθʻɛ˙ 能够腌制的蔬菜。特指芜菁

腌菜疙瘩 iã$^{213-21}$tθʻɛ˙ka$^{213-21}$ta˙ 芜菁的块状根

辣菜疙瘩 la$^{31-55}$tθʻɛ˙ka$^{213-21}$ta˙

萝卜 luə$^{53-35}$pə/pe˙

萝卜缨子 luə$^{53-35}$pə/pe˙iŋ$^{213-21}$tθʅ˙ 萝卜叶

白菜 pe$^{53-35}$tθʻɛ˙

菜花儿 tθʻɛ^{31}xuar^{213} 花椰菜

花菜 xua$^{213-23}$tθʻɛ^{31}

大头菜 ta^{31}tʻəu^{53}tθʻɛ^{31} 圆白菜，卷心菜

包菜 pɔ$^{213-23}$tθʻɛ^{31}

大头白 ta^{31}tʻəu^{53}pe^{53}

甘蓝菜 kã$^{213-23}$lã^{53}tθʻɛ^{31}

空心菜 kʻuŋ$^{213-23}$ʃə̃/siə̃^{213}tθʻɛ^{31} 蕹菜

汪藕 uaŋ$^{213-21}$ŋəu˙ 种在池塘里的藕

白莲藕 pe^{53}liã^{53}ŋəu^{55}/pe$^{53-35}$liã˙ŋəu˙ 质地白细、口感脆甜的藕

旱藕 xã^{31}ŋəu^{55} 种在稻田里的藕

稻田藕 tɔ^{31}t‘iã^{53}ŋəu^{55}/tɔ^{31}t‘iã$^{53-35}$ŋəu˙

藕瓜子 ŋəu^{55}kuɑ$^{213-21}$tθʅ˙ 中间的一节或几节藕

藕瓜儿 ŋəu^{55}kuɑr^{213}

藕腿子 ŋəu^{55}t‘ue$^{55-21}$tθʅ˙ 根部的一节藕

莲篷子儿 liã$^{53-35}$p‘əŋ˙tθɾer^{55} 莲子

野芹菜 iə^{55}tɕ‘iã$^{53-35}$tθ‘ɛ˙ 水芹

果木子 kuə$^{55-21}$mu˙tθʅ˙ 各种瓜果的总称

酸楂 θuã$^{213-23}$tʂɑ^{213} 山楂

柿子 ʂʅ$^{31-55}$tθʅ˙

方柿子 fɑŋ$^{213-21}$ʂʅ˙tθʅ˙

水柿子 ʂue$^{55-21}$ʂʅ˙tθʅ˙

馍馍柿子 mə$^{53-35}$mə˙ʂʅ$^{31-55}$tθʅ˙

柿饼子 ʂʅ^{31}piŋ$^{55-21}$tθʅ˙ 柿饼儿

麦黄杏 me/mã$^{31-55}$xuɑŋ˙ɕiŋ^{31} 杏的一种，麦黄时节成熟，熟后自落，故称

芝麻杏 tʂʅ$^{213-21}$mɑ/mə˙ɕiŋ^{31} 因其一捏即开，味道香甜，故称

丝子杏 θʅ$^{213-21}$tθʅ˙ɕiŋ^{31} 杏的一种，成熟之前发涩，成熟之后发甜，里面有细丝

大结杏 tɑ^{31}tɕiə$^{213-21}$ɕiŋ˙ 杏的一种，个头较大，较甜脆，味道类似甜桃

扣子杏 k‘əu$^{31-55}$tθʅ˙ɕiŋ^{31} 杏的一种，成熟晚，个头小，像纽扣一般大，故称

小毛桃儿 siɔ^{55}mɔ^{53}t‘ɾɔr^{53} 野生的桃子，个头儿较小，表面有细毛

秋桃子 ts‘iəu$^{213-21}$t‘ɔ˙tθʅ˙

栗子 li$^{31-55}$tθʅ˙ 板栗

毛栗子 mɔ$^{53-35}$li˙tθʅ˙ 未经改良的原始的板栗品种

处暑红 tʃ‘ʮ$^{31-55}$ʃʮ˙xuŋ^{53} 板栗品种名

大青篷 tɑ^{31}tsʻiŋ$^{213-23}$pʻəŋ^{53} 板栗品种名

石丰 ʃʅ^{53}fəŋ^{213} 板栗品种名

宋家枣儿 θuŋ$^{31-55}$tɕiə˙tθɾɔr^{55} 板栗品种名

米核桃 mi$^{55-21}$xə˙tʻɔ˙ 个头较小但皮很薄的核桃

白果 pe^{53}kuə^{55} 银杏

软枣 yã$^{55-21}$tθɔ˙ 柿子枣

桑椹子 θɑŋ$^{213-23}$ʃə̃$^{31-55}$tθʅ˙ 桑椹

疙瘩梨 kɑ$^{213-21}$tɑ˙li^{53} 梨的一种，煮后食用

狗奶子 kəu^{55}nɛ$^{55-21}$tθʅ˙ 枸杞

果么子 kuə$^{55-21}$mə˙tθʅ˙ 泛指瓜果和点心（西片）

橡子 siɑŋ$^{31-55}$tθʅ˙ 橡实

洋槐 iɑŋ^{53}xuɛ^{53} 刺槐

洋槐花 iɑŋ^{53}xuɛ^{53}xuɑ^{213} 刺槐树开的花

槐花蜜 xuɛ^{53}xuɑ$^{213-23}$mi^{31} 蜜蜂采刺槐花而酿的蜜

苦楝子 kʻu^{55}liã$^{31-55}$tθʅ˙ ①楝树 ②楝树的果实

家槐 tɕiɑ$^{213-23}$xuɛ^{53} 槐树

　国槐 kuə^{55}xuɛ^{53}

　本地槐 pə̃^{55}ti^{31}xuɛ^{53}

槐花 xuɛ^{53}xuɑ^{213} 槐树的花

槐铃铛 xuɛ^{53}liŋ$^{53-35}$tɑŋ˙ 槐树的果实

燕子树 iã$^{31-55}$tθʅ˙ʃʮ^{31} 枰柳树。因其果实像一串一串的燕子而得名

松树 syŋ$^{213-21}$ʃʮ˙ 柏树

　片松 pʻiã^{31}syŋ^{213}

马尾松 mɑ^{55}i^{55}syŋ^{213} 落叶松

松笼子 syŋ$^{213-23}$luŋ$^{53-35}$tθʅ˙ 松球

　松朵罗 syŋ$^{213-21}$luə˙luə˙

树行子 ʃɥ^{31}xɑŋ$^{53-35}$tθɿ˙ 树林

树林子 ʃɥ^{31}lə̃$^{53-35}$tθɿ˙

树茬子 ʃɥ^{31}tʂɑ$^{31-55}$tθɿ˙ 树桩

树墩子 ʃɥ^{31}tuə̃$^{213-21}$tθɿ˙

树枝子 ʃɥ^{31}tʂʅ$^{213-21}$tθɿ˙ 树枝儿

树股子 ʃɥ^{31}ku$^{55-21}$tθɿ˙ 粗大的树枝

树杈子 ʃɥ^{31}tʂ'ɑ$^{31-55}$tθɿ˙

拨股儿 pə$^{213-21}$kur˙

凸怪 ku$^{213-21}$kuɛ˙ 物体上长出的瘤子等：柳树上有个瘿，桃树上长个～

树叶子 ʃɥ^{31}iə$^{31-55}$tθɿ˙ 树叶儿

树叶叶子 ʃɥ^{31}iə$^{31-55}$iə˙tθɿ˙ 掉落的很多树叶儿

腊八杈子 lɑ$^{31-55}$pɑ/pə˙tʂ'ɑ$^{55-21}$tθɿ˙ 树桠，树干分枝处或粗枝上分出的树枝

腊八杈儿 lɑ$^{31-55}$pɑ/pə˙tʂ'ɫɑr^{55}

树丫巴子 ʃɥ^{31}iɑ$^{213-21}$pɑ/pə˙tθɿ˙

树丫巴儿 ʃɥ^{31}iɑ$^{213-21}$pɑr/pər˙

竹竿子 tʂu$^{213-21}$kã˙tθɿ˙ 竹竿儿

竹劈子 tʂu$^{213-23}$p'i$^{213-21}$tθɿ˙ 篾片

竹青儿 tʂu$^{213-23}$tθ'ɾə̃r/ts'iɾə̃r^{213} 篾青

荆棵 tɕiŋ$^{213-21}$k'ə˙ 荆

酸枣儿 θuã$^{213-23}$tθɾɔr^{55} 棘

酸枣子 θuã$^{213-23}$tθɔ$^{55-21}$tθɿ˙

山枣子 ʂã$^{213-23}$tθɔ$^{55-21}$tθɿ˙

树棵子 ʃɥ^{31}k'ə$^{213-21}$tθɿ˙ 灌木丛

树棵棵子 ʃɥ^{31}k'ə$^{213-21}$k'ə˙tθɿ˙

草棵儿 tθ'ɔ$^{55-21}$k'ər˙ 草丛

草棵棵子 tθ‘ɔ^{55}k‘ə$^{213-21}$k‘ə˙tθɿ˙

草棵棵儿 tθ‘ɔ^{55}k‘ə$^{213-21}$k‘ər˙

托盘 t‘uə$^{213-23}$p‘ã^{53} 野生草莓

蛤蟆眼 xɑ$^{53-35}$mə˙iã^{55} 一种野生果实。可食用

蛤蟆眼儿 xɑ$^{53-35}$mə˙ɿɛr/iɾɛr^{55} 红薯、马铃薯等植物块茎上的叶腋，也称为芽眼

条子 t‘iɔ$^{53-35}$tθɿ˙ ①绵槐、蜡条、杨树、柳树、桃树等的细而长的枝条 ②纸条儿

拧条子 ȵiŋ$^{53-35}$t‘iɔ˙tθɿ˙ ①细长而柔软的树枝，可以用来编织筐、篓、提篮等物 ②果树或棉花棵上没结果实或棉桃的枝条

圪针 kə$^{53-35}$tʂə̃˙ ①特指酸枣棵儿（西片） ②各种荆棘的总称 ③酸枣棵儿、枣树、洋槐、月季等各种树木上的刺儿 ④针状或带针刺的物体

鬼圪针 kue$^{55-21}$kə˙tʂə̃^{213}/tʂə̃˙ 鬼针草

鬼叉子 kue^{55}tʂ‘ɑ$^{213-21}$tθɿ˙

杀树 ʂɑ$^{213-23}$ʃɥ^{31} 伐木

棒股檩子 pɑŋ^{31}ku$^{55-21}$lə̃˙tθɿ˙ 粗大的木棒

穿树 ʧ‘uã$^{213-23}$ʃɥ^{31} 去掉一部分树枝，使树木长成后木材更好

揎树 syã$^{213-23}$ʃɥ^{31}

夹栀子 tɕiɑ$^{213-21}$tʂɿ˙tθɿ˙ 凤仙花

栀夹子 tʂɿ$^{213-21}$tɕiɑ/tɕiə˙tθɿ˙

栀夹桃子 tʂɿ$^{213-21}$tɕiɑ/tɕiə˙t‘ɔ$^{53-35}$tθɿ˙

栀夹弥子 tʂɿ$^{213-21}$tɕiɑ/tɕiə˙mi$^{53-35}$tθɿ˙

柳叶桃 liəu^{55}iə^{31}t‘ɔ^{53} 夹竹桃

鸡冠子花 tɕi$^{213-23}$kuã$^{213-21}$tθɿ˙xuɑ^{213} 一种外形像鸡冠的花，有红、白、紫等色

薄薄丁 pə$^{53-35}$pə˙tiŋ^{213} 蒲公英

蒲蒲丁 pʻu$^{53-35}$pʻu·tiŋ^{213}

浆良子 tsiaŋ$^{213-23}$liaŋ$^{53-35}$tθɿ·/tsiaŋ$^{213-21}$liaŋ·tθɿ· 牵牛花

喇叭花 la$^{55-21}$pa/pə·xua^{213}

刘家嘴儿 liəu$^{53-35}$tɕiə·tθɾuer^{55} 一种野菜，可生食

刘家猴儿 liəu$^{53-35}$tɕiə·xəur^{53}

泽蒜 tʂe$^{53-35}$θuã· 野生的蒜

山韭菜 ʂã$^{213-23}$tɕiəu$^{55-21}$tθʻɛ· 野生的韭菜

花骨朵儿 xua$^{213-23}$ku$^{213-21}$tɾuər· 花蕾

花心门儿 xua$^{213-23}$ʃə̃/siə̃$^{213-21}$mer· 花蕊

花托儿 xua$^{213-23}$tʻɾuər^{213} 花萼

莪子 ŋə$^{53-35}$tθɿ· 蘑菇的总称

蕾屋子 le^{55}u$^{213-21}$tθɿ· 一种有毒的野生蘑菇

青秧 tsʻiŋ$^{213-21}$iaŋ· 苔藓

青秧儿 tsʻiŋ$^{213-21}$ɭãr/iɾãr·

戕子 tsʻiaŋ$^{55-21}$tθɿ· 苍耳

苍子 tsʻaŋ$^{55-21}$tθɿ·

苏子 θu$^{213-21}$tθɿ· 紫苏

水花子 ʂue^{55}xua$^{213-21}$tθɿ· 浮萍

老鸹眼 lɔ$^{55-21}$kua/kuə·iã^{55} 半夏

刺梅苔子 tθʻɿ^{31}me^{53}tʻɛ$^{53-35}$tθɿ· 蔷薇花

白蒿 pe$^{53-35}$xɔ· 茵陈

薄荷 pə$^{31-55}$xə·

赖镰子 lɛ$^{31-55}$liã·tθɿ· 田皂角

掐不齐 tɕʻia$^{213-21}$pu·tsʻi^{53} 鸡眼草

蛤蟆拉 xa$^{53-35}$ma·la^{213} 蛤蟆草

顿倒驴 tuə̃$^{31-55}$tɔ·ly^{53} 牛筋草

羊角瓢 iaŋ^{53}tɕia$^{213-23}$p'iɔ^{53} 萝藦，因其外形酷似羊角而得名

血嫌头 ɕiə$^{213-21}$ɕiã˙t'əu^{53} 铁苋菜

　血见愁 ɕiə$^{213-23}$tɕiã^{31}tʂ'əu^{53}

田麻棵 t'iã$^{53-35}$ma˙k'ə^{213} 益母草

　天麻棵 t'iã$^{213-23}$ma^{53}k'ə^{213}

鞭毛子 piã$^{213-21}$mɔ˙tθɿ˙ 蓖麻

地丁 ti^{31}tiŋ^{213} 雨淞

串 tʃ'uã^{31} 杂交

串花 tʃ'uã^{31}xua^{213} 植物杂交

串子 tʃ'uã$^{31-55}$tθɿ˙ 杂交品种

拉拉秧 la$^{53-35}$la˙iaŋ^{213} 一种秧子上带倒刺的草本植物，可用来治疗扭伤

　屎拉秧 ʂʅ$^{55-21}$la˙iaŋ^{213}

椿姑姑子 tʃ'uə̃$^{213-23}$ku$^{213-21}$ku˙tθɿ˙ 椿树

软红条 yã$^{55-21}$xuŋ˙t'iɔ^{53} 一种矮棵灌木，皮色发红，泡在粪坑里可以药死蛆虫

芋头母子 y$^{31-55}$t'əu˙mu$^{55-21}$tθɿ˙ 最初栽种下去的芋头

老姜 lɔ$^{55-21}$tɕiaŋ˙ 最初栽种下去的姜

拖秧子 t'uə$^{213-23}$iaŋ$^{213-21}$tθɿ˙ 秧子蔓延开来：这地瓜真能～

　拖秧儿 t'uə$^{213-23}$iãr^{213}

春田棵 tʃ'uə̃$^{213-23}$t'iã^{53}k'ə^{213} 夏秋之间长得高而密的高粱、玉米等庄稼

帽缨儿 mɔ^{31}ʅə̃r/iɾə̃r^{213} ①帽子顶上的一绺儿线 ②玉米棒子上的缨子

黏黏胶 ȵiã$^{53-35}$ȵiã˙tɕiɔ^{213} 从桃树、杏树等树皮裂缝中流出的胶状物

红发娘子根 xuŋ^{53}fa^{213}ȵiaŋ$^{53-35}$tθɿ˙kə̃^{213} 丹参

　喝酒鬼子根 xə$^{213-23}$tsiəu^{55}kue$^{55-21}$tθɿ˙kə̃^{213}

猫耳朵 mɔ$^{53-35}$ɭə$^{55-21}$tɔ˙ 草名，旋覆花。叶片像猫耳朵，开小花

剪子股 tsiã$^{55-21}$tθɿ˙ku^{55} 草名，叶似荠菜而细窄

麦蒿 me/mə̃$^{31-55}$xɔ˙ 生于麦地中的一种草本植物，棵较高

绞股蓝 tɕiɔ$^{55-21}$ku˙lã^{53} 一种草本匍匐植物

葍葍苗 fu$^{213-23}$fu^{31}miɔ^{53} 地牵牛。一种草本匍匐植物

　葍子苗 fu$^{213-21}$tθɿ˙miɔ^{53}

黄草 xuaŋ$^{53-35}$tθ'ɔ˙ 一种高秆儿的草，以前用来苫盖房屋

萋菜 ʦ'i$^{213-21}$tθ'ɛ˙ 蓟。叶子边缘带刺儿，其汁水可止血

　萋萋菜 ʦ'i$^{213-21}$ʦ'i˙tθ'ɛ^{31}

苦菜 k'u$^{55-21}$tθ'ɛ˙

　苦菜子 k'u$^{55-21}$tθ'ɛ˙tθɿ˙

浆蝶子 ʦiaŋ$^{213-23}$tiə$^{53-35}$tθɿ˙ 一种野菜，属于苦菜的一种，叶子较大

　大苦菜子 ta^{31}k'u$^{55-21}$tθ'ɛ˙tθɿ˙

三棱草 θã$^{213-21}$ləŋ˙tθ'ɔ^{55} 黑三棱，可用来编织蓑衣

　蓑草根 θuə$^{213-23}$tθ'ɔ^{55}kə̃^{213}

　蓑衣草 θuə$^{213-21}$i˙tθ'ɔ^{55}

姜棒苗 tɕiaŋ$^{213-21}$paŋ˙miɔ^{53} 香附。可入药

　姜棒 tɕiaŋ$^{213-21}$paŋ˙

蒯 kuɛ^{31} 草名，多年生。多丛生在水边，茎可用来搓绳子、编席，也可造纸

　蒯拉头 kuɛ$^{31-55}$lə˙t'əu^{53}

　蒯拉草 kuɛ$^{31-55}$lə˙tθ'ɔ^{55}

草梨子 tθ'ɔ^{55}li$^{53-35}$tθɿ˙ 一种矮株木本野果，成熟后形味均似樱桃

石花 ʃʅ^{53}xua^{213} 生长在岩石上的一种菌类

地角皮 ti$^{31-55}$tɕiə/tɕyə˙p'i^{53} 生长在潮湿山地上的一种菌类

芦子 lu$^{53-35}$tθɿ˙ 芦苇

　苇子 ue$^{55-21}$tθɿ˙

屈屈芽 tɕ'y$^{213-21}$tɕ'y˙ia^{53} 败酱草

扫帚菜 θɔ$^{31-55}$ʧʮ˙tθ'ɛ^{31} 地肤

□菜 tʂɛ^{55}tθʻɛ^{31} 苦草

芫荽 iã$^{53-35}$θue· 香菜

车辙子 tʃʻə$^{213-23}$tʃə$^{53-35}$tθɿ· 车前子

灰菜 xue$^{213-21}$tθʻɛ·

积根 tsi$^{213-23}$kã^{213} 翻白草

　蓟根 tɕi$^{213-23}$kã^{213}

　老婆爪子 lɔ$^{55-21}$pʻə·tʂɔ$^{55-21}$tθɿ·

牛蒡 ȵiəu^{53}paŋ^{31}

外生葱 uɛ$^{31-55}$ʂəŋ·tθʻuŋ^{213} 葱长出的侧茎

系把儿 tsi$^{31-55}$par· 柄：苹果～

芝麻刷 tʂʅ$^{213-21}$ma·ʂua^{213} ①芝麻蒴果 ②一种野草，植株很小

圪棒儿 kə$^{53-35}$pãr· 细小的植物枝梗

污娄 u$^{213-21}$ləu· 植物叶子变色、卷曲：蘼豆叶子叫蜜虫子给吃得～了

蠹泥 tu$^{31-55}$mi· （虫）蛀

歇果儿 ɕiə$^{213-23}$kuər^{55} 往年结果的植物不结果实

　歇枝 ɕiə$^{213-23}$tʂʅ^{213}

　歇枝儿 ɕiə$^{213-23}$tʂɫer^{213}

六　动物

公子 kuŋ$^{213-21}$tθɿ· 雄性

　公儿 kuə̃r^{213}

母子 mu$^{55-21}$tθɿ· 雌性

　母儿 mur^{55}

趴牯 pʻa$^{213-21}$ku· 未阉割的公牛

趴牯犊子 pʻa$^{213-21}$ku·tu$^{53-35}$tθɿ· 小公牛

犍子 tɕiã$^{213-21}$tθɿ· 阉割过的公牛

黧犍 li$^{53-35}$tɕiã˙ 身上有花纹的牛

牸牛 ʂʅ$^{31-55}$ȵiəu˙ 母牛

  牸伴儿 ʂʅ$^{31-55}$pɛr˙

  𤙭牛 ʂɑ$^{213-21}$ȵiəu˙

小伴儿 siɔ$^{55-21}$pɛr˙ 小母牛

对巴子 tue$^{31-55}$pə˙tθʅ˙ 一头母牛和一头小牛犊儿

  对巴儿 tue$^{31-55}$pər˙

牛犊子 ȵiəu^{53}tu$^{53-35}$tθʅ˙/ȵiəu$^{53-35}$tu˙tθʅ˙ 小牛

叫驴 tɕiɔ$^{31-55}$ly˙ 公驴

  大驴 tɑ^{31}ly^{53}

草驴 tθ‘ɔ$^{55-21}$ly˙ 母驴

小毛驴儿 siɔ^{55}mɔ^{53} ʅur/ʅuer^{53}

  驴驹子 ly^{53}tɕy$^{213-21}$tθʅ˙

骡子 luə$^{53-35}$tθʅ˙ 驴和马交配所生的下一代

驴骡子 ly$^{53-35}$luə˙tθʅ˙ 雌驴和雄马交配所生的下一代

马骡子 mɑ$^{55-21}$luə˙tθʅ˙ 雌马和雄驴交配所生的下一代

尥蹄子 liɔ^{31}t‘i$^{53-35}$tθʅ˙ （马、驴、骡）跳起后用后腿踢人：你这个东西敢～！小心我揍你！

  尥蹄儿 liɔ^{31}t‘ɾer^{53}

羯羊子 tɕiə$^{213-21}$iɑŋ˙tθʅ˙ 公羊

羯羊 tɕiə$^{213-21}$iɑŋ˙ 阉割过的公羊

臊货蛋子 θɔ$^{213-21}$xuə˙tã$^{31-55}$tθʅ˙ 未阉割的公羊

羊羔子 iɑŋ^{53}kɔ$^{213-21}$tθʅ˙/iɑŋ$^{53-35}$kɔ˙tθʅ˙ 羔羊

縻 mi^{53} 把牲畜拴住并固定在野外某个地方

噍沫 tɕiɔ$^{31-55}$mə˙ 反刍类动物倒嚼

  倒沫 tɔ$^{31-55}$mə˙

牙狗 iɑ$^{53-35}$kəu· 公狗

儿猫 ɭə$^{53-35}$mɔ· 公猫

男猫 nã^{53}mɔ^{53}

女猫 ȵy$^{55-21}$mɔ· 母猫

趴蛋 p‘ɑ$^{213-23}$tã^{31} 未阉割过的公猪

趴猪 p‘ɑ$^{213-21}$ʧʯ·

窠猡 k‘ə$^{213-21}$luə· 未育肥的猪（东、中片）；阉割过的公猪（西片）

窠郎 k‘ə$^{213-21}$lɑŋ·

劁存 ʦ‘iɔ$^{213-21}$tθ‘uã· 阉割过的母猪

肥猪 fe^{53}ʧʯ^{213}/fe$^{53-35}$ʧʯ· 阉割过供宰杀食用的猪

老母猪 lɔ^{55}mu$^{55-21}$ʧʯ·/lɔ$^{55-21}$mu·ʧʯ^{213} 下崽的母猪

小奶猪 siɔ^{55}nɛ$^{55-21}$ʧʯ· 正在吃奶期的小猪

小猪子 siɔ$^{55-21}$ʧʯ·tθʅ·

猪秧子 ʧʯ$^{213-23}$iɑŋ$^{213-21}$tθʅ· 小猪

垫古猡儿 tiã^{31}ku$^{55-21}$ɭuər· ①小猪 ②小孩子

杂碎 tθɑ$^{53-35}$θue· ①动物的内脏 ②詈语

杂儿 tθɑr^{53} 动物的内脏：鸡～｜牛～｜羊～

猪尿脬 ʧʯ$^{213-23}$θue$^{213-21}$p‘ɔ· 猪的膀胱

猪下水 ʧʯ$^{213-23}$ɕiɑ$^{31-55}$ʃue· 猪内脏的总称

三件子 θã$^{213-23}$ʨiã$^{31-55}$tθʅ·

上三件儿 ʃɑŋ^{31}θã$^{213-23}$ʨirɛr^{31} 猪的心、肝、肺

上三件子 ʃɑŋ^{31}θã$^{213-23}$ʨiã$^{31-55}$tθʅ·

下三件儿 ɕia^{31}θã$^{213-23}$ʨirɛr^{31} 指猪肚、大肠、小肠或猪肚、大肠、猪膀胱

下三件子 ɕia^{31}θã$^{213-23}$ʨiã$^{31-55}$tθʅ·

寒羊 xã^{53}iɑŋ^{53} 绵羊

狗羊 kəu$^{55-21}$iɑŋ· 山羊

犯群 fã^{31}tɕ'yə̃^{53} 母马、母驴发情

迈栏 mɛ^{31}lã^{53} 母牛发情

爬 p'ɑ^{53} 公畜和母畜交配

打圈子 tɑ^{55}tɕyã$^{31-55}$tθʅ· 母猪发情

叫猫子 tɕiɔ^{31}mɔ$^{53-35}$tθʅ· 母猫发情

　叫春 tɕiɔ^{31}tʃ'uə̃^{213}

吊秧子 tiɔ^{31}iɑŋ$^{213-21}$tθʅ· 狗交配

哨羔子 ʂɔ^{31}kɔ$^{213-21}$tθʅ· 兔子交配

踩 tʂ'ɛ^{55} 家禽或鸟类交配

捶 tʂ'ue^{31} 阉割马、牛、驴等公畜

择 tʂe^{53} 阉割公猪

劁 ts'iɔ^{213} 阉割老公猪和下过崽的母猪

勒羊蛋 le$^{213-23}$iɑŋ^{53}tã^{31} 阉割公羊

骟 ʃã^{213} 阉割马和驴

将 tsiɑŋ^{213} 猪、牛、羊、马、驴、狗、兔子等牲畜生育

　嬎 fə̃^{31}

　□ ts'i^{31}

　积做 tsi$^{213-21}$tθuə·

　积 tsi^{213}

嬎生 fə̃$^{31-55}$ʂəŋ· 繁殖；繁衍

　熬 ŋɔ^{53}

菢 pɔ^{31} 孵（小鸡儿）

菢窝 pɔ^{31}uə^{213} 孵小鸡

老菢子 lɔ^{55}pɔ$^{31-55}$tθʅ· 菢小鸡的老母鸡

　菢窝鸡 pɔ^{31}uə$^{213-23}$tɕi^{213}

歇窝 çiə$^{213-23}$uə^{213} 产蛋期的家禽有段时间停止产蛋

暖 nã^{55} 人工孵化（鸡、鸭、鹅等）

小鸡子 siɔ^{55}tɕi$^{213-21}$tθɿ˙ 农村里喂养三四个月的小鸡

小抓鸡儿 siɔ^{55}tʂuɑ$^{213-23}$tɕiɾer^{213} 一斤多重的小鸡

  抓鸡子 tʂuɑ$^{213-23}$tɕi$^{213-21}$tθɿ˙

草鸡 tθ‘ɔ$^{55-21}$tɕi˙ 农村的鸡

山鸡 ʂã$^{213-23}$tɕi^{213} ①雉鸡 ②在山上放养的鸡

扁嘴 piã$^{213-23}$tθue^{55}/piã$^{213-21}$tθue˙ 鸭子

鹅 ŋə/uə^{53}

鹅蛋 ŋə^{53}tã^{31}/uə^{53}tã^{31}/uə$^{53-35}$tã˙

管蛋 kuã^{55}tã^{31} 家禽下蛋多：这几个扁嘴怪～

查翎 tʂ‘ɑ^{53}liŋ^{53} 家禽换毛

打野 tɑ^{55}iə^{55} 鸡到野外觅食

鸧 tθ‘ã^{213} 鸟、鸡等啄物

  哆 tuə^{213}

  □ ts‘iəu^{53}

嚅溜 y$^{213-21}$liəu˙ 鹅或鸭把嘴插在水中寻食

野物畜 iə^{55}u$^{31-55}$tʂ‘u˙ 野兽

坡兔子 p‘ə$^{213-23}$t‘u$^{31-55}$tθɿ˙ 野兔

妖猴儿 iɔ$^{213-21}$xəur˙ 妖怪

毛猴子 mɔ^{53}xəu$^{53-35}$tθɿ˙ 狼

黑瞎子 xe$^{213-23}$çiɑ$^{213-21}$tθɿ˙ 黑熊

皮狐 p‘i$^{53-35}$xu˙ 狐狸

野狸 iə$^{55-21}$li˙ 野猫

  野狸子 iə$^{55-21}$li˙tθɿ˙

黄鼠狼子 xuɑŋ$^{53-35}$tʃ‘ɥ˙lɑŋ$^{53-35}$tθɿ˙ 黄鼠狼

黄老鼠 xuɑŋ$^{53-35}$lɔ$^{55-21}$ʧʻʮ˙

黄狼子 xuɑŋ^{53}lɑŋ$^{53-35}$tθʅ˙

老鼠 lɔ$^{55-21}$ʧʻʮ˙

洋洋雕 iɑŋ$^{53-35}$iɑŋ˙tiɔ^{213} 鹰

老雕 lɔ^{55}tiɔ^{213}

鹞子 iɔ$^{31-55}$tθʅ˙

老鹞子 lɔ^{55}iɔ$^{31-55}$tθʅ˙

老鹰 lɔ^{55}iŋ^{213}

瞎抓 ɕiɑ$^{213-23}$tʂuɑ^{213} 鹞

夜猫子 iə$^{31-55}$mɔ˙tθʅ˙ 猫头鹰

𪀦儿 tʂʻɬer^{53} 泛指各种小鸟

野鹊 iə$^{55-21}$tsʻyə˙ 喜鹊

黑老鸹 xe$^{213-23}$lɔ$^{55-21}$kuə˙ 乌鸦

家𪀦子 tɕiɑ$^{213-21}$tʂʻɔ̃˙tθʅ˙ 麻雀

家𪀦儿 tɕiɑ$^{213-21}$tʂʻɬer˙

麻雀子 mɑ$^{53-35}$tsʻyə˙tθʅ˙

鹁鸽 pu$^{53-35}$kə˙ 鸽子

滴滴水儿 ti$^{213-21}$ti˙ʂɬuer^{55} 一种叫声清脆的小鸟

滴水儿 ti$^{213-23}$ʂɬuer^{55}

小鱼眼儿 siɔ^{55}y^{53}ʅɛr/iɾɛr^{55}

霞霞子 ɕiɑ$^{53-35}$ɕiɑ˙tθʅ˙ 鸟名。因其叫声而得名

鸫鸫 tɕiɑ$^{53-35}$tɕiɑ˙

鸫鸫子 tɕiɑ$^{53-35}$tɕiɑ˙tθʅ˙

喝拉木子 xə$^{213-21}$lə˙mu$^{31-55}$tθʅ˙ 一种长嘴鸟，以食蚂蚁为主

鹡鸰子 tsi$^{213-21}$liŋ˙tθʅ˙ 鹡鸰

鸧鸧木子 tθʻɑ̃$^{213-21}$tθʻɑ̃˙mu$^{31-55}$tθʅ˙ 啄木鸟

啄木鸟 tuə$^{213-21}$mu˙ȵiɔ^{55}

鸽鸽鸡 tθʻã$^{213-21}$tθʻã˙tɕi^{213} 一种鸟儿，秋天柿子熟时多见，喜食软柿子

报谷 pɔ$^{31-55}$ku˙ 布谷鸟

鹁鸪 pu$^{53-35}$ku˙

鹚劳 tθʻɿ$^{53-35}$lɔ˙ 鸟名。农谚：～叫，没好天

[illegible] uɑ^{31} 一种鸟，能发出“呱呱”的叫声，农民根据其叫声判断阴晴

扑棱 pʻu$^{213-21}$ləŋ˙ 扇动翅膀

蛹子 yŋ$^{55-21}$tθɿ˙ 蛹

蝼蛄 lu$^{53-35}$ku˙

土鳖子 tʻu$^{55-21}$piə˙tθɿ˙ 土鳖

油子 iəu$^{53-35}$tθɿ˙ 米里的米色小虫

米象 mi^{55}siɑŋ^{31}

蛬虫子 tsiɑŋ$^{213-21}$tʂʻuŋ˙tθɿ˙ 一种金黄色的小虫子，嗜食植物的根茎

蛬 tsiɑŋ^{55} （昆虫）拱食：种下的果子米叫蛬虫子～了

荒虫 xuɑŋ$^{213-21}$tʂʻuŋ˙ 一种啃食草根的昆虫

拴拴牛 ʂuã$^{213-21}$ʂuã˙ȵiəu^{53} 夏天雨后出现的一种甲壳类飞虫，体色黑，状似天牛而粗大，头部前端有一对剪子似的大牙

山水牛 ʂã$^{213-21}$ʂue˙ȵiəu^{53}

螆螬 tθʻɿ$^{53-35}$tθʻɔ˙ 蛴螬

大牙 tɑ^{31}iɑ^{53}

瞎撞子 ɕiɑ$^{213-23}$tʂʻuɑŋ$^{31-55}$tθɿ˙ 蛴螬的成虫，喜食植物叶子，常在黄昏出来活动

蜜虫子 mi$^{31-55}$tʂʻuŋ˙tθɿ˙ 蚜虫

凿虫 tθuə$^{53-35}$tʂʻuŋ˙ 蠹虫。钻在树木里面啃食木质

钻心虫 tθuã$^{213-23}$ʃə̃/siə̃$^{213-23}$tʂʻuŋ^{53} 昆虫。钻在植物的茎杆或果实里吸食养分

放屁虫 fɑŋ^{31}p‘i^{31}tʂ‘uŋ^{53} 斑蝥

青布袋虫 ʦ‘iŋ$^{213-23}$pu$^{31-55}$tɛ˙tʂ‘uŋ^{53} 昆虫。啃食白菜、萝卜等蔬菜

豆虫 təu$^{31-55}$tʂ‘uŋ˙ 啃食豆棵的虫子

牤犍 mɑŋ$^{213-21}$tɕiã˙ 啃食树木根部的害虫

绿豆蝇 ly$^{31-55}$təu˙iŋ^{53} 绿头苍蝇

马苍蝇 mɑ^{55}tθ‘ɑŋ$^{213-21}$iŋ˙ 灰色的大苍蝇

小草蜂儿 siɔ^{55}tθ‘ɔ$^{55-21}$fə̃r˙ 蜂的一种，常见于野外，蜂窝一般在石板下

土蜂子 t‘u$^{55-21}$fəŋ˙tθʅ˙ 一种喜欢在土墙或木头中做窝的蜂子

狗舌子 kəu^{55}ʂə$^{53-35}$tθʅ˙ 蜂的一种，因蜂窝像狗舌头而得名

地床蜂 ti^{31}tʂ‘uɑŋ^{53}fəŋ^{213} 一种体形短小的蜂，一般在地坝子里或柴垛里筑巢

大黄蜂 tɑ^{31}xuɑŋ^{53}fəŋ^{213}

老油蜂 lɔ^{55}iəu^{53}fəŋ^{213}

蜇牛嫌 ʧə$^{213-23}$ȵiəu^{53}ɕiã^{53} 蜂的一种，体形较长，毒性较大

葫芦头 xu$^{53-35}$lu/ləu˙t‘əu^{5} 蜂的一种，体形粗短，体色黑，多在柴垛内安家，没有一般蜂子那样的蜂窝

檐边虎子 iã$^{53-35}$piã˙xu$^{55-21}$tθʅ˙ 蝙蝠

连边虎子 liã$^{53-35}$piã˙xu$^{55-21}$tθʅ˙

歇边虎子 ɕiə$^{213-21}$piã˙xu$^{55-21}$tθʅ˙ 壁虎

歇鳖虎子 ɕiə$^{213-21}$piə˙xu$^{55-21}$tθʅ˙

蛛蛛子 ʧɥ$^{213-21}$ʧɥ˙tθʅ˙ 蜘蛛

螲蟷 tiə$^{53-35}$tɑŋ˙ 一种生活在地下的小蜘蛛

乌娄牛子 u$^{213-21}$ləu˙ȵiəu$^{53-35}$tθʅ˙ 蜗牛

乌娄尤子 u$^{213-21}$ləu˙iəu$^{53-35}$tθʅ˙

旱乌娄 xã^{31}u$^{213-21}$ləu˙

寒蛩 xã^{53}tɕ‘yŋ^{53} 蟋蟀

拆拆洗洗 tʂʻe$^{213-21}$tʂʻe˙si$^{55-21}$si˙ 一种生活在秋天的蟋蟀。因叫声而得名

秋狗子 tsʻiəu$^{213-23}$kəu$^{55-21}$tθɿ˙

草狗子 tθʻɔ^{55}kəu$^{55-21}$tθɿ˙ 灶蟋蟀

蝈子 kuɛ$^{213-21}$tθɿ˙ 蝈蝈

蝈蝈子 kuɛ$^{213-21}$kuɛ˙tθɿ˙

蚂蚱 mɑ$^{31-55}$tʂɑ˙ 蝗虫

蜓蜓 tʻiŋ$^{213-21}$tʻiŋ˙ 蜻蜓

蛙子 uɛ$^{53-35}$tθɿ˙ 青蛙

蛙巴 uɛ$^{53-35}$pə˙

蛙巴子 uɛ$^{53-35}$pə˙tθɿ˙

癞蛤蟆 lɛ$^{31-55}$xɑ˙mɑ˙/lɛ^{31}xɑ$^{53-35}$mɑ˙ 蟾蜍

蛤蜊 kɑ$^{53-35}$lɑ˙ 河蚌

蛤蜊碴子 kɑ$^{53-35}$lɑ˙tʂʻɑ$^{213-21}$tθɿ˙ 贝壳

蛤蜊碴儿 kɑ$^{53-35}$lɑ˙tʂʻɬar^{213}

长虫 ʧʻɑŋ$^{53-35}$tʂʻuŋ˙ 蛇

蛇虫捋子 ʃə$^{53-35}$tʂʻuŋ˙ly$^{213-21}$tθɿ˙ 蜥蜴

蛇虫子 ʃə$^{53-35}$tʂʻuŋ˙tθɿ˙

蚰蜒 iəu$^{53-35}$iã˙ 蜈蚣

草鞋底 tθʻɔ^{55}ɕiɛ^{53}ti^{55}

出溜船 ʧʻɥ$^{213-21}$liəu˙ʧʻuã^{53} 蚯蚓

曲溜船 tɕʻy$^{213-21}$liəu˙ʧʻuã^{53}

屎壳郎 ʂɿ^{55}kʻə$^{213-23}$lɑŋ^{53} 蜣螂

磕头虫 kʻɑ$^{213-23}$tʻəu^{53}tʂʻuŋ^{53} 一种昆虫，捏其脊背就会反复抬头低头

勾担挂子 kəu$^{213-21}$tã˙kuɑ$^{31-55}$tθɿ˙ 生长在水面上的一种飞虫，长足，能在水面上滑行、跳跃

步蹬挂儿 pu^{31}təŋ$^{213-23}$kuɑr^{31}

瞎牛虻 ɕiɑ$^{213-23}$ȵiəu^{53}məŋ^{55} 牛虻

杀牛虻 ʂɑ$^{213-23}$ȵiəu^{53}məŋ^{55}

牛苍蝇 ȵiəu^{53}tθ‘ɑŋ$^{213-21}$iŋ˙ 一种喝牛血的苍蝇

虮子 tɕi$^{55-21}$tθɿ˙ 虱子的卵

虼蚤 kə$^{213-21}$tθɔ˙ 跳蚤

壁虱 pi^{31}ʂʅ^{213} 蜱

螳螂 tɑŋ$^{213-21}$lɑŋ˙

蠽溜猴子 tsiə$^{55-21}$liəu˙xəu$^{53-35}$tθɿ˙ 蝉的幼虫

蠽溜猴儿 tsiə$^{55-21}$liəu˙xəur^{53}

蠽溜龟儿 tsiə$^{55-21}$liəu˙kuer^{213}

蠽溜 tsiə$^{55-21}$liəu˙ 蝉

叫嘹子 tɕiɔ^{31}liɔ$^{53-35}$tθɿ˙

咪油麻儿 mi$^{35-53}$iəu˙mɑr^{53}

嘟儿啦 trur$^{213-21}$lə˙

紧紧子 tɕiə̃$^{55-21}$tɕiə̃˙tθɿ˙ 一种个头儿很小的蝉

紧儿紧儿 tɕirer$^{55-21}$tɕirer˙

顶金儿 tiŋ$^{55-21}$tɕirer˙

小蠽溜儿 siɔ^{55}tsiə$^{55-21}$ʅəur˙

漏猴 ləu$^{31-55}$xəu˙ 大袋蛾

吊死鬼 tiɔ$^{31-55}$θɿ˙kue^{55}

大老椅子 tɑ^{31}lɔ^{55}i$^{55-21}$tθɿ˙ 尖头蝗虫

蹬倒山 təŋ$^{213-23}$tɔ^{55}ʂã^{213} 个头较大的蝗虫，全身呈绿色，跳跃能力较强

蹬蹬山 təŋ$^{213-21}$təŋ˙ʂã^{213}

油蚂蚱 iəu$^{53-35}$mɑ˙tʂɑ˙ 蝗虫的一种，体色灰黄，个头较小

油罐子 iəu^{53}kuã$^{31-55}$tθɿ˙

过冬牛子 kuə^{31}tuŋ^{213}ȵiəu$^{53-35}$tθɿ˙ 蝗虫的一种，翅短，生活在秋末冬初

过冬牛 kuə^{31}tuŋ$^{213-23}$ȵiəu^{53}

拴么角 ʃuã$^{213-21}$mə˙tɕia^{213} 蝗虫的一种，体细长，呈绿色

大花鞋 ta^{31}xua$^{213-23}$ɕiɛ^{53} 蝗虫的一种，身体上部呈灰黄色，底部呈花色

花大姐 xua$^{213-23}$ta^{31}tsiə^{55} 七星瓢虫

巴夹子 pa$^{213-23}$tɕia$^{53-35}$tθɿ˙ 一种虫子，其身体上的毛刺像仙人掌的刺儿一样能刺入人体并留在人体内，其刺带有一定的毒性，令人疼痛难忍

拴么夹子 ʃuã$^{213-21}$mə/mu˙tɕia$^{53-35}$tθɿ˙

鸡闹哄子 tɕi$^{213-23}$nɔ$^{31-55}$xuŋ˙tθɿ˙ 寄生在鸡身上的小虫

豚子 tu$^{213-21}$tθɿ˙ 蜂子或蝎子尾部的毒刺

血鳝 ɕiə$^{213-21}$ʃã˙ 鳝鱼

黄鳝 xuaŋ$^{53-35}$ʃã˙ 鳝鱼的一种

白鳝 pe$^{53-35}$ʃã˙ 鳝鱼的一种

泥狗 mi$^{53-35}$kəu˙ 泥鳅

泥涟狗子 mi$^{53-35}$liã˙kəu$^{55-21}$tθɿ˙

嘲巴豆子 tʃ'ɔ$^{53-35}$pə˙təu$^{31-55}$tθɿ˙ 一种喜欢趴在水底不善于游动的鱼

沙骨拽 ʃa$^{213-21}$ku˙tʃuɛ^{31} 一种鱼。喜欢趴在沙里，背鳍似刀刃般锐利

割割隘 ka$^{213-21}$ka˙iɛ^{31}

沙里趴 ʂa$^{213-21}$li˙p'a^{213}

趴蛤 p'a$^{213-23}$ka^{53}

鱼梁 y^{53}liaŋ^{53} 鱼的脊椎骨

鱼尿脬 y^{53}θue$^{213-21}$p'ɔ˙ 鱼鳔儿

鱼翅子 y^{53}tʂ'ɿ$^{31-55}$tθɿ˙ 鳍

过腮 kə$^{31-55}$θɛ˙ 鱼鳃

鱼过腮 y^{53}kə$^{31-55}$θɛ˙

鱼子 y^{53}tθʅ^{55} 鱼卵

林刀鱼 lə̃$^{53-35}$tɔ˙y^{53} 带鱼

秫秸叶子鱼 ʃʮ^{53}tɕiɛ^{213}iə$^{31-55}$tθʅ˙y^{53}

甩子儿 ʂɛ^{55}tθɾer^{55} 鱼交尾

鱼秧子 y^{53}iaŋ$^{213-21}$tθʅ˙ 鱼苗儿

鱼秧儿秧儿 y^{53}ʅãr$^{213-21}$ʅãr˙

小鱼秧儿 siɔ^{55}y^{53}ʅãr^{213}

尾巴靠眼 i$^{55-21}$pə˙k'ɔ^{31}iã^{55} 指鱼的体形极小

小毛虾儿 siɔ^{55}mɔ^{53}ɕiɾɑr^{213} 小虾儿

干货 kã$^{213-23}$xuə^{31} 鱼虾之类的干制品

螲嘚 tiə$^{53-35}$te˙ 水蛭

螲螲 tiə$^{53-35}$tiə˙ （中西片）

蚂个滴 mɑ$^{55-21}$kə˙ti^{213} （南片）

蛤螲 kə$^{53-35}$tiə˙ （东片）

蛤蟆蝌扽子 xɑ$^{53-35}$mə˙kə$^{213-21}$tə̃˙tθʅ˙ 蝌蚪

蛤蟆蝌扽儿 xɑ$^{53-35}$mə˙kə$^{213-21}$tɾer˙

蛤蟆蝌底子 xɑ$^{53-35}$mə˙kə$^{213-23}$ti$^{55-21}$tθʅ˙

眠食儿 miã^{53}ʂɫer^{53} 蚕在一段时间内不吃桑叶

白渣 pe$^{53-35}$tʂɑ˙ 蛆：鱼招了～

肉芽儿 iəu^{31}ʅɑr/iɾɑr^{53} 肉中的蛆

肉芽子 iəu^{31}iɑ$^{53-35}$tθʅ˙

壳罗儿 k'ə$^{213-21}$ʅuər˙ 壳儿，皮儿：鸡蛋～

小咬儿 siɔ^{55}ʅɔr/iɾɔr^{55} 小飞虫儿

呼隆聒 xu$^{213-21}$luŋ˙kuə^{213} 昆虫名

蛾子 uə/ŋə$^{53-35}$tθʅ˙ 飞蛾

大爪 tɑ^{31}tʂuɑ^{55} 双螯

放牛小 fɑŋ^{31}ȵiəu^{53}siɔ^{55} 昆虫名

蚕沙子 tθʻã^{53}ʂɑ$^{213-21}$tθʅ˙ 蚕吃桑叶后剩下的残叶及蚕屎

摁豁子 ŋɔ̃$^{31-55}$xuə˙tθʅ˙ 迷信的说法，指引起人梦魇的怪物

犸虎 mɑ$^{213-21}$xu˙ 传说中的怪物。多用来吓唬小孩

　犸猴 mɑ$^{213-21}$xəu˙

七　房舍

家 tɕiɑ^{213} ①住宅：那就是俺～ ②家庭：成～了没价？

老家 lɔ^{55}tɕiɑ^{213} ①家乡，籍贯，祖籍 ②老宅子，原来居住的宅子

宅子 tʂe$^{53-35}$tθʅ˙ 住宅

宅基地 tʂe^{53}tɕi$^{213-23}$ti^{31} 用于建造房屋的土地

盖屋 kɛ^{31}u^{213} 建造房子

屋 u^{213} 房子；房间

墙 tsʻiɑŋ^{53}

墙缝子 tsʻiɑŋ^{53}fəŋ$^{31-55}$tθʅ˙ 墙缝儿

院墙 yã$^{31-55}$tsʻiɑŋ˙/yã^{31}tsʻiɑŋ^{53}

障子 tʃɑŋ$^{31-55}$tθʅ˙ 篱笆

天井 tʻiã$^{213-21}$tsiŋ˙ 院子

　当天井 tɑŋ$^{213-23}$tʻiã$^{213-21}$tsiŋ˙

地基 ti$^{31-55}$tɕi˙ 建造房屋或楼房而开挖的地槽，是房子的地下部分

跩脚 tsiã$^{55-21}$tɕyə˙ 墙的基础

跩脚石 tsiã$^{55-21}$tɕyə˙ʃʅ^{53} 建墙基用的石块

地㵉 ti$^{31-55}$tɕʻi˙ 房屋地面在雨季返潮

苫屋 ʃã$^{213-23}$u^{213} 为房顶加盖草或瓦

翻盖 fã$^{213-23}$kɛ^{31} ①将屋顶拆了重苫 ②修葺、修缮（房屋）

当门 tɑŋ$^{213-23}$mə̃^{53} 室内的地面

门嵌子 mə̃^{53}tɕʻiã$^{31-55}$tθɿ˙ 门槛

接脚石 tsiə$^{213-23}$tɕyə$^{213-23}$ʃɿ^{53} 门前的台阶

　礓礤子 tɕiaŋ$^{213-23}$tθʻa$^{213-21}$tθɿ˙

　脚踏步 tɕyə$^{213-23}$tʂa$^{213-21}$pu˙

门楼子 mə̃^{53}ləu$^{53-35}$tθɿ˙ 门楼儿

蹴脚 tsʻy$^{213-21}$tɕyə˙ 安放在院门口高约四十公分的挡板

蹴脚石 tsʻy$^{213-21}$tɕyə˙ʃɿ^{53} 大门两侧用以固定挡板（蹴脚）的石头

影壁墙 iŋ^{55}pe^{31}tsʻiaŋ^{53} 影壁

堂屋 tʻaŋ$^{53-35}$u˙ 正屋

东屋 tuŋ$^{213-21}$u˙ 在正屋东侧的屋

西屋 si$^{213-21}$u˙ 在正屋西侧的屋

南屋 nã$^{53-35}$u˙ 与正屋相对的屋

过垱 kə$^{31-55}$taŋ˙ 带有过道的屋（屋门即整个院子的门）

夹不道子 tɕia$^{213-21}$pu/pə˙tɔ$^{31-55}$tθɿ˙ 院内房屋之间或房屋和院墙之间的夹道

夹古道子 tɕia$^{213-21}$ku˙tɔ$^{31-55}$tθɿ˙ 相邻的两家院墙间留出来的窄道儿

家古门儿 tɕia$^{213-21}$ku˙mer^{53} 家门：都到了～了，怎么说也得进去坐坐吧？

接山 tsiə$^{213-23}$ʂã^{213} 两家建房相连，合用一个山墙

草屋 tθʻɔ$^{55-21}$u˙ 草房

瓦屋 ua$^{55-21}$u˙ 瓦房

锅屋 kuə$^{213-21}$u˙ 厨房

覆棚 fu$^{213-21}$pʻəŋ˙ 顶棚，天棚

　天棚 tʻiã$^{213-21}$pʻəŋ˙

　虚棚 ɕy$^{213-21}$pʻəŋ˙

　天花板 tʻiã$^{213-23}$xua$^{213-23}$pã^{55}

里间 li$^{55-21}$tɕiã˙

外间 uɛ$^{31-55}$tɕiã˙

里间障子 li$^{55-21}$tɕiã˙tʃaŋ$^{31-55}$tθʅ˙ 在房梁下用秫秸编扎起来的用来隔开里、外间的遮挡物

通屋 t'uŋ$^{213-21}$u˙ 不分里间、外间的屋

间口 tɕiã$^{213-21}$k'əu˙ 空间

间壁 tɕiã$^{213-21}$pi˙ 把房间隔开的简易墙壁

就地 tsiəu^{31}ti^{31} 地面

过木 kuə$^{31-55}$mu˙ 门口上面撑着砖石的木材

窠屉 k'ə$^{213-21}$t'i˙ 墙壁上用来盛放东西的小洞儿

屋脊 u$^{213-23}$tsi^{213}

脊瓦 tsi$^{213-21}$ua˙ 盖在屋脊上的瓦片

屋顶 u$^{213-23}$tiŋ^{55}

狮头 ʃɔ^{31}t'əu^{53} 房屋两头儿的山墙上方以及向外伸展的部分

石狮 ʃʅ^{53}ʃɔ^{31} 旧式草房两侧山墙上以石板为材料垒制的狮头

檐子 iã$^{53-35}$tθʅ˙ 房屋前后墙封顶处向外伸出的部分

屋檐 u$^{213-23}$iã^{53}

叉收 tʂ'a$^{213-21}$ʃəu˙ 根据三角形的稳定性原理，房屋顶部呈等腰三角形的结构，其中的横木叫梁，其余两个腰合称叉收

脊檩子 tsi$^{213-21}$lã˙tθʅ˙ 安放在屋脊位置的横木

 脊檩棒 tsi$^{213-21}$lã˙paŋ^{31}

檩棒 lã$^{55-21}$paŋ˙ 排放在屋脊到檐子之间的棒

稕子 tʃuã$^{31-55}$tθʅ˙ 用高粱秸或苇子编扎起来的把子，起着椽子的作用：盖屋扎～

 秫秸把子 ʃɥ^{53}tɕiɛ^{213}pa$^{55-21}$tθʅ˙

门闩 mã^{53}ʃuã^{213} 木板门后面的横木，用来闩门

门压闩 mə̃^{53}iɑ$^{31-55}$ʃuã˙ 门上压住门闩的装置，门闩可在其中左右抽动

半门子 pã$^{31-55}$mə̃˙tθɿ˙ 安在房屋正门外面的用木板制成或用植物秸杆儿扎成的小门，只有正门的一半高

上亮子 ʃɑŋ^{31}liɑŋ$^{31-55}$tθɿ˙ 门窗最上一层，一般都可以单独开关

门窗户搭儿 mə̃^{53}tʂ'uɑŋ^{213}xu^{53}trɑr^{213} 门窗的合称

里属 li$^{55-21}$ʂu˙ 建筑物里面的长宽尺寸

鞔外 mã^{53}uɛ^{31} 建筑物包括墙的厚度在内的长度或宽度

出厦 tʃ'ɥ$^{213-23}$ʂɑ^{31} 屋檐下面向外平伸出去的部分：您这屋前后都带～

厦檐 ʂɑ$^{31-55}$iã˙

墙裙子 ts'iɑŋ^{53}tɕ'yə̃$^{53-35}$tθɿ˙ 房屋盖好之后，自墙根向上涂抹一定高度的水泥后所形成的墙裙儿

滴水 ti$^{213-21}$ʂue˙ 建筑物四周的二尺宽的条形凹槽，用于屋檐滴水

滴水檐子 ti$^{213-21}$ʂue˙iã$^{53-35}$tθɿ˙

阳沟 iɑŋ$^{53-35}$kəu˙ 墙下自院内向外排污水的水沟

毛沟 mɔ$^{53-35}$kəu˙ 田间的排水沟

四不露毛 θɿ^{31}pu^{213}ləu^{31}mɔ^{53} 前后屋檐和左右屋头用瓦苫盖不露茅草的老式房屋

团瓢 t'uã^{53}p'iɔ^{53} 简易圆形小屋

地屋子 ti$^{31-55}$u˙tθɿ˙ 一半在地下、一半在地上的简易房屋

痨病屋 lɔ$^{53-35}$piŋ˙u^{213} 年久失修的破旧房屋

炉子 lu$^{53-35}$tθɿ˙ 灶

抽灶 tʃ'əu$^{213-23}$tθɔ^{31} ①带烟筒的大炉子 ②可以同时安放几个锅或壶的炉灶

粪栏子 fə̃^{31}lã$^{53-35}$tθɿ˙ 厕所

屎栏 ʂʅ^{55}lã^{53}

屎栏子 ʂʅ^{55}lã$^{53-35}$tθɿ˙

粪茅栏子 fə̃^{31}mɔ^{53}lã$^{53-35}$tθɿ·

屎茅栏子 ʂʅ^{55}mɔ^{53}lã$^{53-35}$tθɿ·

溷栏子 xuã^{31}lã$^{53-35}$tθɿ·

灰栏子 xue$^{213-23}$lã$^{53-35}$tθɿ·

茅坑 mɔ^{53}k‘əŋ^{213}

茅房 mɔ^{53}faŋ^{53}

茅厕 mɔ$^{53-35}$θɿ·

栏 lã^{53} ①养猪、牛、羊的房舍 ②厕所

圈 tɕyã^{31} 临时存放猪、牛、羊的露天场所

猪食槽 ʧɥ$^{213-23}$ʃʅ^{53}tθ‘ɔ^{53} 喂猪时盛猪食的石制器具

鸡窝子 tɕi$^{213-23}$uə$^{213-21}$tθɿ· 鸡窝

鸡笼子 tɕi$^{213-23}$luŋ$^{53-35}$tθɿ· 鸡笼

垛 tuə^{31} ①堆放 ②东西堆积在一起所形成的堆：柴火～

暄柴火 ɕyã$^{213-21}$tʂ‘ɛ·xu· 容易点燃的柴草

里传火 li^{55}ʧ‘uã^{53}xuə^{55} 由室内火源引发的火灾

烟楼子 iã$^{213-23}$ləu$^{53-35}$tθɿ· 烘烤黄烟用的屋子

烟屋子 iã$^{213-23}$u$^{213-21}$tθɿ·

黄烟屋 xuaŋ^{53}iã$^{213-23}$u^{213}

看场屋子 k‘ã^{31}ʧ‘aŋ^{53}u$^{213-21}$tθɿ· 在场院周围盖的小屋或临时搭建的小屋

场院屋子 ʧ‘aŋ$^{53-35}$yã·u$^{213-21}$tθɿ·

瓜屋子 kua$^{213-23}$u$^{213-21}$tθɿ· 在瓜地边上临时搭建的小屋

趴趴屋儿 p‘a$^{213-21}$p‘a·ur^{213} 低矮的房屋

暖房 nã^{55}faŋ^{53} 人工孵化鸡、鸭、鹅的房屋

磨棚 mə^{31}p‘əŋ^{53} 磨房

兔子笼 t‘u$^{31-55}$tθɿ·luŋ^{53} 兔笼

兔子窝 tʻu$^{31-55}$tθɿ˙uə^{213} 兔窝

挂耳子 kuɑ^{31}ɭə$^{55-21}$tθɿ˙ 建筑用语。房屋主体的两侧向前增加的部分

破产院 pʻə^{31}tʂʻã^{55}yã^{31} 废弃的宅子

八 器具、用品

合家当 xə^{53}tɕiɑ$^{213-23}$tɑŋ^{31} 全部家产：你看看吧，～就这些么儿（东西）

家什 tɕiɑ$^{213-21}$ʃɿ˙ 日常生活使用器具的总称

　家古什儿 tɕiɑ$^{213-21}$ku˙ʂɫer˙

　家巴什儿 tɕiɑ$^{213-21}$pə˙ʂɫer˙

玩意儿 uã$^{53-35}$ɿer/iɾer˙ 东西，物体，物品：你手里拿的什么～？

　营生儿 iŋ$^{53-35}$ʂɫə̃r˙

　行行子 xɑŋ$^{53-35}$xɑŋ˙tθɿ˙

　黄黄子 xuɑŋ$^{53-35}$xuɑŋ˙tθɿ˙

马毛儿 mɑ^{55}mɔr^{53} 微不足道的东西：一点儿～也没捞着

瞎渣 ɕiɑ$^{213-23}$tʂɑ^{213} 东西（可以指钱、物等），多用于否定句：你还有点儿～吧？｜自己一点儿～都没有，拿什么盖屋？

瞎哨儿 ɕiɑ$^{213-23}$ʂɔr^{31} 不值钱的零星小物品

琉球儿 liəu^{53}tɕʻiəur^{55} 符合要求、达到标准的物品。多用于否定句：你看看你弄些什么？不像个～！

好草儿 xɔ^{55}tθʻɾɔr^{55} 好的东西。多用于否定句：这可是好玩意儿，你别不当～

花花哨 xuɑ$^{213-21}$xuɑ˙ʂɔ^{31} 新奇的东西：你还是踏踏实实地干点儿事儿啵，别光弄些～

巧个儿 tɕʻiɔ$^{55-21}$kər˙ 大小适中的物品

二半大 ɭə$^{31-55}$pã˙tɑr^{31} 不大不小的物品：那个～的谁要？

嘎嘎鸟 kɑ$^{213-21}$kɑ˙ȵiɔ^{55} 泛指不值一提、令人讨厌的东西

家具 tɕia$^{213-23}$tɕy^{31}

白茬 pe^{53}tʂ‘a^{53} 没有涂色的家具

柜 kue^{31} 柜子

橱 tʃ‘ɥ^{53} 橱子

大衣橱 ta^{31}i$^{213-23}$tʃ‘ɥ^{53} 衣橱

菜橱 tθ‘ɛ$^{31-55}$tʃ‘ɥ˙

书橱 ʃɥ$^{213-23}$tʃ‘y^{53}

穿衣镜 tʃ‘uã$^{213-23}$i$^{213-23}$tɕiŋ^{31}

大组合 ta^{31}tθu$^{213-23}$xə^{53} 大型组合家具

小组合 siɔ^{55}tθu$^{213-23}$xə^{53} 小型组合家具

高低高 kɔ$^{213-23}$ti$^{213-23}$kɔ^{213} 高低错落组合的家具

小圆桌儿 siɔ^{55}yã^{53}tʂɬuər^{213}

八仙桌儿 pa$^{213-23}$siã$^{213-23}$tʂɬuər^{213} 方桌儿

大八仙 ta^{31}pa$^{213-23}$siã^{213} 高方桌儿

　仨匣桌儿 θa$^{213-23}$ɕia^{53}tʂɬuər^{213}

小八仙 siɔ^{55}pa$^{213-23}$siã^{213} 矮方桌儿

条儿子 t‘iɔ^{53}tɕi$^{213-21}$tθʅ˙ 条案，一种狭长的桌子

写字台 siə^{55}tθʅ^{31}t‘ɛ^{53}

抽匣子 tʃ‘əu$^{213-23}$ɕia$^{53-35}$tθʅ˙ 抽屉

　抽屉匣子 tʃ‘əu$^{213-21}$t‘i˙ɕia$^{53-35}$tθʅ˙

桌布儿 tʂuə$^{213-23}$pur^{31} 台布

杌子 u$^{31-55}$tθʅ˙ 一种正方形或长方形的坐具

马杌子 ma$^{55-21}$u˙tθʅ˙ 一种高大的长凳

板凳子 pã$^{55-21}$t‘əŋ˙tθʅ˙ 板凳儿

凳子 təŋ$^{31-55}$tθʅ˙ 长凳儿

小凳儿 siɔ^{55}trər^{31} 短凳儿

交叉子 tɕiɔ$^{213-21}$tʂ‘ə·tθʅ· 马扎儿

墩子 tuə̃$^{213-21}$tθʅ· 用麦秸莛子编制的鼓形坐具

　蒲团 p‘u$^{213-23}$t‘ã^{53}

摇床子 iɔ$^{53-35}$tʂ‘uaŋ·tθʅ· 婴儿用的睡篮，用葛条或腊条编制

床桄 tʂ‘uaŋ^{53}kuaŋ^{213} 床板，铺板

　床板子 tʂ‘uaŋ^{53}pã$^{55-21}$tθʅ·

床牚 tʂ‘uaŋ^{53}tʂ‘əŋ^{31} 床上横木

拦头枕 lã$^{53-35}$t‘əu·tʃə̃^{55} 床头

　挡头枕 taŋ$^{55-21}$t‘əu·tʃə̃^{55}

蚊帐 uə̃$^{53-35}$tʃaŋ·

蚊帐钩子 uə̃$^{53-35}$tʃaŋ·kəu$^{213-21}$tθʅ· 蚊帐钩儿

盖的 kɛ$^{31-55}$ti· 被子

盖窝儿 kɛ$^{31-55}$uər· 被筒儿

　盖的窝子 kɛ$^{31-55}$ti·uə$^{213-21}$tθʅ·

盖的里 kɛ$^{31-55}$ti·li^{55} 被里

　盖的里子 kɛ$^{31-55}$ti·li$^{55-21}$tθʅ·

盖的面儿 kɛ$^{31-55}$ti·mɾɛr/miɾɛr^{31} 被面

棉花套子 ȵiaŋ/ȵiã/miã$^{53-35}$xua/xuə/xu·t‘ɔ$^{31-55}$tθʅ· 棉胎

棉单 miã$^{53-35}$tã· 床单

　床单子 tʂ‘uaŋ^{53}tã$^{213-21}$tθʅ·

复棉单 fu$^{213-23}$miã$^{53-35}$tã· 双层的床单

高件 kɔ$^{213-21}$tɕiã· 冬天挂在门上用来挡风保暖的草苫子

铺体子 p‘u$^{213-21}$t‘i·tθʅ· 铺在床铺上的草苫子

草苫子 tθ‘ɔ^{55}ʃã$^{213-21}$tθʅ·

　苫子 ʃã$^{213-21}$tθʅ·

　滚子 kuə̃$^{55-21}$tθʅ·

豆枕 təu$^{31-55}$tʃə̃˙ 枕头

豆枕皮子 təu$^{31-55}$tʃə̃˙p'i$^{53-35}$tθʅ˙ 枕套儿

豆枕瓤儿 təu$^{31-55}$tʃə̃˙ʅãr/iɾãr^{53} 枕芯

衣裳架子 i$^{213-21}$ʃɑŋ˙tɕiɑ$^{31-55}$tθʅ˙ 衣架

尿罐子 θue$^{213-23}$kuã$^{31-55}$tθʅ˙ 尿罐儿

尿盆子 θue$^{213-23}$p'ə̃$^{53-35}$tθʅ˙

暖水袋 nã^{55}ʂue^{55}tɛ^{31} 热水袋

暖壶 nã^{55}xu^{53} 热水瓶

风掀 fəŋ$^{213-23}$xiã^{213} 风箱

火钩子 xuə^{55}kəu$^{213-21}$tθʅ˙ 通炉子用的钩子

火剪 xuə^{55}tsiã^{55} 火钳

火铲 xuə^{55}tʂ'ã^{55} 火炉用具。用来撮取或清除煤及煤灰

火筷子 xuə^{55}k'uɛ$^{31-55}$tθʅ˙

火箸 xuə$^{55-21}$tʃʮ˙

铲子 tʂ'ã$^{55-21}$tθʅ˙

抢锅铲子 ts'iɑŋ^{55}kuə^{213}tʂ'ã$^{55-21}$tθʅ˙ 菜铲

饭帚 fã$^{31-55}$tʃʮ˙ 刷洗锅、碗等的用具

刷帚 ʂuɑ$^{213-21}$tʃʮ˙

刮饭勺子 kuɑ$^{213-23}$fã^{31}ʃuə$^{53-35}$tθʅ˙ 用来盛饭的勺子

传盘 tʃ'uã^{53}p'ã^{53} 筵席上端菜用的木制托盘

提盒 t'i^{53}xə^{53} 由多个叠放在一起的长方形盒子组成的容器

窠罗 k'ə$^{213-21}$luə˙ 厨房里的柴草堆：待～里一歪抿就睡着了

油褡 iəu$^{53-35}$tɑ˙ 用布缝制的多层的方形垫子，抹上油之后擦拭鏊子，以便煎饼容易从鏊子上揭下来

火罐子 xuə^{55}kuã$^{31-55}$tθʅ˙ 盛炭火的罐子，用来取暖或烘干衣服

火盆 xuə^{55}p'ə̃^{53} 用来烧火取暖的盆了，多用泥巴烧制而成

锯末子 tɕy^{31}mə$^{31-55}$tθɿ˙/tɕy$^{31-55}$mə˙tθɿ˙ 锯末

洋火 iɑŋ^{53}xuə^{55} 火柴

洋油 iɑŋ^{53}iəu^{53} 煤油

火镰 xuə$^{55-21}$liã˙ 打火石

　火石 xuə^{55}ʃɿ^{53}

炭 t‘ã^{31} 煤

炭蛋子 t‘ã^{31}tã$^{31-55}$tθɿ˙ 煤块

炭块子 t‘ã^{31}k‘uɛ$^{31-55}$tθɿ˙ 煤块儿

炭面子 t‘ã^{31}miã$^{31-55}$tθɿ˙ 粉状的煤

　炭面儿 t‘ã^{31}mɾɛr/miɾɛr^{31}

港炭 kɑŋ$^{213-21}$t‘ã˙ 无烟煤

烟炭 iã$^{213-21}$t‘ã˙ 烟煤

煤球 me^{53}tɕ‘iəu^{53} 蜂窝煤

洋灰 iɑŋ^{53}xue^{213} 水泥

嘘铁石 ɕy$^{213-21}$t‘iə˙ʃɿ^{53} 磁铁

　吸铁石 ɕi$^{213-21}$t‘iə˙ʃɿ^{53}

憋烈气 piə$^{213-21}$liə˙tɕ‘i^{31} 带烟囱的煤炉

烟筒 iã$^{213-21}$t‘uŋ˙ 烟囱

耳朵锅 ɭə$^{55-21}$tɔ˙kuə^{213} 带两耳的小锅

　耳朵锅子 ɭə$^{55-21}$tɔ˙kuə$^{213-21}$tθɿ˙

平锅 p‘iŋ$^{53-35}$kuə˙ 平底锅

炒瓢 tʂ‘ɔ^{55}p‘iɔ^{53} 带把儿的炒锅儿

燎壶 liɔ$^{55-21}$xu˙ 烧水用的水壶

茶壶 tʂ‘ɑ^{53}xu^{53} 泡茶用的壶

　卤子壶 lu$^{55-21}$tθɿ˙xu^{53}

水壶 ʂue^{55}xu^{53} 随身携带的水壶。多指军用水壶

茶缸子 tʂ‘ɑ^{53}kɑŋ$^{213-21}$tθɿ˙ 搪瓷茶缸

碟子 tiə$^{53-35}$tθɿ˙ 浅盘

勺子 ʃuə$^{53-35}$tθɿ˙

舀子 iɔ$^{55-21}$tθɿ˙ 舀水的用具

瓢子 p‘iɔ$^{53-35}$tθɿ˙ 瓢

匙子 tʂ‘ʅ$^{53-35}$tθɿ˙ 汤匙儿

酒壶 tsiəu^{55}xu^{53} 温酒用的小壶

　锡壶 si$^{213-23}$xu^{53}

酒盅子 tsiəu^{55}tʂuŋ$^{213-21}$tθɿ˙ 酒盅儿

瓶盖子 p‘iŋ^{53}kɛ$^{31-55}$tθɿ˙ 瓶盖儿

起子 tɕ‘i$^{55-21}$tθɿ˙ ①开瓶工具 ②平口儿螺丝刀

解锥 tɕiɛ$^{55-21}$tʂue˙ 螺丝刀

　改锥 kɛ$^{55-21}$tʂue˙

洋盆子 iɑŋ^{53}p‘ə̃$^{53-35}$tθɿ˙ 搪瓷盆

案板 ŋã$^{31-55}$pã˙ 做面食、切菜用的木板、塑料板等，多为长方形

面板 miã^{31}pã^{55} 专门做面食的案板

菜板 tθ‘ɛ^{31}pã^{55} 专门用来切菜、切肉等的案板

切菜刀 ts‘iə$^{213-23}$tθ‘ɛ^{31}tɔ^{213} 菜刀

搓板 tθ‘uə$^{213-21}$pã˙ ①洗衣板儿 ②切片用具，多用于切红薯片 ③搓棉线的工具

推子 t‘ue$^{213-21}$tθɿ˙ ①理发工具 ②切片工具，多用于切地瓜片

锼子 θəu$^{213-21}$tθɿ˙ 礤床儿

镟子 syã$^{31-55}$tθɿ˙ ①切红薯片的工具，包括搓板和拧镟子两种 ②做粉皮的金属器具，形似圆盘而较深较大

拧镟子 ȵiŋ^{53}syã$^{31-55}$tθɿ˙ 带摇把儿的切片工具，有两个刀片

油葫芦 iəu^{53}xu$^{53-35}$lu˙ 用长把儿葫芦制作的舀油用的器具，斜上方开一

个小圆口儿

端子 tuã$^{213-21}$tθɿ˙ 用来舀油、酒等液体的圆柱状带把儿的器具

聚口 tsy$^{31-55}$k‘əu˙ 漏斗儿

筲 ʂɔ^{213} 水桶

缸 kɑŋ^{213}

瓮 uŋ^{31}

坛子 t‘ã$^{53-35}$tθɿ˙

斧子 fu$^{55-21}$tθɿ˙

解木头 tɕiɛ^{55}mu$^{31-55}$t‘əu˙ 用锯锯开木头

　解棒 tɕiɛ^{55}pɑŋ^{31}

快马子 k‘uɛ^{31}mɑ$^{55-21}$tθɿ˙ 一种两人拉的没有锯弓子的锯

要床子 iɔ$^{31-55}$tʂ‘uɑŋ˙tθɿ˙ V形粗树杈儿。将要解的粗木头置于杈中，用绳子把一根木棍捆在杈的两边，使粗木头固定在其中

墨斗子 me^{31}təu$^{55-21}$tθɿ˙/me$^{31-55}$təu˙tθɿ˙ 墨斗

鳔 piɔ^{31} 用驴皮或猪皮熬制的胶

锛砟 pã$^{213-23}$tʂɑ^{55} 用锛砍木料时砍下来的碎木

销丝儿 siɔ$^{213-23}$θɾer^{213} 插销

　销子 siɔ$^{213-21}$tθɿ˙

扳子 pã$^{213-21}$tθɿ˙ 扳手

套筒儿 t‘ɔ^{31}t‘uə̃r^{55} 圆筒状的专用扳手

尖嘴儿钳 tsiã$^{213-23}$tθɾuer^{55}tɕ‘iã^{53} 尖口钳子

卡钳 tɕ‘iɑ^{55}tɕ‘iã^{53} 修理自行车用的铁钳

掐钳 tɕ‘iɑ$^{213-23}$tɕ‘iã^{53} 专用于切断东西的钳子

电工钳 tiã$^{31-55}$kuŋ˙tɕ‘iã^{53} 电工专用的切线钳

　高压钳 kɔ$^{213-23}$iɑ^{31}tɕ‘iã^{53}

火钳 xuə^{55}tɕ‘iã^{53} 打铁时用来捏住打制物的钳子

钎子 tsʻiã$^{213-21}$tθɿ˙ 钢钎

錾头 tθã^{31}tʻəu^{53} 凿石头或金属的凿子

大锤 tɑ^{31}tʂʻue^{53} 砸石头用的锤子

二锤 ɭə$^{31-55}$tʂʻue˙ 打炮眼用的锤子

手锤子 ʃəu^{55}tʂʻue$^{53-35}$tθɿ˙ 锤头和锤把儿都较短的小锤子

钉锤子 tiŋ$^{213-21}$tʂʻue˙tθɿ˙ 专门敲打并固定钉子的锤子

塞 θɑ^{213} ①采石用的铁制工具，为一铁块 ②榫。镶在镢头和镢把之间使之牢固的木块：镢～

泥板 mi$^{53-35}$pã˙ 泥镘，用来涂抹墙壁的工具

瓦刀 uɑ$^{55-21}$tɔ˙ 用来除灰、砍砖头的工具

托板 tʻuə$^{213-21}$pã˙ 用来盛抹墙物的木板

泥匙 mi$^{53-35}$tʃʻɿ˙ 用来嵌墙缝的工具

　嵌匙子 tɕʻiã$^{53-35}$tʃʻɿ˙tθɿ˙

灰兜子 xue$^{213-23}$təu$^{213-21}$tθɿ˙ 建筑工地上用于盛放并输送混凝土的大包

吊线锤儿 tiɔ^{31}siã^{31}tʂʻɬuer^{53}

吊线 tiɔ^{31}siã^{31} 木匠或石匠准备打直线

吃线 tʃʻɿ$^{213-23}$siã^{31} 将木头上的墨线锯掉

跑线 pʻɔ^{55}siã^{31} 锯齿偏离了墨线

抛线 pʻɔ$^{213-23}$siã^{31} 木匠或石匠拉出准绳打直线

　打线 tɑ^{55}siã^{31}

线绳子 siã$^{31-55}$ʃəŋ˙tθɿ˙ 线绳

尺棒子 tʃʻɿ$^{213-23}$pɑŋ$^{31-55}$tθɿ˙ 直尺

拐尺 kuɛ$^{55-21}$tʃʻɿ˙ 曲尺

　弯尺 uã$^{213-21}$tʃʻɿ˙

米尺 mi^{55}tʃʻɿ^{213} ①卷尺 ②标长为一米的木制直尺

□子 tʂɛ$^{31\ 55}$tθɿ˙ ①尖头木片，做家具榫卯接合时用 ②小铁钉

鞋□子 ɕiɛ^{53}tʂɛ$^{31-55}$tθɿ˙ 小铁钉儿

铡 tʂɑ^{53} 铡刀

砍刀 k'ã$^{55-21}$tɔ˙ 刀把儿和刀背儿成一体的铁质砍柴刀

腌臜 ŋɑ$^{213-21}$tθɑ˙ ①细碎的柴草 ②垃圾

簸箕 pə$^{31-55}$tɕi/tɕ'i˙ ①用来簸粮食的器具 ②手指上的簸箕形指纹

扒子 pɑ$^{213-21}$tθɿ˙ 盛垃圾的器具

锸子 tʂ'ɑ$^{55-21}$tθɿ˙

土簸箕 t'u$^{55-21}$pə$^{31-55}$tɕi/tɕ'i˙

粪箕子 fə̃^{31}tɕi$^{213-21}$tθɿ˙ 用腊条编制，用以盛放东西的器具

扁担 piã$^{55-21}$tã˙

扁担箍子 piã$^{55-21}$tã˙ku$^{213-21}$tθɿ˙ 扁担上的铁箍

钩担 kəu$^{213-21}$tã˙ 两头带有挂钩的扁担

扫帚 θɔ$^{31-55}$tʃɥ˙

笤帚 t'ɔ$^{53-35}$tʃɥ˙

筢子 p'ɑ$^{53-35}$tθɿ˙ 搂柴草的器具，多用竹子、铁丝等制成

纡 y^{213} 用绳子捆扎或用火烤使木棍或竹片等弯曲的办法：～筢子 | ～提篮把儿

絙 kəŋ^{213} 用草编的耕地用的粗绳索：你那～撒（搓）起来没价？

夹杆 tɕiɑ$^{213-21}$kã˙ 筑土墙用的杆子

荡刀布儿 tɑŋ^{31}tɔ$^{213-23}$pur^{31} 鐾刀布

荡刀棍儿 tɑŋ^{31}tɔ$^{213-23}$kuer^{31} 鐾刀棍

剪子 tsiã$^{55-21}$tθɿ˙ 剪刀

烙铁 luə$^{31-55}$t'iə˙ 熨斗

电烙铁 tiã^{31}luə$^{31-55}$t'iə˙ 电熨斗

纺线车子 fɑŋ^{55}siã^{31}tʃ'ə$^{213-21}$tθɿ˙ 纺车

织布梭子 tʃɿ$^{213-23}$pu^{31}θuə$^{213-21}$tθɿ˙

饧罐子 ɕiŋ^{53}kuã$^{31-55}$tθɿ˙ 盛水或粮食等的泥瓦罐

批子 p‘i$^{213-21}$tθɿ˙ ①竹片 ②特指烙煎饼用的薄竹片或木片

扁批 piã^{55}p‘i^{213}

竹批 tʂu$^{213-23}$p‘i^{213}

刮板子 kuɑ$^{213-23}$pã$^{55-21}$tθɿ˙/kuɑ$^{213-21}$pã˙tθɿ˙ ①烙煎饼用的木板。有不带把儿和带把儿两种 ②用来刮掉农具上泥土的木板

推板子 t‘ue$^{213-23}$pã$^{55-21}$tθɿ˙/t‘ue$^{213-21}$pã˙tθɿ˙ 烙煎饼用的木板

煎饼筢子 tsiã/tɕiɑ$^{213-21}$miŋ/ȵiŋ˙p‘ɑ$^{53-35}$θɿ˙

过床子 kuə$^{31-55}$tʂ‘uɑŋ˙tθɿ˙ 做豆腐用的木制器具，放在大盆上，将盛有豆糊儿的包袱置于其上，然后挤压包袱，使生豆汁和豆渣分离开来

箩床子 luə$^{53-35}$ tʂ‘uɑŋ˙tθɿ˙ ①置放箩的架子 ②筛子

擀面轴子 kã^{55}miã^{31}tʃʮ$^{53-35}$tθɿ˙ 擀面杖

蒜臼子 θuã^{31}tɕiəu$^{31-55}$tθɿ˙ 捣蒜的蒜窝儿

蒜锤子 θuã^{31}tʂ‘ue$^{53-35}$tθɿ˙ 蒜杵儿

搉蒜锤 tɕ‘iɑ$^{213-23}$θuã^{31}tʂue^{53}

蒜把子 θuã^{31}pɑ$^{55-21}$tθɿ˙

洗脸盆子 si^{55}lia^{55}p‘ə̃$^{53-35}$tθɿ˙ 脸盆

脸盆子架儿 liã^{55}p‘ə̃$^{53-35}$tθɿ˙tɕiɾɑr^{31} 脸盆架

脸盆架子 liã^{55}p‘ə̃^{53}tɕia$^{31-55}$tθɿ˙

洗澡盆 si^{55}tθɔ^{55}p‘ə̃^{53} 澡盆

胰子 i$^{53-35}$tθɿ˙ 肥皂

洗脚盆子 si^{55}tɕyə^{213}p‘ə̃$^{53-35}$tθɿ˙ 洗脚盆

擦拉布子 tθ‘ɑ$^{213-21}$lɑ˙pu$^{31-55}$tθɿ˙ 毛巾

擦脸布子 tθ‘ɑ$^{213-23}$liã^{55}pu$^{31-55}$tθɿ˙

手布子 ʃəu^{55}pu$^{31-55}$tθɿ˙

手巾 ʃəu$^{55-21}$tɕiə˙

擦脚布子　tθ‘a$^{213-23}$tɕyə^{213}pu$^{31-55}$tθʅ˙　擦脚毛巾

罩子灯　tʂɔ$^{31-55}$tθʅ˙təŋ^{213}　带玻璃罩的煤油灯

提灯　t‘i^{53}təŋ^{213}　有提手的带玻璃罩的煤油灯

汽灯　tɕ‘i^{31}təŋ^{213}

手灯　ʃəu^{55}təŋ^{213}　手电筒

　电灯棒子　tiã^{31}təŋ^{213}pɑŋ$^{31-55}$tθʅ˙

灯捻子　təŋ$^{213-23}$ȵiã$^{31-55}$tθʅ˙　灯芯

　灯芯子　təŋ$^{213-23}$ʃə̃/siə̃$^{31-55}$tθʅ˙

　灯草绳子　təŋ$^{213-21}$tθ‘ɔ˙ʃəŋ$^{53-35}$tθʅ˙

布捻　pu^{31}ȵiã^{31}　①用布条搓成的细绳儿 ②用布条搓成的灯芯

　布捻子　pu^{31}ȵiã$^{31-55}$tθʅ˙/pu$^{31-55}$ȵiã˙tθʅ˙

提包　t‘i^{53}pɔ^{213}　手提包

钱夹子　ts‘iã^{53}tɕia$^{213-21}$tθʅ˙　钱包

糨子　tɕiɑŋ$^{31-55}$tθʅ˙　糨糊

打糨子　ta^{55}tɕiɑŋ$^{31-55}$tθʅ˙　将面粉搀水加热至熟制成糨糊

顶针子　tiŋ^{55}tʂə̃$^{213-21}$tθʅ˙　顶针

线轴子　siã^{31}ʧʮ$^{53-35}$tθʅ˙　线轴

针脚子　tʂə̃$^{213-21}$tɕyə˙tθʅ˙　针脚

纫针　iə̃^{31}tʂə̃^{213}　穿针，将线头穿入针鼻中

针眼儿　tʂə̃$^{213-23}$ʅɛr/irɛr^{55}　针孔儿

　针鼻儿　tʂə̃$^{213-23}$prer/pirer^{53}

　针鼻子　tʂə̃$^{213-23}$pi$^{53-35}$tθʅ˙

针锥　tʂə̃$^{213-21}$tʂue˙　纳鞋底、绱鞋的锥子

搓板　tθ‘uə$^{213-21}$pã˙　洗衣板

拄棍　ʧʮ$^{55-21}$kuə̃˙　拐杖

　拐棍儿　kue$^{55-21}$kuer˙

箢子 yã$^{55-21}$tθɿ˙ 带提梁的深口筐

升箢子 ʃəŋ$^{213-21}$yã˙tθɿ˙ 盛一升粮食的箢子

小升箢儿 siɔ^{55}ʃəŋ$^{213-21}$yɛr˙

三升箢子 θã$^{213-23}$ʃəŋ^{213}yã$^{55-21}$tθɿ˙ 盛三升粮食的箢子

小狗头箢儿 siɔ^{55}kəu^{55}t‘əu^{53}ʅuɛr^{55}/yɾuɛr^{55} 像狗头大的箢子

耍箢子 ʃuɑ$^{55-21}$yã˙tθɿ˙ 个头很小、供小孩儿玩耍的箢子

笸篮 p‘ə$^{55-21}$lã˙ 用柳条或高粱莛子编成的筐子

提篮 t‘i$^{53-35}$lã˙ 带提梁的柳条筐

篓子 ləu$^{55-21}$tθɿ˙ 用腊条或绵槐条编成的长条形容器，多固定在车子上用来运东西

花篮 xuɑ$^{213-23}$lã^{53} 周围有六边形镂空图案的篮子

花篓 xuɑ$^{213-21}$ləu˙

花篓子 xuɑ$^{213-21}$ləu˙tθɿ˙

抬筐 t‘ɛ$^{53-35}$k‘uɑŋ˙ 拴有绳索，可用来抬东西的大筐

箩筐 luə^{53}k‘uɑŋ^{213}/luə$^{53-35}$k‘uɑŋ˙ 形状像箩的大筐

小追筐 siɔ^{55}tʂue$^{213-23}$k‘uɑŋ^{213} 小筐儿

通条 t‘uŋ$^{213-23}$t‘iɔ^{53} ①梃猪用的铁棍 ②通火炉的铁棍

梃棍 t‘iŋ^{31}kuə̃^{31} 梃猪用的铁棍

挖子 uɑ$^{213-21}$tθɿ˙ 刮猪毛用的弯曲铁片

拉绳 lɑ$^{213-21}$ʃəŋ˙ 拉车用的绳子

拘夹子 tɕy$^{213-21}$tɕiə˙tθɿ˙ 把树杈的两个分枝截成 20 厘米长，用火烤后使它们弯曲至能够交叉在一起并固定在绳的一头，以便于捆东西。也有用钩子形状的

经垂子 tsiŋ$^{213-21}$tʂ‘ue˙tθɿ˙ 扎笤帚打线用的工具

拧垂子 ȵiŋ$^{53-35}$tʂ‘ue˙tθɿ˙

经子 tsiŋ$^{213-21}$tθɿ˙ 拧起来的单股绳儿，用来搓绳或编织草苫

缚棍子 fu$^{53-35}$kuə̃˙tθɿ˙ 扎笤帚的木棍

砂子 ʂɑ$^{213-21}$tθɿ˙ ①土枪用的枪子，即小铁球儿 ②轴承里的铁砂子

滚珠儿 kuə̃^{55}tʂɬur^{213} 轴承里的铁砂子

支跷 tʂʅ$^{213-21}$tɕʻiɔ˙ 类似于高凳子和梯子的用具，其高度可以调节，顶面为用活页钉起来的板面

咣咣镲子 kuɑŋ$^{213-21}$kuɑŋ˙tʂʻɑ$^{53-35}$tθɿ˙ 铙钹之类的打击乐器

生疏 ʂəŋ$^{213-21}$ʂu˙ 生锈：大些日子不使，这把铜壶都上～了

洋炮 iɑŋ^{53}pʻɔ^{31} 老式土枪

土压五儿 tʻu^{55}iɑ^{31}ur^{55} 能压五发子弹的老式步枪

枪 tsʻiɑŋ^{213}

枪头子 tsʻiɑŋ$^{213-23}$tʻəu$^{53-35}$tθɿ˙ 枪刺

　枪攮子 tsʻiɑŋ$^{213-23}$nɑŋ$^{55-21}$tθɿ˙

气棒 tɕʻi^{31}pɑŋ^{31} 打气筒

磅子 pɑŋ$^{31-55}$tθɿ˙ ①特指盛液体的瓶子 ②量词：两～酒｜一～醋

铗子 tɕiɑ$^{53-35}$tθɿ˙ 捉老鼠、黄鼠狼、兔子等的工具

　铁猫 tʻiə$^{213-23}$mɔ^{53}

兔子匣儿 tʻu$^{31-55}$tθɿ˙ɕirɑr^{53} 捉兔子的匣子

捂眼子 u$^{55-21}$iɑ̃˙tθɿ˙ 驴拉磨戴的眼罩

　捂眼儿 u$^{55-21}$ʅɛr/irɛr˙

阿子 ŋɑ$^{213-21}$tθɿ˙ 捕捉鸟兽的工具

梁子 liɑŋ$^{53-35}$tθɿ˙ 捕鱼用的工具

拴马橛子 ʃuɑ̃$^{213-23}$mɑ^{55}tɕyə$^{53-35}$tθɿ˙ 标志，记号

犁堑 li^{53}tɕʻiɑ̃^{31} 犁上的横木

耩子 tsiɑŋ$^{55-21}$tθɿ˙ 耧

隔古儿 ke$^{213-21}$kur˙ 隔开物品或空间的东西

粪叉子 fə̃^{31}tʂʻɑ$^{213-21}$tθɿ˙ 拾粪用的叉子

拉网 lɑ$^{213-21}$uɑŋ˙ 鱼网的一种。长方形鱼网，捕鱼时两人从两侧拉开

立网 li$^{31-55}$uɑŋ˙ 鱼网的一种。横截河道将网立起来，鱼被水冲下来遇网即挂在网上

撒网 θɑ$^{55-21}$uɑŋ˙ 鱼网的一种。周围带坠子的鱼网，下网时把网撒开

　旋网 syã$^{53-35}$uɑŋ˙

浮子 fu$^{53-35}$tθʅ˙ 鱼漂儿

拉板 lɑ$^{213-21}$pã˙ 垒墙时用的木板

　门打板子 mã$^{53-35}$tɑ˙pã$^{55-21}$tθʅ˙

牚 tʂ'əŋ^{31} ①斜柱 ②桌椅等腿中间的横木：木头～子

驴缨脖子 ly$^{53-35}$iŋ˙pə$^{53-35}$tθʅ˙ 挂在驴脖子上的套子

当儿当儿 tãr$^{213-21}$tãr˙ 卖油人所用的发出响声招徕顾客的器物

粗拉子活儿 tθ'u$^{213-23}$lɑ$^{213-21}$tθʅ˙xər^{53} 技巧性不高、要求不细致的手艺

材毁 tθ'ɛ$^{53-35}$xue˙ 指器物的破损或瑕疵

　材坏 tθ'ɛ$^{53-35}$xuɛ˙

九　称谓

老的 lɔ$^{55-21}$ti˙ 父母

小的儿 siɔ$^{55-21}$tɾer/tiɾer˙ 孩子

老少爷们儿 lɔ^{55}ʃɔ^{31}iə$^{53-35}$mer˙ 乡亲们

齐大伙子 ts'i^{53}tɑ^{31}xuə$^{55-21}$tθʅ˙ 大家伙儿，大伙儿

　齐大伙儿 ts'i$^{53-35}$tɑ˙xuər^{55}

　大家伙儿 tɑ$^{31-55}$tɕiɑ˙xuər^{55}

合么家子 xə$^{53-35}$mə˙tɕiɑ$^{213-21}$tθʅ˙ 全家人

男人 nã^{53}iə̃^{53}/nã$^{53-35}$iə̃˙ ①丈夫 ②男性

　男的 nã$^{53-35}$ti˙

当家的 tɑŋ$^{213-23}$tɕiɑ$^{213-21}$ti˙ ①家长 ②主事的人 ③单位的主要负责人

爷们儿 iə$^{53-35}$mer˙ ①丈夫 ②对叔、伯辈男性的称呼 ③长辈男子和晚辈的合称

爷儿几个儿 iər^{53}tɕi$^{55-21}$kər˙ 长辈男性和几个晚辈儿的合称

爷俩儿 iə^{53}ʅɑr^{55} 长辈男性和一个晚辈儿的合称

劳力 lɔ^{53}li^{31} 劳动力，一般指成年男性

半劳力 pã^{31}lɔ^{53}li^{31} 未成年人、妇女、年老体弱者等体力不及成年男子的人

家里 tɕiɑ$^{213-21}$li˙ ①妻子 ②家中

老婆 lɔ$^{55-21}$p‘ə˙ 妻子

　媳妇儿 si$^{213-21}$fur/fər˙

　媳妇子 si$^{213-21}$fu/fə˙tθʅ˙

　媳子 si$^{213-21}$tθʅ˙

娘们儿 ȵiɑŋ$^{53-35}$mer˙ ①妻子 ②妇女 ③长辈妇女和晚辈的合称

娘儿几个儿 ȵirɑ̃r^{53}tɕi$^{55-21}$kər˙ 长辈女性称自己和几个子侄辈儿的人

娘俩儿 ȵiɑŋ^{53}ʅɑr^{55} 长辈女性称自己和一个晚辈儿的人

老娘们儿 lɔ^{55}ȵiɑŋ$^{53-35}$mer˙ ①年龄较大的男人对妻子的称呼 ②泛指年龄较大的妇女

小月孩儿 siɔ^{55}yə$^{31-55}$xɛr˙ 出生不久的婴儿

妭儿 pɑr^{53} 孩子，多用于喊儿子

　妭子 pɑ$^{53-35}$tθʅ˙

　妭妭 pɑ$^{53-35}$pɑ˙

　妭蛋 pɑ^{53}tã^{31}

　趴蛋儿 p‘ɑ$^{213-23}$trɛr^{31}

孩抱纽子 xɛ^{53}pɔ^{31}ȵiəu$^{55-21}$tθʅ˙ 小孩子：你这个～懂什么？

胎孩 t‘ɛ$^{213-21}$xɛ˙ 身体不健康的小孩儿

小荡子 siɔ^{55}taŋ$^{31-55}$tθʅ˙ 小孩子们

小子 siɔ$^{55-21}$tθʅ˙ 男孩儿

　小儿 θɾɔr^{55}

　儿 ɭə^{53}

　小秃儿 siɔ^{55}t'ɾur^{213}

　小小子儿 siɔ^{55}siɔ$^{55-21}$tθɾer˙

　小小儿 siɔ^{55}θɾɔr^{55}

妮子 ȵi$^{213-21}$tθʅ˙ ①女孩儿 ②女儿

　妮儿 nɾer/ȵiɾer^{213}

　小妮儿 siɔ^{55}nɾer/ȵiɾer^{213}

　丫头儿 iɑ$^{213-21}$t'ɾəur˙

　丫头孩子 iɑ$^{213-21}$t'əu˙xɛ$^{53-35}$tθʅ˙

识字班 ʃʅ$^{213-23}$tθʅ^{31}pã^{213} ①革命战争年代，农村学习文化的一种组织形式，学习者多为女青年 ②专指女青年

大闺女 tɑ^{31}kue/kuə̃$^{213-21}$ȵy˙ 姑娘

小识字班儿 siɔ^{55}ʃʅ$^{213-23}$tθʅ^{31}pɛr^{213} 小女孩儿

小媳妇儿 siɔ^{55}si$^{213-21}$fur/fər˙ 新媳妇

　小媳妇子 siɔ^{55}si$^{213-21}$fu/fə˙tθʅ˙

小熊孩儿 siɔ^{55}ɕyŋ^{53}xɛr^{53} 小孩儿。詈语

　小屁孩儿 siɔ^{55}p'i^{31}xɛr^{53}

私孩子 θə$^{213-21}$xɛ˙tθʅ˙ 私生子。詈语

　舍孩子 ʃə$^{213-21}$xe˙tθʅ˙

凑羔子 tθ'əu$^{31-55}$kɔ˙tθʅ˙ 杂种。詈语

　万人凑的 uã^{31}iə̃^{53}tθ'əu$^{31-55}$ti˙

　杂离 tθɑ$^{53-35}$lã˙

　杂碎 t0ɑ$^{53-35}$θue˙

杂种 tθɑ^{53}tʂuŋ^{55}

能豆儿 nəŋ^{53}təur^{31} ①聪明机灵而又顽皮的小孩儿 ②好出风头的小孩儿

能豆子 nəŋ^{53}təu$^{31-55}$tθʅ˙

蹦豆儿 pəŋ^{31}təur^{31}

蹦豆子 pəŋ^{31}təu$^{31-55}$tθʅ˙

老末 lɔ^{55}mə^{213} 最慢或最后一个

小幺儿 siɔ^{55}ʅɔr/irɔr^{213} 最小的孩子

了生子 liɔ$^{55-21}$ʂəŋ˙tθʅ˙

了号儿 liɔ$^{55-21}$xɔr˙

小了号儿 siɔ^{55}liɔ$^{55-21}$xɔr˙

小末尕儿 siɔ^{55}mə$^{213-23}$kɑr^{53}

老生子 lɔ^{55}ʂəŋ$^{213-21}$tθʅ˙ ①最小的孩子 ②詈语。骂老年人

老生子儿 lɔ^{55}ʂəŋ$^{213-23}$tθrer^{55} 年龄较大所生的儿子

老行行子 lɔ^{55}xɑŋ$^{53-35}$xɑŋ˙tθʅ˙

老生子闺女 lɔ^{55}ʂəŋ$^{213-21}$tθʅ˙kue/kuə̃$^{213-21}$ȵy˙ 最小的女儿

有年纪儿的 iəu^{55}ȵiã$^{53-35}$tɕirer˙ti˙ 对老年人的尊称

老骚货 lɔ^{55}θɔ$^{213-21}$xuə˙/lɔ^{55}θɔ$^{213-23}$xuə^{31} 年龄较大而行为不检点的人。詈语

骚货蛋子 θɔ$^{213-21}$xuə˙tã$^{31-55}$tθʅ˙ 作风不正派的男人

小公鸡儿 siɔ^{55}kuŋ$^{213-23}$tɕirer^{213} 作风不正派的青年男性

万人恨 uã^{31}iə̃^{53}xə̃^{31} 为众人所恨的人

老嬷儿嬷儿 lɔ^{55}mər$^{213-21}$mər˙/lɔ^{55}mɑr$^{213-21}$mɑr˙ 老太太

老嬷嬷（子） lɔ^{55}mə$^{213-21}$mə˙(tθʅ˙)/lɔ^{55}mɑ$^{213-21}$mɑ˙(tθʅ˙)

年轻的 ȵiã^{53}tɕ‘iŋ$^{213-21}$ti˙ 小伙子

小青年儿 siɔ^{55}ts‘iŋ$^{213-23}$ȵrer/ȵirer^{53}

小年幼儿的 siɔ^{55}ȵiã^{53}ʅəur/irəur$^{31-55}$ti˙

大高个儿 tɑ^{31}kɔ$^{213-23}$kər^{31} 个子高的人

　大高个子 tɑ^{31}kɔ$^{213-23}$kə$^{31-55}$tθʅ˙

　高个子 kɔ$^{213-23}$kə$^{31-55}$tθʅ˙

高挑子 kɔ$^{213-23}$t‘iɔ$^{55-21}$tθʅ˙ 身材高挑的人

胖汉 p‘ɑŋ$^{31-55}$xã˙ 身体肥胖的人

瘦八仙 ʂəu^{31}pɑ$^{213-23}$siã^{213} 身体很瘦的人

街滑子 tɕiɛ$^{213-23}$xuɑ$^{53-35}$tθʅ˙ ①祖辈居住在集镇上的人 ②经常在集市上逛游而无所事事的人。含贬义

　街油子 tɕiɛ$^{213-23}$iəu$^{53-35}$tθʅ˙

　城滑子 tʃ‘əŋ^{53}xuɑ$^{53-35}$tθʅ˙

兵油子 piŋ$^{213-23}$iəu$^{53-35}$tθʅ˙ 老兵。带贬义

老油子 lɔ^{55}iəu$^{53-35}$tθʅ˙ 戏称技术熟练的行家

老油条 lɔ^{55}iəu^{53}t‘iɔ^{53} ①戏称行家。含贬义 ②为人处事世故圆滑的人

熟手 ʂu^{53}ʃəu^{55} 行家

老手旧胳膊 lɔ^{55}ʃəu^{55}tɕiəu^{31}kə$^{213-21}$p‘e˙ 行家。比喻性用法

离巴头 li$^{53-35}$pə˙t‘əu^{53} 外行

雏巴鹨儿 tʂ‘u$^{53-35}$pə˙tʂ‘ɬer^{53} 初学某项知识或技能，技术尚不太熟练的人

　生手 ʂəŋ$^{213-21}$ʃəu˙

撂柴火 liɔ$^{213-23}$tʂ‘ɛ$^{53-35}$xu˙ 无用的人；废物

过路子 kuə$^{31-55}$lu˙tθʅ˙ 路过此地的人

邻舍家 lə̃$^{53-35}$ʃə̃˙tɕiə˙ 邻居

　邻舍百家 lə̃$^{53-35}$ʃə̃˙pe$^{213-21}$tɕiə˙

　邻墙儿 lə̃^{53}tθ‘ɾãr/ts‘iɾãr^{53}

本家儿 pə̃^{55}tɕiɾɑr^{213}/pə̃$^{55-21}$tɕiɾɑr˙ 同一宗族的人

外来户子 uɛ^{31}lɛ^{53}xu$^{31-55}$tθʅ˙ 外来户

外住户子 uɛ^{31}ʧʯ^{31}xu$^{31-55}$tθʅ˙

坐地户子 tθuə^{31}ti^{31}xu$^{31-55}$tθʅ˙ 当地人

地头蛇 ti^{31}t‘əu^{53}ʃə^{53} 横行霸道、为非作歹的当地人

洋鬼子 iɑŋ^{53} kue$^{55-21}$tθʅ˙ 外国人。贬义

老外 lɔ^{55}uɛ^{31} ①外国人 ②外行

异端 i^{31}tuã^{213} 固执己见、性格孤僻的人

犟筋 tɕiɑŋ^{31}tɕiə̃^{213} 固执己见的人：这个～，旁人怎么说他也不听！

牛犟筋 ȵiəu^{53}tɕiɑŋ^{31}tɕiə̃^{213}

死犟筋 θʅ^{55}tɕiɑŋ^{31}tɕiə̃^{213}

犟驴 tɕiɑŋ^{31}ly^{53} 比喻性用法

同年 t‘uŋ^{53}ȵiã^{53} 同庚

同岁 t‘uŋ$^{53-35}$θue˙

经纪 tɕiŋ$^{213-21}$tɕi˙ 经纪人

半瓶子醋 pã^{31}p‘iŋ$^{53-35}$tθʅ˙tθ‘u^{31}/pã$^{31-55}$p‘iŋ˙tθʅ˙tθ‘u^{31} 喻指没有多少学识的人

半瓶醋 pã^{31}p‘iŋ^{53}tθ‘u^{31}

光棍子 kuɑŋ$^{213-23}$kuə̃$^{31-55}$tθʅ˙/kuɑŋ$^{213-21}$kuə̃˙tθʅ˙ 单身汉

光棍儿 kuɑŋ$^{213-23}$kuer^{31}

光杆子 kuɑŋ$^{213-23}$kã$^{55-21}$tθʅ˙

光杆儿 kuɑŋ$^{213-23}$kɛr^{55}

单杆子 tã$^{213-23}$kã$^{55-21}$tθʅ˙

单杆儿 tã$^{213-23}$kɛr^{55}

光棍 kuɑŋ$^{213-21}$kuə̃˙ ①土匪 ②形容人很有活动能力

光腚子 kuɑŋ$^{213-23}$tiŋ$^{31-55}$tθʅ˙ 比喻没有号召力、说话无人响应的人

光杆司令 kuɑŋ$^{213-23}$kã^{55}θʅ^{31}liŋ^{31}

跳光腚子舞 t‘iɔ^{31}kuɑŋ$^{213-23}$tiŋ$^{31-55}$tθʅ˙u^{55} 喻指人没有号召力，说

话无人响应

苫手 ʃã$^{213-21}$ʃəu˙ 扒手

老闺女 lɔ^{55}kue/kuə̃$^{213-21}$ȵy˙ 老姑娘，老处女

石姑子 ʃʅ^{53}ku$^{213-21}$tθʅ˙ 先天不能生育的女子

团圆媳妇子 t‘uã$^{53-35}$yã˙si$^{213-21}$fu/fə˙tθʅ˙ 童养媳

回头儿 xue$^{53-35}$t‘rəur˙ ①再嫁妇女 ②离了婚又回娘家居住的女人

二水儿 ɭə^{31}ʂɬuer^{55}/ɭə$^{31-35}$ʂɬuer˙

二火儿 ɭə$^{31-55}$xuər˙

二婚头 ɭə$^{31-55}$xuə̃˙t‘əu^{53}

二货头 ɭə$^{31-55}$xuə˙t‘əu^{53}

窑货 iɔ$^{53-35}$xuə˙ ①妓女 ②作风不正的女性 ③对女性的詈语

窑子货 iɔ$^{53-35}$tθʅ˙xuə^{31}

破货 p‘ə^{31}xuə^{31} 詈语。指女性作风不正

烂货 lã^{31}xuə^{31}

浪货 lɑŋ^{31}xuə^{31}

骚货 θɔ$^{213-23}$xuə^{31}

破鞋 p‘ə^{31}ɕiɛ^{53}

养汉头 iɑŋ^{55}xã^{31}t‘əu^{53}/iɑŋ$^{55-21}$xã˙t‘əu^{53}

养汉屄 iɑŋ^{55}xã^{31}pi^{213}

骚屄 θɔ$^{213-23}$pi^{213}

浪屄 lɑŋ^{31}pi^{213}

浪喀嚓子 lɑŋ^{31}k‘ɑ$^{213-21}$tʂ‘ɑ˙tθʅ˙

扒灰头 pɑ$^{213-21}$xue˙t‘əu^{53} 与儿媳通奸的人

相好的 siɑŋ$^{213-23}$xɔ$^{55-21}$ti˙ ①朋友 ②不正当男女关系中的一方

劳改犯 lɔ^{53}kɛ^{55}fã^{31} 囚犯

公安局的客儿 kuŋ$^{213-23}$ŋã$^{213-23}$tɕy$^{53-35}$ti˙k‘er^{213}

仛古头 ka$^{55-21}$ku·t‘əu^{53}　吝啬鬼

　仛古郎 ka$^{55-21}$ku·laŋ^{53}

　细作核儿 si$^{31-55}$tθuə·xur^{53}

　鳖顶子核儿 ʦi$^{213-23}$tiŋ$^{55-21}$tθɿ·xur^{53}

　小气鬼 siɔ$^{55-21}$tɕ‘i·kue^{55}

　皮笊篱 p‘i^{53}tʂɔ$^{31-55}$li·

　铁公鸡 t‘iə$^{213-23}$kuŋ$^{213-23}$tɕi^{213}/t‘iə$^{213-23}$kuŋ$^{213-21}$tɕi·

败家子儿 pε^{31}tɕia$^{213-23}$tθrer^{55}　挥霍浪费的人

　破财僧 p‘ə^{31}tθ‘ε^{53}tθəŋ^{213}

　哆嗦孙 tuə$^{55-21}$θuə·θuã^{213}

　摆摆熊 pε$^{55-21}$pε·ɕyŋ^{53}

　摆摆孙 pε$^{55-21}$pε·θuã^{213}

要饭的 iɔ^{31}fã$^{31-55}$ti·　乞丐

短路的 tuã^{55}lu$^{31-55}$ti·　拦路抢劫的人

卖狗皮膏药的 mε^{31}kəu^{55}p‘i^{53}kɔ$^{213-21}$yə·ti·　骗子

半吊子 pã^{31}tiɔ$^{31-55}$tθɿ·　①不精通某种知识或做事半途而废的人：他是个～，什么也干不好 ②不标准的物品：他买的这些东西都是～

　二半吊子 ɭə^{31}pã^{31}tiɔ$^{31-55}$tθɿ·

　二不溜子 ɭə$^{31-55}$pu·liəu$^{213-21}$tθɿ·

二皮脸 ɭə^{31}p‘i^{53}liã^{55}　死皮赖脸的人

二冲子 ɭə^{31}tʂ‘uŋ$^{31-55}$tθɿ·　做事莽撞的人

二性头 ɭə$^{31-55}$siŋ·t‘əu^{53}　性情急躁、做事鲁莽的人

菜货 tθ‘ε$^{31-55}$xuə·　讥称没能力的人

　草包 tθ‘ɔ$^{55-21}$pɔ·

吃材 ʧ‘ɿ$^{213-21}$tθ‘ε·　指无能的人。詈语

　造粪的机器 tθɔ^{31}fə̃$^{31-55}$ti·tɕi$^{213-23}$tɕ‘i^{31}

饿死鬼 uə$^{31-55}$θʅ˙kue^{55} 指吃相不好看的人，尤指吃得又多又快的人

饭桶 fã^{31}t‘uŋ^{55} 饭量大的人。贬义

菜包 tθ‘ε^{31}pɔ^{213}

菜饱肚子 tθ‘ε$^{31-55}$pɔ˙tu$^{31-55}$tθʅ˙ 指吃菜多的人

菜饱驴 tθ‘ε^{31}pɔ^{55}ly^{53} 喜食蔬菜的人

菜头子 tθ‘ε$^{31-55}$t‘əu˙tθʅ˙ 漂亮出众的女性

头子 t‘əu$^{53-35}$tθʅ˙ 领头的人；做事次序居先的人；头目

跟脚子 kẽ$^{213-21}$tɕyə˙tθʅ˙ 妇女再嫁时所带与前夫所生的子女

带羔子 tε$^{31-55}$kɔ˙tθʅ˙

带犊子 tε^{31}tu$^{53-35}$tθʅ˙

带肚子 tε$^{31-55}$tu˙tθʅ˙ 妇女改嫁前怀孕、改嫁后出生的前夫之子女

懒犍 lã$^{55-21}$tɕiã˙ 懒汉

孬种 nɔ$^{213-23}$tʂuŋ^{55} 詈语

白眼儿狼 pe^{53}ʅεr/irεr^{55}lɑŋ^{53} 忘恩负义的人

贼 tθe^{53} 土匪，强盗

马子 mɑ$^{55-21}$tθʅ˙ 土匪

刘黑七儿 liəu^{53}xe$^{213-23}$tθ‘ɾer^{213} 一土匪名。后指土匪

西南马子 si^{213}nã^{53}mɑ$^{55-21}$tθʅ˙ 土匪（因土匪头子刘黑七的家乡费县在沂南的西南方向）

撮巴子 tʂ‘uɑ$^{213-21}$pɑ/pə˙tθʅ˙ 在集市上趁人不注意抢夺别人东西的人

抢货子 ʦ‘iɑŋ$^{55-21}$xuə˙tθʅ˙

青皮 ʦ‘iŋ$^{213-23}$p‘i^{53} 无赖之徒

雾露鬼 u$^{31-55}$ləu˙kue^{55}

青皮雾露鬼 ʦ‘iŋ$^{213-23}$p‘i^{53}u$^{31-55}$ləu˙kue^{55}

三只手 θã$^{213-23}$tʂʅ$^{213-23}$ʃəu^{55} 扒手

掏包儿的 t‘ɔ$^{213-23}$pɔr$^{213-21}$ti˙

割包儿的 kɑ$^{213-23}$pɔr$^{213-21}$ti˙ 指割包行窃的扒手

酒篓子 tsiəu^{55}ləu$^{55-21}$tθɿ˙ ①酒量特别大的人 ②好喝酒的人

 酒篓 tsiəu^{55}ləu^{55}

 喝材 xə$^{213-21}$tθ‘ɛ˙

酒黏子 tsiəu$^{55-21}$ȵiã˙tθɿ˙ 嗜酒而且喝酒之后话语特别多的人

药罐子 yə^{31}kuã$^{31-55}$tθɿ˙ 经常生病的人以及长年卧病在床的人

 药篓子 yə^{31}ləu$^{55-21}$tθɿ˙

勾子 kəu$^{213-21}$tθɿ˙ 与外面有勾结的人：没有～引不来外贼

老家局 lɔ$^{55-21}$tɕiə˙tɕyɾur^{53} 本家族中辈分高的男人

绝户 tsyə$^{53-35}$xu˙ 没有儿子的人

五保户 u^{55}pɔ^{55}xur^{31} 生活依靠政府供给的人

单门独户儿 tã$^{213-23}$mã^{53}tu^{53}xur^{31} 村中该姓或该支只有一家的家庭

二道贩子 ɭə^{31}tɔ^{31}fã$^{31-55}$tθɿ˙ 中转商

桑木神 θɑŋ$^{213-21}$mu˙ʃə̃^{53} 丧门神，指做不好事情或不做好事情的人

下三滥 ɕiɑ^{31}θã$^{213-23}$lã^{31}/ɕiɑ$^{31-55}$θã˙lã^{31} 行为不轨、品行不端的人

 下四滥 ɕiɑ$^{31-55}$θɿ˙lã^{31}

屃包 θuŋ^{53}pɔ^{213} 无能、无用的人

 屃种 θuŋ^{53}tʂuŋ^{55}

 窝囊废 uə$^{213-21}$nɑŋ˙fe^{31}

 窝囊鼻儿 uə$^{213-21}$nɑŋ˙pɾer/piɾer^{53}

死赖踹 θɿ^{55}lɛ^{31}tʂ‘uɛ^{31} 萎靡不振的人

 死来踹 θɿ^{55}lɛ^{53}tʂ‘uɛ^{31}

十折一 ʃɿ^{53}ʧə$^{213-23}$i^{213} 爱说话而实话不多的人

聊客 liɔ$^{53-35}$k‘e˙ 能说会道的人

话筲 xuɑ^{31}ʂɔ^{213} 戏称特别能说话的人

话老鼠 xuɑ^{31}lɔ^{55}ʧ‘ɥ^{55} 蔑称说话多的人

臭棋篓子 tʃ‘əu^{31}tɕ‘i^{53}ləu$^{55\text{-}21}$tθɿ˙/tʃ‘əu$^{31\text{-}55}$tɕ‘i˙ləu$^{55\text{-}21}$tθɿ˙ 不大会下棋的人。贬义

放屁篓子 faŋ^{31}p‘i^{31}ləu$^{55\text{-}21}$tθɿ˙ 放屁多的人。贬义

猪脑子 tʃɥ$^{213\text{-}23}$nɔ$^{55\text{-}21}$tθɿ˙ 头脑笨的人。詈语

榆木疙瘩 y$^{53\text{-}35}$mu˙ka$^{213\text{-}21}$ta˙ 头脑反应迟钝的人

冤大头 yã$^{213\text{-}23}$ta^{31}t‘əu^{53} 枉费钱财的人（含讥讽意）

眼子核儿 iã$^{55\text{-}21}$tθɿ˙xur^{53} 眼中钉

眼子户 iã$^{55\text{-}21}$tθɿ˙xur^{31} 受人欺侮的个人或家庭

　眼子神 iã$^{213\text{-}21}$tθɿ˙ʃə̃^{53}

　眼子人 iã$^{55\text{-}21}$tθɿ˙iə̃^{53}

　眼子 iã$^{213\text{-}21}$tθɿ˙

茬子头 tʂa$^{31\text{-}55}$tθɿ˙t‘əu^{53} 软硬不吃、不好对付的人

　柴头 tʂ‘ɛ^{53}t‘əu^{53}

睁眼瞎 tʂəŋ$^{213\text{-}23}$iã^{55}ɕia^{213} 文盲

　睁眼子瞎 tʂəŋ$^{213\text{-}23}$iã$^{55\text{-}21}$tθɿ˙ɕia^{213}

怪巴 kuɛ$^{31\text{-}55}$pə˙ 喜欢耍聪明的人

二急眼 ɭə$^{31\text{-}55}$tɕi˙iã^{55} 脾气急的人

　二子眼 ɭə$^{31\text{-}55}$tθɿ˙iã^{55}

咬舌子 iɔ^{55}ʃə$^{53\text{-}35}$tθɿ˙/iɔ$^{55\text{-}21}$ʃə˙tθɿ˙ 口齿不清的人，特指不分舌面音、翘舌音和舌叶音的人，此类人一般皆读为舌叶音

二嘲子 ɭə$^{31\text{-}55}$tʃ‘ɔ˙tθɿ˙ 不太聪明的人

左撇子 tθuə^{31}p‘iə$^{55\text{-}21}$tθɿ˙ 习惯用左手做事的人

　左把镰 tθuə$^{31\text{-}55}$pə˙liã^{53}

　左膀拉子 tθuə$^{31\text{-}55}$p‘i˙la$^{213\text{-}21}$tθɿ˙

歪头 uɛ$^{213\text{-}23}$t‘əu^{53} 头总是朝一边歪的人

旱鸭子 xã^{31}ia$^{213\text{-}21}$tθɿ˙ 不会游泳的人

瘦猴子 ʂəu^{31}xəu$^{53-35}$tθʅ˙ 身体极瘦的人

干巴姜 kã$^{213-21}$pə˙tɕiaŋ^{213}

赖把子 lɛ^{31}pa$^{55-21}$tθʅ˙ 身体不强壮的人：这个活儿～劳力干不了

夜猫子 iə$^{31-55}$mɔ˙tθʅ˙ 经常熬夜的人

属夜猫子的 ʃʮ^{55}iə$^{31-55}$mɔ˙tθʅ˙ti˙

白净子儿 pe$^{53-35}$tsiŋ˙tθɾer˙ 面部皮肤白而洁净的人

高挑子 kɔ$^{213-23}$tʻiɔ$^{55-21}$tθʅ˙ 个子高的人

尖头怪 tsiã$^{213-23}$tʻəu^{53}kuɛ^{31} 偷懒磨滑的人

尖头 tsiã$^{213-23}$tʻəu^{53}

大老椅子 ta^{31}lɔ^{55}i$^{55-21}$tθʅ˙

半掩门子 pã$^{31-55}$iã˙mə̃$^{53-35}$tθʅ˙ 指暗娼

南蛮子 nã^{53}mã$^{53-35}$tθʅ˙ 南方人（多指说话非官话者）

看二层的 kʻã^{31}ɭə^{31}ɕiŋ$^{53-35}$ti˙ 围在外面看热闹的人

看闲点儿的 kʻã^{31}ɕiã^{53}tɾɛr$^{55-21}$ti˙ 旁观者

大拿 ta^{31}na^{53} 在某个方面能独当一面的人；技术能手

二下旁人 ɭə$^{55-21}$ɕia˙pʻaŋ^{53}iə̃^{53} 交谈中提到的某个人之外的任何人

香油壶儿 ɕiaŋ$^{213-23}$iəu^{53}xur^{53} 喻指受欢迎的人，在某个方面比较吃香的人。有时含讽刺意味儿

哈巴狗儿 xa$^{213-21}$pa˙kəur^{55} 喻指对上司点头哈腰、阿谀奉承的人

拜把子 pɛ^{31}pa$^{55-21}$tθʅ˙ 结拜

干姊妹儿 kã$^{213-23}$tθʅ$^{55-21}$mer˙ 结拜的兄弟姐妹

拜把子兄弟 pɛ^{31}pa$^{55-21}$tθʅ˙ɕyŋ$^{213-23}$ti^{31}/ɕyŋ$^{213-21}$ti˙ 结拜的兄弟

干兄弟儿 kã$^{213-23}$ɕyŋ$^{213-23}$tɾer^{31}

干姊妹儿 kã$^{213-23}$tθʅ^{55}mer^{31} 结拜的姐妹

庄户 tʂuaŋ$^{213-21}$xu˙ 农民

打庄户的 ta^{55}tʂuaŋ$^{213-21}$xu˙ti˙

庄户孙 tʂuaŋ$^{213-21}$xu˙θuã^{213} 农民。贬义

　庄户头子 tʂuaŋ$^{213-21}$xu˙t‘əu$^{53-35}$tθɿ˙

　庄户老土 tʂuaŋ$^{213-21}$xu˙lɔ^{55}t‘u^{55}

老庄户 lɔ^{55}tʂuaŋ$^{213-21}$xu˙ 农业上的行家里手

庄户土 tʂuaŋ$^{213-21}$xu˙t‘u^{55} 嘲笑人土气

乡里瓜子 ɕiaŋ$^{213-21}$li˙kua$^{213-21}$tθɿ˙ 乡下人。贬义

山杠子 ʂã$^{213-23}$kaŋ$^{31-55}$tθɿ˙ 山里人。贬义

修理地球儿的 siəu$^{213-23}$li^{55}ti^{31}tɕ‘iəur$^{53-35}$ti˙ 农民。戏谑义

　敲坷垃头子的 tɕ‘iɔ$^{213-23}$k‘ə$^{55-21}$lə˙t‘əu$^{53-35}$tθɿ˙ti˙

领壮 liŋ$^{55-21}$tʂuaŋ˙ 替商人说话的人

领墒 liŋ$^{55-21}$ʃaŋ˙ ①耕地时一犋牛中听使唤而带领另一头牛的牛 ②一组人的领头人

吃国库粮的 tʃ‘ʅ$^{213-23}$kuə^{55}k‘u^{31}liaŋ$^{53-35}$ti˙ 有城镇户口或有正式工作的人

摆摊子的 pɛ^{55}t‘ã$^{213-21}$tθɿ˙ti˙ 摊贩

　摆摊儿的 pɛ^{55}t‘ɾɛr$^{213-21}$ti˙

　摆地摊子的 pɛ^{55}ti^{31}t‘ã$^{213-21}$tθɿ˙ti˙

　出地摊子的 tʃ‘ɥ$^{213-23}$ti^{31}t‘ã$^{213-21}$tθɿ˙ti˙

站柜台的 tʂã^{31}kue^{31}t‘ɛ$^{53-35}$ti˙ 商店的售货员

　站门头的 tʂã^{31}mã^{53}t‘əu$^{53-35}$ti˙

跑堂儿的 p‘ɔ^{55}t‘ɾãr$^{53-35}$ti˙ 堂倌儿

伙计 xuə$^{55-21}$tɕi˙ 一起干活的人

活儿 xər^{53} 事情、工作等

觅汉 mi$^{31-55}$xã˙ 长工或短工

打杂儿的 ta^{55}tθɾar$^{53-35}$ti˙ 零工

做买卖的 tθəu^{31}mɛ$^{55-21}$mɛ˙ti˙ 生意人

掌柜的 ʧɑŋ^{55}kue$^{31-55}$ti· 老板

老师 lɔ^{55}ʂʅ^{213} 教师

老师儿 lɔ^{55}ʂɫer^{213} 对司机、厨师等师傅的称呼

开车的 k'ɛ$^{213-23}$ʧ'ə$^{213-21}$ti· 司机

跟车的 kə̃$^{213-23}$ʧ'ə$^{213-21}$ti· ①随车售票员 ②与司机一起押车的人

当兵的 tɑŋ$^{213-23}$piŋ$^{213-21}$ti· 军人

逮人的 tɛ^{55}iə̃$^{53-35}$ti· 刑警

管户口的 kuã^{55}xu^{31}k'əu$^{55-21}$ti· 户籍警

验尸的 iã^{31}ʃʅ$^{213-21}$ti· 法医

先生 siã$^{213-21}$ʂəŋ· 医生

　大夫 tɛ$^{31-55}$fu·

　看病先生 k'ã^{31}piŋ^{31}siã$^{213-21}$ʂəŋ·

算命先生 θuã^{31}miŋ^{31}siã$^{213-21}$ʂəŋ· 以算命为谋生手段的人

　算命的 θuã^{31}miŋ$^{31-55}$ti·

　算卦的 θuã^{31}kuɑ$^{31-55}$ti·

　打卦的 tɑ^{55}kuɑ$^{31-55}$ti·

风水先生 fəŋ$^{213-21}$ʂue·siã$^{213-21}$ʂəŋ· 看风水的人

　地理先生 ti^{31}li^{55}siã$^{213-21}$ʂəŋ·

　看宅子的 k'ã^{31}tʂe$^{53-35}$tθʅ·ti·

　二宅先生 ɭə^{31}tʂe^{53}siã$^{213-21}$ʂəŋ·

二指先生 ɭə^{31}tʂʅ^{55}siã$^{213-21}$ʂəŋ· 泛指算卦的、看相的、看风水的人

扒窑子 pɑ$^{213-23}$iɔ$^{53-35}$tθʅ· 盗墓

扒窑子的 pɑ$^{213-23}$iɔ$^{53-35}$tθʅ·ti· 盗墓人

石匠 ʃʅ$^{53-35}$tsiɑŋ· ①石匠 ②泥瓦匠

锢漏子 ku$^{31-55}$ləu·tθʅ· 锔锅碗的匠人

　釟盆儿釟锅的 pɑ$^{213-23}$p'er^{53}pɑ$^{213-23}$kuə$^{213-21}$ti·

铁匠 t‘iə$^{213-23}$tsiaŋ^{31}/t‘iə$^{213-21}$tsiaŋ˙

打铁的 ta^{55}t‘iə$^{213-21}$ti˙

砸衣裳的 tθa^{53}i$^{213-21}$ʃaŋ˙ti˙ 裁缝

做衣裳的 tθəu^{31}i$^{213-21}$ʃaŋ˙ti˙

剃头的 t‘i^{31}t‘əu$^{53-35}$ti˙ 理发员

剃头匠子 t‘i^{31}t‘əu^{53}tsiaŋ$^{31-55}$tθʅ˙

宰巴子 tθɛ$^{55-21}$pa˙tθʅ˙ 从事屠宰业的人

杀猪的 ʂa$^{213-23}$ʧʮ$^{213-21}$ti˙ 屠户

杀猪屠子 ʂa$^{213-23}$ʧʮ$^{213-23}$t‘u$^{55-21}$tθʅ˙

打狗子 ta$^{55-21}$kəu$^{55-21}$tθʅ˙ 职业杀狗的人

打牵狗的 ta^{55}tɕ‘iã$^{213-21}$kəu˙ti˙

厨子 ʧ‘ʮ$^{53-35}$tθʅ˙ 厨师

大师傅 ta$^{31-55}$ʂʅ˙fu˙

伙夫 xuə^{55}fu^{213}

伙夫蛋子 xuə^{55}fu˙tã$^{31-55}$tθʅ˙ 贬义

喂牛的 ue^{31}ȵiəu$^{53-35}$ti˙ （养牛的）饲养员

喂猪的 ue^{31}ʧʮ$^{213-21}$ti˙ （养猪的）饲养员

主事 ʧʮ$^{55-21}$ʂʅ˙ 操办红白公事的总管

管事儿的 kuã^{55}ʂɬer$^{31-55}$ti˙

知客 ʧʅ$^{213-23}$k‘e^{213} 办丧事过程中登记账目并主持丧礼仪式的人

老娘婆 lɔ^{55}ȵiaŋ^{53}p‘ə^{53} 接生婆

和尚 xə$^{53-35}$ʧ‘aŋ˙ 僧人

姑姑子 ku$^{213-21}$ku˙tθʅ˙ 尼姑

跑马拉解的 p‘ɔ^{55}ma^{55}la^{31}ɕiɛ$^{31-55}$ti˙ 在江湖上卖艺的人

玩把戏的 uã^{53}pa$^{55-21}$ɕi˙ti˙

耍把式的 ʃua^{55}pa$^{55-21}$ʃʅ˙ti˙

变戏法的 piã^{31}çi^{31}far$^{213-21}$ti˙ ①玩魔术的人 ②骗子

老书儒子 lɔ^{55}ʃɥ$^{213-23}$y$^{55-21}$tθɿ˙ 老学究

武架子 u^{55}tɕia$^{31-55}$tθɿ˙ 会武术的人

掌柜的 tʂaŋ^{55}kue$^{31-55}$ti˙ ①旧时佃户称地主 ②商店老板或管理商店的人 ③指丈夫

主户 ʧɥ$^{55-21}$xu˙ 顾客，客户

主顾 ʧɥ$^{55-21}$ku˙

货郎鼗子 xə$^{31-55}$laŋ˙t‘ɔ$^{53-35}$tθɿ˙ 货郎

货郎挑子 xə$^{31-55}$laŋ˙t‘iɔ$^{213-21}$tθɿ˙ （南片、西片）

做活的 θəu^{31}xə$^{53-35}$ti˙ 长工

扎活的 tʂa$^{213-23}$xə$^{53-35}$ti˙ 雇农

当支使的 taŋ$^{213-23}$tʂʅ$^{213-21}$ʂʅ˙ti˙ 仆人

支使儿 tʂʅ$^{213-21}$ʂɫer˙ 听从他人调遣、为他人做事的人

拉脚的 la$^{213-23}$tɕyə$^{213-21}$ti˙ 从事短途搬运的脚夫，帮人搬运的佣工

推脚 t‘ue$^{213-21}$tɕyə˙

油头 iəu$^{53-35}$t‘əu˙ 笑料，戏谑、侮辱的对象：别老拿他当～耍

替死鬼 t‘i^{31}θɿ^{55}kue^{55}/t‘i$^{31-55}$θɿ˙kue^{55} 比喻代人受过或受害的人

茬 tʂ‘a^{53} ①某类人：硬～|善～ ②某种事情或某类事物：我想买头牛，麻烦你给我划拉划拉～

茬儿 tʂ‘ɫar^{53}

茬子 tʂ‘a$^{53-35}$tθɿ˙

单行人 tã$^{213-23}$çiŋ^{53}iə̃^{53} 不携带东西走路的人，赤手空拳的行人

空行人 k‘uŋ$^{213-23}$çiŋ^{53}iə̃^{53}

面汤耳朵 miã$^{31-55}$t‘aŋ˙ɭə$^{55-21}$tɔ˙ 没有主心骨、人云亦云的人

慢抽筋 mã^{31}ʧ‘əu$^{213-23}$tɕiə̃^{213} 做事情慢慢腾腾的人

吃饱蹲 ʧ‘ʅ$^{213-23}$pɔ^{55}tuə̃^{213} 无所事事的人

闲游子 ɕiã^{53}iəu$^{53-35}$tθɿ˙　游手好闲、到处闲逛的人

鼓动眼子 ku$^{55-21}$tuŋ˙iã$^{55-21}$tθɿ˙　幽默风趣的人：你看看这个～，今们儿又来咧

□ pʻɑ^{213}　样子；状态：大学生的～子|连个～也没有

□儿 pʻɑr^{213}

大□儿 tɑ^{31}pʻɑr^{213}　大体轮廓

老好儿好儿 lɔ^{55}xɔr$^{55-21}$xɔr˙　不讲原则的和事佬

仇家 ʧʻəu^{53}tɕiɑ^{213}　仇人

仇口儿 ʧʻəu^{53}kʻəur^{55}　双方之间结下仇恨的事

母子货 mu$^{55-21}$tθɿ˙xuə^{31}　无能的人，笨拙的人

下才货 ɕiɑ^{31}tθʻɛ^{53}xuə^{31}/ɕiɑ$^{31-55}$tθʻɛ˙xuə^{31}　没有出息的人。詈语：你看那吃相，整整一个～！

流球 liəu$^{53-35}$tɕʻiəu˙　二流子

流球货 liəu$^{53-35}$tɕʻiəu˙xuə^{31}

一路的 i$^{213-23}$lu$^{31-55}$ti˙　同样的人

独手子人 tu$^{53-35}$ʃəu˙tθɿ˙iã^{53}　没有帮手、自己承担全部家务的人

通事 tʻuŋ$^{213-21}$ʂʅ˙　什么事儿都知道的人。含贬义

通事罐子 tʻuŋ$^{213-21}$ʂʅ˙kuã$^{31-55}$tθɿ˙

明白先生 miŋ$^{53-35}$pe˙siã$^{213-21}$ʂəŋ˙　自认为什么都懂、好为人师的人。贬义

无名下士 u^{53}miŋ^{53}ɕiɑ$^{31-55}$ʂʅ˙　不名一文的人

无名小卒儿 u^{53}miŋ^{53}siɔ^{55}tθɾur^{53}

草木之人 tθʻɔ^{55}mu^{31}tʂʅ$^{213-23}$iə̃^{53}

人物儿 iə̃$^{53-35}$ur˙　在某方面有代表性或具有突出特点的人

人物儿 iə̃^{53}ur^{31}　东西，骂人的话：你看看，这家伙可真不是个～

臭炭 ʧʻəu$^{31-55}$tʻã˙　做不好事情的人：你这个～怎么连这点儿事儿都办

不成！

对班子手 tue^{31}pã$^{213-21}$tθʅ·ʃəu^{55} 技艺相当的人

碰班子和尚 p‘əŋ^{31}pã$^{213-21}$tθʅ·xə$^{53-35}$ʧ‘ɑŋ· 临时凑在一起的一群人

學子 mɔ$^{213-21}$tθʅ· 在外地出生、说话带外地口音的人。也指居住海边的江苏人

  南學子 nã^{53}mɔ$^{213-21}$tθʅ·

  海學子 xɛ^{55}mɔ$^{213-21}$tθʅ·

蛮子 mã$^{53-35}$tθʅ· 南方人。蔑称

鬼渣子 kue$^{55-21}$tʂɑ·tθʅ· 心眼儿特别多的人。贬义

  鬼渣子货 kue$^{55-21}$tʂɑ·tθʅ·xuə^{31}

  人精 iə̃^{53}tsiŋ^{213}

前窝儿 ts‘iã$^{53-35}$uər· 前妻生的子女

  头窝儿 t‘əu$^{53-35}$uər·

后窝儿 xəu$^{31-55}$uər· 再婚后生的子女

十 亲属

行分 xɑŋ$^{53-35}$fə̃· 辈分

长辈儿 ʧɑŋ$^{55-21}$per· 长辈

免辈儿 miã^{55}per^{31} 晚辈儿

老祖宗 lɔ^{55}tθu$^{55-21}$tθuŋ· ①已逝的祖先 ②同一家族中辈分最高的人

老上份儿 lɔ^{55}ʃɑŋ$^{31-55}$fer· 辈分大的人

老白毛 lɔ^{55}pe^{53}mɔ^{53} ①老祖宗 ②白发老人

爷 iə^{213}/iə^{53} ①父亲 ②岳父 ③公公

  达达 tɑ$^{53-35}$tɑ·

  爹 tiə^{213}

  爸爸 pɑ$^{53-35}$pɑ· （新）

娘 ȵiaŋ^{53} ①母亲 ②岳母 ③婆婆

妈 ma^{55}

妈妈 ma$^{55-21}$ma·

丈人 ʧaŋ$^{31-55}$ iə̃· 岳父。背称

老丈人 lɔ^{55}ʧaŋ$^{31-55}$iə̃·

丈母爷 ʧaŋ$^{31-55}$mu·iə^{213}

丈母娘 ʧaŋ$^{31-55}$mu·ȵiaŋ^{53} 岳母。背称

叔丈人 ʂu/ʃʮ$^{213-23}$ʧaŋ$^{31-55}$iə̃· 岳父的弟弟。背称

大岳母 ta^{31}yə^{31}mu^{55} 岳父的嫂子。背称

叔公公 ʂu/ʃʮ$^{213-23}$kuŋ$^{213-21}$kuŋ· 丈夫的叔父。背称

姑婆婆 ku$^{213-23}$p'ə$^{53-35}$p'ə· 丈夫的姑母。背称

姨婆婆 i^{53}p'ə$^{53-35}$p'ə· 丈夫的姨母。背称

后爷 xəu^{31}iə^{213} 继父。背称

后娘 xəu^{31}ȵiaŋ^{53} 继母。背称

大爷 ta$^{31-55}$iə· 伯父

大娘 ta$^{31-55}$ȵiaŋ· 伯母

叔 ʂu/ʃʮ^{213} 叔父

婶子 ʃə̃$^{55-21}$tθɿ· 婶母

舅 tɕiəu^{31} 舅父

舅舅 tɕiəu$^{31-55}$tɕiəu· （新）

妗子 tɕiə̃$^{31-55}$tθɿ· 舅母

姑 ku^{213} 姑母

姑姑 ku$^{213-21}$ku· （新）

姨 i^{53} 姨母

姑夫 ku$^{213-21}$fu· 姑父

姨夫 i$^{53-35}$fu· 姨父

表大爷 piɔ^{55}tɑ$^{31-55}$iə˙ ①父亲的表兄 ②对年龄长于父亲的兄弟姐妹的岳父或公公的面称

表叔 piɔ^{55}ʂu/ʃʮ^{213} ①父亲的表弟 ②对年龄小于父亲的兄弟姐妹的岳父或公公的面称

表大娘 piɔ^{55}tɑ$^{31-55}$ȵiɑŋ˙ 表大爷的妻子

表婶子 piɔ^{55}ʃə̃$^{55-21}$tθʅ˙ 表叔的妻子

老爷 lɔ$^{55-21}$iə˙ ①祖父 ②外祖父

　爷爷 iə$^{53-35}$iə˙

里老爷 li^{55}lɔ$^{55-21}$iə˙ 爷爷。背称（西片）

外老爷 uɛ^{31}lɔ$^{55-21}$iə˙ 外祖父。背称

奶奶 nɛ$^{55-21}$nɛ˙ 祖母

姥娘 lɔ$^{55-21}$ȵiɑŋ˙ 外祖母

姑奶奶 ku$^{213-23}$nɛ$^{55-21}$nɛ˙ 父亲的姑母

姨奶奶 i^{53}nɛ$^{55-21}$nɛ˙ 父亲的姨母

姑姥娘 ku$^{213-23}$lɔ$^{55-21}$ȵiɑŋ˙ 母亲的姑母

姨姥娘 i^{53}lɔ$^{55-21}$ȵiɑŋ˙ 母亲的姨母

姑老爷 ku$^{213-23}$lɔ$^{55-21}$iə˙ ①姑奶奶的丈夫 ②姑姥娘的丈夫

姨老爷 i^{53}lɔ$^{55-21}$iə˙ ①姨奶奶的丈夫 ②姨姥娘的丈夫

舅老爷 tɕiəu^{31}lɔ$^{55-21}$iə˙ 父亲或母亲的舅父

舅奶奶 tɕiəu^{31}nɛ$^{55-21}$nɛ˙ 父亲的舅母

舅姥娘 tɕiəu^{31}lɔ$^{55-21}$ȵiɑŋ˙ 母亲的舅母

老老爷 lɔ^{55}lɔ$^{55-21}$iə˙ 曾祖父

老奶奶 lɔ^{55}nɛ$^{55-21}$nɛ˙ 曾祖母

老老老爷 lɔ^{55}lɔ^{55}lɔ$^{55-21}$iə˙ 高祖父

老老奶奶 lɔ^{55}lɔ^{55}nɛ$^{55-21}$nɛ˙ 高祖母

平辈儿 p'iŋ^{53}pər^{31} 辈分相同

两口子 liɑŋ^{55}k‘əu$^{55-21}$tθʅ˙　夫妻

小两口儿 siɔ^{55}liɑŋ^{55}k‘əur^{55}　年轻夫妇

老两口儿 lɔ^{55}liɑŋ^{55}k‘əur^{55}　老年夫妇

公母俩 ku$^{213-21}$mu˙liɑ^{55}　夫妻二人：老～

对象 tue^{31}siɑŋ^{31}　配偶，夫妻或恋人的互称

大伯头子 tɑ$^{31-55}$pe˙t‘əu$^{53-35}$tθʅ˙　夫之兄。背称

小叔子 siɔ$^{55-21}$ʂu/ʃʮ˙tθʅ˙　夫之弟。背称

大姑子姐 tɑ$^{31-55}$ku˙tθʅ˙tsiə^{55}　夫之姐。背称

小姑子 siɔ$^{55-21}$ku˙tθʅ˙　夫之妹。背称

舅子 tɕiəu$^{31-55}$tθʅ˙　①内兄弟。背称 ②詈语

大舅子 tɑ^{31}tɕiəu$^{31-55}$tθʅ˙　内兄。背称

　舅子哥 tɕiəu$^{31-55}$tθʅ˙kə˙

小舅子 siɔ^{55}tɕiəu$^{31-55}$tθʅ˙　①内弟。背称 ②詈语

妻弟 ts‘i^{213}ti^{31}　内弟。背称

舅子媳妇 tɕiəu$^{31-55}$tθʅ˙si$^{213-21}$fu/fə˙　内兄弟之妻。背称

大姨子 tɑ^{31}i$^{53-35}$tθʅ˙　妻之姐。背称

小姨子 siɔ^{55}i$^{53-35}$tθʅ˙　妻之妹。背称

姊妹 tθʅ$^{55-21}$mə̃˙　兄弟姐妹的总称

姊妹 tθʅ^{55}me^{31}　姐妹

弟兄 ti$^{31-55}$ɕyŋ˙　兄弟们的总称

　兄弟 ɕyŋ$^{213-23}$ti^{31}

兄弟 ɕyŋ$^{213-21}$ti˙　弟弟

哥 kuə/kə^{213}　哥哥

姐 tsiə^{55}　姐姐

嫂子 θɔ$^{55-21}$tθʅ˙

妹妹 me$^{31-55}$me˙/mə̃$^{31-55}$mə̃˙

亲姊妹 ʧʻə̃/tsʻiə̃$^{213-23}$tθʅ^{55}me/mə̃^{31} ①一母所生的兄弟姐妹 ②一母所生的姐妹

亲姊热妹儿 ʧʻə̃/tsʻiə̃$^{213-23}$tθʅ^{55}iə^{31}mer^{31} 亲姐妹

亲兄奶弟 ʧʻə̃$^{213-23}$ɕyŋ^{213}nɛ^{55}ti^{31} 亲兄弟

挨肩 iɛ$^{213-21}$ʨiɑ̃˙ 年龄相差无几的兄弟或姊妹

隔山兄弟 ke$^{213-23}$ʂɑ̃^{213}ɕyŋ$^{213-21}$ti˙ 同母异父的兄弟

隔山姊妹 ke$^{213-23}$ʂɑ̃^{213}tθʅ$^{55-21}$mə̃˙ 同母异父的姐妹

兄弟媳妇子 ɕyŋ$^{213-21}$ti˙si$^{213-21}$fu/fə˙tθʅ˙ 弟媳

　兄弟媳妇儿 ɕyŋ$^{213-21}$ti˙si$^{213-21}$fur/fər˙

　弟妹 ti^{31}me^{31}

叔伯兄弟 ʂu/ʃʮ$^{213-21}$pe˙ɕyŋ$^{213-21}$ti˙ 同祖父的兄弟

　叔兄弟 ʂu/ʃʮ$^{213-23}$ɕyŋ$^{213-23}$ti^{31}

堂兄弟 tʻɑŋ^{53}ɕyŋ$^{213-23}$ti^{31} 同曾祖父的兄弟

堂叔伯兄弟 tʻɑŋ^{53}ʂu/ʃʮ$^{213-21}$pe˙ɕyŋ$^{213-23}$ti^{31} 同高祖父的兄弟

　堂叔兄弟 tʻɑŋ^{53}ʂu/ʃʮ$^{213-23}$ɕyŋ$^{213-23}$ti^{31}

族兄弟 tθu^{53}ɕyŋ$^{213-23}$ti^{31} 五服之外的同一家族的兄弟

姨娘表兄弟儿 i^{53}ȵiɑŋ^{53}piɔ^{55}ɕyŋ$^{213-23}$tɾer^{31} 男性与姨母之子的合称与互称

　姨家表兄弟儿 i$^{53-35}$ʨiɑ˙piɔ^{55}ɕyŋ$^{213-23}$tɾer^{31}

姨娘表姊妹儿 i^{53}ȵiɑŋ^{53}piɔ^{55}tθʅ^{55}mer^{31} 女性与姨母之女的合称或互称

　姨家表姊妹儿 i$^{53-35}$ʨiɑ˙piɔ^{55}tθʅ^{55}mer^{31}

姑舅表兄弟儿 ku$^{213-21}$ʨiəu˙piɔ^{55}ɕyŋ$^{213-23}$tɾer^{31} 男性与姑母、舅父之子的合称或互称

姑舅表姊妹儿 ku$^{213-21}$ʨiəu˙piɔ^{55}tθʅ^{55}mer^{31} 女性和姑家或舅家女儿间的合称或互称

表哥 piɔ^{55}kə^{213}

表弟 piɔ^{55}ti^{31}

表兄弟（儿） piɔ^{55}çyŋ$^{213\text{-}23}$ti^{31}（trer/tirer^{31}） 表哥、表弟的合称

表姐 piɔ^{55}tsiə^{55} ①对年龄长于自己的舅父、姨母、姑母之女的称谓 ②对其他姻亲中年长的平辈女性的称谓

表妹 piɔ^{55}mə̃/me^{31} ①对年龄小于自己的舅父、姨母、姑母之女的称谓 ②对其他姻亲中年幼的平辈女性的称谓

表姊妹儿 piɔ^{55}tθʅ^{55}mer^{31} 表姐、表妹的合称

小子辈儿 siɔ$^{55\text{-}21}$tθʅ˙per^{31} 子侄辈儿

孙子辈儿 θuə̃$^{213\text{-}21}$tθʅ˙per^{31}

儿 ɭə^{53} 儿子

儿媳妇子 ɭə^{53}si$^{213\text{-}21}$fu/fə˙tθʅ˙ 儿媳

  儿媳妇儿 ɭə^{53}si$^{213\text{-}21}$fur/fər˙

闺女 kue/kuə̃$^{213\text{-}21}$ȵy˙ 女儿

闺女婿 kue/kuə̃$^{213\text{-}21}$ȵy˙çy˙ 女婿

  贵客 kue^{31}k'e^{213}

孙子儿 θuə̃$^{213\text{-}21}$tθrer˙ 孙子

孙女子 θuə̃$^{213\text{-}23}$ȵy$^{55\text{-}21}$tθʅ˙ 孙女

孙子媳妇儿 θuə̃$^{213\text{-}21}$tθʅ˙si$^{213\text{-}21}$fur/fər˙ 孙媳妇

  孙子儿媳妇儿 θuə̃$^{213\text{-}21}$tθrer˙si$^{213\text{-}21}$fur/fər˙

重孙儿 tʂ'uŋ$^{53\text{-}35}$θruer˙ 重孙

重孙女儿 tʂ'uŋ^{53}θuə̃$^{213\text{-}21}$nrur/ȵyrer˙ 重孙女

外甥 uɛ$^{31\text{-}55}$ʂəŋ˙ ①姐姐或妹妹的儿子 ②外孙

外甥女儿 uɛ$^{31\text{-}55}$ʂəŋ˙nrur/ȵyrer^{55} ①姐姐或妹妹的女儿 ②外孙女

侄儿 tʂɬer^{53}

　　侄子 tʃʅ$^{53-35}$tθʅ·

侄女子 tʃʅ^{53}ȵy$^{55-21}$tθʅ·/tʃʅ$^{53-35}$ȵy·tθʅ·

　　侄女儿 tʃʅ$^{53-35}$nɾur/ȵyɾer·

妻侄 ts‘i$^{213-23}$tʃʅ^{53} 妻子的侄子。背称

妻侄女 ts‘i$^{213-23}$tʃʅ$^{53-35}$ȵy· 妻子的侄女。背称

娘家侄儿 ȵiaŋ$^{53-35}$tɕia/tɕiə·tʂɬer^{53} 已婚女性对侄子的背称

娘家侄女子 ȵiaŋ$^{53-35}$tɕia/tɕiə·tʃʅ$^{53-35}$ȵy·tθʅ· 已婚女性对侄女的背称

两桥儿 liaŋ^{55}tɕ‘iɾɔr^{53} 连襟

　　桥腿儿 tɕ‘iɔ^{53}t‘ɾuer^{55}

　　两来坠儿 liaŋ^{55}lɛ^{53}tʂɬuer^{31}

　　两来襟儿 liaŋ^{55}lɛ^{53}tɕiɾer^{213}

亲家 tʃ‘ə̃/ts‘iŋ$^{31-55}$tɕiə·

　　亲家公 tʃ‘ə̃/ts‘iŋ$^{31-55}$tɕiə·kuŋ^{213}

一家儿 i$^{213-23}$tɕiɾar^{213} ①家族中同一支的人 ②同一家族的人 ③同姓的人

　　一家子 i$^{213-23}$tɕia$^{213-21}$tθʅ·

一枝儿的 i$^{213-23}$tʂɬer$^{213-21}$ti· 同一父系家族中血缘关系比较近的人

　　一枝股儿的 i$^{213-23}$tʂʅ$^{213-21}$kur·ti·

没出五服的 mu$^{213-23}$/mu^{53}tʃ‘ʮ$^{213-23}$u^{55}fu$^{53-35}$ti· 同一高祖的后裔，同一家族中五世以内的人

祖辈子 tθu^{55}pe$^{31-55}$tθʅ· 几辈子

十一　身体

身子 ʃə̃$^{213-21}$tθɿ˙　身体

　身子骨儿 ʃə̃$^{213-21}$tθɿ˙kur^{213}

身量 ʃə̃$^{213-21}$liɑŋ˙　身材

　个头儿 kə^{31}t‘rəur^{53}

　个子 kə$^{31-55}$tθɿ˙

　身个儿 ʃə̃$^{213-23}$kər^{31}

　骨模子 ku$^{213-21}$mu˙tθɿ˙

浑实 xuə̃$^{31-55}$ʃɿ˙　身材魁梧，身体粗壮

　五虎身量 u^{55}xu^{55}ʃə̃$^{213-21}$liɑŋ˙

五大三粗 u^{55}tɑ^{31}θɑ̃$^{213-23}$tθ‘u^{213}　形容人身材高大

坐地炮儿 tθuə^{31}ti^{31}p‘ɔr^{31}　指人身材不高却很魁梧

有身有力 iəu^{55}ʃə̃^{213}iəu^{55}li^{31}　身材魁梧，力气大

身小力薄 ʃə̃$^{213-23}$siɔ^{55}li^{31}pə^{53}　身体弱，身材小

板鼓身量 pɑ̃$^{55-21}$ku˙ʃə̃$^{213-21}$liɑŋ˙　矮壮敦实的身材

股檩子 ku$^{55-21}$lə̃˙tθɿ˙　粗壮的身体：你看他那～！

股子 ku$^{55-21}$tθɿ˙　指身材高大：你看他乜～身量！

身高马大 ʃə̃$^{213-23}$kɔ^{213}mɑ^{55}tɑ^{31}　形容人身材高大

　人高马大 iə̃^{53}kɔ^{213}mɑ^{55}tɑ^{31}

头 t‘əu^{53}

　脑壳子 nɔ^{55}k‘ə$^{213-21}$tθɿ˙

　脑瓜子 nɔ^{55}kuɑ$^{213-21}$tθɿ˙

　脑袋 nɔ$^{55-21}$tɛ˙

　脑袋瓜子 nɔ$^{55-21}$tɛ˙kuɑ$^{213-21}$tθɿ˙

脖子 pə$^{53-35}$tθɿ˙　颈

　脖拉颈 pə$^{53-35}$lə˙kəŋ^{55}

　脖颈子 pə$^{53-35}$kəŋ˙tθʅ˙

脖线筋 pə$^{53-35}$siã˙tɕiə̃^{213} 脖子两边的筋

　脖神筋 pə$^{53-35}$ʃə̃˙tɕiə̃^{213}

靥拉盖儿 iə$^{31-55}$lə˙kɛr^{31} 额

门脸头 mə̃$^{53-35}$liã˙t‘əu^{53} 大额头

奔儿头 per$^{213-23}$t‘əu^{53} 前额生得向前突出

后年勺子 xəu$^{31-55}$ȵiã˙ʃuə$^{53-35}$tθʅ˙ 后脑勺

　小抓鬏 siɔ^{55}tʂuɑ$^{213-21}$tsiəu˙

纂 tθuã^{55} 髻

标叶 piɔ$^{213-23}$iə^{31} 树叶状的刘海儿

马尾巴儿 mɑ^{55}i$^{55-21}$pər˙ 马尾辫儿

半尾巴儿 pã^{31}i$^{55-21}$pər˙ 较短的马尾辫儿

　小刷子儿 siɔ^{55}ʂuɑ$^{213-21}$tθrer˙

头囟子 t‘əu^{53}ʃə̃$^{31-55}$tθʅ˙ 囟门

臼臼屎 tɕiəu$^{31-55}$tɕiəu˙ʂʅ^{55} 小孩儿出生时头皮上的一层黑色的东西

扒顶 pɑ$^{213-23}$tiŋ^{55} 头顶脱发

油灰 iəu^{53}xue^{213} 脑油，头皮上的油

麸皮 fu$^{213-21}$pi˙ ①麸子 ②头皮屑

酒窝窝儿 tsiəu^{55}uə$^{213-21}$uər˙ 酒窝

　酒窝落儿 tsiəu^{55}uə$^{213-21}$ɭuər˙

耳门子 ɭə$^{55-21}$mə̃˙tθʅ˙ 鬓角

脸膛儿 liã$^{55-21}$t‘rãr˙ 脸蛋儿

脸脑子 liã$^{55-21}$nɔ˙tθʅ˙ 面庞：这孩子～真大呀

团脸儿 t‘uã$^{53-35}$ɭɛr˙ 圆脸

眼珠子 iã^{55}ʧʮ$^{213-21}$tθʅ˙ 眼珠

眼支毛 iã$^{55-21}$tʂʅ˙mɔ^{53} 睫毛

牛蛋眼 ȵiəu^{53}tã^{31}iã^{55} 大眼。贬义

　牛眼 ȵiəu^{53}iã^{55}

眼眶子 iã^{55}k‘uɑŋ$^{31-55}$tθʅ˙ 眼眶

眼圈子 iã^{55}tɕ‘yã$^{213-21}$tθʅ˙ 眼圈儿

眼角子 iã^{55}tɕiɑ$^{213-21}$tθʅ˙ 眼角

　眼角儿 iã^{55}tɕirɑr^{213}

眼屎 iã^{55}ʂʅ^{55} 眼眵

眍瞜眼 k‘əu$^{213-21}$ləu˙iã^{55} 眼睛内陷

　眍眍眼 k‘əu$^{213-21}$k‘əu˙iã^{55}

　凹塌眼 uɑ$^{213-21}$t‘ɑ˙iã^{55}

凹塌眼儿 uɑ$^{213-21}$t‘ɑ˙ʅɛr/irɛr^{55} 内陷的眼睛，也指眼睛内陷的人

鼻子 pi$^{53-35}$tθʅ˙ ①嗅觉器官 ②鼻涕

鼻孔眼子 pi$^{53-35}$k‘uŋ˙iã$^{55-21}$tθʅ˙ 鼻孔

鼻疙渣 pi$^{53-35}$kə˙tʂɑ^{213} 鼻垢

　干鼻子 kã$^{213-23}$pi$^{53-35}$tθʅ˙

　鼻子疙渣儿 pi$^{53-35}$tθʅ˙kɑ$^{213-21}$tʂɫɑr˙

嘴头子 tθue^{55}t‘əu$^{53-35}$tθʅ˙ ①嘴唇 ②口才

　嘴皮子 tθue^{55}p‘i$^{53-35}$tθʅ˙

合心眼子 xə^{53}ʃə̃$^{213-23}$iã$^{55-21}$tθʅ˙ 喉咙

　合心眼儿 xə^{53}ʃə̃$^{213-23}$ʅɛr/irɛr^{55}

　吞子 t‘uə̃$^{31-55}$tθʅ˙

　胡咙 xu$^{53-35}$luŋ˙

　嗓子 θɑŋ$^{55-21}$tθʅ˙

唾沫星子 t‘u$^{31-55}$mə˙siŋ$^{213-21}$tθʅ˙ 唾沫星儿

黏涎 ȵiã^{53}ɕiã^{53} 口水

洌泻 liə$^{53-35}$siə˙

牙屎 iɑ^{53}ʂʅ^{55} 牙垢

牙花子 iɑ^{53}xuɑ$^{213-21}$tθʅ˙ 牙床

牙卡子 iɑ^{53}tɕʻiɑ$^{55-21}$tθʅ˙ 上腭

耳朵 ɭə$^{55-21}$tɔ˙

耳朵底子 ɭə$^{55-21}$tɔ˙ti$^{55-21}$tθʅ˙ 中耳炎

耳朵垂子 ɭə$^{55-21}$tɔ˙tʂʻue$^{53-35}$tθʅ˙ 耳垂

耳朵根子 ɭə$^{55-21}$tɔ˙kə̃$^{213-21}$tθʅ˙

耳根子 ɭə^{55}kə̃$^{213-21}$tθʅ˙

耳朵眼子 ɭə$^{55-21}$tɔ˙iã$^{55-21}$tθʅ˙ 耳朵眼儿

耳朵茸 ɭə$^{55-21}$tɔ˙yŋ^{53} 耳垢

耳茸 ɭə^{55}yŋ^{53}

耳沉 ɭə^{55}ʧʻə̃^{53} 耳背，耳聋

耳硬 ɭə$^{55-21}$iŋ˙ 因注意力不集中，没有听到

耳巴子 ɭə$^{55-21}$pə˙tθʅ˙ 巴掌；耳光

耳瓜子 ɭə^{55}kuɑ$^{213-21}$tθʅ˙ 耳光

齉褶子 nɑŋ^{31}ʧə$^{213-21}$tθʅ˙ ①皱纹 ②（衣服上的）褶皱

齉褶儿 nɑŋ^{31}tʂɬər^{213}

下巴壳子 ɕiɑ$^{31-55}$pɑ˙kʻə$^{213-21}$tθʅ˙ 下颌

胡子 xu$^{53-35}$tθʅ˙ 胡须

闹台胡 nɔ^{31}tʻɛ^{53}xu^{53} 络腮胡子

闹柴胡 nɔ^{31}tʂʻɛ^{53}xu^{53}

闹腮胡 nɔ^{31}θɛ$^{213-23}$xu^{53}

膀子 pɑŋ$^{55-21}$tθʅ˙ 胳膊

胳膊 kə$^{213-21}$pʻe˙

锨底板子 ɕiã$^{213-21}$ti˙pã$^{55-21}$tθʅ˙ 肩胛骨

锨板子骨 ɕiã$^{213-23}$pã$^{55-21}$tθʅ˙ku^{213}

胳膊肘子 kə$^{213-21}$p'e˙tʃəu$^{55-21}$tθʅ˙ 胳膊肘儿

胳臂轴子 kə$^{213-21}$p'e˙tʃɥ$^{53-35}$tθʅ˙

胳拉肢（儿） kɑ$^{213-21}$lɑ˙tʂʅ^{53}（tʂłer^{53}） 腋窝

心口窝儿 ʃə̃$^{213-21}$k'əu˙uər^{213} 胸口儿

胸口儿 ɕyŋ$^{213-23}$k'əur^{55}

胸口窝儿 ɕyŋ$^{213-23}$k'əu^{55}uər^{213}

胸脯子 ɕyŋ$^{213-23}$p'u$^{55-21}$tθʅ˙ 胸脯

肋巴 le$^{31-55}$pə˙ 肋骨

肋叉 le$^{31-55}$tʂ'ɑ˙

奶子 nɛ$^{55-21}$tθʅ˙ 乳房

妈妈 mɔ$^{213-21}$mɔ˙

奶包 nɛ^{55}pɔ^{213}

奶包子 nɛ^{55}pɔ$^{213-21}$tθʅ˙

奶子头儿 nɛ$^{55-21}$tθʅ˙t'ɾəur^{53} 乳头

奶头子 nɛ^{55}t'əu$^{53-35}$tθʅ˙

奶 nɛ^{55} 乳汁

奶水 nɛ^{55}ʂue^{55}

肚脐眼子 tu$^{31-55}$ts'i˙iã$^{55-21}$tθʅ˙ 肚脐

肚脐眼儿 tu$^{31-55}$ts'i˙ʅɛr/iɾɛr^{55}

脖脐 pu^{31}ts'i^{53}

脖脐眼子 pu$^{53-35}$ts'i˙iã$^{55-21}$tθʅ˙

脖脐眼儿 pu$^{53-35}$ts'i˙ʅɛr/iɾɛr^{55}

脊梁 tsi$^{213-21}$ȵiɑŋ˙ ①脊柱 ②背部

脊梁骨 tsi$^{213-21}$ȵiɑŋ˙ku^{213}

手脖子 ʃəu^{55}pə$^{53-35}$tθʅ˙ 手腕儿

手指头 ʃəu^{55}tʂʅ$^{55\text{-}21}$t‘əu˙ 手指

手把 ʃəu^{55}pɑ^{55} ①手：这个人～不大老实，你注意点儿 ②手艺：她可是～不巧

两双半 liɑŋ^{55}ʂuɑŋ$^{213\text{-}23}$pã^{31} 代指手：你这孩子，怎么就动了～了，不是有筷子吗？

毛猴爪子 mɔ^{53}xəu^{53}tʂuɑ$^{55\text{-}21}$tθʅ˙ 手。贬义

手爪儿 ʃəu^{55}tʂɬuɑr^{55}

爪子 tʂuɑ$^{55\text{-}21}$tθʅ˙

岗子 kɑŋ$^{55\text{-}21}$tθʅ˙ 手脚上起的趼子

趼子 tɕiã$^{55\text{-}21}$tθʅ˙

老趼 lɔ^{55}tɕiã^{55}

大拇指头 tɑ$^{31\text{-}55}$mu˙tʂʅ$^{55\text{-}21}$t‘əu˙ 大拇指

二拇指头 ʅə$^{31\text{-}55}$mu˙tʂʅ$^{55\text{-}21}$t‘əu˙ 食指

三拇指头 θã$^{213\text{-}21}$mu˙tʂʅ$^{55\text{-}21}$t‘əu˙ 中指

四拇指头 θʅ$^{31\text{-}55}$mu˙tʂʅ$^{55\text{-}21}$t‘əu˙ 无名指

小拇指头 siɔ$^{55\text{-}21}$mu˙tʂʅ$^{55\text{-}21}$t‘əu˙ 小拇指

小拇指儿 siɔ$^{55\text{-}21}$mu˙tʂɬer^{55}

手指盖子 ʃəu$^{55\text{-}21}$tʂʅ˙kɛ$^{31\text{-}55}$tθʅ˙ 指甲

手指肚子 ʃəu$^{55\text{-}21}$tʂʅ˙tu$^{31\text{-}55}$tθʅ˙ 指肚儿

皮锤 p‘i^{53}tʂ‘ue^{53} 拳头

锤 tʂ‘ue^{53}

手面子 ʃəu^{55}miã$^{31\text{-}55}$tθʅ˙ 手背

腰肚 iɔ$^{55\text{-}21}$tu˙ 人体腰部的粗细：～怪粗

腰肚子 iɔ$^{213\text{-}23}$tu$^{31\text{-}55}$tθʅ˙

大胯 tɑ^{31}k‘uɑ^{31} 大腿

干腿子 kã$^{213\text{-}23}$t‘ue$^{55\text{-}21}$tθʅ˙ 小腿

胳拉拜子 kə$^{213-21}$lə·pɛ$^{31-55}$tθʅ·　膝盖

　胡膝盖儿 xu$^{53-35}$ts'i·kɛr^{31}

腿肚子 t'ue^{55}tu$^{31-55}$tθʅ·　小腿肚儿

腿穗子 t'ue^{55}θue$^{31-55}$tθʅ·　腿上的瘦肉

腋肢子 iə^{31}tʂʅ$^{213-21}$tθʅ·　腹股沟

　大腿根儿 tɑ$^{31-55}$tue·ker^{213}

腚 tiŋ^{31}　屁股

腚垂子 tiŋ^{31}tʂ'ue$^{53-35}$tθʅ·　臀

　屁股蛋儿 p'i$^{31-55}$ku·trɛr^{31}

腚棒骨 tiŋ$^{31-55}$pɑŋ·ku^{213}　胯骨

腚眼子 tiŋ^{31}iɑ̃$^{55-21}$tθʅ·　肛门

　腚眼儿 tiŋ^{31}ʅɛr/irɛr^{55}

　腚门子 tiŋ^{31}mə̃$^{53-35}$tθʅ·

　腚门儿 tiŋ^{31}mer^{53}

腚沟 tiŋ^{31}kəu^{213}　①胯下；裆 ②屁股沟儿 ③女阴

尾巴根子 i$^{55-21}$pə·kə̃$^{213-21}$tθʅ·　尾骨

屌 tiɔ^{55}　男阴

　屌头子 tiɔ^{55}t'əu$^{53-35}$tθʅ·

　鸡巴 tsi$^{213-21}$pə·

　蛋皮稍子 tɑ̃$^{31-55}$p'i·ʂɔ$^{213-21}$tθʅ·

　肉把棍子 iəu^{31}pɑ^{55}kuə̃$^{31-55}$tθʅ·

　肉把棍儿 iəu^{31}pɑ^{55}kuer^{31}

　鸭子 iɑ$^{213-21}$tθʅ·

　屪子 liɔ$^{53-35}$tθʅ·

　大腿里子 tɑ$^{31-55}$t'ue·li$^{55-21}$tθʅ·

　第二的 ti^{31}ɭə$^{31-55}$ti·　戏称

鸭子头儿 iɑ$^{213-21}$tθʅ˙t‘ɾəur^{53} 龟头

　　鸭子核儿 iɑ$^{213-21}$tθʅ˙xur^{53}

鸭子屎 iɑ$^{213-21}$tθʅ˙ʂʅ^{55} 阴垢

鸡儿鸡儿 tɕiɾer$^{213-21}$tɕiɾer˙ 赤子阴

　　小鸡儿 siɔ^{55}tɕiɾer^{213}

　　鸭鸭 iɑ$^{213-21}$iɑ˙

　　鸭儿鸭儿 ʅɑr$^{213-21}$ʅɑr˙/iɾɑr$^{213-21}$iɾɑr˙

　　⿰岑鸟儿 tʂ‘ɬer^{53}

　　小家⿰岑鸟儿 siɔ^{55}tɕiɑ$^{213-21}$tʂ‘ɬer˙

蛋 tã^{31} 睾丸

　　蛋黄子 tã^{31}xuɑŋ$^{53-35}$tθʅ˙

　　㞗 tɕ‘iəu^{53}

　　㞗儿 tɕiɾəur^{53}

　　蛋子子 tã^{31}tθʅ$^{55-21}$tθʅ˙

　　蛋子子儿 tã^{31}tθʅ$^{55-21}$tθɾer˙

蛋皮 tã^{31}p‘i^{53} 阴囊

屄 pi^{213} 女阴

脐子 ʦ‘i$^{53-35}$tθʅ˙ 女性或雌性动物外阴的婉称

跑马 p‘ɔ^{55}mɑ^{55} 遗精

胀鸭子 ʧɑŋ^{31}iɑ$^{213-21}$tθʅ˙ 阴茎勃起

撑帐篷 tʂ‘əŋ$^{213-23}$ʧɑŋ$^{31-55}$p‘əŋ˙ 睡觉时阴茎勃起

搭瓜屋子 tɑ$^{213-23}$kuɑ$^{213-23}$u$^{213-21}$tθʅ˙ 走路时阴茎勃起

托不起枪来 t‘uə$^{213-21}$pu˙tɕ‘i^{55}ʦ‘iɑŋ$^{213-21}$lɛ˙ 阳痿

上床 ʃɑŋ^{31}tʂ‘uɑŋ^{53} 性交。婉称

　　合房 xə^{53}fɑŋ^{53}

　　同房 t‘uŋ^{53}fɑŋ^{53}

肏澡儿 i$^{213-23}$tθɾɔr^{55}/tθ‘ɔ^{31}tθɾɔr^{55} 性交

弄 nəŋ^{31} 肏，指性交时男子的动作

屃 ɕyŋ^{53} 精液

脚脖子 tɕyə$^{213-23}$pə$^{53-35}$tθɿ˙ 脚腕

麻疙瘩 mɑ$^{53-35}$kə˙tɑ˙ 踝骨

脚面子 tɕyə$^{213-23}$miã$^{31-55}$tθɿ˙ 脚背

脚底板子 tɕyə$^{213-23}$ti^{55}pã$^{55-21}$tθɿ˙ 脚掌

脚丫子 tɕyə$^{213-23}$iɑ$^{213-21}$tθɿ˙ 脚趾

　脚不丫子 tɕyə$^{213-23}$pu/pə˙iɑ$^{213-21}$tθɿ˙

　脚趾头 tɕyə$^{213-23}$tʂʅ$^{55-21}$t‘əu˙

脚孤拐 tɕyə$^{213-23}$ku$^{213-21}$kuɛ˙ 大趾和脚掌相连向外突出的地方

脚趾盖子 tɕyə$^{213-23}$tʂʅ˙kɛ$^{31-55}$tθɿ˙ 脚趾甲

脚后跟 tɕyə$^{213-23}$xəu$^{31-55}$kə̃˙ 脚跟

　脚后跟儿 tɕyə$^{213-23}$xəu$^{31-55}$ker˙

脚印子 tɕyə$^{213-23}$iə̃$^{31-55}$tθɿ˙ 脚印儿

　脚印儿 tɕyə$^{213-23}$ʅer/iɾer^{31}

　鞋印儿 ɕiɛ^{53}ʅer/iɾer^{31}

　鞋印子 ɕiɛ^{53}iə̃$^{31-55}$tθɿ˙

　脚拧个子 tɕyə$^{213-23}$ȵiŋ$^{53-35}$kə˙tθɿ˙

　脚影个子 tɕyə$^{213-23}$iŋ$^{55-21}$kə˙tθɿ˙

　脚印杠 tɕyə$^{213-23}$iə̃$^{31-55}$kɑŋ˙

脚蹬儿 tɕyə$^{213-23}$trə̃r^{213} ①台阶 ②脚印

旋儿 θyɛr^{31} 头发旋儿

骨头 ku$^{213-21}$t‘əu˙ 骨

肝货 kã$^{213-21}$xuə˙ ①人的肝脏 ②动物的肝脏

苦胆 k‘u$^{55-21}$tã˙ 胆

腰子 iɔ$^{213-21}$tθɿ˙　①人的肾脏 ②动物的肾脏

肠子 tʃʻɑŋ$^{53-35}$tθɿ˙　肠

　叠肚 tiə$^{53-35}$tu˙

尿脬 θue$^{213-21}$pʻɔ˙　膀胱

记事钟儿 tɕi^{31}ʂɿ^{31}tʂɬuə̃r^{213}　记忆力：年巴轻轻的，你怎么就～不大好呢？

十二　疾病、医疗

不（大）舒坦 pu$^{213-21}$（tə˙）ʃɥ$^{213-21}$tʻã˙　泛指生病

　不（大）舒服 pu$^{213-21}$（tə˙）ʃɥ$^{213-21}$fu˙

　不（大）得劲 pu$^{213-21}$（tə˙）te$^{213-23}$tɕiə̃^{31}

　不（大）受用 pu$^{213-21}$（tə˙）ʃəu$^{31-55}$yŋ˙

　不（大）入可 pu$^{213-21}$（tə˙）y$^{31-55}$kʻə˙

　不（大）条道 pu$^{213-21}$（tə˙）tʻiɔ$^{53-35}$tɔ˙

　闹故事眼子 nɔ^{31}ku$^{31-55}$ʂɿ˙iã$^{55-21}$tθɿ˙

头疼拿脉的 tʻəu^{53}tʻəŋ^{53}nɑ^{53}me$^{31-55}$ti˙　泛指生小病

　头疼拿脉儿 tʻəu^{53}tʻəŋ^{53}nɑ^{53}mer^{31}

　头疼脑闷儿 tʻəu^{53}tʻəŋ^{53}nɔ^{55}mer^{31}

　头疼脑热 tʻəu^{53}tʻəŋ^{53}nɔ^{55}iə^{31}

　闹事儿事儿 nɔ^{31}ʂɬer$^{31-55}$ʂɬer˙

起不来了 tɕʻi$^{55-21}$pu˙lɛ$^{53-35}$lɔ˙　病重

　住了院 tʃɥ$^{31-55}$lɔ˙yã^{31}

快不行了 kʻuɛ$^{31-55}$pu˙ɕiŋ$^{53-35}$lɔ˙　病危

　不行了 pu$^{213-23}$ɕiŋ$^{53-35}$lɔ˙

见轻了 tɕiã^{31}tɕʻiŋ$^{213-21}$lɔ˙　病轻了

　见好了 tɕiã^{31}xɔ$^{55-21}$lɔ˙

好了 xɔ$^{55-21}$lɔ˙ 病愈

　条道了 t‘iɔ$^{53-35}$tɔ˙lɔ˙

重茬 tʂ‘uŋ^{53}tʂ‘ɑ^{53} 再次犯病

上医院 ʃɑŋ^{31}i$^{213-23}$yã^{31} 看病

评脉 p‘iŋ^{53}me^{31} 号脉

　把脉 pɑ^{55}me^{31}

小方儿 siɔ^{55}fɑ̃r^{213} 偏方

　小方方儿 siɔ^{55}fɑŋ$^{213-21}$fɑ̃r˙

　偏方 p‘iã$^{213-23}$fɑ̃r^{213}

　土方儿 t‘u^{55}fɑ̃r^{213}

　草方儿 tθ‘ɔ^{55}fɑ̃r^{213}

药 yə^{31} ①名词，各种药物的总称 ②动词，用药物使……中毒，或因食用某种东西而中毒：吃韭菜叫它～着了

拿药 nɑ^{53}yə^{31} 泛指买药

抓药 tʂuɑ$^{213-23}$yə^{31} 买中药

开方子 k‘ɛ$^{213-23}$fɑŋ$^{213-21}$tθɿ˙ 开药方

熬药 ŋɔ^{53}yə^{31} 煎药

药面子 yə^{31}miã$^{31-55}$tθɿ˙ 粉末状的药

上药 ʃɑŋ^{31}yə^{31} 涂抹药膏或洒药面

捂汗 u^{55}xã^{31} 发汗

下针 ɕiɑ^{31}tʂə̃^{213} 针灸

　扎扎针 tʂɑ$^{213-21}$tʂɑ˙tʂə̃^{213}

打吊瓶儿 tɑ^{55}tiɔ^{31}p‘ɾə̃r/p‘iɾə̃r^{53} 打点滴

　挂吊瓶儿 kuɑ^{31}tiɔ^{31}p‘ɾə̃r/p‘iɾə̃r^{53}

　打吊针（儿） tɑ^{55}tiɔ^{31}tʂə̃^{213}(tʂɬer^{213})

　挂吊针（儿） kuɑ^{31}tiɔ^{31}tʂə̃^{213}(tʂɬer^{213})

拉肚子 la$^{213-23}$tu$^{31-55}$tθʅ· 腹泻

　淌肚子 t‘ɑŋ^{55}tu$^{31-55}$tθʅ·

　泚薄屎 tθ‘ʅ$^{213-23}$pə^{53}ʂʅ^{55}

　泚薄儿 tθ‘ʅ$^{213-23}$pər^{53}

　拉薄儿 la$^{213-23}$pər^{53}

　拉稀 la$^{213-23}$ɕi^{213}

　拉薄淌子 la$^{213-23}$pə^{53}t‘ɑŋ$^{55-21}$tθʅ·

　闹肚子 nɔ^{31}tu$^{31-55}$tθʅ·

泚鞭杆 tθ‘ʅ$^{213-23}$piã$^{213-23}$kã^{55} 较重的腹泻

干结 kã$^{213-23}$tɕiə^{213} 便秘

风气儿 fəŋ$^{213-23}$tɕ‘irer^{31} 惊风

害冷 xɛ^{31}ləŋ^{55} 感觉冷

发热 fa$^{213-23}$iə^{31} 发烧

　害热 xɛ^{31}iə^{31}

凉着了 liɑŋ$^{31-55}$ʧɔ·lɔ· 伤风

　冻着了 tuŋ$^{31-55}$ʧɔ·lɔ·

齁 xəu^{213} 哮喘

着 ʧuə^{53} 传染：~人

胀饱 ʧɑŋ$^{31-55}$pɔ· 积滞，肚子发胀

　胀了食 ʧɑŋ$^{31-55}$lɔ·ʃʅ^{53}

心口窝儿疼 ʃə̃/siə̃$^{213-23}$k‘əu^{55}uər$^{213-23}$t‘əŋ^{53} 胸口疼

心口疼 ʃə̃/siə̃$^{213-23}$k‘əu^{55}t‘əŋ^{53} 胃痛

头发胀 t‘əu^{53}fa$^{213-23}$ʧɑŋ^{31} 头晕

　头晕 t‘əu^{53}yə̃^{213}/t‘əu$^{53-35}$yə̃·

劙心 li$^{53-35}$ʃə̃/siə̃· 胃里泛酸，吐酸水

　嗝酸水儿 ka^{53}θuã$^{213-23}$ʂɬuer^{55}

气蛋 tɕʻi$^{31-55}$tã˙ 疝气

独蛋 tu$^{53-35}$tã˙

掉叠肚 tiɔ^{31}tiə$^{53-35}$tu˙ 脱肛

发脾寒 fɑ$^{213-23}$pi$^{53-35}$xã˙ 疟疾发作

粒飞大蛋病 li^{31}fe^{213}tɑ^{31}tã^{31}piŋ^{31} 丝虫病

痧子 ʂɑ$^{213-21}$tθʅ˙ 麻疹

疹子 ʧə̃$^{55-21}$tθʅ˙

痘子 təu$^{31-55}$tθʅ˙ 天花

种痘子 tʂuŋ^{31}təu$^{31-55}$tθʅ˙ 接种天花疫苗

月疮 yə$^{31-55}$tʂʻuɑŋ˙ 百日咳

风呛 fə$^{213-21}$tsʻiɑŋ˙

黄病 xuɑŋ$^{53-35}$piŋ˙ 黄疸

流秋 liəu$^{53-35}$tsʻiəu˙ 伤痕：身上叫鞭子打得一道一道的～

错腕儿 tθʻuə^{31}uɛr^{55} 脱臼

掉膀子 tiɔ^{31}pɑŋ$^{55-21}$tθʅ˙ 肩关节脱臼

拿上 nɑ$^{53-35}$ʃɑŋ˙ 使脱臼的关节复位

长疙渣儿 ʧɑŋ^{55}kɑ$^{213-21}$tʂɬɑr˙ 结痂

长疙疤儿 ʧɑŋ^{55}kɑ$^{213-21}$pɑr˙

疤瘌 pɑ$^{213-21}$lɑ˙ 疤

炸腮 tʂɑ$^{31-55}$θɛ˙ 腮腺炎

蛤蟆瘟儿 xɑ$^{53-35}$mɑ/mə˙uer^{213}

疖子 tsiə$^{213-21}$tθʅ˙

疔 tiŋ^{213} 疔疮

秃疮 tʻu$^{213-23}$tʂʻuɑŋ^{213}/tʻu$^{213-21}$tʂʻuɑŋ˙ 黄癣

生癞 ʂəŋ$^{213-23}$lɛ^{31}

热疙瘩子 iə$^{31-55}$kɑ/kə$^{213-21}$tɑ˙tθʅ˙ 痱子

痦子 u$^{31-55}$tθɿ˙ 凸起的痣

记 tɕi^{31} 皮肤上天生的深色斑痕

家鸦子屎 tɕiɑ$^{213-21}$tʂ‘ə̃˙tθɿ˙ʂʅ^{55} 雀斑

　蛇蚤屎 kə$^{213-21}$tθɔ˙ʂʅ^{55}

　黑雀子 xe$^{213-23}$ʦ‘yə$^{213-21}$tθɿ˙

嘴臭 tθue^{55}ʧ‘əu^{31} 口臭

狼掐 lɑŋ^{53}tɕ‘iɑ^{213} 食道癌

　咽舌子 iã^{31}ʃə$^{53-35}$tθɿ˙

苍声 tθ‘ɑŋ$^{213-23}$ʂəŋ^{213} 男孩变声：华子都～了，个子长不多少了

肤皮儿 fu$^{213-23}$p‘ɾer/p‘iɾer^{53} ①表皮 ②表面：就在～搁着，你怎么就找不着呢？

破喉咙哑嗓 p‘ə^{31}xəu$^{53-35}$luŋ˙iɑ^{55}θɑŋ^{55} 声嘶力竭

迷哑吞子 mi$^{53-35}$iɑ˙t‘uə̃$^{31-55}$tθɿ˙ 嗓音沙哑

汗身气儿 xã$^{31-55}$ʃə̃˙tɕ‘iɾer^{31} 汗味儿

　汗性子味儿 xã$^{31-55}$siŋ˙tθɿ˙uer^{31}

疙瘩子 kɑ$^{213-21}$tɑ˙tθɿ˙ 泛指皮肤上长出的各种大小突起

疥疙瘩子 tɕiɛ$^{31-55}$kɑ$^{213-21}$tɑ˙tθɿ˙ 疥疮

鸡皮疙瘩 tɕi$^{213-21}$p‘i˙kɑ$^{213-21}$tɑ˙ 因受冷或惊恐等皮肤上起的小疙瘩

风刺疙瘩子 fəŋ$^{213-23}$tθ‘ɿ^{31}kɑ$^{213-21}$tɑ˙tθɿ˙ 痤疮

　粉刺 fə̃^{55}tθ‘ɿ^{31}

　官粉豆子 kuã$^{213-21}$fə̃˙təu$^{31-55}$tθɿ˙

踮眼 tiã$^{31-55}$iã˙ 鸡眼（一种脚病）

脚磨眼 tɕyə$^{213-23}$mə$^{53-35}$iã˙ 脚趼子

铺燎 p‘u$^{213-21}$liɔ˙ 因烧烫或过度磨擦而形成的水疱

　燎泡 liɔ$^{53-35}$p‘ɔ˙

紫娄痘 tθɿ$^{55-21}$ləu˙təu^{31} 带血丝的水疱

紫留痘 tθɿ^{55}liəu$^{53-35}$təu˙

血铺燎 ɕiə$^{213-23}$p‘u$^{213-21}$liɔ˙

血燎泡 ɕiə$^{213-23}$liɔ$^{53-35}$p‘ɔ˙

疱 p‘ɔ^{31}

潦浆 liɔ$^{53-35}$tsiɑŋ˙ 大的水疱

木疙瘩 mu$^{31-55}$kə˙tɑ^{213} 因蚊虫等叮咬而起的疙瘩

瘿脖子 iŋ^{55}pə$^{53-35}$tθɿ˙/iŋ$^{55-21}$pə˙tθɿ˙ 甲状腺肿大

嶙身肩儿 lə̃$^{53-35}$ʃə̃˙tɕirɛr^{213} 背微驼

害眼 xɛ^{31}iã^{55} 患有眼疾

眼疖子 iã$^{55-21}$tsiə˙tθɿ˙ 眼部长的疖子

鸡宿眼 tɕi$^{213-23}$sy$^{213-23}$iã^{55} 夜盲症

鹊瞽 ts‘yə^{31}ku^{55} ①夜盲症 ②患夜盲症

鹊瞽眼 ts‘yə$^{31-55}$ku˙iã^{55} ①患有夜盲症的眼睛 ②患夜盲症的人

瞎汉 ɕiɑ$^{213-21}$xã˙ 眼睛失明的人

聋汉 luŋ$^{53-35}$xã˙ 耳朵失聪的人

疯汉 fəŋ$^{213-21}$xã˙ 麻风病患者

癫汉 tiã$^{213-21}$xã˙ 精神病患者

疯子 fəŋ$^{213-21}$tθɿ˙

神经病 ʃə̃^{53}tɕiŋ$^{213-23}$piŋ^{31}

羊羔子风 iɑŋ$^{53-35}$kɔ˙tθɿ˙fəŋ^{213} 癫痫

羊古子风 iɑŋ$^{53-35}$ku˙tθɿ˙fəŋ^{213}

结巴 tɕiə$^{213-21}$pə˙ ①口吃 ②说话口吃的人

结巴子 tɕiə$^{213-21}$pə˙tθɿ˙ 说话口吃的人

嘲巴 ʧ‘ɔ$^{53-35}$pə˙ 傻子

傻瓜 ʃɑ$^{55-21}$kuɑ˙

聋三拐四的 luŋ^{53}θã^{213}kuɛ^{55}θɿ$^{31-55}$ti˙ 泛指身体有残疾的人

瘫婆子 t‘ã$^{213-21}$p‘ə˙tθɿ˙ 瘫痪的人

瘸巴 tɕ‘yə$^{53-35}$pə˙ 瘸腿的人

豁嘴 xuə$^{213-23}$tθue^{55} 唇裂

豁嘴子 xuə$^{213-23}$tθue$^{55-21}$tθɿ˙ 唇裂的人

　豁子 xuə$^{213-21}$tθɿ˙

二尾子 ɭə^{31}i$^{213-21}$tθɿ˙/ɭə$^{31-55}$i˙tθɿ˙ 两性人

斜眼子 siə$^{53-35}$iã˙tθɿ˙ 斜视的人

疤瘌眼子 pɑ$^{213-21}$lɑ˙iã$^{55-21}$tθɿ˙ 眼角有疤的人

个眼子 kə^{31}iã$^{55-21}$tθɿ˙/kə$^{31-55}$iã˙tθɿ˙ 一只眼睛正常而另一只眼睛不能正常视物或失明的人

独眼龙 tu^{53}iã^{55}lyŋ/luŋ^{53} 一只眼睛正常视物而另一只眼睛失明的人

六指儿 liəu$^{31-55}$tʂɫer˙ 六个手指或脚趾的人

十三 衣服、穿戴

衣裳 i$^{213-21}$ʃɑŋ˙ 衣服的总称

春秋衣 tʃ‘uã$^{213-23}$ts‘iəu$^{213-23}$i^{213} 衬衣裤

秋衣 ts‘iəu$^{213-23}$i^{213} 衬衣

秋裤 ts‘iəu$^{213-23}$k‘u^{31} 衬裤

西服 si$^{213-23}$fu^{53} 西装

中山服 tʂuŋ$^{213-23}$ʂã$^{213-23}$fu^{53} 中山装

棉衣裳 miã$^{53-35}$i˙ʃɑŋ˙ 棉衣

棉袄 miã^{53}ŋɔ^{55}

夹袄 tɕiɑ$^{213-23}$ŋɔ^{55} 有衬里的外套

棉裤 miã^{53}k‘u^{31}

落包团 lɑ$^{213-23}$pɔ$^{213-23}$t‘uã^{53} ①深裆棉裤 ②动词，遭受别人埋怨

小懒袄 siɔ^{55}lã$^{55-21}$ŋɔ˙ 没有拆洗的旧袄

夹裤 tɕiɑ$^{213-23}$k'u^{31} 双层布的裤子

羊皮袄 iɑŋ^{53}p'i^{53}ŋɔ^{55} 用带毛儿的羊皮做里子的棉袄

大氅 tɑ^{31}tʃ'ɑŋ^{55} 大衣

大袄 tɑ^{31}ŋɔ^{55} 短大衣

蚂蚱鞍子 mɑ$^{31-55}$tʂɑ·ŋã$^{213-21}$tθɿ· 女式短便装

褂子 kuɑ$^{31-55}$tθɿ· 衬衫，外衣

褂茬儿 kuɑ^{31}tʂɫɑr^{31} 短袖衬衣

　半截袖儿 pã^{31}tsiə^{53}θɾəur/siɾəur^{31}

　半截爪儿 pã^{31}tsiə^{53}tʂɫɔr^{55}

　半袖儿 pã$^{31-55}$θɾəur·

灯笼裤子 təŋ$^{213-21}$luŋ·k'u$^{31-55}$tθɿ· 过去在冬天穿的没有棉花、比较肥大的单裤

裤衩子 k'u^{31}tʂ'ɑ$^{55-21}$tθɿ· 内裤

　裤头儿 k'u^{31}t'ɾəur^{53}

裤茬子 k'u^{31}tʂɑ$^{31-55}$tθɿ· 短裤

束腰带子 ʂu/tʂ'u$^{213-23}$iɔ^{213}tɛ$^{31-55}$tθɿ· 腰带

　束腰绳子 ʂu/tʂ'u$^{213-23}$iɔ^{213}ʃəŋ$^{53-35}$tθɿ·

　捆腰绳子 tɕ'yə̃^{55}iɔ^{213}ʃəŋ$^{53-35}$tθɿ·

线带 siã^{31}tɛ^{31} 线做的腰带

挎袋 k'uɑ^{31}tɛ^{31} 衣服上的口袋

　挎兜儿 k'uɑ^{31}tɾəur^{213}

　挎包儿 k'uɑ^{31}pɔr^{213}

　布袋儿 pu$^{31-55}$tɾɛr·

　布兜儿 pu^{31}tɾəur^{213}

扣子 k'əu$^{31-55}$tθɿ· 纽扣

扣襻子 k'əu^{31}p'ã$^{31-55}$tθɿ· 扣襻

扣眼子 k‘əu^{31}iã$^{55-21}$tθɿ˙ 扣眼儿

棉花鞋 ȵiã/ȵiaŋ/miã$^{53-35}$xuə/xu˙ɕiɛ^{53} 棉鞋

呱哒子 kuɑ$^{213-21}$tɑ˙tθɿ˙ 用橡胶皮或废旧轮胎外胎制作的凉鞋或拖鞋

鞋垫子 ɕiɛ^{53}tiã$^{31-55}$tθɿ˙ ①呱哒子 ②鞋垫儿

袜垫子 uɑ^{31}tiã$^{31-55}$tθɿ˙ 鞋垫儿

靴子 ɕyə$^{213-21}$tθɿ˙ 深筒的雨鞋

鞋带子 ɕiɛ^{53}tɛ$^{31-55}$tθɿ˙/ɕiɛ$^{53-35}$tɛ˙tθɿ˙ 鞋带儿

裹脚布子 kuə^{55}tɕyə^{213}pu$^{31-55}$tθɿ˙ 裹脚布儿

裹腿 kuə^{55}t‘ue^{55} ①裹腿布 ②用布缠腿

裹腿子 kuə$^{55-21}$t‘ue˙tθɿ˙ 裹腿布

吊底袜子 tiɔ^{31}ti^{55}uɑ$^{31-55}$tθɿ˙ 缝有硬袜底的长筒袜子

帽壳子 mɔ$^{31-55}$k‘ə$^{213-21}$tθɿ˙ 帽子

耳朵帽子 ɭə$^{55-21}$tɔ˙mɔ$^{31-55}$tθɿ˙ 两边缝有帽耳的棉帽

老虎帽子 lɔ^{55}xu^{55}mɔ$^{31-55}$tθɿ˙ 少年儿童戴的缝有老虎头上花纹图案、形状像老虎头的棉帽

席角子 si$^{53-35}$tɕiɑ/tɕiə˙tθɿ˙ 斗笠

手镯子 ʃəu^{55}tʂuə$^{53-35}$tθɿ˙ 手镯

镏子 liəu$^{31-55}$tθɿ˙ 戒指

耳朵坠子 ɭə$^{55-21}$tɔ˙tʂue$^{31-55}$tθɿ˙ 耳坠

耳钉儿 ɭə^{55}tɾə̃r^{213} 耳钉

耳环儿 ɭə^{55}xuɛr^{53} 耳环

卡子 tɕ‘iɑ$^{55-21}$tθɿ˙ 发卡

围布子 ue$^{53-35}$pu˙tθɿ˙ 围嘴儿

褯子 tsiə$^{31-55}$tθɿ˙ 尿布

手布子 ʃəu^{55}pu$^{31-55}$tθɿ˙/ʃəu$^{55-21}$pu˙tθɿ˙ 手绢儿

围脖 ue^{53}pə^{53} 长条围巾

手套子 ʃəu^{55}t‘ɔ$^{31-55}$tθɿ˙ 手套

垫肩 tiã^{31}tɕiã^{213}/tiã$^{31-55}$tɕiã˙ 挑重物时垫在肩上的多层布做的垫子

铺衬 p‘u$^{213-21}$tʂ‘ə̃˙ 破布、碎布

缕缡子 tɕ‘i^{213}li˙tθɿ˙ 布条儿

布缕缡子 pu$^{31-55}$tɕ‘i$^{213-21}$li˙tθɿ˙

布缕绺子 pu$^{31-55}$tɕ‘i$^{213-21}$liəu˙tθɿ˙

褡子 tɑ$^{213-21}$tθɿ˙ 褡裢

针黹 tʂə̃$^{213-21}$tʂɿ˙ 针线活儿

竹布 tʂu$^{213-23}$pu^{31} 一种浅蓝色的布

三表新 θã$^{213-23}$pɾɔr/piɾɔr^{55}ʃə̃/siə̃^{213} ①衣被的表儿、里儿、棉花都是新的 ②用新料制作的棉衣或棉被

可身儿 k‘ə^{55}ʂɫer^{213} 合身：衣裳怪～

曹烂 tθ‘ɔ$^{53-35}$lã˙ （衣物、布料等因久用或腐蚀而）绽裂

铺盖 p‘u$^{213-23}$kɛ^{31} 行李

壳子 tɕ‘yə$^{213-21}$tθɿ˙ 袼褙：纸～｜打～做鞋｜打～铰鞋底

打壳子 tɑ^{55}tɕ‘yə$^{213-21}$tθɿ˙ 用旧布和糨糊制作袼褙

抹头抹 mɑ$^{213-23}$t‘əu^{53}mɑ^{213} 圆领衣衫

漫头抹 mã^{31}t‘əu^{53}mɑ^{213}

襁被 tɕ‘iɑŋ^{53}pe^{31} 包裹婴儿的被子

小包被儿 siɔ^{55}pɔ$^{213-23}$per^{31}

线纫头儿 siã^{31}iə̃$^{31-55}$t‘ɾəur˙ 线头儿

纫头儿 iə̃$^{31-55}$t‘ɾəur˙ 顺着麻线找～

幺机子 iɔ$^{213-23}$tɕi$^{213-21}$tθɿ˙ 质量极差的粗布

干线子 kã$^{213-23}$siã$^{31-55}$tθɿ˙ 质量较差的粗布

白氎布 pe^{53}tiə^{53}pu^{31} 用织布机织出的质量最好的细棉布

本地布 pə̃^{55}ti^{31}pu^{31}

　本里布 pã$^{55-21}$li˙pu^{31}

十四　饮食

吃饭 ʧ‘ʅ$^{213-23}$fã^{31}

喝饭 xɑ/xə$^{213-23}$fã^{31}　喝稀饭

早晨饭 tθɔ$^{55-21}$ʧ‘ə̃/ʃə̃˙fã^{31}　早饭

晌午饭 ʃɑŋ$^{55-21}$u˙fã^{31}　午饭

　晌饭 ʃɑŋ$^{55-21}$fã˙

下晚儿饭 ɕiɑ^{31}uɛr^{55}fã^{31}　晚饭

吃夜饭 ʧ‘ʅ$^{213-23}$iə$^{31-55}$fã˙　夜间吃饭

垫垫肚子 tiã$^{31-55}$tiã˙tu$^{31-55}$tθʅ˙　正餐之前先随便吃点儿东西

垫饥 tiã^{31}tɕi^{213}　耐饥饿：香油馃子油性大，吃下去～

饭轻 fã$^{31-55}$tɕ‘iŋ˙　饭量小：老王卓～，吃不了多少饭

嫌饭 ɕiã^{53}fã^{31}　孕妇因怀孕而产生的恶心、呕吐、厌食的生理现象

　反孕 fã^{55}yə̃^{31}

供养子 kuŋ^{31}iɑŋ$^{55-21}$tθʅ˙/kuŋ$^{31-55}$iɑŋ˙tθʅ˙　祭祀用的食品

零嘴儿 liŋ^{53}tθɾuer^{55}　零食

　吃头儿 ʧ‘ʅ$^{213-21}$t‘ɾəur˙

地瓜菜 ti$^{31-55}$kuɑ/kuə˙tθ‘ɛ^{31}　用鲜红薯和豆面或花生面等煮成的粥

　地瓜饭 ti$^{31-55}$kuɑ/kuə˙fã^{31}

大米饭 tɑ^{31}mi^{55}fã^{31}　米饭

小米子饭 siɔ^{55}mi$^{55-21}$tθʅ˙fã^{31}　小米饭

现成饭 ɕiã$^{31-55}$ʧ‘əŋ˙fã^{31}　已经准备好的饭菜

丝馁 θʅ$^{213-21}$nɔ˙　熟食腐烂变质

丝 θʅ^{213}　为了制作豆豉，将煮熟的黄豆放在盆中发酵：～酱豆子

糊餬 xu$^{53-35}$təu/tu˙　稀饭，粥

迟 tʃʻʅ^{53} 煮粥时米沉淀并黏在锅底：锅里的糊[illegible]～住了

□ uɑ^{31}

撂豆儿 liɔ$^{213-23}$trəur^{31} 阴历二月初一晚上炒的豆子或花生米等

大米花儿 tɑ^{31}mi^{55}xuɑr^{213} 用大米制作的爆米花

玉米花儿 y^{31}mi^{55}xuɑr^{213} 用玉米制作的爆米花

玉黍花儿 y$^{31-55}$ʃʮ˙xuɑr^{213}

馇 tʂʻɑ^{213} 熬制比较黏稠的饭食：～干饭 | ～豆沫子 | ～猪食

焐 xu^{213} ①长时间煮，使食物变熟：～地瓜 ②靠近，贴近：别~着我，热得难受

焐饼子 xu$^{213-23}$piŋ$^{55-21}$tθʅ˙ ①采用半烙半蒸的办法制熟的椭圆形饼子 ②粗粮锅贴，用粗粮做成饼子，贴在锅边上蒸熟

锅贴子 kuə$^{213-23}$tʻiə$^{213-21}$tθʅ˙ 锅贴儿

干饭 kã$^{213-21}$fã˙ 米饭

黏粥 ȵiã$^{53-35}$tʃʮ˙

腊八粥 lɑ$^{31-55}$pɑ˙tʃəu^{213} 腊月初八熬的八宝粥

八宝粥 pɑ$^{213-23}$pɔ^{55}tʃəu^{213}

米汤子 mi^{55}tʻɑŋ$^{213-21}$tθʅ˙ 稀薄的大米粥

米油儿 mi^{55}ɾəur^{53} 熬制较长时间的粥中不含米粒的米汤

面 miã^{31} 面粉

面筋 miã$^{31-55}$tɕiã˙ ①小麦粒经咀嚼后形成的具有黏性的东西 ②筋道，食物有韧性，耐咀嚼

一拉面儿 i$^{213-23}$lɑ^{53}mɾɛr/miɾɛr^{31} 全麦面

死面 θʅ$^{55-21}$miã˙ 未经发酵的面团

发面 fɑ$^{213-23}$miã^{31} 经过发酵的面团

烫面 tʻɑŋ$^{31-55}$miã˙ 用开水和的面团

面醭(儿) miã^{31}pu^{53} (pur^{53}) 揉面用的干面

白醭(儿) pe^{53}pu^{53}（pur^{53}） 柿饼上的白霜

面汤 miã$^{31-55}$t‘ɑŋ˙ 汤面

醭柱子 pu$^{53-35}$ʧʮ˙tθʅ 用面粉熬成的糊状食物

　粥醭注子 ʧəu$^{213-23}$pu$^{53-35}$ʧʮ˙tθʅ˙

馉渣子 ku$^{213-21}$tʂɑ/tʂə˙tθʅ˙ 面疙瘩汤

　馉渣儿 ku$^{213-21}$tʂɬɑr/tʂɬər˙

　疙瘩汤 kɑ$^{213-21}$tɑ˙t‘ɑŋ^{213}

　老虎㞞 lɔ^{55}xu^{55}ɕyŋ^{53}

面条子 miã^{31}t‘iɔ$^{53-35}$tθʅ˙ 面条儿

　面条儿 miã^{31}t‘ɾɔr^{53}

　挂面 kuɑ^{31}miã^{31}

手擀面 ʃəu^{55}kã^{55}miã^{31} 手擀的面条儿

肉丝子 iəu^{31}θʅ$^{213-21}$tθʅ˙ 肉丝儿

卤子 lu$^{55-21}$tθʅ˙ 用来浇在面条儿等食物上的汤菜：肉丝～；鸡蛋～

豆腐卤子 təu$^{31-55}$fə˙lu$^{55-21}$tθʅ˙ 以豆腐为原料烹制的汤

面叶子 miã^{31}iə$^{31-55}$tθʅ˙ 面片

　面齐子 miã^{31}ts‘i$^{53-35}$tθʅ 也写为“面棋子”

　齐子块儿 ts‘i$^{53-35}$tθʅ˙k‘uɛr^{31} 也写为“棋子块儿”

绿豆齐子 ly$^{31-55}$təu˙ts‘i$^{53-35}$tθʅ˙ 用绿豆和面片放在一起煮的食物，也写为“绿豆棋子”

糊子 xu$^{53-35}$tθʅ˙ 用磨磨出来的糊状物

面糊馏 miã^{31}xu$^{53-35}$təu˙ 有面糊的粥

馍馍 mə$^{53-35}$mə˙ 馒头

　馒头 mã$^{53-35}$t‘əu˙

　饽饽 pə$^{213-21}$pə˙

馇子 tɕyã$^{55-21}$tθʅ˙ 长形或方形的馒头

花馇儿 xuɑ$^{213-23}$tɕyrɛr^{55}

豆腐馇儿 təu$^{31-55}$fə˙tɕyrɛr^{55}

包子 pɔ$^{213-21}$tθɿ˙ ①带馅儿面食的总称 ②特指水饺

大包子 tɑ$^{31-55}$pɔ˙tθɿ˙ 包子

小包子儿 siɔ^{55}pɔ$^{213-21}$tθrɛr˙ 水饺

吃包子 ʧʻɿ$^{213-23}$pɔ$^{213-21}$tθɿ˙ （特指）吃水饺

包包子 pɔ$^{213-23}$pɔ$^{213-21}$tθɿ˙ （特指）包饺子

煎包子 tsiã$^{213-21}$pɔ˙tθɿ˙ 煎包儿

　煎包儿 tsiã$^{213-23}$pɔr^{213} 水～｜油～

爛包子 tʻɑ$^{213-21}$pɔ˙tθɿ˙ 在鏊子上或平锅里烙的有馅儿的半圆形面食

爛饼 tʻɑ$^{213-21}$piŋ˙ 在鏊子上或平锅里烙的饼

煎饼 tsiã$^{213-21}$miŋ˙/tɕiɑ$^{213-21}$ȵiŋ˙ 在鏊上烙的很大的薄饼

磨糊子 mə^{53}xu$^{53-35}$tθɿ˙ 把粮食研磨成糊状物

推煎饼 tʻue$^{213-23}$tsiã$^{213-21}$miŋ˙/tɕiɑ$^{213-21}$ȵiŋ˙ 推磨磨糊子并烙煎饼

摊煎饼 tʻã$^{213-23}$tsiã$^{213-21}$miŋ˙/tɕiɑ$^{213-21}$ȵiŋ˙ 烙煎饼

爛煎饼 tʻɑ$^{213-21}$tsiã˙ȵiŋ˙ 在鏊子上或平锅里烙的带馅儿的煎饼

豆沙包儿 təu^{31}ʂɑ$^{213-23}$pɔr^{213} 豆沙馅儿的包子

饳饳子 tuə$^{213-21}$tuə˙tθɿ˙ 用红薯面蒸的一种饼状食物

锅贴子 kuə$^{213-23}$tʻiə$^{213-21}$tθɿ 锅贴儿

窝窝头儿 uə$^{213-21}$uɔ˙tʻrəur^{53} 窝头

炸 tʂɑ^{53} ①烹调方法，把食物放在沸油里弄熟 ②焯，即把蔬菜放在开水内略微煮一下即捞出

馅儿 ɕirɛr^{31}

　馅子 ɕiã$^{31-55}$tθɿ˙

炸馅子 tʂɑ^{53}ɕiã$^{31-55}$tθɿ˙ 把菜焯过之后剁成馅子

炸货 tʂɑ$^{53-35}$xuə˙ 油炸食品的总称

香油馃子 çiaŋ$^{213-23}$iəu^{53}kuə$^{55-21}$tθɿ˙ 油条

油炸馃子 iəu^{53}tʂɑ^{53}kuə$^{55-21}$tθɿ˙

油条 əu^{53}t‘iɔ^{53}

馓子 θã$^{55-21}$tθɿ˙ 一种油炸的面食，细条相连并对折

麻花 mɑ$^{53-35}$xuɑr˙ 一种用软柿子和面之后油炸的面食

翻花 fã$^{213-21}$xuɑr˙

白醭（儿） pe^{53}pu^{53}（pur^{53}） 酱油、醋及其他液态食品因腐败或受潮表面所生的霉

锅饼 kuə$^{213-21}$piŋ˙ 用平锅烙的大发面饼

旋饼 syã$^{31-55}$piŋ˙

炕饼 k‘ɑŋ$^{31-55}$piŋ˙

油饼 iəu$^{53-35}$piŋ˙ 葱油饼

馄饨 xuã$^{31-55}$tuã˙

桃酥 t‘ɔ^{53}θu^{213} 油炸糖酥饼

糖酥 t‘ɑŋ^{53}θu^{213}

糊盐 xu^{53}iã^{53} 将少量盐末掺入面粉做成的颗粒，炒熟后做干粮

鳖筋 piə$^{213-23}$tɕiã^{213} 长条形面食

引子 iã$^{55-21}$tθɿ˙ 发面酵子

老面 lɔ$^{55-21}$miã˙

豆饼 təu$^{31-55}$piŋ˙ 用大豆榨油后剩下的渣滓压成的饼状物

麻粈 mɑ$^{53-35}$ʂã˙ 用粮食加工后剩下的渣滓压成的饼状物。特指豆饼

果子饼 kuə$^{55-21}$tθɿ˙piŋ^{55} 花生饼

果子麻粈 kuə$^{55-21}$tθɿ˙mɑ$^{53-35}$ʂã˙

肉渣儿 iəu^{31}tʂɑr^{213} 很小的肉丁

肉片儿 iəu^{31}p‘irɛr^{31}

肉丝儿 iəu^{31}θrer^{213}

肉皮子 iəu^{31}p'i$^{53-35}$tθɿ˙ 肉皮

猪蹄子 ʧʮ$^{213-23}$t'i$^{53-35}$tθɿ˙ 猪蹄儿

口条 k'əu^{55}t'iɔ^{53} 做成熟食的猪舌头或牛舌头

血脖儿 ɕiə$^{213-23}$pər^{53} 猪脖子上的肉

　脖头 pə^{53}t'əu^{53}

腰窝 iɔ$^{213-23}$uə^{213} ①人腰的部位 ②专指猪腹部的肉

下水 ɕia$^{31-55}$ʂue˙ 猪的内脏

下货 ɕia$^{31-55}$xuə˙ 牛羊的内脏

肚子 tu$^{55-21}$tθɿ˙ ①动物的胃肠 ②人的胃。含贬义

　肚儿 tur^{55}

草包 tθ'ɔ$^{55-21}$pɔ˙ ①牛羊等反刍动物的胃 ②喻指人无能：这人真～ ③喻指无能的人：这个人真是个～

百叶（儿） pe$^{213-21}$iə˙（ɿər/iɾər˙） 做成食品或半成品的牛羊等反刍动物的胃

膍胵 pu$^{53-35}$ʧ'ɿ˙ 鸟类的胃

荷包蛋 xə$^{53-35}$pɔ˙tã^{31}

变蛋 piã^{31}tã^{31} 松花蛋

苗蛋 miɔ$^{53-35}$tã˙ 当地特产。专指辛集镇苗家曲村出产的咸鸭蛋

毛蛋 mɔ$^{53-35}$tã˙ 未出壳的小鸡

　蜷鸡儿 tɕ'yã$^{55-21}$tɕiɾer˙

　蜷鸡子 tɕ'yã$^{55-21}$tɕi˙tθɿ˙

照蛋 ʧɔ$^{31-55}$tã˙ 孵化后不出雏禽的蛋

肴 iɔ^{53} 就菜喝酒或吃饭：～着点儿

　就 tsiəu^{53}

么就（儿）mə^{53}tsiəu^{53}（tθɾəur^{53}） 下饭、下酒的菜

　就菜 tsiəu$^{53-35}$tθ'ɛ˙

盐味儿 iɑ̃$^{53-35}$uer˙ 代指下饭、下酒的菜：连点儿～都没有，怎么吃饭啊？

酒肴儿 ʦiəu^{55}ʅɔr/irɔr^{53} 下酒的菜

干拔茬 kɑ̃$^{213-23}$pɑ^{53}ʧɑ^{31} 指喝酒不吃菜

荤腥儿 xuə̃$^{213-21}$θrə̃r˙ 指鱼肉类的菜：连点儿～都没有，小孩子怎么受得了？

合菜 xə$^{53-55}$tθ‘ɛ˙ 用葱、姜丝、胡萝卜等加调料拌成的菜，象征全家和睦

冻子 tuŋ$^{31-55}$tθʅ˙ 指鱼、肉及汤汁凝结成的半固体状菜肴

  冷冻 ləŋ^{55}tuŋ^{31}

  冷肉 ləŋ$^{55-21}$iəu˙

冷猪子肉 ləŋ^{55}ʧʮ$^{213-21}$tθʅ˙iəu^{31} 以猪头、猪蹄子、猪皮等为原料制的冷冻

冷狗肉 ləŋ^{55}kəu$^{55-21}$iəu˙ 以狗肉为原料制的冷冻

米猪肉 mi^{55}ʧʮ$^{213-23}$iəu^{31} 有绦虫的猪肉

臭豆腐 ʧ‘əu^{31}təu$^{31-55}$fə˙

  豆腐乳 təu$^{31-55}$fə˙y^{55}

豆豉 təu$^{31-55}$ʃʅ˙

酱豆子 ʦiɑŋ^{31}təu$^{31-55}$tθʅ˙ 以黄豆为原料制作的酱

  豆酱 təu^{31}ʦiɑŋ^{31}

豆豉咸菜 təu$^{31-55}$ʃʅ˙ɕiɑ̃$^{53-35}$tθ‘ɛ˙ 把豆豉和碎萝卜块儿等放在一起腌制的咸菜

酱麸子 ʦiɑŋ^{31}fu$^{213-21}$tθʅ˙ 以豆瓣儿和麸子为原料制作的酱

豆沫子 təŋ$^{31-55}$mə˙tθʅ˙ 用豆面和青菜一起烹制的菜

  豆沫儿 təŋ$^{31-55}$mər˙

凉碟儿 liɑŋ^{53}trər^{53} 凉拌菜

磨茄 mə^{53}ʨ‘iə^{53} 当地特产，以茄子为原料腌制的咸菜

小炒儿 siɔ^{55}tʂ‘ɬɔr^{55} 单独的炒菜

大锅菜 tɑ^{31}kuə$^{213-23}$tθʻɛ^{31}/tɑ$^{31-55}$kuə˙tθʻɛ^{31} 学校食堂、单位食堂、工地等用大锅为很多人炒的菜

豆汁儿 təu^{31}tʂɬer^{213} 豆浆

豆浆 təu^{31}tsiɑŋ^{213} 把豆腐脑儿盛到铺着包袱的筐子里，盖上盖子压紧，从包袱里过滤出来的汁水

汤水儿 tʻɑŋ$^{213-21}$ʂɬuer˙ 菜汤

色 ʂe^{213} 颜色

  色儿 ʂɬer^{213}

  色气 ʂe$^{213-23}$tɕʻi^{31}

  颜色儿 iã$^{53-35}$ʂɬer˙

野色 iə$^{55-21}$ʂe˙ 褪色

大油 tɑ^{31}iəu^{53} 猪的脂肪

  猪大油 tʃʮ$^{213-23}$tɑ^{31}iəu^{53}

  猪油 tʃʮ$^{213-23}$iəu^{53}

  荤油 xuə̃$^{213-23}$iəu^{53}

卤大油 lu^{55}tɑ^{31}iəu^{53} 将肥肉里的油脂炸出来

  卤油 lu^{55}iəu^{53}

油脂拉子 iəu$^{53-35}$tʃʅ$^{213-21}$lə˙tθʅ˙ 肥肉炸出油脂后的剩余物

清油 tsʻiŋ$^{213-23}$iəu^{53} 植物油

果子油 kuə$^{55-21}$tθʅ˙iəu^{53} 花生油

香油 ɕiɑŋ$^{213-23}$iəu^{53} 芝麻油

粗盐 tθʻu$^{213-23}$iã^{53}

  盐粒子 iã^{53}li$^{31-55}$tθʅ˙/iã$^{53-35}$li˙tθʅ˙

细盐 si^{31}iã^{53} 精盐

忌讳 tɕi$^{31-55}$xue˙ 醋。（老）

糖蛋子 t‘ɑŋ^{53}tã$^{31-55}$tθɿ˙ 糖块

料 liɔ^{31} 作料

　材料 tθ‘ɛ$^{53-35}$liɔ˙

　材溜 tθ‘ɛ$^{53-35}$liəu˙

笨烟 pə̃$^{31-55}$iã˙ 自制的烟

　旱烟 xã$^{31-55}$iã˙

　晒烟 ʂɛ$^{31-55}$iã˙

　土烟 t‘u$^{55-21}$iã˙

烟 iã^{213} ①烟草：种～ ②纸烟、烟丝的通称：吸～；卷～ ③烟雾：满屋子是～

烟叶子 iã$^{213-23}$iə$^{31-55}$tθɿ˙ 烟叶

　烟叶儿 iã$^{213-23}$ʅər/iɾər^{31}

烟丝子 iã$^{213-23}$θɿ$^{213-21}$tθɿ˙ 烟丝

　烟丝儿 iã$^{213-23}$θɾer^{213}

烟筋 iã$^{213-23}$tɕiə̃^{213} 烟叶儿中间较粗的叶梗

烟袋油子 iã$^{213-23}$tɛ^{31}iəu$^{53-35}$tθɿ˙ 也叫烟油，烟袋杆中的黏稠液体

　烟油子 iã$^{213-23}$iəu$^{53-35}$tθɿ˙

　烟灰儿 iã$^{213-23}$xuer^{213}

白干儿 pe^{53}kɛr^{213} 用红薯干制成的高度白酒

老干烘 lɔ^{55}kã$^{213-23}$xuŋ^{213} ①大叶子茶叶 ②烤过了头儿的烟叶儿

茶 tʂ‘ɑ^{53} ①白开水 ①茶叶水 ③茶叶

冲茶 tʂ‘uŋ$^{213-23}$tʂ‘ɑ^{53} 沏茶

　泡茶 p‘ɔ^{31}tʂ‘ɑ^{53}

倒茶 tɔ^{31}tʂ‘ɑ^{53} 倒出开水或茶水

燎茶 liɔ^{55}tʂ‘ɑ^{53} 烧水

卤缸水 lu$^{55-21}$kaŋ˙ʂue^{55} 盐卤：～点豆腐，一物降一物

热水 iə^{31}ʂue^{55} 开水和温度较高的水

温和水 uã$^{213-21}$xuə/xu˙ʂue^{55} 温水

乌突水 u$^{213-21}$t‘u˙ʂue^{55} 温水；未烧开的水

冒花儿 mɔ^{31}xuɑr^{213} 水沸腾

　冒锅央儿 mɔ^{31}kuə$^{213-21}$ʅãr˙

捂了 u$^{55-21}$lɔ˙ 发霉：你这面～，得晒一晒

捂包子味儿 u^{55}pɔ$^{213-21}$tθʅ˙uer^{31} 霉味儿：一进来就闻到你这屋里～，怎么不开开窗户换换气儿？

籽果儿 tθʅ^{55}kuər^{55} 营养，养分：你看看你喂的都是些什么，一点儿～都没有！

享 ɕiɑŋ^{53} ①食品过分油腻，吃不下：这肉把我～住了｜别看这碗肉怪肥，可是不～人，吃块吧 ②指人说话或做事让他人感到不舒服

粉子 fə̃$^{55-21}$tθʅ˙ 红薯、马铃薯等的淀粉

团 t‘ã^{53} 淀粉块

　粉团 fə̃^{55}t‘ã^{53}

十五　红白大事

（1）婚姻、生育

红白公事 xuŋ^{53}pe^{53}kuŋ$^{213-23}$ʂʅ^{31} 泛指婚丧

办公事 pã^{31}kuŋ$^{213-21}$ʂʅ˙ （家长为孩子）操办婚事

当媒人 tɑŋ$^{213-23}$me$^{53-35}$iə̃˙ 做媒

　说媒 ʃuə$^{213-23}$me^{53}

　提亲 t‘i^{53}tʃ‘ə̃/ts‘iə̃^{213}

当面揿 tɑŋ$^{213-23}$miã^{31}uɑ^{31} 不用媒人，男女双方父母在一起撮合儿女的婚事

找对象 tʂɔ^{55}tue^{31}siɑŋ^{31} 找配偶

找主儿 tʂɔ^{55}tʂɬur/tʂɬuer^{55}　女子找配偶

　找婆家 tʂɔ^{55}pʻə$^{53\text{-}35}$tɕiɑ/tɕiə˙

　找埝儿 tʂɔ^{55}nɾɛr/ȵiɾɛr^{55}

　找窝儿 tʂɔ^{55}uər^{213}

　寻人家 ʃə̃^{53}iə̃$^{53\text{-}35}$tɕiɑ/tɕiə˙

　安埝儿 ŋã$^{213\text{-}23}$nɾɛr/ȵiɾɛr^{55}

相亲 siɑŋ$^{213\text{-}23}$ʧʻə̃/tsʻiə̃^{213}　媒人安排男女双方见面

　相对象 siɑŋ$^{213\text{-}23}$tue^{31}siɑŋ^{31}

找 tʂɔ^{55}　①寻找 ②特指找配偶：这么好个闺女，怎么就～了个老头子呢？

跟 kə̃^{213}　①嫁：我怎么就～了你个没良心的哝？ ②尾随，跟踪

作亲 tθuə$^{213\text{-}23}$ʧʻə̃/tsʻiə̃^{213}　结成儿女亲家

　轧亲家 kɑ$^{213\text{-}23}$tsʻiŋ$^{31\text{-}55}$tɕiə˙

强谋硬主 tɕʻiɑŋ^{53}mu^{53}iŋ^{31}ʧɥ^{55}　蛮横地包办，多指婚姻

挑媒 tʻiɔ^{55}me^{53}　把正在谈恋爱的双方拆开

男头儿 nã$^{53\text{-}35}$tʻɾəur˙　男方

女头儿 ȵy$^{55\text{-}21}$tʻɾəur˙　女方

般配 pã$^{213\text{-}21}$pʻe˙　相配，相称：他俩怪～

定亲 tiŋ^{31}ʧʻə̃/tsʻiə̃^{213}　定婚

小定 siɔ^{55}tiŋ^{31}　非正式定亲。男女双方都对对方满意时，男方买些衣物、首饰之类送给女方

大定 tɑ^{31}tiŋ^{31}　正式定亲。由媒人带女方及女性亲属到男方家，男方招待之后，将见面礼、袄面、衣服、首饰等物包在红包袱里，交由媒人带回去交给女方，双方关系正式确定

退包袱 tʻue^{31}pɔ$^{213\text{-}21}$fu˙　退亲。女方将定亲所收之礼物经由媒人退给男方，或男方经由媒人告知女方不能成亲并将包袱要回，双方关系即告结束

抽头 ʧʻəu$^{213\text{-}23}$tʻəu^{53}　进入谈婚论嫁阶段男方提出退亲

抽腿 ʧ‘əu²¹³⁻²³t‘ue⁵⁵

成亲 ʧ‘əŋ⁵³ʧ‘ə̃/ʦ‘iə̃²¹³ 结婚

出门子 ʧ‘ɥ²¹³⁻²³mə̃⁵³⁻³⁵tθɿ˙ 出嫁

新人 ʃə̃²¹³⁻²³iə̃⁵³ 指新郎和新娘

新郎倌儿 ʃə̃²¹³⁻²³lɑŋ⁵³kuɛr²¹³ 新郎

新娘子 ʃə̃²¹³⁻²³ȵiɑŋ⁵³⁻³⁵tθɿ˙ 新娘

新媳妇儿 ʃə̃²¹³⁻²³si²¹³⁻²¹fur˙

查日子 tʂ‘ɑ⁵³i³¹⁻⁵⁵tθɿ˙ 男女双方将生辰八字告诉算命先生，由其查验是否相合，并确定某个黄道吉日作为结婚的日子

大利月 tɑ³¹li³¹yə³¹ 指最有利于嫁娶的月份儿

过红子 kuə³¹xuŋ⁵³⁻³⁵tθɿ˙ 男方定下结婚的日子后，把写有结婚日期、发嫁、过门时辰的柬帖和衣物等包在红包袱里，由媒人交给女方家

传柬儿 ʧ‘uã⁵³ʨirɛr⁵⁵

送日子 θuŋ³¹i³¹⁻⁵⁵tθɿ˙

递小柬儿 ti³¹siɔ⁵⁵ʨirɛr⁵⁵

送书子 θuŋ³¹ʃɥ²¹³⁻²¹tθɿ˙

领书子 liŋ⁵⁵ʃɥ²¹³⁻²¹tθɿ˙

过柬子 kuə³¹ʨiã⁵⁵⁻²¹tθɿ˙

认亲 iə³¹ʧ‘ə̃/ʦ‘iə̃²¹³ 订婚后男方由媒人陪同到女方家认识女方亲属的仪式

司仪 θɿ²¹³⁻²³i⁵³ 婚礼主持人

证婚人 ʧəŋ³¹xuə̃²¹³⁻²³iə̃⁵³ 在婚礼上为结婚人做证明的人

送礼 θuŋ³¹li⁵⁵ 男子结婚前，亲友赠送礼品表示祝贺

填箱 t‘iã⁵³siɑŋ²¹³/t‘iã⁵³⁻³⁵siɑŋ˙ 女子出嫁前，亲友到女方家贺喜并送上贺礼（钱物，必须有点心），出嫁时装在陪嫁的箱子里，故称“填箱”

送填箱 θuŋ³¹t‘iã⁵³⁻³⁵siɑŋ˙/θuŋ³¹t‘iã⁵³siɑŋ²¹³ 女子出嫁前，亲友赠

送礼品表示祝贺

送催妆 θuŋ^{31}tθʻue$^{213-21}$tʂuaŋ˙ 婚前一两天，男方家派人带鸡、鱼、肉等礼物到女方家，并询问送嫁人员的人数，以便于招待

下催妆 ɕia^{31}tθʻue$^{213-21}$tʂuaŋ˙

四色礼 θɿ^{31}ʂe$^{213-23}$li^{55} 订婚、结婚时男方送到女方家的猪肉、鸡、鱼、糕点等四种礼物

搬亲 pã$^{213-23}$tʃʻə̃/tsʻiə̃^{213} 男子结婚前，专门派人用车子把年龄很大、走路不便的长辈亲戚接到家里：俺推车子～去

陪送 pʻe$^{53-35}$θuŋ˙ ①陪嫁 ②姑娘出嫁时娘家送的物品

嫁妆 tɕia$^{31-55}$tʂuaŋ˙ 陪嫁物品

娶媳妇子 tsʻy^{55}si$^{213-21}$fu/fə˙tθɿ˙ 男子娶亲

娶媳妇儿 tsʻy^{55}si$^{213-21}$fur/fər˙

回姥娘门 xue^{53}lɔ$^{55-21}$ȵiaŋ˙mə̃^{53} 嫁给舅舅家族里的人为妻。民俗中禁忌这种婚姻

转亲 tʂuã$^{31-55}$tʃʻə̃/tsʻiə̃˙ 三家都有儿女，甲家闺女嫁到乙家，乙家闺女嫁到丙家，丙家闺女嫁到甲家，三家各自用闺女为儿子换媳妇

三倒 θã$^{213-23}$tɔ^{55}

换亲 xuã$^{31-55}$tʃʻə̃/tsʻiə̃˙ 两家之间各把女儿嫁给对方儿子

姑舅亲 ku$^{213-21}$tɕiəu˙tʃʻə̃/tsʻiə̃^{213} 舅家的女儿嫁给姑家的儿子，或舅家的儿子娶姑家的女儿。民俗中禁忌后一种婚姻

姨娘亲 i^{53}ȵiaŋ^{53}tʃʻə̃/tsʻiə̃^{213} 姐妹二人的儿女结成夫妻

姨家亲 i$^{53-35}$tɕia˙tʃʻə̃/tsʻiə̃^{213}

开脸 kʻɛ$^{213-23}$liã^{55} 姑娘出嫁前，用细线将面部及脖子上的汗毛拔去

上脸 ʃaŋ^{31}liã^{55}

蒙头红子 məŋ^{53}tʻəu^{53}xuŋ$^{53-35}$tθɿ˙ 红盖头

过河拽钱 kuə^{31}xə^{53}tʂuɛ$^{213-23}$tsʻiã^{53} 出嫁的路上，新娘过河时向河里

扔硬币

衬车儿的 tʂʻə̃^{31}tʂʻɫər$^{213\text{-}21}$ti˙ 伴娘

陪娘 pʻe^{53}ȵiɑŋ^{53}

铺床 pʻu$^{213\text{-}23}$tʂʻuɑŋ^{53} 结婚仪式举行的前一天，男方找儿女双全的兄长为新人铺床。床腿下垫用红纸包的砖、硬币（若是新式床，下面只用红纸包的硬币），床头位置铺有红线缠绕的艾和香，寓意生活富足、相亲相爱、传递香火

搭拉爪子 tɑ$^{213\text{-}21}$lɑ˙tʂuɑ$^{55\text{-}21}$tθʅ˙ ①为新人铺床的男人：~不是白当的，我挣了四盒烟！②伸手，指多管闲事：不是自己的事少~

滚床 kuə̃^{55}tʂʻuɑŋ^{53} 结婚仪式举行前夜，铺完床后，叫男孩儿、女孩儿到床上打滚儿，从一头儿滚到另一头儿，寓意儿女双全

踩发糕 tʂʻɛ^{55}fɑ$^{213\text{-}23}$kɔ^{213} 结婚日习俗。新娘下车时，接车的妇女把蒙着红包袱的发糕放在落脚的地方，新娘一下车就踩在发糕上面，以示日子过得红红火火，越走越发，步步高升。踩过发糕之后，新娘的脚方可落地

填豆枕 tʻiã^{53}təu$^{31\text{-}55}$ʧə̃˙ 结婚日习俗。男方家的两位妇女将女方陪嫁带来的枕皮填上枕心

下宽心面 ɕiɑ^{31}kʻuã$^{213\text{-}23}$ʃə̃$^{213\text{-}23}$miã^{31} 结婚日习俗。新郎的嫂子把新娘带来的宽心面煮好后给新郎喝

吃鸡蛋 ʧʻʅ$^{213\text{-}23}$tɕi$^{213\text{-}23}$tã^{31} 结婚日习俗。新娘过门后，新郎的嫂子将煮熟了的鸡蛋剥皮后喂给新郎吃，边喂边说："一口咬着黄儿，生个状元郎。"

拜鞋 pɛ^{31}ɕiɛ^{53} 结婚次日，小两口儿用托盘（传盘）端着新娘事先准备好的鞋袜送到本族各家，称为拜鞋。各家都用红纸包着钱放在传盘上，称为拜鞋钱

回门 xue^{53}mə̃^{53} 结婚第三天（东片在第六天），新媳妇儿由丈夫陪同回娘家

回六日儿 xue^{53}liəu$^{31\text{-}55}$ʅer/irer˙ （东片）

过对月 kuə^{31}tue$^{31\text{-}55}$yə˙

改嫁 kɛ^{55}tɕiɑ^{31}

　出水 ʧʻʮ$^{213-23}$ʂue^{55}

大客 tɑ^{31}kʻe^{213}　送亲队伍中，能够代表娘家的两位重要的男性客人（为新娘的叔伯、舅父或兄长）

小客儿 siɔ^{55}kʻer^{213}　送亲队伍中除大客之外的其他客人

　散客 θã^{55}kʻe^{213}

送客 θuŋ$^{31-55}$kʻe·　名词。送嫁的人

送客 θuŋ^{31}kʻe^{213}　动词。客人走时，主人相送

望风 uɑŋ^{31}fəŋ^{213}　新娘进门之后，送嫁人由主家安排喝茶、吃点心之后，出去走走转转，以便主家撤掉碟子，准备摆酒席

安席 ŋã$^{213-23}$si^{53}　摆酒席

坐席 tθuə^{31}si^{53}　赴宴，多指赴喜宴

有了 iəu$^{55-21}$lɔ·　怀孕了

　有喜了 iəu^{55}ɕi$^{55-21}$lɔ·

　怀上了 xuɛ$^{53-35}$ʃɑŋ·lɔ·

开怀儿 kʻɛ$^{213-23}$xuɛr^{53}　初次怀孕并生下孩子

大肚子 tɑ^{31}tu$^{31-55}$tθɿ·　孕妇

月儿月儿 ʅuər$^{31-55}$ʅuər·/yɾuər$^{31-55}$yɾuər·　①月子里 ②月子里的婴儿

流了 liəu$^{53-35}$lɔ·　小产

　没挂住 mu^{53}kuɑ$^{31-55}$ʧʮ·

　小月子 siɔ^{55}yə$^{31-55}$tθɿ·

下生 ɕiɑ^{31}ʂəŋ^{213}　出生

　生人 ʂəŋ$^{213-23}$iə̃^{53}

花生 xuɑ$^{213-23}$ʂəŋ^{213}　男孩儿、女孩儿间隔着生

　花搭着生 xuɑ$^{213-21}$tɑ·ʧɔ·ʂəŋ^{213}

窝份儿好 uə$^{213-21}$fer·xɔ^{55}　①生养孩子多 ②家畜下崽儿多

抱窝里 pɔ$^{31-55}$uər˙li^{55} 小孩儿处于襁褓中的状态

抱窝儿 pɔ$^{31-55}$uər˙ 襁褓

养乎 iaŋ$^{55-21}$xu˙ 生育，养育，抚养：你～了几个孩子？

拉巴 la$^{213-21}$pə˙ 养育

喂 ue^{31} 养育；喂养

衣胞子 i$^{213-21}$pɔ˙tθɿ˙ 胎盘

头生子 t‘əu$^{53-35}$ʂəŋ˙tθɿ˙ 头胎

对生儿 tuə$^{31-55}$ʂɬə̃r˙ 双胞胎

龙凤胎 luŋ/lyŋ^{53}fəŋ^{31}t‘ɛ^{213} 一儿一女的双胞胎

裹 kuə^{55} 吸（奶）：~奶

抱奶 pɔ^{31}nɛ^{55} 吸奶

掐奶 tɕ‘ia$^{213-23}$nɛ^{55} 断奶

　隔奶 ke$^{213-23}$nɛ^{55}

挂红子 kua^{31}xuŋ$^{53-35}$tθɿ˙ 孩子出生后，在正屋门口上方正中位置挂红，生男挂用红绳儿拴着的弓箭和红布儿，生女则挂用红绳儿拴着的蒜头和红布儿

送粥米 θuŋ^{31}ʧɥ$^{213-21}$mi˙ 孩子出生后，亲友送来小米、挂面、鸡蛋等

铰头 tɕiç^{55}t‘əu^{53} 孩子出生后举行的第一个较为隆重的仪式。男孩儿在第九天，女孩儿在第十二天。亲朋好友送来米、面、挂面、红糖、白糖、鸡蛋以及小孩衣物等，在上午 12 点之前，孩子的舅舅、姑姑、爷爷等分别象征性地为孩子剪一剪头发，意为祝愿孩子健康成长

穿裤子 ʧ‘uã$^{213-23}$k‘u$^{31-55}$tθɿ˙ 孩子出生一百天时，由孩子的姑或姨把新裤子给孩子穿上

祝百岁 ʧɥ^{31}pe$^{213-23}$θue^{31} 庆祝婴儿出生一百天

　过百日儿 kuə^{31}pe$^{213-21}$irer/ʅer˙

（2）寿辰、丧葬

过生日 kuə^{31}ʂəŋ$^{213\text{-}21}$i˙

　做生日 tθəu^{31}ʂəŋ$^{213\text{-}21}$i˙

寿星老 ʃəu$^{31\text{-}55}$siŋ˙lɔ^{55} 寿星

白公事 pə^{53}kuŋ$^{213\text{-}21}$ʂʅ˙ 丧事

喜丧 ɕi^{55}θɑŋ^{31} 为寿终正寝且儿孙满堂的人所办的丧事

报丧 pɔ^{31}θɑŋ^{31} 向亲友报告丧葬的消息

奔丧 pə̃^{31}θɑŋ^{31} 吊唁死者

　吊孝 tiɔ^{31}ɕiɔ^{31}

老了 lɔ^{55}lɔ˙ 去世。避讳说法

　走了 tθəu$^{55\text{-}21}$lɔ˙

　为神 ue^{53}ʃə̃^{53}

　合眼了 xɑ^{53}iã$^{55\text{-}21}$lɔ˙

　伸腿了 ʃuə̃$^{213\text{-}23}$t'ue$^{55\text{-}21}$lɔ˙ 贬义

　咽气儿了 iã^{31}tɕ'iɾer$^{31\text{-}55}$lɔ˙

　断气儿了 tuã^{31}tɕ'iɾer$^{31\text{-}55}$lɔ˙

　截气儿了 tsiə^{53}tɕ'iɾer$^{31\text{-}55}$lɔ˙

　没气儿了 mu^{53}tɕ'iɾer$^{31\text{-}55}$lɔ˙

　不喘气儿了 pu$^{213\text{-}23}$ʧ'uã^{55}tɕ'iɾer$^{31\text{-}55}$lɔ˙

　归西了 kue$^{213\text{-}23}$si$^{213\text{-}21}$lɔ˙ 贬义

　归西天了 kuə$^{213\text{-}23}$si$^{213\text{-}23}$t'iã$^{213\text{-}21}$lɔ˙ 贬义

　哈哈了 xɑ$^{213\text{-}21}$xɑ˙lɔ˙ 戏谑说法

　没了 mu$^{53\text{-}35}$lɔ˙

　不在了 pu$^{213\text{-}23}$tθɛ$^{31\text{-}55}$lɔ˙

　呜呼哀哉了 u$^{213\text{-}23}$xu$^{213\text{-}23}$ŋɛ$^{213\text{-}23}$tθɛ$^{55\text{-}21}$lɔ˙ 戏谑说法

宁床子 ȵiŋ$^{53\text{-}35}$tʂ'uɑŋ˙tθʅ˙ 灵床

灵床子 liŋ$^{53-35}$tʂʻuaŋ˙tθʅ˙

寿器 ʂəu^{31}tɕʻi^{31} 棺材

生货 ʂəŋ$^{213-21}$xuə˙ （老）

板 pã^{55}

板儿 pɛr^{55}

寿口 ʂəu$^{31-55}$kʻəu˙

材 tθʻɛ^{53}

土板 tʻu^{55}pã^{55}

薄桄桄 pə^{53}kuaŋ$^{213-21}$kuaŋ˙ 木板薄、木质差、做工粗糙的棺材

哀杖 ɛ$^{213-21}$tʃaŋ˙ 哭丧棒

提汤罐子的 tʻi^{53}tʻaŋ$^{213-23}$kuã$^{31-55}$tθʅ˙ti˙ 熟知丧礼程序、在丧礼举行过程中提着汤罐子带领众人举行泼汤仪式的人

泼汤 pʻə$^{213-23}$tʻaŋ^{213} 亡者下葬前的重要仪式。儿女子孙以及客人在提汤罐子的人带领下，到距离墓地很近的路上为亡灵送行，提汤罐子的人在纸马或纸牛安放处泼三勺子汤、焚烧纸钱，亲人叩头。这种仪式要连续进行三次

扎彩 tʂa$^{213-21}$tθʻɛ˙ 纸扎的楼台亭阁、牛马等

谢客 siə^{31}kʻe^{213} 孝子向来客磕头表示感谢

破孝 pʻə^{31}ɕiɔ^{31} 为死者亲友做孝帽、孝衣、孝带

指路 tʂʅ^{55}lu^{31} 儿子为亡灵归西指引道路

跪路 kue^{31}lu^{31} 老人去世，子女路遇别人跪下

烧纸 ʃɔ$^{213-21}$tʂʅ˙ 名词。纸钱

烧纸 ʃɔ$^{213-23}$tʂʅ^{55} 动词。焚烧纸钱

林 lə̃^{53} 墓地

林地 lə̃^{53}ti^{31}

坟子 fə̃$^{53-35}$tθʅ˙ 坟墓

老林 lɔ^{55}lə̃^{53}/lɔ$^{55-21}$lə̃˙ 祖坟

支林 tʂʅ$^{213-23}$lə̃^{53} 家族中分支所用的坟地

提圹 t‘i^{53}k‘uɑŋ^{31} 挖墓穴

拽萝卜 tʂuɛ$^{213-23}$luə$^{53-35}$pe˙ 在看好的坟地位置挖坑却发现挖不下去时，不能直接填上，只能拔一个带缨儿的萝卜扔在坑里，然后方可另找地方挖坑

出殡 ʧ‘ɥ$^{213-23}$pə̃^{31} 下葬

殡了 pə̃$^{31-55}$lɔ˙ 埋了，葬了

殡送 pə̃$^{31-55}$θuŋ˙

用板 yŋ^{31}pɑ̃^{55}

举重 tɕy^{55}tʂuŋ^{31} 专指丧事中抬棺材

拉棺 lɑ$^{213-23}$kuɑ̃^{213}

举重的 tɕy^{55}tʂuŋ$^{31-55}$ti˙ 帮人办理丧事时抬棺材的人

抬杠 t‘ɛ^{53}kɑŋ^{31} 用粗木棍抬运灵柩

老盆 lɔ^{55}p‘ə̃^{53} 给死者烧纸钱的泥盆，下葬时由儿子摔碎

圆坟 yɑ̃^{53}fə̃^{53} 下葬第三天，为亡者把坟墓做成圆锥形，然后加上坟头

添土 t‘iɑ̃$^{213-23}$t‘u^{55} 为坟墓添土。坟头已不明显者，在上面安上新的坟头。一般在清明前一天进行

添坟头儿 t‘iɑ̃$^{213-23}$fə̃^{53}t‘rəur^{53}

上坟 ʃɑŋ^{31}fə̃^{53}

五七坟 u^{55}ʦ‘i^{213}fə̃^{53} 儿女在亡者去世后逢单七的日子为之上坟（一七、三七、五七），规矩是有儿子不能上几七：独子不上一七，三子不上三七，五子不上五七

百日坟 pe$^{213-21}$i˙fə̃^{53} 亡者去世的第一百天，儿女添坟祭奠

忌日坟 tɕi$^{31-55}$i˙fə̃^{53} 亡者去世周年的那一天，儿女添坟祭奠

重孝 tʂuŋ^{31}ɕiɔ^{31} 最重的孝服，父母去世后儿子、儿媳、女儿所穿的孝服

偏孝 p'iã$^{213-23}$ɕiɔ^{31} 次于重孝的孝服，女婿为岳父母，孙子、孙媳、孙女、孙女婿为祖父母，外孙、外孙媳、外孙女、外孙女婿为外祖父母，侄子、侄女等为伯父、伯母、叔父、婶母所穿的孝服

重孝 tʂ'uŋ^{53}ɕiɔ^{31} 父母中的一人去世后，在孝期内另一人又去世；已婚妇女娘家和婆家四位老人（父母公婆）中有一人去世，在孝期内又有另一位老人去世

过房 kuə$^{31-55}$faŋ$^{\cdot}$ 过继

养老送终 iaŋ^{55}lɔ^{55}θuŋ^{31}tʂuŋ^{213} 奉养老人并为老人操办后事

失家 ʃʅ$^{213-23}$tɕia^{213} 妻子死亡：自打他失了家，小孩儿就没人管没人问了

寻死上吊 ʃə̃/syə̃^{53}θʅ^{55}ʃaŋ^{31}tiɔ^{31} 企图自杀

寻短见 ʃə̃/syə̃^{53}tuã^{55}tɕiã^{31} 自杀

上吊 ʃaŋ^{31}tiɔ^{31}

殇 ʃaŋ^{213} 夭折，未成年而死去

　少亡 ʃɔ^{31}uaŋ^{53}

尸首 ʃʅ$^{213-21}$ʂəu$^{\cdot}$ 尸骨

骨头灰儿 ku$^{213-21}$t'əu$^{\cdot}$xuer^{213} 骨灰

（3）迷信

天老爷 t'iã$^{213-23}$lɔ$^{55-21}$iə$^{\cdot}$ 上苍，上天

　老天 lɔ^{55}t'iã^{213}

　老天爷 lɔ^{55}t'iã$^{213-23}$iə^{53}

　皇天神 xuaŋ^{53}t'iã$^{213-23}$ʃə̃^{53}

藏么老爷 tθaŋ$^{31-55}$mə$^{\cdot}$lɔ$^{55-21}$iə$^{\cdot}$ 灶王爷

观音菩萨 kuã$^{213-21}$iə̃$^{\cdot}$p'u$^{53-35}$θa$^{\cdot}$ 观世音

关帝庙子 kuã$^{213-23}$ti^{31}miɔ$^{31-55}$tθʅ$^{\cdot}$ 关公庙

阎王爷 iã$^{53-35}$uaŋ$^{\cdot}$iə^{53} 阎王

　阎王老爷 iã$^{53-35}$uaŋ$^{\cdot}$lɔ$^{55-21}$iə$^{\cdot}$

香 ɕiaŋ^{213} 线香

香炉子 ɕiaŋ$^{213\text{-}21}$lu·tθʅ· 香炉

碑座子 pe$^{213\text{-}23}$tθuə$^{31\text{-}55}$tθʅ· 墓碑的底座儿

打卦算命 tɑ^{55}kuɑ^{31}θuã^{31}miŋ^{31} 运用各种方法预测未来

　算卦 θuã^{31}kuɑ^{31}

　打卦 tɑ^{55}kuɑ^{31}

测字 tʂ'e$^{213\text{-}23}$tθɾer^{31} 用测字的方法预测未来

看宅子 k'ã^{31}tʂe$^{53\text{-}35}$tθʅ· 看阴宅或阳宅的吉凶

　看风水 k'ã^{31}fəŋ$^{213\text{-}21}$ʂue·

掐算 tɕ'iɑ$^{213\text{-}21}$θuã· ①算命 ②用迷信方法预测某事：你给～～鸡跑哪去了？

算命的 θuã^{31}miŋ$^{31\text{-}55}$ti· 算命先生

下神的 ɕiɑ^{31}ʃə̃$^{53\text{-}35}$ti· 巫婆、神汉

该到 kɛ$^{213\text{-}21}$tɔ· 命中注定如此

妨 fɑŋ^{213} 克

地奶奶 ti^{31}nɛ$^{55\text{-}21}$nɛ· 土地神（女）

土地老爷 t'u^{55}ti^{31}lɔ$^{55\text{-}21}$iə· 土地神（男）

山 ʂã^{213} 庙会：逢～｜赶～

赠受 ts'iŋ/ts'yŋ$^{53\text{-}35}$ʃəu· 继承（遗产）：这家子老头儿没了之后，小儿子～了宅子

赶喜 kã^{55}ɕi^{55} 乞丐到办喜事儿的人家去放鞭炮、说吉利话，讨喜酒、喜钱

敬天 tɕiŋ^{31}t'iã^{213} 祭祀、敬奉天神

十六　日常生活

家长里短 tɕiɑ$^{213\text{-}23}$tʃ'ɑŋ^{53}li^{55}tuã^{55} 家庭琐事

穿衣裳 tʃ'uɑ$^{213\text{-}23}$i$^{213\text{-}21}$ʃɑŋ· 穿衣服

脱衣裳 tʻuə$^{213-23}$i$^{213-21}$ʃaŋ˙ 脱衣服

褪裤子 tʻue^{31}kʻu$^{31-55}$tθɿ˙ 脱裤子而不完全脱下来，仍在腿上

脱裤子 tʻuə$^{213-23}$kʻu$^{31-55}$tθɿ˙ 完全脱掉裤子

套衣裳 tʻɔ^{31}i$^{213-21}$ʃaŋ˙ 做棉衣

套盖的 tʻɔ^{31}kɛ$^{31-55}$ti˙ 做被子

做衣裳 tθəu^{31}i$^{213-21}$ʃaŋ˙ 做衣服

砸衣裳 tθa^{53}i$^{213-21}$ʃaŋ˙ 用缝纫机做衣服

裤腿脚子 kʻu^{31}tʻue^{55}tɕyə$^{213-21}$tθɿ˙ 裤脚

裤脚子 kʻu^{31}tɕyə$^{213-21}$tθɿ˙

裤腿 kʻu^{31}tʻue^{55}

料子 liɔ$^{31-55}$tθɿ˙ 布料，特指毛料：这件衣裳是～的

□ ɕiə^{55} 衣服不系扣儿，敞着：这人冬天也～着怀儿，也知不他冷不冷

歇 ɕiə^{213} ①休息：干了这么半天了，咱～～吧 ②影响、阻碍（植物）生长：地边子上栽树，～着地里的庄稼不长了 ③事情没办成：我看这事儿～了 ④商品不值钱等：今年粮食～了，卖不上价钱

忽歇 xu$^{213-21}$ɕiə˙ （衣被）一开一合；扇动的样子：盖好盖的（被子），你～什么？|没有蒲扇，你就用褂子～～吧

扇乎 ʃã$^{213-21}$xu˙

缝缝连连 fəŋ$^{53-35}$fəŋ˙liã$^{53-35}$liã˙ 缝补（衣服）

纫针 iə̃^{31}tʂə̃^{213} 把线穿进针鼻儿里

绷 pəŋ^{213} 缝在一起

帮 paŋ^{213} ①（布等）拼接 ②帮助

帮巴 paŋ$^{213-21}$pə˙

缲 tθuə^{55} ①缝合：裤子挣了缝儿，你给～两针 ②因衣服肥大，需在边沿处折合后缝制在一起；裤子太肥，～一～裤腰，叫它瘦点儿

缭 liɔ^{53} ～边儿 | ～缝儿

𬙊 iə̃^{55} 用大针脚缝制：～盖的（被子）

绗 xɑŋ^{53} 针脚细密地缝：～鞋垫子

绱鞋 ʃɑŋ^{31}ɕiɛ^{53} 把鞋帮儿和鞋底儿缝制到一起，做成鞋

纳鞋底 nɑ$^{213-23}$ɕiɛ^{53}ti^{55} 用针锥、针和麻线做鞋底

撙 tθuə̃^{55} 把衣物尺寸缩小：～～褂子

　握 uə^{213}

缲 tsʻiɔ^{213} 缝纫方法，把布边卷在里面，藏着针脚缝：～裤腿脚子

缅 miɑ̃^{55} ①将衣服过大过长的部分折向里面，然后缝起来，使之穿起来合身 ②卷：把裤子～～

铰 tɕiɔ^{55} 剪，裁剪：～布 | ～褂子

贴补丁 tʻiə^{213}pu$^{55-21}$tiŋ˙ 打补丁

洗衣裳 si^{55}i$^{213-21}$ʃɑŋ˙ ①洗衣服 ②婉称新郎、新娘第一次同房

□ pɛ^{55} 清洗：～衣裳 | ～～碗

　□ tʂɛ^{31}

烙 luə^{213} ①熨烫衣服：～衣裳 ②烤制饼类食品：～饼 | ～煎饼

笼火 luŋ^{53}xuə^{55} 生火

　生火 ʂə̃$^{213-23}$xuə^{55}

笼炉子 luŋ^{53}lu$^{53-35}$tθɿ˙ 生炉子

　生炉子 ʂə̃$^{213-23}$lu$^{53-35}$tθɿ˙

烟子灰 iɑ̃$^{213-21}$tθɿ˙xue^{213} 附着在锅底下的灰

做饭 tθəu^{31}fɑ̃^{31}

沙 ʂɑ^{31} ①淘洗：～米 ②（壶）渗水：那把壶有点～水

饥困 tɕi$^{213-21}$kʻuə̃˙ 感到饥饿

　害饿 xɛ^{31}uə^{31}

　饿了 uə$^{31-55}$lɔ˙

拉馋 lɑ^{53}tʂʻɑ̃^{53} 解馋

麻谷盐 ma$^{53-35}$ku˙iã^{53} 芝麻盐

麻汁 ma$^{53-35}$ʧʅ˙ 芝麻酱

夹生 tɕia$^{213-21}$ʂəŋ˙ 半生不熟

　粒生嘎拉咽 li^{31}ʂəŋ$^{213-23}$ka$^{213-21}$la˙iã^{31}

　窝生 uə$^{213-21}$ʂəŋ˙

扚菜 tɔ$^{213-23}$tθ‘ɛ^{31} 用筷子夹菜

搬饭 pã$^{213-23}$fã^{31} 吃零食

　吃零嘴 ʧ‘ʅ$^{213-23}$liŋ^{53}tθɾuer^{55}

切牙 ts‘iə$^{213-23}$ia^{53} 漫不经心地吃，慢慢咀嚼

磨牙 mə^{53}ia^{53} ①慢慢地吃饭 ②闲聊

碗底子 uã^{55}ti$^{55-21}$tθʅ˙ 留在碗里没吃完的饭

剩头子 ʃəŋ^{31}t‘əu$^{53-35}$tθʅ˙ 剩饭剩菜

吃伤了 ʧ‘ʅ$^{213-23}$ʃaŋ$^{213-21}$lɔ˙ 因长期食用某种食物而不愿再吃

吃涨了食 ʧ‘ʅ$^{213-23}$ʧaŋ$^{31-55}$lɔ˙ʃʅ^{53} 吃多了

　吃撑了 ʧ‘ʅ$^{213-23}$tʂ‘əŋ$^{213-21}$lɔ˙

嗝气儿 ka^{53}tɕ‘iɾer^{31} 打嗝儿

打嗝呻子 ta^{55}kə$^{53-35}$ʃə̃˙tθʅ˙ 嗝气

涮古嘴 ʃuã$^{31-55}$ku˙tθue^{55} 漱口

握纂 uə$^{213-23}$tθuã^{55} 盘发髻

吃烟 ʧ‘ʅ$^{213-23}$iã^{213} 吸烟

　嘘溜烟 ɕy$^{213-21}$liəu˙iã^{213}

嘘溜饭 ɕy$^{213-21}$liəu˙fã^{31} 一边吹气使饭冷却一边喝

起来 tɕ‘i$^{55-21}$lɛ˙ 起床

　起 tɕ‘i^{55}

尿尿 ȵiɔ^{31}θue^{213} 解小便，撒尿

　解小手儿 tɕiɛ^{55}siɔ^{55}ʂɬəur^{55}

尿下 ȵiɔ$^{31-55}$ɕiə˙ 尿床，遗尿

来尿 lɛ^{53}θue^{213}

尿床 ȵiɔ^{31}tʂ‘uɑŋ^{53}

来下 lɛ$^{53-35}$ɕiɑ˙

拉屎 lɑ$^{213-23}$ʂʅ^{55} 解大便

解大手儿 tɕiɛ^{55}tɑ^{31}ʂɫəur^{55}

解手儿 tɕiɛ^{55}ʂɫəur^{55} 解大、小便

把 pɑ^{55} 抱着孩子让孩子大、小便：孩子要尿尿了，快～他

把屎 pɑ^{55}ʂʅ^{55} 抱着孩子让其大便

把尿 pɑ^{55}θue^{213} 抱着孩子让其小便

晒日头 ʂɛ^{31}i$^{31-55}$t‘əu˙ 晒太阳

打呵欠 tɑ^{55}xə$^{213-21}$ɕiə˙ 打哈欠

困 k‘uə̃^{31} ①疲乏想睡 ②睡

困觉 k‘uə̃^{31}tɕiɔ^{31} 睡觉

仰个芽儿 iɑŋ$^{55-21}$kə˙ʅɑr/iɾɑr^{53} 仰面朝上

仰个芽子 iɑŋ$^{55-21}$kə˙iɑ$^{53-35}$tθʅ˙

四仰八叉 θʅ^{31}iɑŋ^{55}pɑ$^{213-23}$tʂ‘ɑ^{213} 仰面朝天躺着，手脚伸向四个方向

立棱身子 li^{31}ləŋ˙ʃə̃$^{213-21}$tθʅ˙ 侧身

吹灯 tʃ‘ue$^{213-23}$təŋ^{213} ①熄灭（油灯）②退亲。戏谑说法

关灯 kuã$^{213-23}$təŋ^{213} 关上（电灯）

趄 tɕ‘iə^{213} ①躺：都累得不行了吧，～下歇歇吧 ②睡：时间不早了，你去～着吧

趄不住 tɕ‘iə$^{213-21}$pu˙tʃʮ^{31} 睡不着

打呼噜 tɑ^{55}xu$^{213-21}$lu/ləu˙ 打鼾

睡着脖子了 ʂue$^{31-55}$tʃɔ˙pə$^{53-35}$tθʅ˙lɔ˙ 落枕

发梦症 fɑ$^{213-23}$məŋ$^{31-55}$tʃəŋ˙ 说梦话或梦游

发莽撞 fɑ$^{213-23}$mɑŋ$^{55-21}$ʧuɑŋ˙

说睡语 ʃuə$^{213-23}$ʂue$^{31-55}$y˙ 说梦话

发癔症 fɑ$^{213-23}$i$^{31-55}$ʧəŋ˙ 出神

打愣怔 tɑ^{55}ləŋ$^{31-55}$ʧəŋ˙

下神 ɕiɑ^{31}ʃə̃^{53}

冲腿儿 ʧ‘uŋ$^{213-23}$t‘ɾuer^{55} 两人分两头儿在同一个被窝儿里睡觉

通腿儿 t‘uŋ$^{213-23}$t‘ɾuer^{55}

筒子铺 t‘uŋ$^{55-21}$tθɿ˙p‘u^{31} 一个支架上并排多个床板的床铺

通铺 t‘uŋ$^{213-23}$p‘u^{31} 多张连在一起的床铺：打～

熬眼 ŋɔ^{53}iã^{55} 熬夜

当夜猫子 tɑŋ$^{213-23}$iə$^{31-55}$mɔ˙tθɿ˙

上山 ʃɑŋ^{31}ʂã^{213} 到山地（干农活）

上岭 ʃɑŋ^{31}liŋ^{55} 到山岭地（干农活）

下湖 ɕiɑ^{31}xu^{53} 到平原地（干农活）

散工 θã^{31}kuŋ^{213} 收工

家走 tɕiɑ$^{213-23}$tθəu^{55} 回家（从外面回到家里去，说话者不在家中）

家去 tɕiɑ$^{213-21}$tɕ‘y˙

家来 tɕiɑ$^{213-21}$lɛ˙ 回到家里来（从外面回到家里来，说话者在家中）

游走 iəu^{53}tθəu^{55} 不停地到处乱走

闲逛 ɕiã^{53}kuɑŋ^{31} 闲暇时到外面随便走走；散步

悠荡 iəu$^{213-21}$tɑŋ˙

逛游 kuɑŋ$^{31-55}$iəu˙

逛逛 kuɑŋ$^{31-55}$kuɑŋ˙

遛跶 liəu$^{213-21}$tə˙

出门儿 ʧ‘ɥ$^{213-23}$mer^{53} ①出去，到外面去 ②到外地去（走亲戚、做生意等）

串门儿 tʃ‘uã^{31}mer^{53} 到别人家去玩

溜门子 liəu$^{213-23}$mã$^{53-35}$tθɿ$^{·}$

撞门子 tʃ‘uaŋ^{31}mã$^{53-35}$tθɿ$^{·}$

烂板凳子腿 lã^{31}pã$^{55-21}$t‘əŋ$^{·}$tθɿ$^{·}$t‘ue^{55} 串门的时间太长：你去玩儿一霎儿就赶紧家来，别在那里～哈！

养班子 iaŋ$^{55-21}$pã$^{·}$tθɿ$^{·}$ 家长处在抚养多个未成年子女、生活较困难的时段

儿大女大 ɭə^{53}ta^{31}ȵy^{55}ta^{31} 指孩子长大了

合居 xə^{53}tɕy^{213} 夫妻之间因闹矛盾分居后，又重新在一起生活

步数儿 pu$^{31-55}$ʂɬur$^{·}$ 程度；地步：这件事已经发展到什么～了？

一齐来往 i$^{213-23}$ts‘i^{53}lɛ^{53}uaŋ^{55} 事情的发展过程、缘由

靠头儿 k‘ɔ$^{31-55}$t‘əur$^{·}$ ①可以倚靠的东西 ②可以依靠的人

抗帮儿 k‘aŋ$^{31-55}$pãr$^{·}$

一面子理 i$^{213-23}$miã$^{31-55}$tθɿ$^{·}$li^{55} 单方面的理由

一面儿理 i$^{213-23}$mɾɛɾ/miɾɛɾ^{31}li^{55}

排谱 p‘ɛ^{53}p‘u^{55} 打算：你这回排的什么谱儿？｜你怎么连点儿～都没有！

脚子 tɕyə$^{213-21}$tθɿ$^{·}$ 沉淀物

胡花花 xu^{53}xua$^{213-21}$xua$^{·}$ 乱花钱：就这么点儿钱，可不能～！

哆嗦 tuə$^{213-21}$θuə$^{·}$

穷哆嗦 tɕ‘yŋ^{53}tuə$^{213-21}$θuə$^{·}$

狗哆嗦 kəu^{55}tuə$^{213-21}$θuə$^{·}$ ①乱花钱 ②故意哆嗦身体，指不沉稳

迭得 tiə$^{53-35}$ti$^{·}$ ①有时间，有空儿 ②来得及

得闲 te$^{213-23}$ɕiã^{53}

迭不得 tiə$^{53-35}$pu$^{·}$ti$^{·}$ ①没时间，很忙 ②来不及

不得闲 pu$^{213-23}$te$^{213-23}$ɕiã^{53}

没迭得 mu^{53}tiə$^{53-35}$ti$^{·}$

放眼里不骨碌 faŋ^{31}iã$^{55-21}$li˙pu$^{213-23}$ku$^{213-21}$lu˙ 根本没放在眼里，看不起人

眼里不夹，腚里不塞 iã$^{55-21}$li˙pu$^{213-23}$tɕiɑ^{213}，tiŋ$^{31-55}$li˙pu$^{213-23}$θɑ^{213}

白眼珠子看人 pe^{53}iã^{55}ʧʮ$^{213-21}$tθɿ˙k‘ã^{31}iə̃^{53}

连毛带屎 liã^{53}mɔ^{53}tɛ^{31}ʂʅ^{55} 所有的加起来：你呀，～也就有八十斤罢了

管头不顾腚 kuã^{55}t‘əu^{53}pu$^{213-23}$ku^{31}tiŋ^{31} 顾此失彼：要紧道子上，管他是谁都会～

合物儿 xə^{53}ur^{31} 结合、衔接：上回墙抹得太平滑，这一回抹上去粘不住，不～

撂下的旧生活 liɔ$^{213-21}$ɕiɑ/ɕiə˙ti˙tɕiəu^{31}ʂəŋ$^{213-23}$xə^{53} 得心应手、运用自如的事情

主心骨 ʧʮ^{55}ʃə̃/siə̃$^{213-23}$ku^{213} 主见

眼指法儿 iã$^{55-21}$tʂʅ˙fɑr^{213} 障眼法

盯松 tiŋ$^{213-23}$θuŋ^{213} 掉以轻心，放松：烤烟可得把握住火色，一点儿也不能～

骨椎 ku$^{213-21}$tʂue˙ 圆柱状的东西：灰～｜面～｜线～

头尕儿 t‘əu^{53}tɾur^{55} 头绪（多用于否定）：做事没个～哪行啊

倒烟儿 tɔ$^{31-55}$ʅɛr/iɾɛr˙ 烟筒内的烟散不出去

腺 θɔ^{31} 油脂因气温低而凝结成半固体状：油都～住了，快搁口头地儿里化一化

上腺 ʃɑŋ^{31}θɔ^{31} 天儿这么冷，柴油都～了，机子开了半天也没开开

自刨自食 tθɿ^{53}p‘ɔ^{53}tθɿ^{53}ʃʅ^{53} 自食其力

风干 fəŋ$^{213-23}$kã^{213}/fəŋ$^{213-21}$kã˙ 物体因风吹而变干

白干 pe$^{53-35}$kã˙ 物体因晾晒而变干

落落撇三 lɑ$^{53-35}$lɑ˙p‘iə$^{213-23}$θã^{213} 丢三落四

漏目儿 liə$^{31-55}$mur/mər˙ 遗漏或丢失的东西

老铰儿 lɔ^{55}tɕirɔr^{55} 成熟的经验：看不出来，你还怪有～来！

大号儿 tɑ^{31}xɔr^{31} ①大名、学名，与“小名、乳名”相对：现在的一些小孩儿～跟小名儿一样 ②号码儿大的：这一件号长小，你给我换件儿～的我试试

毛柱儿 mɔ$^{53-35}$tʂɬur˙ 人或动物身体表面和某些器官内壁的短毛

瘸儿 tɕʻyər^{53} 短处，缺点，毛病：找点儿～还不容易？

捽把 tθuə$^{55-21}$pɑ˙ 把柄：你是不是有什么～攥在人家手里？

捽把儿 tθuə$^{55-21}$pɑr˙

攥把儿 tθuã$^{31-55}$pɑr˙

别脚 piə$^{53-35}$tɕyə

通吃 tʻuŋ$^{213-23}$ʧʻʅ^{213} 赌博术语。庄家赢所有各家，多指全部收下

通赔 tʻuŋ$^{213-23}$pʻe^{53} 庄家输给所有各家

里吃外 li^{55}ʧʻʅ$^{213-23}$uɛ^{31} 庄家与下注者同等牌的情况下，庄家赢

平打平 pʻiŋ^{53}tɑ^{55}pʻiŋ^{53} 双方不分胜负，平局

外快 uɛ^{31}kʻuɛ^{31} 额外的收入：你看看这年头儿谁不捞点儿～？

外来援 uɛ^{31}lɛ^{53}yã^{53} 来自家庭现有成员之外（亲戚、朋友）的援助

皮沉 pʻi$^{53-35}$ʧʻə̃˙ 盛物体的容器本身重量大：同样是篓子，这一副就～

除皮 ʧʻʯ^{53}pʻi^{53} 称量物体时，将毛重减去容器的重量，得出物体的净重

可堆 kʻə^{55}tθue^{213} 够数（多用于否定句）：盖屋的料不～

外味儿 uɛ^{31}uer^{31} 异味儿

觉味儿 tɕyə$^{213-23}$uer^{31} 体会到，感觉到

没二味儿 mu^{53}ɭə^{31}uer^{31} 同样看待

打邮便儿 tɑ^{55}iəu$^{213-23}$pirɛr^{31} 将物品放在长途汽车上递送

摆设 pɛ$^{55-21}$ʃə˙ 陈列品：这些营生都没用处，只是个～

天地悬隔 t‘iã$^{213\text{-}23}$ti^{31}ɕyã^{53}ke^{213} 天壤之别

出上出 ʧ‘ʯ$^{213\text{-}21}$ʃaŋ˙ʧ‘ʯ^{213} 豁出去；遇到特殊或危险情况时，无所顾忌：老嬷嬷子走黑路——～

豁上 xuə/xə$^{213\text{-}21}$ʃaŋ˙ 不惜付出任何代价

二把 ɭə^{31}pa^{55} ①二把手 ②二手货

冻挺挺 tuŋ^{31}t‘iŋ$^{55\text{-}21}$t‘iŋ˙ 冻僵：在左山子坳套了个兔子，早就～了

去头儿 tɕ‘y$^{31\text{-}55}$t‘ɾəur˙ 可扔掉的部分：这个菠菜～不多

让头儿 iaŋ$^{31\text{-}55}$t‘ɾəur˙ 卖方多给出的货物

添头儿 t‘iã$^{213\text{-}21}$t‘ɾəur˙

顶名儿 tiŋ^{55}miɾə̃r^{53} 仅仅在名义上：他～是个村长，实际上说了不算

打白网 ta^{55}pe$^{53\text{-}35}$uaŋ˙ 用捕网打鱼时，没有收获。引申为没有成绩

闭门锁户 pi^{31}mə̃^{53}θuə^{55}xu^{31} 指家中无人

调运 tiɔ$^{31\text{-}55}$yə̃˙ 计谋，策略，办法：卓有～

长法 ʧ‘aŋ^{53}far^{213} 长久的办法

逼法子 pi^{53}fa$^{213\text{-}21}$tθʅ˙/pi$^{53\text{-}35}$fa˙tθʅ˙ 被逼无奈采取的办法

绝法子 tsyə$^{53\text{-}35}$fa˙tθʅ˙ 绝妙的方法，独一无二的方法

洋杠 iaŋ^{53}kaŋ^{31} 超出了极限，出现的令人不满意、出乎意料的情况：你这样做，真到～哩

胡捣砸 xu^{53}tɔ^{55}tθa^{53} ①捣乱 ②不认真做事 ③随便制作的不能用的东西

捎早带晚 ʃɔ$^{213\text{-}23}$tθɔ^{55}tɛ^{31}uã^{55} 利用业余时间

坐瘪子 tθuə^{31}piə$^{55\text{-}21}$tθʅ˙ 计划不能实现，落空

出腾 ʧ‘ʯ$^{213\text{-}21}$t‘əŋ˙ 事情未按预期发展或计划落空：想得享好的事最后～了

模像 mu$^{53\text{-}35}$siaŋ˙ 模样

通四路（儿） t‘uŋ$^{213\text{-}23}$θʅ^{31}lu^{31}（ɿur^{31}） 对某项知识或技能了解或掌握其大概：好歹他还～，要不可就坏事儿了

十七　讼事

吃官司　tʃʻʅ$^{213-23}$kuã$^{213-21}$θʅ$^{·}$　被别人起诉

证家　tʃəŋ$^{31-55}$tɕiɑ/tɕiə$^{·}$　证人，人证，证据，物证

犯法　fã^{31}fɑ^{213}　犯罪

逮　tɛ^{55}　逮捕

　逮捕　tɛ^{55}pʻu^{213}

押送　iɑ$^{213-23}$θuŋ^{31}　押解

青天大老爷　tsʻiŋ^{213}tʻiã^{213}tɑ^{31}lɔ$^{55-21}$iə$^{·}$　青天老爷，比喻清官

贪官儿　tʻã$^{213-23}$kuɛr^{213}　贪官

杀了　ʂɑ$^{213-21}$lɔ$^{·}$　斩首，枪毙

杀头　ʂɑ$^{213-23}$tʻəu^{53}　斩首

　砍头　kʻã^{55}tʻəu^{53}

毙了　pi$^{31-55}$lɔ$^{·}$　枪毙

　嘣了　pəŋ$^{213-21}$lɔ$^{·}$　戏谑说法

手铐子　ʃəu^{55}kʻɔ$^{31-55}$tθʅ$^{·}$　手铐

坐班房　tθuə^{31}pã$^{213-23}$fɑŋ^{53}　坐牢

　蹲局子　tuã$^{213-23}$tɕy$^{53-35}$tθʅ$^{·}$

跑了　pʻɔ$^{55-21}$lɔ$^{·}$　越狱；潜逃

签字画押　tsʻiã$^{213-23}$tθʅ^{31}xuɑ^{31}iɑ^{213}　画押

摁手印儿　ŋə̃^{31}ʃəu^{55}ʅer/iɛr^{31}　按手印

告示　kɔ$^{31-55}$ʂʅ$^{·}$　布告，通知

过路证儿　kuə^{31}lu^{31}tʂɬə̃r^{31}　路条

戳儿　tʂʻɬuər^{213}　印章

　戳子　tʃʻuə$^{213-21}$tθʅ$^{·}$

　手戳儿　ʃəu^{55}tʂʻɬuər^{213}

暗访 ŋã^{31}faŋ^{55} 私访

抹了帽儿 mɑ$^{213-21}$lɔ·mɔr^{31} 罢了官

摘了帽儿 tʂe$^{213-21}$lɔ·mɔr^{31} 平了反

卷子 tɕyã$^{31-55}$tθɿ· 案卷

断 tuã^{31} 判决：小孩儿～给了娘们儿，理由是男人不照调，怕拐带毁了孩子

十八 交际

人情来往 iə̃^{53}ts‘iŋ^{53}lɛ^{53}uɑŋ^{55} 人与人之间的交际往来

走动 tθəu^{55}tuŋ^{31}/tθəu$^{55-21}$tuŋ· 来往

人礼载道 iə̃^{53}li^{55}tθɛ^{55}tɔ^{31} 礼节

礼道儿 li$^{55-21}$trɔr· 礼貌，礼数儿

正数儿 tʃəŋ^{31}ʂɬur^{31} 礼数，道理

论拘 luə̃^{31}tɕy^{213} 拘于礼数

招应 tʃɔ$^{213-21}$iŋ· 应酬

外场儿 uɛ^{31}tʂ‘ɬãr^{55} 社交场合：～上说话可不比家里，说什么话都得寻思好了再说

冷场儿 ləŋ^{55}tʂ‘ɬãr^{55} 筵席或会议上出现的无人说话的情况

笑场儿 siɔ^{31}tʂ‘ɬãr^{55} 玩笑的场合（非严肃的场合）

拾场儿 ʃɿ^{53}tʂ‘ɬãr^{55} 在出现冷场时挑起一个话题，从而引导大家发言

老相份儿 lɔ^{55}siɑŋ$^{213-23}$fer^{31} 老交情

客 k‘e^{213} ①客人 ②特指女婿

陪客 p‘e^{53}k‘e^{213} 动词。陪客人喝酒吃饭

陪客 p‘e$^{53-35}$k‘e· 名词。陪客人喝酒吃饭的人

待客 tɛ^{31}k‘e^{213} 招待客人

请客 ts‘iŋ^{55}k‘e^{213}

请酒 ts‘iŋ^{55}tsiəu^{55}

请吃饭 ts‘iŋ^{55}ʧ‘ʅ$^{213-23}$fã^{31} 请人吃饭（一般不包括喝酒）

管饭 kuã^{55}fã^{31}

场合（儿） ʧ‘ɑŋ$^{55-21}$xə（xər）/xu（xur）˙ 交际场所：在～上你说话可得注意点儿

看看 k‘ã$^{31-55}$k‘ã˙ 看望

望望 uɑŋ$^{53-35}$uɑŋ˙

瞭瞭 liɔ$^{31-55}$liɔ˙

帖子 t‘iə$^{213-21}$tθʅ˙ 请帖，请柬

送帖子 θuŋ^{31}t‘iə$^{213-21}$tθʅ˙ 送请帖

下帖子 ɕiɑ^{31}t‘iə$^{213-21}$tθʅ˙

安桌儿 ŋã$^{213-23}$tʂɬuər^{213} 摆酒席

上桌儿 ʃɑŋ^{31}tʂɬuər^{213} 入席

倒酒 tɔ^{31}tsiəu^{55} 斟酒

满酒 mã^{55}tsiəu^{55}

渲酒 syã$^{213-23}$tsiəu^{55}

隔手 ke$^{213-23}$ʃəu^{55} 他人倒酒或倒茶时把手伸开（手心向里）靠在酒杯或茶杯的口边，表示不敢当，以示礼貌

斟手 tʂã$^{213-23}$ʃəu^{55} 为他人倒酒或倒茶而他人隔手时，倒酒或倒茶的人说的话，意思是请把手拿开，不要客气

振手 tʂã^{31}ʃəu^{55}

摘手 tʂe$^{213-23}$ʃəu^{55}

上座儿 ʃɑŋ^{31}tθuər^{31} 正对门口儿的座位，一般由长辈或尊贵的客人坐

上岗儿 ʃɑŋ^{31}kãr^{55}

下座儿 ɕiɑ^{31}tθuər^{31} 与上座儿相对的座位，一般由辈分低的或年龄小、职位低的人坐

下岗儿 ɕiɑ^{31}kãr^{55}

喝出来 xɑ/xə$^{213-23}$ʧ‘ʮ$^{213-21}$lɛ˙ 干杯

清出来 ts‘iŋ$^{213-21}$ʧ‘ʮ˙lɛ˙

清盅儿 ts‘iŋ$^{213-23}$tʂɬuɑ̃r^{213}

满出来 mɑ̃$^{55-21}$ʧ‘ʮ˙lɛ˙

透了 t‘əu$^{31-55}$lɔ˙

透出来 t‘əu$^{31-55}$ʧ‘ʮ˙lɛ˙

干出来 kɑ̃$^{213-21}$ʧ‘ʮ˙lɛ˙

干了 kɑ̃$^{213-21}$lɔ˙

猜拳行令 tθ‘ɛ$^{213-23}$tɕ‘ya^{53}ɕiŋ^{53}liŋ^{31} 行酒令

划拳 xuɑ^{53}tɕ‘yɑ̃^{53}

猜（火柴）棒儿 tθ‘ɛ$^{213-23}$（xuə^{55}tʂ‘ɛ^{55}）pɑ̃r^{31} 酒桌游戏

猜玉黍粒儿 tθ‘ɛ$^{213-23}$y$^{31-55}$ʃʮ˙ʅer^{31} 酒桌游戏

数数儿 ʂu^{55}ʂɬur^{31} 酒桌游戏。逢几与几的倍数避开，避不开就喝酒

央给 iɑŋ$^{213-21}$tɕi˙ 劝酒，劝菜：都是自己，情管实落地，甭～

让 iɑŋ^{31}

不睦 pu$^{213-23}$mu^{31} 不团结，有矛盾

不对和儿 pu$^{213-23}$tue^{31}xur^{53}

不对眼儿 pu$^{213-23}$tue^{31}ʅɛr/irɛr^{55}

不轧惧 pu$^{213-23}$kɑ$^{213-23}$tɕy^{31}

凹凸 uɑ$^{213-21}$ku˙ 冤枉，委屈

挖屈 uɑ$^{213-21}$tɕ‘y˙

插话 ʧ‘ɑ$^{213-23}$xuɑ^{31}

接下语 tsiə$^{213-23}$ɕiɑ$^{31-55}$y˙

添言 t‘iɑ̃$^{213-23}$iɑ̃^{53}

抢头子说话 ts‘iɑŋ^{55}t‘əu$^{53-35}$tθʅ˙ʃuə$^{213-23}$xuɑ^{31} 抢先说话

压服 iɑ$^{31-55}$fu˙ 平息（事端）：把事儿～下

单薄 tã$^{213-21}$pə$^{·}$ 慢待：你就弄这俩菜儿？这不是～人吗？

拿架子 nɑ^{53}tɕiɑ$^{31-55}$tθɿ$^{·}$ 摆架子，装模作样，造作

　拿架儿 nɑ^{53}tɕiɾɑr^{31}

　拿般作样 nɑ$^{53-35}$pã$^{·}$tθəu^{31}ʅãr/iɾãr^{31}

　拿样儿 nɑ^{53}ʅãr/iɾãr^{31}

嘿儿哈儿的 xer$^{213-23}$xɑr$^{213-21}$ti$^{·}$ 表面上的说笑，表面应承：你别看这人跟你～，办起事儿来可真不行

败坏 pɛ$^{31-55}$xuɛ$^{·}$ ①破坏他人名声：～人 ②丢人

败项 pɛ$^{31-55}$ɕiɑŋ$^{·}$ 说别人坏话，以破坏他人的声誉形象

套近乎 t'ɔ^{31}tɕiə̃$^{31-55}$xu$^{·}$ 拉近乎

没大没小 mu^{53}tɑ^{31}mu^{53}siɔ^{55} 在长辈面前礼貌不周；不尊老爱幼

闹生分 nɔ^{31}ʂəŋ$^{213-21}$fə̃$^{·}$ 闹矛盾

找茬 tʂɔ^{55}tʂ'ɑ^{53} 找事儿；找借口

找茬儿 tʂɔ^{55}tʂ'ɬɑr^{53} 挑衅，挑起事端

　找事儿 tʂɔ^{55}ʂɬer^{31}

　找不利索 tʂɔ^{55}pu$^{213-23}$li$^{31-55}$θuə$^{·}$

　找麻烦 tʂɔ^{55}mɑ$^{53-35}$fã$^{·}$

鸡蛋里挑骨头 tɕi$^{213-23}$tã$^{31-55}$li$^{·}$t'iɔ$^{213-23}$ku$^{213-21}$t'əu$^{·}$ 吹毛求疵

　秃子头上找虮子 t'u$^{213-21}$tθɿ$^{·}$t'əu$^{53-35}$ʃɑŋ$^{·}$tʂɔ^{55}tɕi$^{55-21}$tθɿ$^{·}$

　虱子腚上找虮子 ʃʅ$^{213-21}$tθɿ$^{·}$tiŋ$^{31-55}$ʃɑŋ$^{·}$tʂɔ^{55}tɕi$^{55-21}$tθɿ$^{·}$

　挑毛刺儿 t'iɔ$^{213-23}$mɔ^{53}tθ'ɾer^{31}

烧包 ʃɔ$^{213-23}$pɔ^{213} 由于变得富有或得势而忘乎所以

　烧穷包 ʃɔ$^{213-23}$tɕ'yŋ^{53}pɔ^{213}

　穷烧包 tɕ'yŋ^{53}ʃɔ$^{213-23}$pɔ^{213}

装蒜 tʂuɑŋ$^{213-23}$θuã^{31} 不懂装懂

　装象 tʂuɑŋ$^{213-23}$siɑŋ^{31}

溜沟子 liəu$^{213-23}$kəu$^{213-21}$tθɿ˙ 溜须拍马

舔腚 t‘iã^{55}tiŋ^{31}

舔腚门子 t‘iã^{55}tiŋ^{31}mə̃$^{53-35}$tθɿ˙

舔腚眼子 t‘iã^{55}tiŋ^{31}iã$^{55-21}$tθɿ˙

溜沟子扒道子 liəu$^{213-23}$kəu$^{213-21}$tθɿ˙pa$^{213-23}$tɔ$^{31-55}$tθɿ˙

溜沟子扛筢子 liəu$^{213-23}$kəu$^{213-21}$tθɿ˙k‘aŋ^{31}p‘a$^{53-35}$tθɿ˙

给人提鞋 tɕi^{53}iə̃^{53}t‘i^{53}ɕiɛ^{53}

狗材料 kəu^{55}tθ‘ɛ$^{53-35}$liɔ˙/kəu$^{55-21}$tθ‘ɛ˙liɔ˙ 指善于拍马的人（含讥讽意）

得际 te$^{213-23}$tsi^{31} 得意，得偿心愿：他这回可～了

轧 ka^{213} ①交朋友：两好～一好｜～朋友 ｜～伙计 ②行人或车辆被迫偏离原来行驶的道路或被刮擦：那辆大车过来，把我～路边去了

轧乎 ka$^{213-21}$xu˙ ①招呼，召集：你～两个人咱上城里玩玩去 ②相处：他俩～得怪好 ③合作，协同：您几个～起来对付他一个还对付不了吗？

轧人（儿） ka$^{213-23}$iə̃^{53}(ɿer/iɾer^{53}) 能跟人友好相处，团结人：小王儿年龄不大，可会～了

轧搭 ka$^{213-21}$ta˙ 团结、结交：怪～人儿

轧邻舍家 ka$^{213-23}$lə̃$^{53-35}$ʃə˙tɕiə˙ ①做邻居 ②与邻居相处得很好

轧桌儿 ka$^{213-23}$tʂɬuər^{213} 做同桌

轧伙 ka$^{213-23}$xuə^{55} ①合伙：他们三个人～做买卖 ②搞不正当男女关系

哪把壶漏提哪把 na^{55}pa^{55}xu^{53}ləu^{31}t‘i^{53}na^{55}pa^{55} 故意提及当事人不愿意提及的事

哪壶不开提哪壶 na^{55}xu^{53}pu$^{213-23}$k‘ɛ^{213}t‘i^{53}na^{55}xu^{53}

晾 liaŋ^{31} 故意撇下某人，使之难堪

晒 ʂɛ^{31}

晒了台 ʂɛ$^{31-55}$lɔ˙t‘ɛ^{53}

闪 ʃã^{55}

撇 p‘iə^{213}

屎壳郎搬家 ʂʅ$^{55-21}$k‘ə˙lɑŋ^{53}pã$^{213-23}$tɕiɑ^{213} 滚蛋。詈语

撵骨碌子 ȵiã^{55}ku$^{213-21}$lu˙tθʅ˙

不是 pu$^{213-21}$ʂʅ˙ 错误，过失，过错

赔不是 p‘e^{53}pu$^{213-21}$ʂʅ˙ 赔礼道歉

差子 tʂ‘ɑ$^{31-55}$tθʅ˙ 错误，失误：哪埝儿出了～？

差差 tʂ‘ɑ^{31}tʂ‘ɑ˙

水过地皮湿 ʂue^{55}kuə^{31}ti^{31}p‘i^{53}ʃʅ^{213} 走过场

钻挤 tθuã$^{213-21}$tsi˙ 投机钻营

钻挤子 tθuã$^{213-21}$tsi˙tθʅ˙ ①投机钻营 ②投机钻营的人

托情仰面 t‘uə$^{213-23}$ts‘iŋ^{53}iɑŋ^{55}miã^{31} 泛指托人办事儿

面不辞人 miã^{31}pu$^{213-23}$tθ‘ʅ^{53}iə̃^{53} 因是熟人、亲戚、朋友求情，当面不好推脱

和好 xə^{53}xɔ^{55} 有矛盾的人化解矛盾，恢复友好关系

赶热窝儿 kã^{55}iə$^{31-55}$uər˙ 凑热闹，添麻烦

赶热窝子 kã^{55}iə$^{31-55}$uə˙tθʅ˙

凑热闹 tθ‘əu^{31}iə$^{31-55}$nɔ˙

打诨 tɑ^{55}xuə̃^{31} 捣乱

学谁说那话里 ɕyə^{53}ʂe^{53}ʃuə^{213}nɑ^{31}xuɑ$^{31-55}$li˙ 某某人曾经说。援引别人的话：学老李说那话里｜学人说那话里

学谁说那话的 ɕyə^{53}ʂe^{53}ʃuə^{213}nɑ^{31}xuɑ$^{31-55}$ti˙

信儿 θrer^{31} 消息，音信

宾服 pə̃$^{213-21}$fu 信服：他做事儿不叫人～

杠儿 kãr^{31} ①棍儿；线条 ②原则，标准：做事不能过杠儿

下狠杠儿 ɕiɑ^{31}xə̃$^{55-21}$kɑ̃r˙ 下死命令：你看看不～下边儿他就不听你的

有种儿 iəu^{55}tʂuə̃r^{55} 有骨气

你刚我强 ȵi^{55}kɑŋ^{213}uə^{55}tɕʻiɑŋ^{53} 争强好胜，互不服软

刚起来了 kɑŋ$^{213-21}$tɕʻi˙lɛ˙lɔ˙

怨懑 yɑ̃$^{31-55}$mə̃˙ 埋怨：这个事儿一出，大家伙儿都～他（西片）

愿打愿挨 yɑ̃^{31}tɑ^{55}yɑ̃^{31}iɛ^{53} 双方同意：人家～，你还怎么着

一碗水端平 i$^{213-23}$uɑ̃^{55}ʂue^{55}tuɑ̃$^{213-23}$pʻiŋ^{53} 办事公平、公道：这事儿你可得～，哪个也不能偏向

红脸 xuŋ^{53}liɑ̃^{55} ①争吵得面红耳赤：咱先说好了，不管怎么着都不带～的，行不行？ ②害羞：她一见生人就～

随风打蹚蹚 θue^{53}fəŋ^{213}tɑ^{55}tʻɑŋ$^{213-21}$tʻɑŋ˙ ①顺水推舟 ②随大流

上当门儿 ʃɑŋ^{31}tɑŋ^{31}mer^{53} 上当的事儿：那是～，你别过去瞎凑热闹儿！

逢节过令（儿）fəŋ^{53}tsiə^{213}kuə^{31}liŋ^{31}（ʅə̃r^{31}） 逢年过节

信皮儿 ʃə̃/siə̃^{31}pʻɾer/pʻiɾer^{53} 信封

信瓤儿 ʃə̃/siə̃^{31}ʅɑ̃r/iɾɑ̃r^{53} 装在信封里面的信

分不出里表 fə̃$^{213-21}$pu˙ʧʻʯ$^{213-23}$li^{55}piɾɔr^{55} 说不清谁对谁错

时气 ʂʅ$^{53-35}$tɕʻi˙ 运气：今年～享好，干什么什么成

时气儿 ʂʅ$^{53-35}$tɕʻiɾer˙

手气 ʃəu$^{55-21}$tɕʻi˙ 指玩牌或抓彩时的运气：今天不～好，净抓些臭牌

温锅 uə̃$^{213-23}$kuər^{213} 迁入新居后，亲朋好友带着礼物祝贺乔迁之喜

拿大头 nɑ^{53}tɑ^{31}tʻəu^{53} ①凑钱喝酒吃饭，多出钱称为拿大头：找～，大家少花点儿 ②一个人出钱请大家吃饭：今天我～，你们情管吃就是了

不多 pu$^{213-23}$tuə^{213} 活该，应该：这回她遭报应了，真～

该提 kɛ$^{213-23}$ti^{213}

抛头露面 pʻɔ$^{213-23}$tʻəu^{53}ləu^{31}miɑ̃^{31} ①在公共场合出现 ②出面（做事）

出头露面 tʃʻʮ$^{213-23}$tʻəu^{53}ləu^{31}miã^{31}

不认不识 pu$^{213-23}$iə̃^{31}pu$^{213-23}$ʃʅ^{213} 不认识，不熟悉

母狗眼 mu$^{55-21}$kəu˙iã^{55} 讽刺或骂詈别人看不清事理或不认人

扬风炸沫 iɑŋ^{53}fəŋ^{213}tʂɑ^{31}mə^{31} 形容说话或做事故意夸张，夸大其词

明头儿 miŋ$^{53-35}$tʻɾəur˙ 明确的表示

穿一条裤子 tʃʻuã$^{213-23}$i$^{213-23}$tʻiɔ^{53}kʻu$^{31-55}$tθʅ˙ 同流合污

找讼 tʂɔ$^{55-21}$θuŋ˙ 吃亏或失败后再次与人争执：～他去，凭什么打人！

十九　商业、交通

证儿 tʂɫə̃r^{31} 执照

执照儿 tʃʅ$^{213-23}$tʂɫɔr˙

字号儿 tθʅ^{31}xɔr^{31} 招牌儿

店 tiã^{31} ①客店 ②商店

门头 mə̃^{53}tʻəu^{53}

门头儿 mə̃^{53}tʻɾəur^{53} 小商店：开～

门脸子 mə̃^{53}liã$^{55-21}$tθʅ˙

出摊儿 tʃʻʮ$^{213-23}$tʻɾɛr^{213} 摆摊子

出摊子 tʃʻʮ$^{213-23}$tʻã$^{213-21}$tθʅ˙

出地摊儿 tʃʻʮ$^{213-23}$ti^{31}tʻɾɛr^{213}

单跑 tã$^{213-23}$pʻɔ^{55} 跑单帮

做买卖 tθəu^{31}mɛ$^{55-21}$mɛ˙ 做生意

贩私 fã^{31}θʅ^{213} 投机倒把：看什么看，还有什么～的吗？

旅馆 ly^{55}kuãr^{55} 旅店

旅社 ly^{55}ʃə^{31}

酒店 tsiəu^{55}tiã^{31} 饭店

饭馆儿 fã^{31}kuɛr^{55} 饭馆

小饭店儿 siɔ^{55}fã^{31}trɛr/tirɛr^{31}

下馆子 ɕiɑ^{31}kuã$^{55-21}$tθɿ˙ 到饭店去吃饭

杂货铺子 tθɑ$^{53-35}$xuə˙p‘u$^{31-55}$tθɿ˙ 杂货店

剃头 t‘i^{31}t‘əu^{53} 理发

剃头铺子 t‘i^{31}t‘əu^{53}p‘u$^{31-55}$tθɿ˙ 理发店

剃头挑子 t‘i^{31}t‘əu^{53}t‘iɔ$^{213-21}$tθɿ˙ 给人理发的人挑的带着理发用具的担子

食品站 ʃɿ^{53}p‘ə̃^{55}tʂã^{31} 国营的杀猪、卖猪肉的地方

炭场子 t‘ã^{31}tʃ‘ɑŋ$^{55-21}$tθɿ˙ 煤铺

窑货市 iɔ$^{53-35}$xuə˙ʂʅ˙ 买卖陶器、瓷器的集贸市场

码头 mɑ$^{55-21}$t‘əu˙ 指交通便利的商业城市

镇店 tʃə̃^{31}tiã^{31} 指交通便利的集镇

街面上 tɕiɛ$^{213-23}$miã˙ʃɑŋ˙ ①市面 ②指附近街巷

街市宅 tɕiɛ$^{213-23}$ʂʅ^{31}tʂe^{53} 位于商店较多的街道边上、沿街有店铺的住宅

集 tsi^{53} 集市

首集 ʃəu^{55}tsi^{53} 离该村最近的集市

不落集 pu$^{213-23}$lɑ^{53}tsi^{53} 每集必到

拾集头儿 ʃɿ^{53}tsi^{53}t‘rəur^{53} 在集市上现买现卖

利市 li$^{31-55}$ʂʅ˙ ①买卖顺利的预兆 ②吉利 ③送给办事人的赏钱 ④清静；省心；不受牵连

利钱梢子 li$^{31-55}$ts‘iã˙ʂɔ$^{213-21}$tθɿ˙ 最后剩余的少量货物

开市 k‘ɛ$^{213-23}$ʂʅ^{31} ①集市在春节以后重新进行贸易活动：～集 ②母鸡在一年当中开始下蛋 ③生意开张

清资 ts‘iŋ$^{213-23}$tθɿ^{213} 盘点库存

清账 ts‘iŋ$^{213-23}$tʃɑŋ^{31} ①盘点 ②清理账目，清理债务

停做 t‘iŋ$^{53-35}$tθuə˙ 停业

志 tʂʅ^{31} ①检验、测量等：～秤｜我跳到河里，～～水有多深 ②考查；考验：你～～他上回儿说的是实话吧？

志秤 tʂʅ^{31}tʃʻəŋ^{31} 检查秤（看够不够分量）

贱 tsiã^{31} （价钱）便宜

烂贱 lã^{31}tsiã^{31} 非常便宜：利钱梢子啦，～地卖它

享钱 ɕiɑŋ^{53}tsʻiã^{53} 价钱贵

买卖儿 mɛ$^{55-21}$mɛr$^{˙}$ ①商业活动 ②东西，物品，玩意儿

创钱 tʂʻuɑŋ^{31}tsʻiã^{53} 赚钱

  挣钱 tʂəŋ^{31}tsʻiã^{53}

折手 ʃə^{53}ʃəu^{55} 损失

扯本儿 tʃʻə^{55}per^{55} 不赔不赚

  本儿着 per$^{55-21}$tʃɔ$^{˙}$

  本儿着本儿 per$^{55-21}$tʃɔ$^{˙}$per^{55}

  本儿个本儿 per$^{55-21}$kə$^{˙}$per^{55}

  本儿上本儿 per$^{55-21}$ʃɑŋ$^{˙}$per^{55}

短款 tuã^{55}kʻuã^{55} ①欠款 ②收入不如本金多 ③指结账时现金的数额小于账面的数额

该 kɛ^{213} 欠（款）：我～他三十块钱，你先替我还上

大差 tɑ$^{31-55}$tʂʻɑ/tʂʻə$^{˙}$ 差，缺少：～两块钱

拐着 kuɛ$^{55-21}$tʃɔ$^{˙}$ 在买卖中所差的钱（一般不用支付）：这桃一块八一斤，三斤五块四，收你五块，你还～我四毛钱

垫 tiã^{31} 钱不够用时，暂时挪用或借用：我钱不够，你先给我～上，家走着就还给你

  垫补 tiã$^{31-55}$pu$^{˙}$

定金 tiŋ^{31}tɕiə̃^{213} 购买或租赁时预先付给的一部分钱，作为成交的保证

  垫底金 tiã^{31}ti^{55}tɕiə̃^{213}

扛价 kaŋ^{31}tɕia^{31} ①卖方不肯降低商品价格 ②竞标时相互抬高价格

抬价 t‘ε^{53}tɕia^{31} 抬高物价

　涨价 ʧaŋ^{55}tɕia^{31}

砍价 k‘ã^{55}tɕia^{31} 压低价格

　杀价 ʂa$^{213\text{-}23}$tɕia^{31}

　压价 ia$^{213\text{-}23}$tɕia^{31}

侃价 k‘ã^{55}tɕia^{31} 讨价还价

勒住价 le$^{213\text{-}21}$ʧʮ˙tɕia^{31} 控制住价格

掉价 tiɔ^{31}tɕia^{31} 降价

实落价钱 ʃʅ$^{53\text{-}35}$luə˙tɕia$^{31\text{-}55}$ʦ‘iã˙ 公道价钱，实在价儿

一去不来的价钱 i$^{213\text{-}23}$tɕ‘y^{31}pu$^{213\text{-}23}$lε$^{53\text{-}35}$ti˙tɕia$^{31\text{-}55}$ʦ‘iã˙ 确定下来的价格，指不能还价

估堆 ku$^{213\text{-}23}$tθue^{213} ①（不用秤称）整体估计重量：你～～，看看有多少斤儿？ ②（货物）一次性全部卖出：～卖给你！

合谋 xə$^{53\text{-}35}$mu˙ 买卖双方共同商定价格：咱～～，你觉着我给的这个价卖着了就卖，觉着吃亏就算了

拣巴摊子 tɕiã$^{213\text{-}21}$pa/pə˙t‘ã$^{213\text{-}21}$tθʅ˙ 别人挑剩下的（东西），顾客挑拣剩下的货物，没有卖出去的残次品

　拣巴坛子 tɕiã$^{213\text{-}21}$pa/pə˙t‘ã$^{53\text{-}35}$tθʅ˙

　货底子 xuə^{31}ti$^{55\text{-}21}$tθʅ˙

　拣烂摊子 tɕiã^{55}lã^{31}t‘ã$^{213\text{-}21}$tθʅ˙

　货袋子 xuə^{31}tε$^{31\text{-}55}$tθʅ˙

收市 ʃəu$^{213\text{-}23}$ʂʅ^{31} 全部买下剩余的商品：这里辣椒子我全～了

包圆儿 pɔ$^{213\text{-}23}$ʅuεr/yʏuεr^{53} ①买下所有商品 ②承担所有工作

拢账 luŋ^{55}ʧaŋ^{31} 结算

抵账 tuã/tue^{55}ʧaŋ^{31} 账目互相抵消

割账 kɑ$^{213-23}$ʧɑŋ^{31} 核算、查对账目

勾账 kəu$^{213-23}$ʧɑŋ^{31} 支付所欠款项后划掉欠款单上的欠款

要账 iɔ^{31}ʧɑŋ^{31} 讨要欠款

进账 ʧə̃/tsiə̃^{31}ʧɑŋ^{31} 收入，进项

入账 y$^{213-23}$ʧɑŋ^{31}

拉账 lɑ$^{213-23}$ʧɑŋ^{31} 欠账，欠债：小孩儿结婚，家里～拉了七八千

拉饥荒 lɑ$^{213-23}$tɕi$^{213-21}$xuɑŋ·

平摊 p‘iŋ^{53}t‘ã^{213} 平均分担账目

均扯 tɕyə̃$^{213-23}$ʧ‘ə^{55}

均摊 tɕyə̃$^{213-23}$t‘ã^{213}

花销 xuɑ$^{213-23}$siɔ^{213} 开销

单子 tã$^{213-21}$tθʅ· 发票，收据，单据

打单子 tɑ^{55}tã$^{213-21}$tθʅ· 开单据

开单子 k‘ɛ$^{213-23}$tã$^{213-21}$tθʅ·

打条子 tɑ^{55}t‘iɔ$^{53-35}$tθʅ·

开条子 k‘ɛ$^{213-23}$t‘iɔ$^{53-35}$tθʅ·

一锤子买卖 i$^{213-23}$tʂ‘ue$^{53-35}$tθʅ· mɛ$^{55-21}$mɛ· 孤注一掷

票子 p‘iɔ$^{31-55}$tθʅ· 钞票

分哥子 fə̃$^{213-21}$kə· tθʅ· 单位为分的硬币

毛票儿 mɔ$^{55-21}$p‘ɾɔr/p‘iɾɔr· 单位为角的纸币

钢镚儿 kɑŋ$^{213-23}$pə̃r^{31} 硬币

铜哥子 t‘uŋ^{53}kə$^{213-21}$tθʅ· 铜板儿

袁大头 yã^{53}tɑ^{31}t‘əu^{53} 带有袁世凯头像的银元

块儿八毛的 k‘uɛ$^{31-55}$ɭə· pɑ$^{213-23}$mɔ$^{55-21}$ti· 为数不多的零钱

一毛 i$^{213-23}$mɔ^{55} 一角（钱）

出血儿 ʧ‘ʮ$^{213-23}$ɕiɾər^{213} 舍得花钱：这一回这小子可～了！

割舍 kɑ$^{213-21}$ʃʅ˙ 舍得：把么儿给我，你～的吗？——有什么～不得的？

斤两 tɕiə̃$^{213-21}$liɑŋ˙ 重量：你这菜～不够，你说怎么办吧？

算盘子 θuã^{31}p‘ã$^{53-35}$tθʅ˙ 算盘

端子秤 tuã$^{213-21}$tθʅ˙tʃ‘əŋ^{31} 装有盛放物体的铁盘的秤

盘子秤 p‘ã$^{53-35}$tθʅ˙tʃ‘əŋ^{31}

秤盘子 tʃ‘əŋ^{31}p‘ã$^{53-35}$tθʅ˙ 秤盘

秤星子 tʃ‘əŋ^{31}siŋ$^{213-21}$tθʅ˙ 秤星儿

秤杆子 tʃ‘əŋ^{31}kã$^{55-21}$tθʅ˙ 秤杆儿

过秤 kuə^{31}tʃ‘əŋ^{31} 用秤称：先～，再算钱

约 yə^{213} 你～～多重，我全收市了

过磅 kuə^{31}pɑŋ^{31} 用磅秤称物体的重量

客车 k‘ə^{31}tʃ‘ə^{213} 公共汽车

白盖子车 pe^{53}kɛ$^{31-55}$tθʅ˙tʃ‘ə^{213} 老式客车

货车 xuə^{31}tʃ‘ə^{213} 卡车

小卧车儿 siɔ^{55}uə^{31}tʃ‘ɫər^{213} 小轿车

电驴子 tiã^{31}ly$^{53-35}$tθʅ˙ 摩托车

脚踏车 tɕyə$^{213-23}$tʂɑ$^{213-23}$tʃ‘ə^{213} 自行车

洋车子 iɑŋ^{53}tʃ‘ə$^{213-21}$tθʅ˙

车肋巴 tʃ‘ə$^{213-23}$le$^{31-55}$pə˙ 车叉子

脚踏子 tɕyə$^{213-23}$tʂɑ$^{213-21}$tθʅ˙ 脚踏板

车脚子 tʃ‘ə$^{213-23}$tɕyə$^{213-21}$tθʅ˙ 车轮子

车轱辘子 tʃ‘ə$^{213-23}$ku$^{55-21}$lu˙tθʅ˙

桄（儿）kuɑŋ^{31}（kuãr^{31}） 车轮偏离中心左右摇摆的幅度：车子～怪大，你赶紧给我调整一下，我等着骑.

车千斤 tʃ‘ə$^{213-23}$ts‘iã$^{213-21}$tɕiə̃˙ 千斤顶

二十　文化教育

学屋　ɕyə$^{53-35}$u˙　学校

　学堂　ɕyə^{53}t‘ɑŋ^{53}

上学　ʃɑŋ^{31}ɕyə^{53}　①入学 ②去学校上课

放学　fɑŋ^{31}ɕyə^{53}　学校里一天或半天课业完毕，学生回家

逃学　t‘ɔ^{53}ɕyə^{53}　学生无故不上学

　逃课　t‘ɔ^{53}k‘ə^{31}

学费　ɕyə^{53}fe^{31}

　书费　ʃʮ$^{213-23}$fe^{31}

麦假　me/mə̃^{31}tɕiɑ^{55}　麦收时的假期

暑假　ʃʮ^{53}tɕiɑ^{55}　夏季的假期

秋假　ʦ‘iəu$^{213-23}$tɕiɑ^{55}　秋收时的假期

年假　ȵiã^{53}tɕiɑ^{55}　寒假

课堂　k‘ə^{31}t‘ɑŋ^{53}　用来进行教学活动时的教室

教桌儿　tɕiɔ^{31}tʂɬuər^{213}　讲桌

黑板擦子　xe$^{213-23}$pã^{55}tθ‘ɑ$^{213-21}$tθɿ˙　黑板擦儿

花名册儿　xuɑ$^{213-23}$miŋ^{53}tʂ‘ɬer^{213}　点名册，名单簿

　点名册儿　tiã^{55}miŋ^{53}tʂ‘ɬer^{213}

粉笔头子　fə̃^{55}pe^{55}t‘əu$^{53-35}$tθɿ˙　粉笔头儿

书本儿　ʃʮ$^{213-23}$per^{55}　课本儿

　书本子　ʃʮ$^{213-23}$pə̃$^{55-21}$tθɿ˙

写字儿　siə^{55}tθɾer^{31}　做作业

　写作业　siə^{55}tθuə$^{213-23}$iə^{31}.

橡皮擦子　siɑŋ^{31}p‘i^{53}tθ‘ɑ$^{213-21}$tθɿ˙　橡皮

旋刀儿　syã$^{31-55}$trɔr˙　旋着削的铅笔刀

三角尺 θã$^{213-23}$tɕyə$^{213-23}$ʧ'ʅ^{213} 三角板

方圈 fɑŋ$^{213-23}$tɕ'yã^{213} 长方形的镇纸

研墨（汁子） iɛ^{53}me^{31}（ʧʅ$^{213-21}$tθʅ˙） 研磨

磨墨 mə^{53}me^{31}

坡笔 p'ə$^{213-23}$pe^{213} 掭笔

喝过墨水的 xɑ/xə$^{213-23}$kuə^{31}me$^{31-55}$ʂɬuer$^{55-21}$ti˙ 读书人

识文解字儿的 ʃʅ$^{213-23}$uã^{53}ɕiɛ^{31}tθrer$^{31-55}$ti˙ 识字的人，读书人

睁眼子瞎 tʂəŋ$^{213-23}$iã$^{55-21}$tθʅ˙ɕiɑ^{213} 不识字的人，文盲

认卯 iə̃^{31}mɔr^{55} 识字：她不～，你叫她念什么？| 这些人大都认不了几个卯儿

念书 ȵiã^{31}ʃʮ^{213} 读书

背书歌子 pe^{31}ʃʮ$^{213-23}$kə$^{213-21}$tθʅ˙ 不求甚解地背书

进场 ʧə̃/tsiə̃^{31}ʧ'ɑŋ^{55} 入场，进考场

卷子纸 tɕyã$^{31-55}$tθʅ˙tʂʅ^{55} 试卷

卷子 tɕyã$^{31-55}$tθʅ˙

头名 t'əu^{31}miŋ^{53} 第一名

垫底儿 tiã^{31}trer^{55} 最后一名

垫底子 tiã^{31}ti$^{55-21}$tθʅ˙

一百一十大分儿 i$^{213-23}$pe^{213}i$^{213-21}$ʃʅ˙tɑ^{31}fer^{213} 戏谑性说法（0 下划双横线，侧看就是 110）

毕业证儿 pi$^{31/55}$iə^{31}tʂɬə̃r^{31} 毕业证

照着葫芦画瓢 ʧɔ$^{31-55}$ʧɔ˙xu$^{53-35}$ləu˙xuɑ^{31}p'iɔ^{53} 模仿

叔伯字儿 ʂu/ʃʮ$^{213-21}$pe˙tθrer^{31} 别字（同音字或形似字）

漏字儿 ləu^{31}tθrer^{31} 掉字

落字儿 lɑ^{53}tθrer^{31}

打草儿 tɑ^{55}tθ'rɔr^{55} 打草稿

草稿儿 tθ‘ɔ^{55}kɔr^{55} 草稿

钉子 pɑ$^{213-21}$tθʅ˙ ①钉书针 ②两脚钉，用于修补陶瓷器具和金属制品

皮面儿 p‘i$^{53-35}$mirɛr˙ 封面

小画册 siɔ^{55}xuɑ^{31}tʂ‘ɬer^{213} 连环画

学问 ɕyə$^{53-35}$uə̃˙ ①知识；学识 ②学历、文化程度：高中～

单立人儿 tɑ̃$^{213-23}$li^{31}ʅer^{53} 单人旁儿(亻)

双人旁儿 ʂuɑŋ$^{213-23}$iə̃^{53}p‘ɑ̃r^{53} (彳)

四方框儿 θʅ$^{31-55}$fɑŋ˙k‘uɑ̃r^{31} (口)

竖心儿 ʃɥ^{31}θrer/sirer^{213} 竖心旁儿(忄)

心字底儿 ʃə̃/siə̃$^{213-21}$tθʅ˙trer^{55} (心)

木字旁儿 mu$^{31-55}$tθʅ˙p‘ɑ̃r^{53} (木)

禾木儿 xə$^{53-35}$mur˙ 禾木旁儿（禾）

犬犹儿 tɕ‘yɑ̃$^{55-21}$iəur˙ 反犬旁儿(犭)

反文儿 fɑ̃$^{55-21}$uer˙ 反文旁儿(攵)

王字旁儿 uɑŋ$^{53-35}$tθʅ˙p‘ɑ̃r^{53} 斜玉儿（王）

提土儿 t‘i^{53}t‘ur^{55} 提土旁儿(土)

四点水儿 θʅ^{31}tiɑ̃^{55}ʂɬuer^{55} 四点(灬)

火字底儿 xuə$^{55-21}$tθʅ˙trer^{55}

绞丝儿 tɕiɔ^{55}θrer^{213} 绞丝旁儿(纟)

立刀儿 li^{31}trɔr^{213} (刂)

衣部儿 i$^{213-21}$pur˙ 衣字旁儿（衤）

示部儿 ʃʅ$^{31-55}$pur˙ （礻）

座蹲儿 tθuə^{31}tuer^{213} 皿字底儿（皿）

皿蹲底儿 mə̃^{55}tuə̃$^{213-23}$trer^{55}

虎字头儿 xu$^{55-21}$tθʅ˙t‘rəur^{53} （虍）

三撇儿 θɑ̃$^{213-23}$p‘rər/p‘irər^{213} （彡）

单搭耳儿 tɑ̃$^{213-23}$tɑ$^{213-23}$ʅər^{55} 单耳旁儿（卩）

双搭耳儿 ʂuaŋ$^{213-23}$ta$^{213-23}$ʅər^{55} 双耳旁儿（阝）

左搭耳儿 tθuə^{31}ta$^{213-23}$ʅər^{55} （阝）在左

右搭耳儿 iəu^{31}ta$^{213-23}$ʅər^{55} （阝）在右

食部儿 ʃʅ$^{53-35}$pur˙ 食字旁儿（饣）

月字旁儿 yə$^{31-55}$tθʅ˙p‘ãr^{53} （月）

金字旁儿 tɕiə̃$^{213-21}$tθʅ˙p‘ãr^{53} （钅）

爪字头儿 tʂua$^{55-21}$tθʅ˙t‘ɾəur^{53} （爫）

小字头儿 siɔ$^{55-21}$tθʅ˙t‘ɾəur^{53} （⺌）

足字旁儿 tsy$^{213-21}$tθʅ˙p‘ãr^{53} （𧾷）

羊字旁儿 iaŋ$^{53-35}$tθʅ˙p‘ãr^{53} （⺶）

羊字头儿 iaŋ$^{53-35}$tθʅ˙t‘ɾəur^{53} （⺷）

门字框儿 mə̃$^{53-35}$tθʅ˙k‘uãr^{31} （门）

广字头儿 kuaŋ$^{55-21}$tθʅ˙t‘ɾəur^{53} 广字旁儿（广）

倒八字儿 tɔ^{31}pa$^{213-21}$tθɾer˙ （丷）

八字头儿 pa$^{213-21}$tθʅ˙t‘ɾəur^{53} （八）

言字旁儿 iã$^{53-35}$tθʅ˙p‘ãr^{53} （讠）

包字框儿 pɔ$^{213-21}$tθʅ˙k‘uãr^{31} 包字头儿（勹）

刀字头儿 tɔ$^{213-21}$tθʅ˙t‘ɾəur^{53} （⺈）

提手儿 t‘i^{53}ʂɬəur^{55} 提手旁儿（扌）

建之儿 tɕiã^{31}tʂɬer^{213} 建之旁儿（廴）

走之儿 tθəu^{55}tʂɬer^{213} 走之旁儿（辶）

同字框儿 t‘uŋ$^{53-35}$tθʅ˙k‘uãr^{31} （冂）

二十一 文体活动

藏猫猴儿 tθ‘aŋ$^{53-35}$mɔ˙xəur^{53} 捉迷藏

过家家 kuə^{31}tɕia$^{213-21}$tɕia˙ 小孩儿模仿大人家庭生活所做的游戏

踢毽子 t‘i$^{213-23}$tɕyã$^{31-55}$tθʅ˙

拾子儿 ʃʅ^{53}tθɾer^{55} 抓石子儿。五个石子为一副，边玩儿边唱歌谣

卯 mɔ^{55} 用橡皮条缠起来的实心球

打卯 tɑ^{55}mɔ^{55} 游戏。玩实心球（卯）：打转卯丨打长卯

来卯 lɛ^{53}mɔ^{55}

来投卯 lɛ^{53}ʧʮ$^{31-55}$mɔ˙

蹴程 ʦ‘y$^{213-23}$ʧ‘əŋ^{53} 游戏者在横二竖四的方格框中按照一定的规则单脚踢小石板儿的游戏

来方儿 lɛ^{53}fãr^{213} 跳房子

转老婆 ʧuã$^{31-55}$lɔ$^{55-21}$p‘ə˙ 陀螺：抽～

捻捻转子 ȵiã$^{55-21}$ȵiã˙ʧuã$^{31-55}$tθʅ˙

打水漂儿 tɑ^{55}ʂue^{55}p‘ɾɔr/p‘iɾɔr^{213} ①把薄瓦片或石片儿平行投至水面的游戏 ②（钱物等）损失；（计划）落空：这回儿买卖没做成，800 块钱还～了

打漂儿 tɑ^{55}p‘ɾɔr/p‘iɾɔr^{213}

硌趟儿 kə^{53}t‘ãr^{31} 单腿跳

打拐 tɑ^{55}kuɛ^{55} 游戏双方抱腿后用膝盖与对方顶撞的游戏

打棒儿 tɑ^{55}pãr^{31} 游戏者用两根长短不一的木棒根据一定的规则进行的游戏

来尜儿 lɛ^{53}kɑr^{53}

打呱儿 tɑ^{55}kuɑr^{213} 游戏双方互相击打手掌和手背的游戏

打手儿 tɑ^{55}ʂɫəur^{55}

挤油儿 ʦi^{55}ʅəur/iɾəur^{53} 许多人在一起挤着玩，是儿童冬天喜欢进行的游戏

贴烧饼 t‘iə$^{213-23}$ʃɔ$^{213-21}$piŋ˙ 多名游戏者一起进行的游戏。游戏者围成一个大圈儿，放下手原地不动，其中有两个人，一人逃跑，一人抓，范围

限制在圈儿内外，追者一旦抓到逃跑者，两人角色互换，逃跑者跑到任何一个站立不动的游戏者前面并背向他，就可以顶替他站立不动，这个人就转换为逃跑者。目的在于训练跑动速度和应变能力

丢手绢儿 tiəu$^{213-23}$ʃəu^{55}tɕyrɛr^{31}

挑人 t‘iɔ$^{213-23}$iə̃^{53} 月光之夜玩的游戏。游戏者分成两部分，双方依规则、按次序分别从对方捉人归己方所有，一方只剩一人时为输

砍棉花柴 k‘ã^{55}ȵiã/ȵiɑŋ/miã$^{53-35}$xuə˙tʂ‘ɛ^{53}

大炮轰小兵 tɑ^{31}p‘ɔ^{31}xuŋ$^{213-23}$siɔ^{55}prə̃r/pirə̃r^{213} 游戏双方在纵横各六条线构成的方格上进行的一种博弈游戏

四蹦儿 θɿ^{31}pə̃r^{31} 由两人在纵横各四条线构成的方格上进行的一种博弈游戏

五蹦儿 u^{55}pə̃r^{31} 由两人在纵横各五条线构成的方格上进行的一种博弈游戏。双方各安放五颗棋子，然后按照一定的规则决定胜负

蹦儿 pə̃r^{31}

五虎 u^{55}xu^{55} 由两人在纵横各五条线构成的方格上进行的一种博弈游戏。双方在方格的任意位置上每次只能安放一颗棋子，根据一定的规则，由棋子摆放的形状和棋子的走势决定胜负

五府 u^{55}fu^{55}

安棋 ŋã$^{213-23}$tɕ‘i^{53}

大六 tɑ^{31}liəu^{31} 两人在纵横各六条线构成的方格上进行的一种博弈游戏。

跳绳儿 t‘iɔ^{31}ʂɬə̃r^{53}

翻麻花儿 fã$^{213-23}$mɑ$^{53-35}$xuɑr˙ 翻绳儿

翻棉单 fã$^{213-23}$miã$^{53-35}$tã˙

□杏核儿 tθ‘ã^{53}ɕiŋ^{31}xur^{53} 按照一定规则用杏核儿所玩的游戏

□琉璃珠子 tθ‘ã^{53}liəu$^{53-35}$li˙ʧʮ$^{213-21}$tθɿ˙ 按照一定规则用玻璃球所玩的游戏

跌蛤蜊 tiə$^{213-23}$kɑ$^{53-35}$lɑ· 按照一定的规则往地上扔蛤蜊壳的游戏

啪儿 p‘ɑr^{213} 用纸叠成的一种儿童玩具

砸啪儿 tθɑ^{53}p‘ɑr^{213} 用啪儿做游戏

放流星 fɑŋ^{31}liəu$^{53-35}$siŋ· 一种儿童游戏，将用稻、谷等作物秸秆儿扎成的把子向空中扔，比赛看谁扔得高

破谜儿 p‘ə^{31}mer^{31} 猜谜语

　打字虎儿 tɑ^{55}tθɿ^{31}xur^{55}

　猜谜儿 tθ‘ɛ$^{213-23}$mer^{31}

猜方 tθ‘ɛ$^{213-23}$fɑŋ^{213} 猜中

猜不方 tθ‘ɛ$^{213-21}$pu·fɑŋ^{213} 猜不中

拔不倒子 pɑ$^{53-35}$pu·tɔ$^{55-21}$tθɿ· 不倒翁

掷色子 tʂʅ$^{213-23}$ʂe$^{55-21}$tθɿ· 投掷色子

鞭 piã^{213} 爆竹，鞭炮：过年家家都放～

　炮仗 p‘ɔ$^{31-55}$ʧəŋ·

起火 tɕ‘i$^{55-21}$xuə· 钻天猴，烟花的一种，带杆儿，点燃后向天空钻去

二踢脚 ɭə^{31}t‘i$^{213-23}$tɕyə^{213} 爆竹的一种，点燃后钻向天空爆炸

　二踢脚子 ɭə^{31}t‘i$^{213-23}$tɕyə$^{213-21}$tθɿ·

　二起蹦儿 ɭə^{31}tɕ‘i^{55}pə̃r^{31}

花 xuɑ^{213} 烟花

　花炮 xuɑ$^{213-23}$p‘ɔ^{31}

放花 fɑŋ^{31}xuɑ^{213} 燃放烟花

一窝猴儿 i$^{213-23}$uə^{213}xəur^{53} 烟花的一种，由一个较粗大的烟花与周围多个稍细小烟花构成的烟花集合

大梨花 tɑ^{31}li^{53}xuɑ^{213} 较为粗大的一种烟花，点燃后先喷射火花，然后发出很大的爆炸声

拽刷帚头子 tʂuɛ$^{213-23}$ʂuɑ$^{213-21}$ʧʮ·t‘əu$^{53-35}$tθɿ· 农村旧习，正月十

五晚上，将用旧了的刷帚拿到野外空旷的地里，点燃后扔着玩儿

滴滴筋儿 ti$^{213-21}$ti˙tɕiɾer^{213} 一种细长条的烟花，燃烧的速度较慢，释放的火花较小，适合儿童拿在手中燃放

地老鼠 ti^{31}lɔ$^{55-21}$ʧ‘ɥ˙/ti$^{31-55}$lɔ˙ʧ‘ɥ˙ 点燃后释放火花并在地面上乱窜的一种烟花

来棋 lɛ^{53}tɕ‘i^{31} 下棋

下棋儿 ɕiɑ^{31}tɕ‘iɾer^{53}

老头儿 lɔ^{55}t‘ɾəur^{53} ①老年男性 ②特指象棋中的将或帅

老将儿 lɔ^{55}tθɾɑ̃r/tsiɾɑ̃r^{31} 特指象棋中的将或帅

老帅儿 lɔ^{55}ʂɬuɛr^{31}

崴老将儿 uɛ^{55}lɔ^{55}tθɾɑ̃r/tsiɾɑ̃r^{31} 将或帅在“田”字格儿的中轴线上往左或往右移动

卒儿 tθur^{53} ①小人物 ②象棋中的兵或卒

撑仕 tʂ‘əŋ$^{213-23}$ʂʅ^{31} 上仕

支仕 tʂʅ$^{213-23}$ʂʅ^{31}

堵象（相）眼 tu^{55}siɑŋ^{31}iɑ̃^{55}/tu^{55}siɑŋ$^{31-55}$iɑ̃˙

绊马腿 pɑ̃^{31}mɑ^{55}t‘ue^{55} 因某一棋子的挡道，“马”无法行走

别马腿 piə^{53}mɑ^{55}t‘ue^{55}

马后屁 mɑ^{55}xəu^{31}p‘i^{31} 马后炮

扎猛子 tʂɑ$^{213-23}$məŋ$^{55-21}$tθʅ˙ 潜水，头朝下钻入水中

栖猛儿 tɕ‘i$^{213-23}$mə̃r^{55}

扒水 pɑ$^{213-21}$ʂue˙ 蛙泳或不规范的蛙泳

狗刨屎 kəu^{55}p‘ɔ^{53}ʂʅ^{55} 不规范的蛙泳

仰水 iɑŋ$^{55-21}$ʂue˙ 仰泳

踩水 tʂ‘ɛ$^{55-21}$ʂue˙ 在水中站立并行走

栽直立儿 tθɛ$^{213-23}$ʧʅ$^{53-35}$ʅer˙ 翻跟头

栽倒立儿 tθε$^{213-23}$tɔ$^{31-55}$ɿer˙

栽倒直立儿 tθε$^{213-23}$tɔ$^{31-55}$tʃʅ˙ɿer˙

前空翻 ts‘iã^{53}k‘uŋ$^{213-23}$fã^{213} 跃起向前翻

后仰翻 xəu^{31}iaŋ^{55}fã^{213} 跃起向后翻

后空翻 xəu^{31}k‘uŋ$^{213-23}$fã^{213}

打旁连 ta^{55}p‘aŋ$^{53-35}$liã˙ 跃起侧翻

说书场子 ʃuə$^{213-23}$ʃʮ^{213}tʃ‘aŋ$^{55-21}$tθʅ˙ 集市上说书艺人说书的地方

唱唱儿 tʃ‘aŋ^{31}tʂ‘ɬãr^{31} 唱歌儿、唱民谣、唱戏曲等的总称

戏台子 ɕi^{31}t‘ε$^{53-35}$tθʅ˙ 戏台

肘鼓子 tʃəu$^{55-21}$ku˙tθʅ˙ 柳琴戏

玩把戏 uã^{53}pa$^{55-21}$ɕi˙ 变戏法

卯窍 mɔ$^{55-21}$tɕ‘iɔ˙ 窍门

拨楞鼓子 pu$^{213-21}$ləŋ˙ku$^{55-21}$tθʅ˙ 拨浪鼓

擦冻冻 tθ‘a$^{213-23}$tuŋ$^{31-55}$tuŋ˙ 滑冰

二十二　动作

（1）一般动作

糗查 tɕ‘iəu$^{55-21}$tʃ‘ə˙ 呆在某处不动

糗赤 tɕ‘iəu$^{55-21}$tʃ‘ʅ˙

矗 tʃ‘ʮ^{55} 站

蹭 θaŋ/tθ‘aŋ/tθ‘əŋ^{31} 靠在物体上磨擦；碰：～痒儿｜走路叫人～了一下

磕倒 k‘a$^{213-23}$tɔ^{55} 跌倒

拨拉 pu$^{213-21}$lə˙ ①摇（头），摆（手）：有什么话你就说，别光～头哇｜别光～手，有话你就过来说一说 ②拨动，翻动：～算盘子｜你来～～菜，我出去一趟

拨弄 pu$^{213-21}$ləŋ/luŋ˙

得得瑟瑟 te$^{213-21}$te˙θe$^{31-55}$θe˙ 哆嗦，颤抖

　得瑟 te$^{213-23}$θe˙

拨筛 pu$^{213-21}$ʂɛ˙ 摇晃，（浑身）哆嗦：狗从水里出来～了一下，把身上的水～掉了

　打拨筛 tɑ^{55}pu$^{213-21}$ʂɛ˙

　打拨筛子 tɑ^{55}pu$^{213-21}$ʂɛ˙tθʅ˙

拨拉 pə$^{213-21}$lə˙ 用手翻动，以使某物分开：你把这些苹果～开，分成五份儿

　扒查 pɑ$^{213-21}$tʂ'ə˙

扬头 iɑŋ^{53}t'əu^{53} 抬头

　扬脸 iɑŋ^{53}liã^{55}

耷拉头 tɑ$^{213-21}$lɑ˙t'əu^{53} 低头

　低头耷拉角 ti$^{213-23}$t'əu^{53}tɑ$^{213-21}$lɑ˙tɕiɑ^{213}

添么 t'iã$^{213-21}$mə˙ 略微增加一些：这些钱可不行，你得再～点儿

哏布 kə̃$^{55-21}$pu˙ 板着，绷着（脸）：脸～着

　哏绷 kə̃$^{55-21}$pəŋ˙

　撸拉 lu$^{213-21}$lɑ˙

跌泻 tiə$^{213-21}$ɕiə˙ 面部表情阴沉：～着脸

　哆嗒 tuə$^{213-21}$tə˙

将膀子 tsiɑŋ$^{213-21}$pɑŋ$^{55-21}$tθʅ˙ 耸肩

□ tʃəu^{55} ①扭，转动：～头｜～车把 ②拧：把衣裳～干 ③打，揍：那儿个学生叫他当场逮着～了一顿

牴 ti^{55} ①动物用角顶，撞：牛～仗 ②人用头顶：小女孩儿一头把小男孩～倒了

　顶 tiŋ^{55}

逗嘴 təu^{31}tθue^{55} 接吻

亲嘴 tʃʻã/tsʻiã$^{213-23}$tθue^{55}

合眼 xɑ^{53}iã^{55} 闭眼

毛溜 mɔ$^{53-35}$liəu （眼睛）似睁非睁：你～个眼子干什么去？是不是没睡醒？

积着个眼珠子 tsi$^{213-21}$tʃɔ˙kə˙iã^{55}tʃʮ$^{213-21}$tθɿ˙ 瞪眼，眼睛瞪得很大

立睖眼 li$^{31-55}$ləŋ˙iã^{55}

抹搭 mɑ$^{213-21}$tɑ˙ （眼皮）耷拉；眨眼

挤鼻子弄眼 tsi^{55}pi$^{53-35}$tθɿ˙nəŋ^{31}iã^{55} 挤眼儿

挤巴眼儿 tsi$^{55-21}$pə˙ʅɛr/irɛr^{55}

砸格 tθɑ$^{53-35}$kə˙ 挤（眼睛）：你～～眼干什么？

齉鼻儿 nɑŋ^{31}pɾer/piɾer^{53} 皱鼻子，表示不屑

纵鼻儿 tsyŋ^{31}pɾer/piɾer^{53}

将鼻儿 tsiɑŋ^{31}pɾer/piɾer^{53}

桶查 tʻuŋ$^{55-21}$tʃʻə˙ 鼻涕流出

桶赤 tʻuŋ$^{55-21}$tʃʻʅ˙

挤眼齉鼻 tsi^{55}iã^{55}nɑŋ^{31}pɾer/piɾer^{53} 用表情向别人发出暗示

□纠 kə$^{53-35}$tɕiəu˙ ①皱眉 ②忧愁，哀痛

眨巴眼 tʂɑ$^{55-21}$pɑ/pə˙iã^{55} 眨眼

抹挲眼 mɑ$^{213-21}$θɑ˙iã^{55}

眼眸子行事 iã$^{55-21}$mu˙tθɿ˙ɕiŋ^{53}ʂʅ^{31} 看眼色办事

眼水儿 iã$^{55-21}$ʂɬuer˙ ①视力 ②眼色，向人示意的目光儿 ③见机行事的应变能力

眼水头儿 iã$^{55-21}$ʂue˙tʻɾəur^{53}

眼色儿 iã$^{55-21}$ʂɬer˙

眼色头儿 iã$^{55-21}$ʂɬer˙tʻɾəur^{53}

看眼色头儿 k‘ã^{31}iã$^{55\text{-}21}$ʂe˙t‘ɾəur^{53} 见机行事

长眼色儿 ʧɑŋ^{55}iã$^{55\text{-}21}$ʂɬer˙ 有眼色，能够见机行事：这个小孩子怪～｜以后做什么事儿要～

长眼色头儿 ʧɑŋ^{55}iã$^{55\text{-}21}$ʂe˙t‘ɾəur^{53}

瞅 ʧ‘əu^{55} 看

瞭 liɔ^{31}

瞭么 liɔ$^{31\text{-}55}$mə˙

望 uɑŋ^{31}/uɑŋ^{53}

瞰么 θɑ$^{53\text{-}35}$mə˙

睖 tθe^{213} 看到，注意到：你没～着他上哪？

踅 syə^{53} 环视四周，寻找

踅摸 syə$^{53\text{-}35}$mə˙

漏候（儿） ləu$^{31\text{-}55}$xəu˙（xəur˙） 眼巴巴地望着；虎视眈眈地注视

漏目儿 ləu$^{31\text{-}55}$mər˙

瞅漏目儿 ʧ‘əu^{55}ləu$^{31\text{-}55}$mur/mər˙ 趁别人不注意时寻找可乘之机

瞅脚后跟儿 ʧ‘əu^{55}tɕyə$^{213\text{-}23}$xəu$^{31\text{-}55}$ker˙

拾漏目儿 ʃʅ^{53}ləu$^{31\text{-}55}$mur/mər˙ 意外收获

巴望 pɑ$^{213\text{-}21}$uɑŋ˙ ①目不转睛地看：你在～什么？②期盼：谁不～自己的孩子有出息？

眼晕 iã$^{55\text{-}21}$yə̃˙ 眼睛因物体运动速度过快或光线太强等而感到不舒服

眼慌 iã$^{55\text{-}21}$xuɑŋ˙

晃眼 xuɑŋ$^{31/55}$iã^{55} 光线过强，刺得眼睛不舒服

不转眼花 pu$^{213\text{-}23}$ʧuã^{31}iã$^{55\text{-}21}$xuɑ˙ 目不转睛

咪溜 mi$^{213\text{-}21}$liəu˙ 呷

噇 tʂ‘uɑ^{213} ①吃。贬义 ②暴饮暴食

噇搭 tʂ‘uɑ$^{213\text{-}21}$tə˙

馕 naŋ^{55} 吃。贬义

日馕 i$^{213\text{-}21}$naŋ˙

搗 tɔ^{55}

嘬 tʂ‘uɛ^{31}

馆 çyã^{31}

吃犸虎食 ʧ‘ʅ$^{213\text{-}23}$mɑ$^{55\text{-}21}$xu˙ʃʅ^{53} （吃饭时）挑食

闻 uã/yã^{53} 用鼻子嗅

溻 t‘ɑ^{213} （汗）湿透了衣服、被褥等

刨查 p‘ɔ$^{53\text{-}35}$tʂ‘ə˙ 刨

刳查 k‘u$^{213\text{-}21}$tʂ‘ə˙ ①刮：把姜～～，我炒菜用 ②搜刮

剜查 uã$^{213\text{-}21}$tʂ‘ə˙ 挖

翻查 fã$^{213\text{-}21}$tʂ‘ə˙ 翻

焆 ŋɑŋ^{55} 燃烧：刚盖起来的新屋，一把儿火～得干净儿的，你说多可惜！

燎 liɔ^{55} 烧（水）：快点儿～壶茶喝喝来！

唧燎 tsi$^{213\text{-}21}$liɔ˙ ①（小火）烧：壶快开了，再～一把儿柴火就行了 ②（毛发等）烧焦：头发叫灯头儿～了

炾 ŋəu^{213} 慢慢燃烧：烙完煎饼，～火泡豆子生豆芽

束 ʧ‘ɥ/ʃɥ^{213} 捆扎：找点儿绳儿把布袋子口儿～起来｜你等一等，我把腰～上再走

绑 pɑŋ/mɑŋ^{55}

缩 tʂ‘u^{213} ①萎缩，收缩 ②蜷缩

倒缩 tɔ$^{31\text{-}55}$tʂ‘u˙ 走下坡路：成绩～了

缩拉 tʂ‘u$^{213\text{-}21}$lə˙

缩溜 tʂ‘u$^{213\text{-}21}$liəu˙

缩水 tʂ‘u$^{213\text{-}23}$ʂue^{55} 衣物等洗过之后尺寸缩小

搲 uɑ^{55} ①舀：～面｜～麦子喂鸡 ②抓，搔：～脸

掓 uə^{213} 揉搓，捏

掓揉 uə$^{213-21}$iəu˙

掓巴 uə$^{213-21}$pə˙

捽 tθuə^{55} ①揪，抓：～住绳子头，我把你拽上来 ②揪断：～地瓜秧子

攮 tθuã/nuã^{31} 以手用力握：把鸡蛋～碎了

捻悠 ȵiã$^{55-21}$iəu˙ 捻搓

撮 tθ‘uə^{213} ①用手向上托 ②到饭店里喝酒：走，咱们今晚上到饭店～一顿去 ③那个小孩儿偷我鞋，叫我～了一顿

撮 tʂ‘uɑ^{213} 抢夺：一把～过来

搓 tθ‘uə^{213} 把线、麻、苘等拧成绳儿：～麻线

掯 k‘ə̃^{31} 按住，压住，控制住

划拉 xuɑ$^{53-35}$lə˙ ①随便写写画画：你到处～什么？ ②找（人）：你快去～几个人来！|老三想把牛卖了，你赶紧给～个茬儿！

搦 nuə^{213} 握在手中，握住：他把小鸡～死了

摊 t‘ã^{213} 轮到，等到：你在那里等着吧，还没～着你！

掩 iã^{55}

摊上 t‘ã$^{213-21}$ʃɑŋ˙ 碰到；遇上：～个好领导是大家的福分

摊着 t‘ã$^{213-21}$ʧɔ˙

出溜 ʧ‘ʮ$^{213-21}$liəu˙ ①（向前、向下）滑行 ②闲逛。含贬义：没事就知道到处～

出蹚 ʧ‘ʮ$^{213-21}$t‘ɑŋ˙

胡出溜 xu^{53}ʧ‘ʮ$^{213-21}$liəu˙ 到处乱走，乱窜：你～什么，不在家里老实儿的？

胡出出 xu^{53}ʧ‘ʮ$^{213-21}$ʧ‘ʮ˙

倒 tɔ^{31} 浇铸；铸造：～锅|～燎壶

舒舒嘴 ʃʮ$^{213-21}$ʃʮ˙tθue^{55} 努嘴

出出嘴 tʃ'ʮ$^{213-21}$tʃ'ʮ˙tθue^{55}

噘刚嘴 tɕyə$^{213-21}$kaŋ˙tθue^{55} 噘嘴

没拉 mu$^{213-21}$lə˙ ①含在嘴里：嘴里～一块糖 ②舔：～～嘴唇儿

挓挲 tʂɑ$^{31-55}$ʂɑ˙ ①手、脚、头发、树枝等张开、竖立或伸直 ②不守规矩，行为放肆 ③睡梦中猛然哆嗦、抖动 ④高傲，狂妄

挓挲舞掌 tʂɑ$^{31-55}$ʂɑ˙u^{55}tʃɑŋ^{55} ①（物体内部）不紧凑，不结实，空隙大 ②高兴得手舞足蹈

挓挲舞爪 tʂɑ$^{31-55}$ʂɑ˙u^{55}tʂɔ^{55}

挓挲子舞爪 tʂɑ$^{31-55}$ʂɑ˙tθʅ˙u^{55}tʂɔ^{55}

摸弄 mə$^{213-21}$ləŋ/luŋ˙ ①触摸 ②摸索

摩弄 mə$^{53-35}$ləŋ/luŋ˙ 抚摸：奶奶～着孙子的头发

擎弄 p'ə$^{53-35}$ləŋ/luŋ˙ ①用手拍打以清除：～～身上再走 ②用手把东西聚集起来

打扑 tɑ$^{55-21}$p'u˙ 轻轻地拍打：你先出去～～身上的土再进来吧

刹身子 ʂɑ$^{213-23}$ʃə̃$^{213-21}$tθʅ˙ ①收缩身体 ②全身心投入：要想干好，得刹下身子干

虾腰 ɕiɑ$^{213-23}$iɔ^{213} 弯腰

驼鼓腰 t'uə$^{53-35}$ku˙iɔ^{213}

驼弓腰 t'uə$^{53-35}$kuŋ˙iɔ^{213}

抓腚 tʂuɑ$^{213-23}$tiŋ^{31}

探 t'ã^{31} 脊柱弯曲，腰不直：～着身子 | ～着腰儿

裂歪 liɛ$^{213-21}$uɛ˙ ①趔趄，（身体）倾斜：你～个身子干什么？站得正当的多好 ②张开。含贬义：你～着个嘴做什么？

歪拽 uɛ$^{213-23}$tʂuɛ^{213}

歪抶 uɛ$^{213-21}$k'uɛ˙ 倾斜地坐着或靠在某处：他在草垛跟儿里一～就睡着了

蹀躞 $tiə^{55\text{-}21}ɕiə^{\cdot}$ 来回跑

撒熏子 $θɑ^{213\text{-}23}ɕyɑ̃^{213\text{-}21}tθ\text{ɿ}^{\cdot}$ 放屁。委婉语：你这个小家伙儿又～熏人了！

放狼笛儿 $fɑŋ^{31}lɑŋ^{53}tɾer^{53}$ 詈语

打牙巴骨 $tɑ^{55}iɑ^{53\text{-}35}pɑ^{\cdot}ku^{213}$ 受冷时上下牙齿相撞

打啊嚏 $tɑ^{55}ɑ^{213\text{-}21}t^{‘}i^{\cdot}$ 打喷嚏

合飒 $xɑ^{53\text{-}35}θɑ^{\cdot}/xə^{53\text{-}35}θə^{\cdot}$ ①发抖；抖动 ②振动衣、被、包袱等，使附着的东西落下来 ③全部倒出或说出；揭露 ④浪费；胡乱用（财物）

拽 $tʂuɛ^{31}$ 拉，扯：我推着车子，你就在前头使劲～｜一把～了过来

拽 $tʂuɛ^{213}$ 扔掉，丢弃

□ $xəŋ^{31}$

撇 $piɑ̃^{213}$

撂 $liɔ^{213}$

薅 $xɔ^{213}$ 拔（草等）：｜～草｜～地瓜秧子

揿 $tɕiɑ̃^{213}$ 抓，提：把那个不听话的～出来！

扽 $təŋ^{31}$ 两头同时用力拉：～得绷紧

投 $tʃɥ^{31}$ 掷：~卯

□ $luɛ^{213}$

搁 $kə^{213}$ 放（在某处）：就～桌子底下吧

兑 tue^{31} 掺杂，掺和：你这酒里～水来是吧，要不怎么味儿不正呢？

拾掇 $ʃ\text{ʅ}^{53\text{-}35}tɔ^{\cdot}$ ①整理，归拢：把家里～利整再走 ②平整土地，多指春耕和秋耕：把地～～ ③整治（人）：他要是再骂人，就得～他

收收 $ʃəu^{213\text{-}21}ʃəu^{\cdot}$ 收拾，收藏

归拢 $kue^{213\text{-}21}luŋ^{\cdot}$ 收拾，拾掇

提溜 $ti^{213\text{-}21}/ti^{53\text{-}35}/t^{‘}i^{53\text{-}35}liəu^{\cdot}$ ①提（物） ②（身体）悬空；（物体）下坠

打提溜 tɑ^{55}ti$^{213-21}$liəu˙ 抓住某物使身体悬空

打提溜挂儿 tɑ^{55}ti$^{213-21}$liəu˙kuɑr^{31}

拾 ʃʅ^{53} ①捡（起来），拿（起来）：把地上掉的针～起来 ②为母鸡准备鸡蛋使孵小鸡儿：～小鸡儿 ③生育：～小孩儿

抹 mɑ^{213} 擦，擦拭

瞎 ɕiɑ$^{213-21}$ ①失明：～眼 ②丢失：钱包～了 ③言行、品质等不好：这个孩子学～了

搉 xue^{55} 打，揍：～你个小仔羔子儿，叫你皮死！

修理 siəu$^{213-21}$li˙ ①使损坏的东西恢复原来的形状或作用：～脚踏车 ②对人实行惩罚、打击等：这家伙不听话，咱～～他！

戽 xuə^{213} 泼（水等）：把洗脚水～出去

敨 t‘əu^{53} ①开：～锁 ②将里面的东西掏出来，使透气：～炉子 ③掏：～耳朵

□拉 kə/xə$^{213-21}$lə˙ 搅拌

擢拉 xuə/xu$^{213-21}$lə˙

搋 tʂ‘uɛ^{213} ①用力压揉：～面 ②搅拌均匀：～猪食

掖 iə^{213} 藏：你把它～哪去了？

揳 siə^{213} ①把楔子、钉子等敲进物体里去：找把锤来把橛子～进去 ②敲，打：～他一顿

澎 p‘əŋ^{213} 溅：一辆汽车跑过去，～了他一身水

架不住 tɕiɑ$^{31-55}$pu˙ʧɥ^{31} 禁受不住

搁不住 kə$^{213-21}$pu˙ʧɥ^{31}

架得住 tɕiɑ$^{31-55}$ti˙ʧɥ^{31} 禁得住；受得住

放鹰儿 fɑŋ^{31}ʅə̃r/irə̃r^{213} 不进行管理，任其自由行动

放羊了 fɑŋ^{31}iɑŋ$^{53-35}$lɔ˙

任马由缰 iə̃^{31}mɑ^{55}iəu^{53}tɕiɑŋ^{213}

打踅 tɑ^{55}θuə/syə^{53} 鸟飞了一圈又回来了；人走了一圈又回来了

瞅空儿 ʧ'əu^{55}k'uə̃r^{31} 抽空

　掺空儿 ʧ'ã$^{213-23}$k'uə̃r^{31}

　插空儿 tʂ'ɑ$^{213-23}$k'uə̃r^{31}

查乎 tʂ'ɑ$^{53-35}$xu· 查找

　查估 tʂ'ɑ$^{53-35}$ku·

□ p'ɛ^{55} 踢

　踢蹬 t'i$^{213-21}$təŋ·

□ xɛ^{213} 用脚前部踢

踡 tɕyã^{55} 用脚内侧踢

踹 tʂ'uɛ^{31} ①用脚底或脚外侧猛踢 ②踩踏：你往泥里多放点儿麦糠，使劲～～，～好以后，咱托墼块

蹬 təŋ^{213} 用脚底踢

蹬摇 təŋ$^{213-21}$iɔ· 乱踢：不好上睡觉，你乱～什么？快睡！

　蹬歪 təŋ$^{213-21}$uɛ·

蹴 ts'y^{213} 脚不离地向前踢

撵 ȵiã^{55} 追赶

　□ tuã^{31}

□趟儿 tuã^{31}t'ãr^{31} 追赶，赛跑

滑趟子 xuɑ^{53}t'ɑŋ$^{31-55}$tθʅ· 走

　驾趟子 tɕiɑ^{31}t'ɑŋ$^{31-55}$tθʅ·

　驾脚 tɕiɑ^{31}tɕyə^{213}

跟趟儿 kə̃$^{213-23}$t'ãr^{31} ①赶上一般人的水平 ②来得及

　赶趟儿 kã^{55}t'ãr^{31}

　撵趟儿 ȵiã^{55}t'ãr^{31}

窜茬子 tθ'uã$^{213-23}$tʂa$^{31-55}$tθʅ· 走了，跑了（含诙谐意）

扔崩儿二百八 ləŋ$^{213-23}$pə̃r$^{213-23}$ɭə$^{31-55}$pe˙pɑ^{213}

撒丫子 θɑ$^{213-23}$iɑ$^{213-21}$tθʅ˙ 撒腿跑（多含诙谐意）

撒欢儿 θɑ$^{213-23}$xuɛr^{213} 因兴奋而连跑带跳（多指动物）

开腿 k'ɛ$^{213-23}$t'ue^{55} 开路，走

转远 ʧuã^{31}yã^{55} 绕道，绕路：这条路过不去，你得～才能过去

转路 ʧuã^{31}lu^{31}

绕路 iɔ^{31}lu^{31}

𧿹 t'uə̃^{55} 踩踏：～泥，～雪

蹅 tʂ'ɑ^{55}

蹍 ȵiã^{55} 踩；踩踏后来回搓

蹍蹂 ȵiã$^{55-21}$iəu˙

□拉 xuɛ$^{55-21}$lə˙ 用手晃动，来回摇晃：别～，我这就走

捅 t'uŋ^{55} 用拳捣

攮 nɑŋ^{55} ①捅，戳：绱鞋叫针锥～着手了 ②头部朝前用力，趴下；钻：一头～桌子底下了 ③吃喝（贬义）：快点儿～饱了好滚蛋！

扇 ʃã^{213} 用巴掌打

㧾 xu^{213}

拸 tuə^{213}

铆 mɔ^{55} ①打，揍：熊孩子不听话，叫他爷～了一顿 ②批评，训斥：这俩学生逃课，叫老师逮着一顿好～

揭 tɕiə^{213} 用鞋底打：在小孩儿腚上～了两呱哒子

抖搂 təu$^{55-21}$ləu˙ ①抖动：天儿也不冷，你～什么？②揭露，泄露，敞开说：你不照我说的办，我就把事儿给你～出去 ③使散开：把线～开

搊 ʧəu^{213} ①从一侧或一端把东西托起或掀翻：他把桌子～了 ②揭开，掀起：～盖的（被子） ③拉，拖：～地瓜秧子

荡 tɑŋ^{31} ①通过来回倾倒使液体冷却：拿碗把茶～一～ ②鐾：刀不快

了，～～刀

悠 iəu^{213} ①甩；扔：他把刀子～了出去 ②抽打：狠狠地～了两鞭子

荡逛逛 taŋ^{31}kuaŋ$^{31-55}$kuaŋ˙ 打秋千

打悠千 ta^{55}iəu$^{213-21}$ts‘iã˙

搮 li^{213} 用手捋取：～洋槐叶子

抈 yə/tɕ‘yə^{55} 折断：他劲真大呀！一下子就把树股子给～断了

□ u^{213}

捞 lɔ^{53} ①捕：～鱼 ②从水里取出；用水淘洗：～沙｜～麦子磨面

捞 lɔ^{31} ①得到：最近很忙啊，～不着上你家去 ②触及，够得着：俺个子矮，～不到树上的果子 ③轮到：这一回还～不着我去，下一回就是我了

捞么 lɔ$^{31-55}$mə˙ 捞取；拿到

提 ti^{213} 拔，抽：～蒜薹

剜 uã^{213} 挖：～菜

铲 tʂ‘ã^{55}

出 ʧ‘ɥ^{213} 用铁锨除出来：～粪、～汪泥

擗 p‘i^{55} 把枝条从分叉处掰下来

抵盗 ti$^{55-21}$tɔ˙ 零零碎碎地往外偷

搌 ue^{213} 推：小孩儿跑过来，一下子就把车子给～倒了

拣巴 tɕiã$^{55-21}$pə˙ 挑选，筛选

剔巴 t‘i$^{213-21}$pə˙

挑巴 t‘iɔ$^{213-21}$pə˙

沙弄 ʂa$^{31-55}$luŋ˙

刷弄 ʂua$^{31-55}$luŋ˙

折 ʧə^{213} 剩菜倒在一个碗或盘中：你快把菜～一～，免得占古家什儿

折巴 ʧə$^{213-21}$pə˙

□ tʂɛ^{31} 清洗：～～碗

□ mɔ^{53}　把生肉或变味的放在热水中煮洗，以去除异味：把肉～～再切

黵 ʧã^{55}　弄脏，玷污：别在那里玩泥，把衣裳～了！｜你可别干这个活儿，～了手！

禁黵 tɕiə$^{213-23}$ʧã^{55}　（衣物等）耐脏：黑色的裤子怪～

栽跟头 tθɛ$^{213-23}$kã$^{213-21}$t'əu˙　①栽倒 ②喻指人遭受挫折：一辈子谁没价～

欻拉 ʧuɑ/ʧ'uɑ$^{53-35}$lə˙　轻轻地扫，简单地扫：～两下子就行了，还用怎么扫？

摽 piɔ^{31}　①比试，较量 ②作对：他们俩老是～着干

平扳 p'iŋ^{53}pã^{213}　较量：您俩～，试试谁酒量大

炕 k'ɑŋ^{31}　用文火慢慢地把食物熥熟：～锅饼｜～饼子

熥 t'əŋ^{213}　文火炒或烤：搁炉子边儿上～把果子吃

熇 k'ɔ^{31}　加热把水蒸发掉

擩 y^{55}　①插，塞：弄把棍子～柴火垛里 ②（往上或往前）递，送：再往上～，矮了我够不着｜你弄么儿又要～给谁呀？

擩送 y$^{55-21}$θuŋ˙　把东西白白地送给他人

扳 pã^{213}　挽住；向下或向里拉：你给我～点儿树枝子，我把那几个杏摘下来

钢 kɑŋ^{31}　煅烧刀、镰、锄、洋镐、镢头等的刃部，使其变得坚硬：～～刀

燊 ʃã^{213}　①将用钝了的刃部用火烧红，再用锤子敲薄，然后淬火（没有钢了的加上钢，再敲成刃）：～～锄刃 ②名词，钢：把镢头上多按上点～

沙 ʂɑ^{213}　①水泥与沙子混合加水搅拌后抹在建筑物的表面：～窗台｜～井台｜～墙裙子 ②砌，并在砌的过程中把混凝土加在里面，砌完后用混凝土涂抹表面：～水池子｜～锅台 ③容器渗水、漏水：燎壶~水了

□ iɔ^{31}　撬

梆当 pɑŋ$^{213-21}$tɑŋ˙　①敲打，指垒墙：我这一个多月才～起这么点儿墙来 ②打，揍：那小子叫俺几个～了一顿 ③打破，打碎：你不好上拿着，小心

把碗～了

掴 kuɛ^{213} ①碰：车没~着你吧？②打，揍：小孩儿不听话儿，叫我～了两下子

犒 k'ɔ^{31} 没有或缺乏营养而感觉不舒心：几天没吃猪肉，叫他～毁了

跍堆 ku$^{213-21}$tθue˙ 蹲

　跒蹴 kə$^{53-35}$ʦiəu˙

装 tʂuaŋ^{55} ①添，加：就这点儿啊，再～上点儿！②支付（现钱）：我身上没带钱，你先给我～上，回去我再给你

　掌 tʃaŋ^{55}

步辇儿 pu^{31}ȵirɛr^{55} 徒步，步行：没有车子骑咱就～！

突拉 t'u$^{213-21}$lə˙ ①缠在线穗子上的线往下脱落 ②用工具快速地干一遍：把这几个畦子～～

　突撸 t'u$^{213-21}$lu˙

脱碎 t'uə$^{213-21}$θue˙ 脱落成碎片或散开：刷的涂料都～了！｜毛衣～了

扯网 ʧ'ə^{55}uaŋ^{55} 针织衣物线头散开：袜子～了

扒眼儿 pa$^{213-23}$iɛr^{55} 衣服接缝处破损

　扒缝儿 pa$^{213-23}$fə̃r^{31}

趿拉 t'a$^{213-21}$la˙ 把鞋后帮踩在脚后跟之下：别老是～着鞋，踩毁了鞋跟儿！

拉 la^{31} 行走，到处去：你又上哪～去来？

拉巴 la^{31}pa˙ ①两腿分开：你怎么～着腿走路？②乱走（含贬义）：到处～

别腿 piə$^{53-35}$t'ue˙ 用脚绊：好家伙，一个～就把他绊倒了！

打摽腿 ta^{55}piɔ$^{31-55}$t'ue˙ （多指在醉酒的情况下）走路不稳，左右晃动

随 θue^{53} 像：这小孩～他爸爸

挨乎 iɛ$^{213-21}$xu˙ 靠近，走近：别～我跟儿里｜小狗儿一霎儿霎儿就～过来了

挨乎 iɛ$^{53-35}$xu˙ ①拖延时间：你还在那里～什么？②困难地度过：苦日子好歹～过来了 ③勉强地忍受超越一定限度的事：他一点儿也不想吃，但还是～着吃完了碗里的饭

拟量 mi$^{53-35}$liɑŋ˙ ①打手势 ②仿照，比量：～葫芦画瓢 ③做样子：不能喝你就端起来～～，过过杠儿就行了 ④比较；测量：恁弟兄俩～～，我看看到底是谁高？

　比量 pi$^{55-21}$liɑŋ˙

赶拢 kã$^{55-21}$luŋ˙ ①央求 ②给别人添麻烦：自己干，别老是～人！

迷登 mi$^{53-35}$təŋ˙ 小睡

　眯登 mi$^{213-21}$təŋ˙

　迷糊 mi$^{53-35}$xu˙

填欢 t'iã$^{53-35}$xuã˙ ①白白地给予：弄么儿～恁这几个小私孩子儿，还不跟喂猪唻！②讨人喜欢：这个老母鸡一天一个蛋，享～人

剺 li^{53} 划破：吃甜秆儿嘴叫～破了

露白 ləu^{31}pe^{53} 钱财暴露：他不小心在车上～了，叫人掏了包

渡踊 tu$^{31-55}$yŋ˙ （用簸箕）簸：～～土垃面子

兔踊 t'u$^{31-55}$yŋ˙ 弄掉，摆脱掉：把盖的（被子）～床下去了 | 早晚把这个差事～下来了

跍搐 ku$^{213-21}$ʧ'ɥ˙ 动弹，蠕动：你～什么，弄得我没法写字儿

　跍踊 ku$^{213-21}$yŋ˙

　跍将 ku$^{213-21}$tsiɑŋ˙

占古 ʧã$^{31-55}$ku˙ 占用，占领：你一个人～几个座位，你坐得过来吗你？

护揽 xu$^{31-55}$lã˙ ①占有：你也吃不了，你～这么多干什么？②管，揽：你自己的事儿你都弄不好，你～这么多咋？

　护拉 xu$^{31-55}$lɑ˙

揽乎 lã^55-21^xu˙ 揽，管：你也～得太宽了罢？

揽胡萝卜蒿 lã^55^xu^53^luə^53-35^pə˙xɔ^213^ 揽合，多管闲事

砸锅 tθɑ^53^kuə^213^ 事情没办成

砸了二锅子 tθɑ^53-35^lɔ˙ɭə^31-55^kuə˙tθɿ˙

泡汤 p'ɔ^31^t'ɑŋ^213^

加塞儿 tɕiɑ^213-23^θɾer^213^ 指不按次序排队而是插到队里去：排好队了，不准～！

塌 ʧə^53^ ①土地、房屋地基下陷：屋没出好践脚，东墙根～了 ②水饺、面条等黏在一起：快点吃，要不包子就～了

塌落 ʧə^53-35^luə˙

㬤 tɕ'i^213^ 水或其他液体被吸干：洒到地上的水一霎儿就～干了｜馇的米饭水太多，再～一～就行了

返潮 fã^213-23^ʧ'ɔ^53^ 晒干或晾干了的东西因空气湿度大而受潮：果子～了

返润 fã^213-23^yə̃^31^

昧 mi^31^ 据为己有：他～了你多少钱？

腌 ŋã^31^

落 luə^31^

□ çiə^213^ 烘，烤：那件褂子还不干，你拿过来～一～再穿｜地瓜凉了～热乎了再吃吧

扎 tʂɑ^53^ （冷水）刺激，使受冻；冷得刺痛；冻：冬天的自来水怪～人

冰扎凉 piŋ^213-23^tʂɑ^53^liɑŋ^53^ 冰冷

嗑 k'ə^31^ 用牙齿咬开坚果的外壳：～瓜子｜用牙把核桃～开了

捣登 tɔ^55-21^təŋ˙ 调换

搅弄 tɕiɔ^55-21^luŋ˙ 搅合

打横 tɑ^55^xuə̃^53^ 从中干涉阻挠

使坏 ʂɿ^55^xuɛ^31^ 搞破坏：你好上看点儿这个家伙，小心他～

倒曹 tɔ^{55}tθ‘ɔ^{53}

使曹 ʂʅ^{55}tθ‘ɔ^{53}

鼓捣 ku$^{55-21}$tɔ˙ ①干，修理 ②背后使坏

捣鼓 tɔ$^{55-21}$ku˙

施为 ʃʅ$^{213-21}$ue˙ 修理；弄，干：我的收音机坏了，你给我～～

捂指 u$^{55-21}$tʂʅ˙

捂改 u$^{55-21}$kɛ˙

捂弄 u$^{55-21}$nuŋ˙

鼓指 u$^{55-21}$tʂʅ˙

扎古 tʂɑ$^{213-21}$ku˙ ①治疗（疾病） ②修理（东西） ③打扮

佛治 fə$^{53-35}$ʧʅ˙ 整治，降伏，降得住：你怪能，你就～不了这头趴牯犊子！

伏治 fu$^{53-35}$ʧʅ˙

佛 fə^{53}

糟腾 tθɔ$^{213-21}$t‘əŋ/təŋ˙ 糟蹋；浪费：挣点儿钱不容易，可别～了

铺腾 p‘u$^{213-21}$t‘əŋ˙

剔登 t‘i$^{213-21}$təŋ˙

糟贱 tθɔ$^{213-21}$tsiã˙

祸害 xuə$^{31-55}$xɛ˙

摸黑儿 mə$^{213-23}$xer^{213} 走黑路，走夜路

查弄 tʂ‘ɑ$^{53-35}$luŋ˙ ①调查，查访：我给你～一下，看看是谁干的 ②查找；凑一凑：你去给我～两个鸡蛋，我急等着用

插花儿 tʂ‘ɑ$^{213-23}$xuɑr^{213} 绣花

插换 tʂ‘ɑ$^{213-21}$xuã˙ 轮换：俺家里也不多，那咱就～着使吧

打赖毛 tɑ^{55}lɛ^{31}mɔ^{53} 耍赖：剪子包袱锤，谁赢了谁上，不许～

耍赖毛 ʃuɑ^{55}lɛ^{31}mɔ^{53}

拉趄屎 lɑ$^{213-23}$tɕ‘iə$^{213-21}$ʂʅ˙ 消极怠工：谁输了谁先上，不兴～的

发积 fɑ$^{213-23}$tsi^{213}

偎跟儿 ue$^{213-23}$ker^{213} 靠近，接近

趔 liə^{31} ①身体向某一方向偏斜 ②退让，避开：车子来了，往后～～

搭 tɑ^{213} 白白地付出：白～上了一条鸡腿也没逮着黄鼠狼子

打碰乎 tɑ^{55}p‘əŋ$^{31-55}$xu˙ 碰运气

拽都 tʂue$^{31-55}$tu˙ 扯后腿

拽达 tʂuɛ/tʂue$^{31-55}$tɑ˙

落古 luə$^{31-55}$ku˙ ①停滞不前：你～那里做什么？还不快走？ ②物体沉到井里 ③定居：你怎么在外国～下了？

揎 syɑ̃^{213} 砍掉或削掉（枝叶等）

还神 xuɑ̃$^{53-35}$ʃə̃˙ 苏醒，复苏：地瓜秧子刚秧上的时候都蔫悠了，过了两天就～了

还阳 xuɑ̃^{53}iɑŋ^{53} 死而复生

别价 piə$^{53-35}$tɕiə˙ 不要，表示劝阻或禁止（别人做某事时的劝解语）

珍血 ʧə̃^{55}ɕiə^{213} 宰杀畜禽时使血凝固

积了包 tsi$^{213-21}$lɔ˙pɔ^{213} ①挑的东西没有捆结实，散了架儿 ②事情没办好，没办成

打破锣 tɑ^{55}p‘ə^{31}luə^{53} 特指吃酒席上剩下的饭菜

含 xə̃^{53} ①放在嘴里：他嘴里～着一块薄荷糖 ②衔：燕子～泥垒大窝儿

跩 tʂuɛ^{55} 身体因肥胖而走路时左右扭动，引申为财大气粗或发财后目空一切、看不起人：你不就是有两个臭钱吗？～什么～？

杀 ʂɑ^{213} ①宰杀：～猪 ②砍伐：～麻｜～树

倒颠 tɔ^{31}tiɑ̃^{213} 颠倒

拍儿 p‘er^{213} 久拖不办，僵持不下：盖屋的事儿从（一直）～着，就是不见动手

轻饶松 tɕ‘iŋ$^{213-23}$iɔ$^{53-35}$θuŋ˙ 轻饶，饶恕

泼 pɑ^{53} 置于水中使其温度降低：把啤酒搁井水里～一～再喝

下力 ɕiɑ^{31}li^{31} 卖力，出力

派 p‘ɛ^{31} 派送

打派头 tɑ^{55}p‘ɛ$^{31-55}$t‘əu˙

窝儿窝儿 uər$^{213-21}$uər˙ 呆在某处：他整天～家里

别别 piə$^{53-35}$piə˙ 阻挡；刁难：～人

短 tuã^{55} ①（在路边）等（人）：我可～着你唠！看你还躲着我 ②打劫，抢劫：南边儿那条小路近面是近面，就是不能走，不注意就叫人把么儿给～去唠 ③羁留，因自然原因而不能成行：他们叫雨～车站上，家不来了

短路 tuã^{55}lu^{31} 拦路抢劫

截路 tsiə^{53}lu˙

砸杠子 tθɑ^{53}kɑŋ$^{31-55}$tθʅ˙

熬鹰 ŋɔ^{53}ʅə̃r/iɾə̃r^{213} 使人长时间不睡觉

点灯熬油 tiã^{55}təŋ^{213}ŋɔ^{53}ʅəur/iɾəur^{53} 熬时间

连刨带咬 liã^{53}p‘ɔ^{53}tɛ^{31}iɔ^{55} ①拼命地撕挠、抓咬 ②指犯罪嫌疑人主动把与案件有牵连的人供出来

□ k‘uɑŋ^{55} 摇晃，用力拉紧并紧接着松动下来：你好上拉车子，别一～一～的

勾扯连淡 kəu$^{213-21}$ʧ‘ə˙liã^{53}tã^{31} 牵连

拉倒 lɑ$^{213-23}$tɔ^{55} 算了：不去～

算了 θuã/θã$^{31-55}$ lɔ˙

算完 θuã/θã^{31} uã^{53}

挑头儿 t‘iɔ^{55}t‘ɾəur^{53} 带头儿

撒 θɑ^{213} 散落

搕 k‘ɑ^{213} 敲击后将里面的东西倒出：～烟袋｜～鞋｜～筐子

搕了筐子 k‘ɑ$^{213-21}$lɔ˙ k‘uɑŋ$^{213-21}$tθʅ˙ ①全部倒了出来 ②和盘托出

③东西卖完了 ④詈语。咒骂别人不吉利

磕 k‘a^{213} ①盖（章）：～戳子 ②叩头：～头 ③碰，撞：～破了头 ④跌（倒）

磕倒 k‘a$^{213-23}$tɔ^{55}/k‘a$^{213-21}$tɔ˙ 跌倒：刚出门儿就～了

磕骨碌子 k‘a$^{213-23}$ku$^{213-21}$lu˙tθɿ˙

列开架儿 liə$^{31-55}$k‘ɛ˙tɕiɾar^{31} 摆开架势

亮开趟子 liaŋ$^{31-55}$k‘ɛ˙t‘aŋ$^{31-55}$tθɿ˙

靠 k‘ɔ^{31} ①靠近，贴近 ②坚持，拖延时间：别硬～咧，睡觉去吧丨天儿有点儿早了，得浇水了吧？——再～个一两天再浇水才管

翻桄 fã$^{213-23}$kuaŋ^{31}/fã$^{213-21}$kuaŋ˙ 翻身儿

翻嘎子 fã$^{213-23}$ka$^{53-35}$tθɿ˙

避 pi^{213}/pe^{31} ①贴在墙边：你～墙上做什么？ ②躲藏：你先去找个埝儿～起来，叫他找

帮扶 paŋ$^{213-21}$fu˙ 帮助

零挤沥 liŋ$^{53-35}$tsi˙li˙ 每次小量地往外拿：一个月挣那点儿钱，光～就不够小孩儿花的，别说旁的了

撒气 θa^{53}tɕ‘i^{31} 透风，漏风：你看看这间屋，到处漏风～，连老鼠都嫌冷！

漏气 ləu^{31}tɕ‘i^{31}

漏风 ləu^{31}fəŋ^{213}

顺茬儿 ʃuə̃^{31}tʂ‘ar^{53}/ʃuə̃$^{31-55}$tʂ‘ar˙ 顺应事物的发展规律

戗茬儿 ts‘iaŋ$^{213-23}$tʂ‘ar^{53}/ts‘iaŋ$^{213-21}$tʂ‘ar˙ 违背，不顺应事物的发展规律

供备 kuŋ$^{213-21}$pe˙ 从生活上供应，供给；培养：～几个孩子上学

试新 ʂɿ^{31}ʃə̃/siə̃^{213} 试用

尝鲜 ʧ‘aŋ^{53}siã^{213} 品尝

顶把 tiŋ^{55}pa^{55} 行贿

看相 kã$^{31-55}$siaŋ˙ 相机行事：这事儿啊，你就～着办吧

揽生手 lã^{55}ʂəŋ$^{213-21}$ʃəu˙ 妨碍

碍事绊拉脚 ŋɛ^{31}ʂʅ^{31}pã$^{31-55}$lə˙tɕyə^{213}

碍手碍脚 ŋɛ^{31}ʃəu^{55}ŋɛ^{31}tɕyə^{213}

挡害 tɑŋ$^{31/55}$xɛ^{31}

碍眼 ŋɛ^{31}iã^{55}

怕碍 p‘ɑ$^{31-55}$ŋɛ˙

碍事 ŋɛ^{31}ʂʅ^{31}

坠脚 tʂue^{31}tɕyə^{213} 小孩儿跟在身边，影响或妨碍家长外出：家里有孩子～，我哪里也走不了

坠腿 tʂue^{31}t‘ue^{55}

造制 tθɔ$^{31-55}$tʃʅ˙ ①制造，编制：这些日子你又～了多少筐头子咧？②编造；捏造：你不怕天打五雷轰，你就情管～就是！｜这个家伙就会～瞎话！

锥 tʂue^{213} ①堵，塞：把窟窿～上 ②内心感到憋闷：心里～得上

一打影儿 i$^{213-23}$tɑ^{55}ʅə̃r/irə̃r^{55} 一闪而过：我看着那边～，我还当是谁来，还是你呀？

逗逗飞 təu$^{31-55}$təu˙fe^{213} 哄小孩儿的动作，两手食指并到一起再向两边分开

摸嘎 mə$^{213-23}$kɑ^{53} 用摸手指来表示数字或价格

胡打狗干 xu^{53}tɑ^{55}kəu^{55}kã^{31} 胡作非为

作登 tθuə$^{213-21}$təŋ˙

作腾 tθuə$^{213-21}$t‘əŋ˙

作 tθuə^{213}

胡打六闹 xu^{53}tɑ^{55}liəu^{31}nɔ^{31} 胡闹腾，指人不干正事：你小子整天价～什么？

胡闹台 xu^{53}nɔ^{31}t‘ɛ^{53} 任意胡为

胡弄送 xu^{53}nəŋ$^{31-55}$θuŋ˙

胡闹 xu^{53}nɔ^{31}

胡来 xu^{53}lɛ^{53}

糊弄马约 xu$^{53-35}$luŋ˙mɑ^{55}yə^{213} 敷衍了事

糊弄圆扁 xu$^{53-35}$luŋ˙yã^{53}piã^{55}

希里摆呆 ɕi$^{213-21}$li˙pɛ^{55}tɛ^{213}

好气拉歹 xɔ$^{55-21}$tɕʻi˙lɑ^{31}tɛ^{55}

抹乎 mə$^{55-21}$xu˙ 应付，敷衍：你先去～～

掺和 tʂʻã$^{213-21}$xu˙ 介入：甭管什么事，他都不～

毁堆 xue^{55}tθue^{213} 垮台，失败等：这回你可～了！

入急 y^{31}tɕi^{213} 救急：就这点儿水可真不～

打不过点儿来 tɑ^{55}pu$^{213-23}$kə^{31}trɛr$^{55-21}$lɛ˙ 忙得没有时间

打挺儿 tɑ^{55}tʻrə̃r/ tʻirə̃r^{55} 鱼跃而起：一～就起来了

洇 iə̃^{213} 浸，渗透：这些水都是～过来的，不是泉的

铺拉 pʻu$^{213-21}$lə˙ 你买这瓶儿墨水不好，你看看纸上～的什么样儿了？

捡拘 tɕiə̃$^{213-21}$tɕy˙ 督促，催促：小孩儿学习不积极，你勤～点儿他就学得好点儿

拘查 tɕy$^{213-21}$tʂʻə˙ 感到不得劲和不舒服[illegible]样怪～得上

帮七帮八 pɑŋ$^{213-23}$tsʻi^{213}pɑŋ$^{213-23}$pɑ^{213} ①或多或少地帮助；零碎地做些帮助性工作：别看小孩儿人不大，家里的活儿也能～了 ②差不多：～地就行，不要太好

擦 tθʻɑ^{213} 因地面滑而摔倒：～脚｜～倒了

漂仰 pʻiɔ$^{213-21}$iɑŋ˙ 漂浮

兴 ɕiŋ^{213} 准许：只～你说话，不准旁人说，这是什么道理？

放泼 fɑŋ^{31}pʻə^{213} 撒泼：你看看这个家伙不撑闹，～了

不撑汤水 pu$^{213-23}$tʂʻəŋ^{213}tʻɑŋ$^{213-21}$ʂɬuer˙ 经不起折磨

除作 ʧ‘ʮ$^{53-35}$tθuə˙ （把人或物）处理掉：把他～他！

无干 u^{53}kã^{31} ①没有关系：这事儿与你～ ②不起作用，解决不了问题：今儿这事儿你去也～

无指干 u^{53}tʂʅ^{55}kã^{31} 不起作用，解决不了问题：解铃还得系铃人，旁人管谁去都～｜这种药～，得换一种好点儿的

□刚 yə$^{213-21}$kɑŋ˙ 走得很快：你～～地，这是上哪？

骗腿 p‘iã^{31}t‘ue^{55} 侧身抬起一条腿：一～就上了车子

骗路 p‘iã^{31}lu^{31} 转路：那个埝儿稍微一～就过去了

水撑 ʂue$^{55-21}$tʂ‘əŋ˙ 喝水过量而使腹中饱胀

到不 tɔ$^{31-55}$pu˙ ①轮不到：我就是拽了，也～你去拾 ②达不到：咱干得再差，也～那个地步

叉乎 tʂ‘ɑ$^{31-55}$xu˙ 交叉：这块地不能光种一样儿，得两样儿～着种

投点儿 t‘əu^{53}trɛr^{55} （脾气）合得来：他俩怪～

下窝儿 ɕiɑ^{31}uər^{213} 减少：碗里的饭怎么没见～啊？

不受 pu$^{213-23}$ʃəu^{31} 受不了：校长打青霉素～

瞒岁 mã^{53}θue^{31} 虚报年龄

当事儿 tɑŋ$^{213-23}$ʂɫer^{3} [illegible]责：这里谁～？

出飞儿 ʧ‘ʮ$^{213-23}$fer [illegible]小鸟儿长大后飞离 ②喻指儿女离开身边，成家立业

治 ʧʅ^{31} ①硬逼，强迫：～着他刨地瓜 ②对付：咱轧乎着～他

不治 pu$^{213-23}$ʧʅ^{31} ①不行：那样～，得变个法子 ②不好：他写得～，还是你写得好 ③无法挽救：他得了～的病

没治 mu^{53}ʧʅ^{31}

查换 tʂ‘ɑ$^{53-35}$xuã˙ 拿自己的东西跟别人换

扒摇 pɑ$^{213-21}$iɔ˙ 趴着游泳时挥动手臂向后划水

仰个扎 iɑŋ$^{55-21}$kə˙tʂɑ^{213} 仰面朝天（跌倒）：一脚蹬了他个～

仰巴扎 iɑŋ$^{55-21}$pə˙tʂɑ^{213}

行好 ɕiŋ^{53}xɔ^{55} 做好事儿

行善 ɕiŋ^{53}ʃɑ̃^{31}

不行人事儿 pu$^{213-23}$ɕiŋ^{53}iə̃^{53}ʂɬer^{31} 指人不做好事

扯连 ʧʻə$^{55-21}$liɑ̃˙ 牵扯：牙疼～着腮帮子疼｜你自己的事儿你自己当，别～旁人！

连筋 liɑ̃$^{53-35}$tɕiə̃˙ 物体之间相连：肉没切好，一块块的都还～着

通连 tʻuŋ$^{213-21}$liɑ̃˙ 连通：俩小洞～着

递脸子 ti^{31}liɑ̃$^{55-21}$tθʅ˙ （演员）化妆

看脸子 kʻɑ̃^{31}liɑ̃$^{55-21}$tθʅ˙ 看别人的脸色行事：这都什么时候了，你还看他的脸子？

离了大把儿 li$^{53-35}$lɔ˙tɑ$^{31-55}$pɑr˙ 违背大的原则：管干什么事儿都别～

耽 tɑ̃^{213} 耽误：你还不快走，～了上学啊？

耽干 tɑ$^{213-21}$kɑ̃˙

耽工 tɑ̃$^{213-21}$kuŋ˙

撮打 tʂʻuɑ$^{213-21}$tə˙ ①戳指别人头部 ②用手指点着批评：别光～小孩

打沙子 tɑ^{55}ʂɑ$^{31-55}$tθʅ˙ ①聚拢物体以便捆扎 ②指夹菜夹得多：你～呀？

绵 miɑ̃^{53} 倒伏，放倒：一场大雨，麦子都～倒了

过灭 kuə$^{31-55}$miə˙ 火炉因未续煤（或柴等）而熄灭

大包大揽 tɑ^{31}pɔ^{213}tɑ^{31}lɑ̃^{55} 满口应承承揽（所有事务）

迎 iŋ^{55} 扶、按、撑等动作：你给我～着点儿麻袋，别叫它歪了

囫囵滚个子 xu$^{53-35}$lə̃˙kuə̃^{55}kə$^{31-55}$tθʅ˙ 不脱衣服睡觉，和衣而睡

囫囵打旁连 xu$^{53-35}$lə̃˙tɑ^{55}pʻɑŋ$^{53-35}$liɑ̃˙

打抱窝儿 tɑ^{55}pɔ$^{31-55}$uər˙

折变 ʧə$^{213-21}$piɑ̃˙ 变卖

关 kuã^{213} 用针或针状物别（在上面）：你把号码～胸前！

游锣 iəu^{53}luə^{53} （人群）前推后拥，站立不稳

撞锣 tʂʻuaŋ^{31}luə^{53}

扎 tʂa^{213} 束：～口儿｜～腰｜～脖儿｜～腿

打马骡子惊 ta^{55}ma^{55}luə$^{53\text{-}35}$tθɿ$^{˙}$tɕiŋ^{213} 打草惊蛇

拿活墌 na^{53}xə^{53}ʧə^{53} 后车超越前车

会水 xue^{31}ʂue^{55} 识水性

混天熬日头 xuã^{31}tʻiã^{213}ŋɔ^{53}i$^{31\text{-}55}$təu$^{˙}$ 混日子，苟且地生活

混天聊日 xuã^{31}tʻiã^{213}liɔ^{53}i^{31}

坐 tθuə^{31} 扣留：你怎么把他的钱给～下了？

葬害 tθaŋ^{31}xɛ^{31} 害人：可别整天价想着～这个～那个的啊

葬弄 tθaŋ$^{31\text{-}55}$luŋ$^{˙}$ ①摔伤或得病没治好，留下后遗症：小时候～的毛病②（弄、整、搞等）坏了：吃东西～了胃 ③坑，害：你别～人了

聚 tsy^{31} 磕碰之后关节受伤：～着手脖子了｜把脚～了

跼 tsy^{53}

护驹子 xu^{31}tɕy$^{213\text{-}21}$tθɿ$^{˙}$ 比喻庇护自己的孩子（含贬义），也指庇护本单位的人：嗨嗨，你又～了吧？

护局子 xu^{31}tɕy$^{53\text{-}35}$tθɿ$^{˙}$

消绞 siɔ$^{213\text{-}23}$tɕiɔ^{55} 派用场：他光有那么多钱，就是没处～

转嘎拉儿 ʧuã^{31}ka$^{213\text{-}21}$ɭar$^{˙}$ ①转圈儿 ②到处：你～找一找，看看能不能找得到

咪溜转 mi$^{213\text{-}21}$liəu$^{˙}$ʧuã^{31} 很快地转，多指服服帖帖地听从别人使唤

打咪溜转 ta^{55}mi$^{213\text{-}21}$liəu$^{˙}$ʧuã^{31} 很快地转，多指急得团团转

上赶着 ʃaŋ^{31}kã$^{55\text{-}21}$ʧɔ$^{˙}$ 主动追求：还说找不着哇？～的还不排着队呀？

装神弄鬼 tʂuaŋ$^{213\text{-}23}$ʃə̃^{53}nuŋ/nəŋ^{31}kue^{55} 指人故弄玄虚

弄神弄鬼 nuŋ/nəŋ^{31}ʃə̃^{53}nuŋ/nəŋ^{31}kue^{55}

挺死 t‘iŋ$^{55-21}$θɿ· 因过度愤怒或悲伤而休克

度劲 tu^{31}tɕiã^{31} 用劲

拐带 kuɛ$^{55-21}$tɛ· 影响，牵连：你自己去玩儿吧，别连俺也～得学习不好了

错别 tθ‘uə$^{31-55}$piə· ①稍微移动一点：你把这块石头往左～一下不就搭上茬了吗？②错位或没对齐：这个桌子～了，朝里点儿就对齐了

三住两歇 θã$^{213-23}$ʧʮ^{31}liɑŋ^{55}ɕiə^{213} 停停歇歇，指三天打鱼，两天晒网：你这样～，到什么时候完工？

吣 ʧ‘ã/ts‘iã^{31} 呕吐。指人时为贬义

脱不了 t‘uə$^{55-21}$pu·liɔ^{55} 避免不了：事儿早晚都～，早干完了早利索

免不了 miã$^{55-21}$pu·liɔ^{55}

没耽 mu^{53}tã^{213} 没能避免：有钱的大手大脚，没钱的倒是省俭，结果都～了挨饿

褃 k‘ue^{31} ①（将布、纸、线、绳子、带子等）折叠：绳子长（太）长，不好拿，就～一～ ②拴，套：～个褃儿 ③用绳子、带子等拴成的结：～儿

倒腾 tɔ$^{55-21}$t‘əŋ· ①翻腾移动：把粪～地里去 ②调换，调配：人不够使的，你给我～两个来 ③买进卖出，贬义：～木头 ④搞，找，做，想办法弄：～点儿酒喝喝｜你别在这里胡～啦！

倒登 tɔ$^{55-21}$təŋ·

讨登 t‘ɔ$^{53-35}$təŋ· 不断地讨要，变换花样地讨要：这个小孩儿就知道～着吃了

截 tsiə^{53} 截断：～木头｜～钢管｜～捻儿

捂了窝子 u$^{55-21}$lɔ·uə$^{213-21}$tθɿ· 全部捉住：这伙子在白菜窖子里打牌九，叫公安局的～

端了窝子 tuã$^{213-21}$lɔ·uə$^{213-21}$tθɿ·

操可 tθ‘ɔ$^{213-21}$k‘ə· 操持、操劳：这些事儿就够你～的了

打澎澎 tɑ^{55}p‘əŋ$^{213-21}$p‘əŋ· 游泳时两脚上下打水

大样儿扒小样儿 ta^{31}ʅãr^{31}pa$^{213-23}$siɔ^{55}ʅãr^{31} 原样照搬

蹭逛儿 tθ‘əŋ^{31}kuãr^{31} 到处乱转而不正经干活儿

下夜 ɕia^{31}iə^{31} 夜间偷盗：这家伙好～，咱得好上瞅着点儿

起夜 tɕ‘i^{55}iə^{31} 晚上起来解手

摩肢 mə$^{53-35}$tʂʅ$^{\cdot}$ 工作时，相邻的人因靠得太近而互相影响工作

搁颠 kə$^{213-23}$tiã^{213} 颠簸：哎哟嗨，坐拖拉机可叫它～毁了哇

赚相应 ʧuã^{31}siaŋ$^{213-23}$iŋ^{213} 赚便宜

外应儿不赚 uɛ$^{31-55}$ʅə̃r/iɾə̃r$^{\cdot}$pu$^{213-23}$ʧuã^{31} 不赚别人的便宜

调摇 tiɔ$^{31-55}$iɔ$^{\cdot}$ 摇，摆：小狗儿～个尾巴，在前面晃来晃去

顶松 tiŋ^{55}θuŋ^{213}/tiŋ$^{55-21}$θuŋ$^{\cdot}$ 放松：你可不能～

一去不还乡 i$^{213-23}$tɕ‘y^{31}pu$^{213-23}$xuã^{53}ɕiaŋ^{213} 一去不返

一去不回 i$^{213-23}$tɕ‘y^{31}pu$^{213-23}$xue^{53}

洸 kuaŋ$^{213/31}$ 液体因摇晃而溢出：看你挑这一挑子水，～出来拉拉了一路

洸得儿 kuaŋ$^{213-21}$tɾer$^{\cdot}$/kuaŋ$^{31-55}$tɾer$^{\cdot}$

洸荡 kuaŋ$^{213-21}$taŋ$^{\cdot}$/kuaŋ$^{31-55}$taŋ$^{\cdot}$

练 liã^{31} （用绳子）捆、绑、扎，拴，系紧：把车上的绳子～好

砸抱头 tθa$^{53-35}$pɔ$^{\cdot}$t‘əu^{53} 将手推车装满后仍继续装

堆古 tθue$^{213-21}$ku$^{\cdot}$ 堆起来：好好地～～果子 | 把粪～起来，用苫子盖上

牙 ia^{53} ①（从外面）用锁把门挂上，但不锁：你走的时候把门～上就行 ②（在屋里）把门关上，并留有缝隙：你去把门～上

蹾 tuə̃^{213} 用力猛往下放

饥 tɕi^{213} 收缩：你～一～肚子

蜷 tɕ‘yã^{53} 弯曲：～～腿，别伸这么长

蜷悠 tɕ‘yã$^{53-35}$iəu$^{\cdot}$

打磨 ta$^{55-21}$mə$^{\cdot}$ ①在物体表面摩擦，使其光滑 ②讽刺，嘲笑：就会～人

放黑石头 fɑŋ^{31}xe$^{213-21}$ʃʅ·t‘əu·　在隐蔽处用石头、砖块等袭击

上抢 ʃɑŋ$^{31-55}$ʦ‘iɑŋ·　一个人快速地逼近另一个人，想和对方打架：我怎么你来，你～什么？

背黑锅 pe^{31}xe$^{213-23}$kuə^{213}　替别人承担罪名

哄儿瞒女 xuŋ^{55}ɭə^{53}mã^{53}ȵy^{55}　欺瞒晚辈或下级

认脚 iə̃^{31}ʨyə^{213}　鞋左右两只不能换着穿

原复原地 yã^{53}fu^{213}yã^{53}ti^{31}　原封不动

　原复原儿 yã^{53}fu$^{213-23}$yɛr^{53}

外向 uɛ$^{31-55}$ɕiɑŋ·　不跟自家一条心：闺女大了～

　外泛 uɛ$^{31-55}$fã·

接染 tsiə$^{213-23}$iã^{55}　到农村收布送到染坊去染

砉 xuɑ^{213}　①把粗的物体分割成细的：把木棍～成几根木条子 ②把整票换成零钱：你把这张给我～开

（2）心理活动

耳识 ɭə$^{55-21}$ʃʅ·　留神；发现；看到；注意，觉察

　过睬 kə/kuə$^{213-21}$tθ‘ɛ·

　留意 liəu^{53}i^{31}

　睬细 tθ‘ɛ$^{55-21}$si·

　瞰细 θɑ$^{53-35}$si·

　耳目 ɭə$^{55-21}$mu/mə·

寻思 ʃə̃/siə̃$^{53-35}$θʅ·　思考；猜测：你回去好好～～｜我～你会走这里，早就在这里等着你了！

估么 ku$^{213-21}$mə·　估计

　估计 ku$^{213-23}$ʨi^{31}/ku$^{213-21}$ʨi·

　约么 yə$^{213-21}$mə·

想点子 siɑŋ^{55}tiã$^{55-21}$tθʅ·　想主意

想法儿 siaŋ^{55}far^{213}

想方儿方儿 siaŋ^{55}fãr$^{213-21}$fãr˙

想招儿 siaŋ^{55}tʂɬɔr^{213}

打谱儿 ta^{55}p‘ur^{55}　打算，计划，盘算

数算 ʂu$^{55-21}$θuã˙　①预计，猜测 ②计算

算计 θuã$^{31-55}$tɕi˙

合计 xə$^{53-35}$tɕi˙

满打满算 mã^{55}ta^{55}mã^{55}θuã^{31}　总体计算；总体来说

一包再包 i$^{213-23}$pɔ^{213}tθɛ^{31}pɔ^{213}　一切都包括在里面

抻量 ʧ‘ə̃$^{213-21}$liaŋ˙　掂量，斟酌，考虑

掂量 tiã$^{213-21}$liaŋ˙　①用手掂物体，看有多重：你～～看看这个兔子有多沉？②斟酌，考虑：这事儿你～～吧

挣命 tʂəŋ^{31}miŋ^{31}　拼命，用全力：～地往前跑

定夺 tiŋ$^{31-55}$tue˙　决定，确定：已经～好了

懂 tuŋ^{55}　①理解，明白 ②分辨：没～出声来

懂门 tuŋ^{55}mer^{53}　熟悉某种业务

懂行 tuŋ^{55}xaŋ^{53}

懂嘎 tuŋ^{55}ka^{53}　明白，懂得：不～

摸不上帽子八寸儿 mə$^{213-21}$pu˙ʃaŋ^{31}mɔ$^{31-55}$tθɿ˙pa$^{213-23}$tθ‘uə̃^{31}tɕi^{55}　丈二和尚摸不着头脑；弄不明白

心心痒儿痒儿 ʃə̃$^{213-21}$ʃə̃˙ʅãr/irãr$^{55-21}$ʅãr/irãr˙　跃跃欲试，一心想干某事

陆陆痒儿痒儿 ly$^{213-21}$ly˙ʅãr/irãr$^{55-21}$ʅãr/irãr˙

则 tθe^{213}　估计，推测：你～～看看，是不是这么回事儿

则么 tθe$^{213-21}$mə˙

嗑么 k‘ə$^{213-21}$mə/mu˙　推测，预料，掂量：你～～这事儿该怎么办？

量仗 liaŋ$^{31-55}$ʧaŋ˙ ①（有把握地）预测，推测：他～他能干成这件事

②依仗：他～着他爹有钱，他在外头胡摆摆

凭寻思 p‘iŋ^{53}ʃə̃/siə̃$^{53-35}$θʅ˙ 据一般情况推测

怦怦 p‘əŋ$^{213-21}$p‘əŋ˙ 认为，以为：我就~你想不开

掉向 tiɔ^{31}ɕiaŋ^{31} 迷失方向

转向 ʧuã^{31}ɕiaŋ^{31}

倒迷 tɔ^{31}mi^{53}

糊迷 xu$^{53-35}$mi˙

嗑相 kə$^{213-21}$siaŋ˙ ①根据具体情况办：这事儿你～着办吧 ②估算：你～～这棵树能出几方儿料？

照量 ʧɔ$^{31-55}$liaŋ˙ ①照看：恁大嫂子，我把恁小兄弟搁你这里，你给～着 ②根据具体情况：你～着办吧 ③推测：你给我～～这块石头能出多少料石？

照望 ʧɔ$^{31-55}$uaŋ˙ 照看，照料：我家走拿点儿么儿，你给我～点儿牛

照相 ʧɔ$^{31-55}$siaŋ˙ ①照看，照料：您二婶子，我去赶集，我把小孩儿搁你这里你给～点儿哈？②端详，审视：你～～这棵树，看看能出多少木头？

照么 ʧɔ$^{31-55}$mə˙ ①照看，照料 ②根据具体情况（进行等）：那就～着来吧，大差儿不差儿就行

合么 xə$^{53-35}$mə˙ ①合计，算计：你～～这事儿行不行 ②经慎重考虑之后，感觉事情可行或可办：这样可～不着，我看还是算了吧

咯么 kə$^{213-21}$mə˙ ①想办法，试探着把东西安装或修理好：我的收音机毁了，你给我～～ ②想办法捉弄捉弄（某个人）：你看看这个家伙在干什么？咱～～他

相法 siaŋ$^{31-55}$fə˙ 端详，审视，认真仔细地打量：你好上～～这个小孩儿

相方 siaŋ$^{31-55}$faŋ˙

搁账 kə$^{213-23}$ʧɑŋ^{31} 合算，划算

猜 tθ‘ε^{213} 猜想；猜测

哄 xuŋ^{55} 骗

蒙 məŋ^{213} ①欺骗：他～我说俺大舅来了，跑到家里没有人 ②猜测：我知不道是什么，就～一个吧

打马虎眼儿 tɑ^{55}mɑ$^{55-21}$xu˙ʅεr/iεr^{55} ①故意装糊涂蒙混骗人 ②应付，不认真对待

　胡二摆呆 xu$^{53-35}$ɭə˙pε$^{55-21}$tε˙

玩二五眼 uã^{53}ɭə$^{31-55}$u$^{55-21}$iã˙ 骗人

瞒皮猜瓜 mã^{53}p‘i^{53}tθ‘ε$^{213-23}$kuɑ^{213} 瞎猜

糊弄 xu$^{31-55}$nuŋ˙ ①欺骗，蒙混：他净干些～人的事儿 ②凑合，将就，敷衍

忽忽 xu$^{213-21}$xu˙ 糊弄，胡混：～了二年，也没弄出什么来

坚持 tɕiã$^{213-23}$ʧ‘ʅ^{53} 主张做（某事）

顶对 tiŋ$^{55-21}$tue˙ 反对：别和他～，多绺乎着他

露马脚 ləu^{31}mɑ$^{55-21}$tɕyə˙ 露出事实真相：怎么样，～了吧？

露馅儿 ləu^{31}ɕirεr^{31} 事情暴露：叫人一问，就～了

盖么 kε$^{31-55}$mə˙ 掩盖，遮掩：别在那里～了

招乎 ʧɔ$^{213-21}$xu˙ 防备，提防：你～点儿吧

疑忌 i$^{53-35}$tɕi˙ 怀疑；猜疑

　疑惑 i$^{53-35}$xue˙

闷昏 mə̃$^{31-55}$xuə̃˙ ①纳闷：我正～着呢，你就来了 ②理解、领悟、明白：我到现在还没～过来

　闷惑 mə̃$^{31-55}$xue˙

纳闷儿 nɑ^{31}mer^{31} ①疑惑不解 ②琢磨，考虑

纳么 nɑ$^{31-55}$mə˙ 琢磨；盘算

试着 ʃʅ$^{31-55}$ʧɔ˙ 觉得：我干这事～卓巴结

量欺 liɑŋ^{31}tɕ'i^{213} 小看，蔑视

砸锅卖铁 tθɑ^{53}kuə^{213}mɛ^{31}t'iə^{213} 拿出所有的东西，做出最大的努力：我～也得让小孩儿上学

虎起心来 xu$^{55-21}$tɕ'i˙ʃə̃^{213}lɛ˙ 下定决心

砸定死槽 tθɑ^{53}tiŋ^{31}θʅ^{55}tθ'ɔ^{53}

撒急 θɑ$^{213-23}$tɕi^{53} 着急

焦了眼 tsiɔ$^{213-21}$lɔ˙iã^{55}

急了眼 tɕi$^{53-35}$lɔ˙iã^{55}

急得上火 tɕi$^{53-35}$ti˙ʃɑŋ^{31}xuə^{55}

急红了眼 tɕi^{53}xuŋ$^{53-35}$lɔ˙iã^{55}

抓急窝子 tʂuɑ$^{213-23}$tɕi$^{53-35}$uə˙tθʅ˙

觉慌 tɕyə$^{213-21}$xuɑŋ˙ 感到心慌；着急

抓瞎 tʂuɑ$^{213-23}$ɕiɑ^{213} 因无准备而手足无措：平时不好好学，考试就～了

大眼儿瞪小眼儿 tɑ^{31}ʅɛr^{55}təŋ^{31}siɔ^{55}ʅɛr^{55} 面面相觑，手足无措

不摸阴阳 pu$^{213-23}$mə^{213}iə̃$^{213-23}$iɑŋ^{53} 不明是非

惦念 tiã$^{31-55}$ȵiã˙ 挂念，惦记，担心

挂惦 kuɑ$^{31-55}$tiã˙

惦挂 tiã$^{31-55}$kuɑ˙

惦光 tiã$^{31-55}$kuɑŋ˙

惦记 tiã$^{31-55}$tɕi˙

惦干 tiã$^{31-55}$kã˙

想着 siɑŋ$^{55-21}$ʧɔ˙

记着 tɕi$^{31-55}$ʧɔ˙

挂牵 kuɑ$^{31-55}$tɕ'iã˙

如心 y$^{53-35}$ʃə̃/siə̃˙ 放心：小孩儿不在家，大人就是不～

舍气 ʃə$^{55-21}$tɕ‘i˙ 死心，甘心：他还不～

巴巴 pɑ$^{213-21}$pɑ˙ 盼望

巴巴个眼子 pɑ$^{213-23}$pɑ$^{213-21}$kə˙iɑ̃$^{55-21}$tθʅ˙

盼着 p‘ɑ̃$^{31-55}$ʧɔ˙

恨不得 xə̃$^{31-55}$pu˙ti˙ 巴不得

耳艮 ɭə$^{55-21}$kə̃˙ 忘记

忘了 uɑŋ$^{31-55}$lɔ˙

攀伴儿 p‘ɑ̃$^{213-23}$pɛr^{31} 攀比

红眼 xuŋ^{53}iɑ̃^{55} 嫉妒，羡慕

眼馋 iɑ̃^{55}tʂ‘ɑ̃^{53}

眼红 iɑ̃^{55}xuŋ^{53}

烦弃 fɑ̃$^{53-35}$tɕ‘i˙ 让人感到讨厌或厌烦：这小孩儿怪～人的

烦恶 fɑ̃^{53}u^{31}

恶怏 ŋə$^{213-21}$iɑŋ˙

窝怏 uə$^{213-21}$iɑŋ˙

贴伙 t‘iə$^{213-21}$xuə˙ 亲近，讨好：好上～着他

贴乎 t‘iə$^{213-21}$xu˙

偏心眼子 p‘iɑ̃$^{213-23}$ʃə̃/siə̃$^{213-23}$iɑ̃$^{55-21}$tθʅ˙ 偏心

吃醋 ʧ‘i$^{213-23}$tθ‘u^{31} （多指男女关系上的）妒忌

争竞 tʂəŋ$^{213-21}$tɕiŋ/tɕiə̃˙ 争执：～什么，跟他还能分出个里表来？

般见识 pɑ̃$^{213-23}$tɕiɑ̃$^{31-55}$ʃʅ˙ 计较：大人不跟小孩儿～

一般见识 i$^{213-23}$pɑ̃^{213}tɕiɑ̃$^{31-55}$ʃʅ˙

计较 tɕi$^{31-55}$tɕiɔ˙ 忌讳：您这里有什么～了吧？

撒气 θɑ$^{213-23}$tɕ‘i^{31} 出气，解气，解恨：逮着小孩儿～算什么本事？

煞气 ʂɑ$^{213-23}$tɕ‘i^{31}

出气 ʧʻɥ$^{213-23}$tɕʻi^{31}

鼓 ku^{55} ①忍住，憋住：老张实在～不住了 ②生气：小孩听话，大人高兴，小孩不听话，大人～得了不得

憋 piə^{213}

堵 tu^{55}

一赌二气 i$^{213-23}$tu^{55}ḷə^{31}tɕi^{31} 生气，赌气

赌气 tu^{55}tɕʻi^{31}

怄气 ŋəu$^{213-23}$tɕʻi^{31}

执气 ʧʅ$^{213-23}$tɕʻi^{31}

嫌 ɕiã^{53} 嫌弃

嫌乎 ɕiã$^{53-35}$xu˙ 抱怨

疼 tʻəŋ^{53} （对物）爱惜，（对人）疼爱

喜 ɕi^{55} 喜欢

喜人 ɕi^{55}iə̃^{53} ①惹人喜爱 ②使人发笑

惯 kuã^{31} 娇惯，宠爱

爱将 ŋɛ$^{31-55}$ʦiɑŋ˙ （小孩等）讨人喜爱

上火儿 ʃɑŋ^{31}xuər^{55} 发怒

走时 tθəu^{55}ʂʅ^{53} 走运

流年不利 liəu^{53}ȵiã^{53}pu$^{213-23}$li^{31} 不走运

不走时 pu$^{213-23}$tθəu^{55}ʂʅ^{53}

将就 ʦiɑŋ$^{55-21}$ʦiəu˙ 迁就，凑合

凑乎 tθʻəu$^{31-55}$xu˙

俯就 fu$^{55-21}$ʦiəu˙ ①依靠：～着这张椅子 ②因受约束而感到不得劲，不舒服：你往后挪一挪来，这样儿我太～得上 ③将就：我看这事儿你就～～他吧 ④利用。也可以单用“就”：～旁人腿上搓麻线 ⑤顺便：你上街呀？那你就～着给我捎俩豆饼来

接就 tsiə$^{213-21}$tsiəu˙ ①利用：我歇一霎儿，你～我这个机子干吧 ②顺便：你上街去呀，～着给我买桶儿洗头膏儿来吧

可人相 k‘ə^{55}iə̃^{53}siɑŋ^{31} 使人满意

愁肠 tʂ‘əu^{53}tʃ‘ɑŋ^{53} 郁结愁闷的心绪

虚么唬 çy$^{213-21}$mə˙xu^{55} 渲染：真能～

谁道 ʂe^{53}tɔ^{31} 谁知道。表反问：那这事儿～？

知不道 tʃʅ$^{213-21}$pu˙tɔ^{31} 不知道：明天开会，你～？

知不 tʃʅ$^{213-21}$pu˙ 咱也～怎么回事儿

心话 ʃə̃/siə̃$^{213-21}$xuɑ˙ 寻思，琢磨：我～你怎么干开了这一行啊？

没手救儿 mu^{53}ʃəu$^{55-21}$tɕiɾəur˙ 没有办法处理，解决不了

没救手儿 mu^{53}tɕiəu$^{31-55}$ʂɬəur˙

解 çiɛ^{31} 理解，明白：一点小事儿都～不开，得学会～开事儿

下意 çiɑ$^{31-55}$i˙ ①忍不住：苹果没洗，这么脏，你也～地去吃？②忍心：这小孩卓可怜，我不～打他

推当 t‘ue$^{213-21}$tɑŋ˙ 假装：你别～知不道这事儿了！

装憨 tʂuɑŋ$^{213-23}$xã^{213} 装傻

装癫卖傻 tʂuɑŋ$^{213-23}$tiã^{213}mɛ^{31}ʃɑ^{55}

装疯卖傻 tʂuɑŋ$^{213-23}$fəŋ^{213}mɛ^{31}ʃɑ^{55}

装嘲卖傻 tʂuɑŋ$^{213-23}$tʃ‘ɔ^{53}mɛ^{31}ʃɑ^{55}

装孬 tʂuɑŋ$^{213-23}$θuŋ^{53} 假装无能，装傻

敬颂 tɕiŋ$^{31-55}$θuŋ˙ （不情愿地）尊重

望风捕影 uɑŋ^{31}fəŋ^{213}p‘u$^{213-23}$ʅə̃r/iɾə̃r^{55} 没有事实，主观臆断

起驰 tɕ‘i$^{55-21}$tʃ‘ʅ˙/tɕ‘i^{55}tʃ‘ʅ^{53} 有做某事的可能性，有做某事的打算。多用于否定句：你想叫他干这事儿，他根本就没～｜你想跟他交朋友，根本就不～

抠查 k‘əu$^{213-21}$tʂ‘ə˙ ①抠：他在河堐里～了半天，抠出几个小螃来 ②很

困难地做某事：就一道题，你～半天也没弄出个道儿道儿来！

掰查 pe$^{213-21}$tʂ'ɔ˙ 仔细地计算

扒查 pɑ$^{213-21}$tʂ'ɑ/tʂ'ə˙

犯难为 fã^{31}nã^{53}ue^{53}/fã^{31}nã$^{53-35}$ue˙ 感到为难

坐蜡 tθuə^{31}lɑ^{31} 感到尴尬，为难

论堆 luə̃/lə̃^{31}tθue^{213} 气馁，灰心，自暴自弃：这个孩子～了

犯于 fã^{31}y^{53} 值得：这样干～的吗？

不犯于 pu$^{213-23}$fã^{31}y^{53} 不值得

犯不上 fã$^{31-55}$pu˙ʃɑŋ^{31}

犯不着 fã$^{31-55}$pu˙ʧɔ^{53}

值过 ʧʅ$^{53-35}$kuə˙ 值得：这样干可不～，你怎么犯这样的傻呢？

值当的 ʧʅ$^{53-35}$tɑŋ˙ti˙

值不当的 ʧʅ$^{53-35}$pu˙tɑŋ$^{31-55}$ti˙ 不值得

不值当的 pu$^{213-23}$ʧʅ$^{53-35}$tɑŋ˙ti˙

担 tã^{213} 承担，担当，承受：这小孩儿～不了事儿

担待 tã$^{213-21}$tɛ˙ 原谅：小孩儿有什么不对的埝儿，你多～点儿

怵 ʧ'ɥ^{31} 害怕；使人感到害怕：谁还～你不成？| 到哪里也别～

除 ʧ'ɥ^{53} 害：谁还～你吗？这是向着你，真是个傻孩子！

理 ɭə^{55} 理会，理睬

搭理 tɑ$^{213-21}$ɭə˙

理乎 ɭə$^{55-21}$xu

理会 li$^{55-21}$xue˙ ①处置，惩罚：等我回来再～你！②修理：好好～～它

影 iŋ^{55} 记挂，担心：那边儿事儿办得怎么样了，也没个信儿，怪～得上

惯 kuã^{31} 娇惯（小孩儿）：小孩儿不经～，一～就～毁了

疼 t'əŋ^{53} 疼爱：～小孩儿可不能惯小孩儿

向 ɕiɑŋ^{31} 偏袒，袒护：自古爷娘～小儿

偏向 p‘iã$^{213-23}$ɕiaŋ^{31}

闹心 nɔ$^{31-55}$ʃə̃/siə̃˙ 感到苦恼，心里很乱

嘈心 tθ‘ɔ$^{53-35}$ʃə̃/siə̃˙ ①胃口不好 ②厌恶；讨厌

熬煎 ŋɔ$^{213-21}$tsiã˙ 煎熬：小孩儿好几天了还不退烧，享～人咧

抓石头打天 ʧuɑ$^{213-23}$ʃʅ$^{53-35}$t‘əu˙tɑ^{55}t‘iã^{213} 因无计可施、手足无措而烦恼

犯防备 fã^{31}faŋ$^{53-35}$pe˙ 提高注意力

不犯防备 pu$^{213-23}$fã^{31}faŋ$^{53-35}$pe˙ 冷不防，没防备

当大面儿 taŋ$^{213-23}$tɑ$^{31-55}$mɾɛr/miɾɛr˙ 顾全大局

顾娄大面儿 ku$^{31-55}$ləu˙tɑ$^{31-55}$mɾɛr/miɾɛr˙

（3）语言动作

问道 uə̃$^{31-55}$tɔ˙ 问：这事儿我可知不道，你等着～～他吧

嘟念 tu$^{213-21}$ȵiã˙ 念叨

念叨 ȵiã$^{31-55}$tɔ˙

不打辞隔 pu$^{213-23}$tɑ^{55}tθ‘ʅ^{53}ke^{213} 毫不犹豫地答应或承担

搭腔 tɑ$^{213-23}$tɕ‘iaŋ^{213} 说话，答话

搭话 tɑ$^{213-23}$xuɑ^{31} 接话，应答

搭茬儿 tɑ$^{213-23}$tʂ‘ɬar^{53}

摩弄光滑墙 mə$^{53-35}$ləŋ/luŋ˙kuaŋ$^{213-23}$xuɑ^{53}ts‘iaŋ^{53} 调解，充当和事佬：王大哥最会～了

顺杆子溜 ʃuə̃$^{31-55}$kã$^{213-21}$tθʅ˙liəu^{55} ①按照别人说的意思说话；②随波逐流

鳖吃秫秫顺杆子爬 piə$^{213-23}$ʧ‘ʅ^{213}ʃɥ$^{53-35}$ʃɥ˙ʃuə̃$^{31-55}$kã$^{213-21}$tθʅ˙p‘ɑ^{53}

吱声 tθʅ$^{213-21}$ʃəŋ˙ ①做声，出声 ②说（话）：有事儿你就～一声

吱应 tʂʅ$^{213-21}$iŋ˙ 打招呼：他来到这里打了个～就走了

不吱声 pu$^{213-23}$tθɿ$^{213-21}$ʃəŋ˙ 沉默，不做声，不说话

哑巴唧的 iɑ$^{55-21}$pə˙ʦi$^{213-21}$ti˙

哑不唧的 iɑ$^{55-21}$pu˙ʦi$^{213-21}$ti˙

哑儿巴唧的 iɑ$^{55-21}$ɭə˙pɑ$^{213-23}$ʦi$^{213-21}$ti˙

掰口不开 pe$^{213-23}$k‘əu^{55}pu$^{213-23}$k‘ɛ^{213} 无论如何也不说话

免目 miã$^{55-21}$mə˙ 说看不起人的话

扒口不提 pɑ$^{213-23}$k‘əu^{55}pu$^{213-23}$t‘i^{53} 把事情隐瞒得很严，什么都不说

扬和 iɑŋ$^{53-35}$xuə/xu˙ 到处宣传别人的罪过，以败坏别人的名声

搞说 kɔ$^{55-21}$ʃuə˙ 在别人面前故意提说某事：做点儿事儿就～个没完，恨不得天下人都知道

提搞 t‘i^{53}kɔ^{55}

添油加醋 t‘iã$^{213-23}$iəu^{53}ʨiɑ$^{213-23}$tθ‘u^{31} 叙述事情或转述别人的话时，夸张渲染，添上原来没有的内容

告诵 kɔ$^{31-55}$θuŋ˙ 告诉：这事儿你可不能～他

翻皮缠 fã$^{213-23}$p‘i^{53}ʧ‘ã^{53} 争辩，诡辩：别在这里～咧，快去干你的活儿去吧

抬杠 t‘ɛ^{53}kɑŋ^{31}

抬死杠 t‘ɛ^{53}θɿ$^{55-21}$kɑŋ˙ 极力争辩，狡辩：哼，看看吧，这俩又～开咧

使嘴劲 ʂɿ^{55}tθue$^{55-21}$ʨiã˙ 光说不干

打嘴官司 tɑ^{55}tθue$^{55-21}$kuã˙θɿ˙ 争吵，争论：看看这爷俩又～了

调对 tiɔ$^{31-55}$tue˙

白文儿 pe^{53}uer^{53} 顶嘴，反驳，争辩（多指对尊长）

犟嘴 ʨiɑŋ^{31}tθue^{55}

顶嘴 tiŋ^{55}tθue^{55}

嘴硬 tθue$^{55-21}$iŋ˙ 不服他人而与之顶嘴

调嘴调舌 tiɔ^{31}tθue^{55}tiɔ^{31}ʃə^{53} 拌嘴，口角

　拌嘴 pã^{31}tθue^{55}

打仗 tɑ^{55}ʧɑŋ^{31} 吵架，打架

打仗聊生 tɑ^{55}ʧɑŋ^{31}liɔ^{53}ʂəŋ^{213} 泛指打架、闹矛盾等

打嘴仗 tɑ^{55}tθue$^{55-21}$ʧɑŋ˙ 吵架

　斗嘴 təu^{31}tθue^{55}

　岔牙 tʂ‘ɑ^{53}iɑ^{53}

吵 tʂ‘ɔ^{55} ①争吵 ②批评，斥责：他又没做错事，你老～他干什么？

吵吵 tʂ‘ɔ$^{213-21}$tʂ‘ɔ˙ ①叫嚷，声音杂乱 ②吵架

抓嘛子狼嚎 tʂuɑ$^{213-21}$mɑ˙tθʅ˙lɑŋ^{53}xɔ^{53} 打闹声、吵闹声、哭声等混杂在一起

噘 tɕyə^{53} 骂

活噘乱骂 xə^{53}tɕyə^{53}lã/luã^{31}mɑ^{31} 胡乱骂人

活噘 xə^{53}tɕyə^{53} 开口大骂

噘街 tɕyə^{53}tɕiɛ^{213} 骂街，在街上叫骂

叫街 tɕiɔ^{31}tɕiɛ^{213} 在街上叫喊

挨噘 iɛ^{53}tɕyə^{53} 挨骂

诨人 xuə̃^{31}iə̃^{53} 拐弯抹角地骂人，半开玩笑地骂人

旺齉话 uɑŋ$^{31-55}$nɑŋ˙xuɑ^{31} 下流话：老王都这么大年纪了，还动不动就说些～

喳咕 tʂ‘ɑ$^{213-21}$ku˙ 小声地说：现在先开会，别乱～，有什么话会后大家再议论

　喳喳咕咕 tʂ‘ɑ$^{213-21}$tʂ‘ɑ˙ku$^{213-21}$ku˙

　喳喳 tʂ‘ɑ$^{213-21}$tʂ‘ɑ˙

咕唧 ku$^{213-21}$tsi˙ ①小声说话 ②漱（口）：～～嘴

道事儿 tɔ^{31}ʂɭer^{31} 小声说话

跟鬼说话 kã$^{213-23}$kue^{55}ʃuə$^{213-23}$xuɑ^{31} 自言自语

　鬼说 kue$^{55-21}$ʃuə·

　鬼说话 kue^{55}ʃuə$^{213-23}$xuɑ^{31}

发牙子 fɑ$^{213-23}$iɑ$^{53-35}$tθɿ· 事先声明自己的计划

捣实锤 tɔ^{55}ʃɿ^{53}tʂ'ue^{53} 说实话

吐漏 t'u$^{55-21}$ləu· 说。贬义：这家伙不～人话

蹭巴 tθ'əŋ$^{31-55}$pə· 嘲笑，讽刺：这家伙就会说话～人

　砸巴 tθɑ$^{53-35}$pə·

　刺拉 tθ'ɿ$^{31-21}$lɑ/lə·

圆场 yã$^{53-35}$ʧ'ɑŋ· 劝说；劝架

　圆成 yã$^{53-35}$ʧ'əŋ·

　圆扪 yã$^{53-35}$mã·

　圆盘子 yã^{53}p'ã$^{53-35}$tθɿ·

　打圆场 tɑ^{55}yã^{53}ʧ'ɑŋ^{55}

打退 tɑ$^{55-21}$t'ue· ①推辞、推却：那个事叫我给～了 ②退掉（亲事）：你去把小妮子给～了，这样儿的妮子，咱要不得

醋 tθ'u^{31} 批评，指责，训斥：我刚～了他一顿，把他～得抬不起头来

　剋 k'e^{31}

撇腔 p'iə$^{213-23}$tɕ'iɑŋ^{213} 拿腔拿调：出去呆了两天，回来就～了

褒贬 pɔ$^{55-21}$piã· 评论，说长道短

挑毛眼 t'iɔ$^{213-23}$mɔ^{53}iã^{55} 挑别人的毛病

　挑毛刺儿 t'iɔ$^{213-23}$mɔ^{53}tθ'ɾer^{31}

伙伙 xuə$^{55-21}$xuə· 怂恿：别光～着玩儿！

蹚蹚 t'ɑŋ$^{213-21}$t'ɑŋ· 鼓动、怂恿、唆使：叫旁人～着干这干那

　撮弄 tθ'uə$^{213-21}$luŋ·

　窜弄 tθ'uã$^{213-21}$luŋ·

起发 tɕʻi$^{55-21}$fə˙

戳弄 tʂʻuə$^{53-35}$luŋ˙ ①唆使，搬弄，怂恿 ②摆弄（东西）③逗引（儿童）

戳唧 tʂʻuə$^{53-35}$tsi˙ ①打闹，（用手指）捅 ②摆弄 ③胡乱干（活儿）④挑唆；挑逗；挑衅：～小鬼儿上吊

戳咕 tʂʻuə$^{53-35}$ku˙ ①挑唆；暗中怂恿 ②摆弄；干

戳乎 tʂʻuə$^{53-35}$xu˙ ①挑唆，唆使 ②摆弄

戳坏 tʂʻuə$^{53-35}$xuɛ˙ 挑拨，唆使

搅坏 tɕiɔ$^{55-21}$xuɛ˙

将将 tsiɑŋ$^{213-21}$tsiɑŋ˙ （对孩子）溺爱，不加以管教：你就好～小孩儿！

谑光 ɕyə$^{213-21}$kuɑŋ˙ ①骗人 ②撮弄，怂恿

揭短 tɕiə$^{213-23}$tuã^{55} 不留情面地指出别人的短处：他一跟老婆吵吵就～

揭老底儿 tɕiə$^{213-23}$lɔ^{55}tɾer^{55}

揭挑 tɕiə$^{213-21}$tʻiɔ˙ 揭发，不留情面地指出：她～了男人一大顿

揭项 tɕiə$^{213-21}$ɕiɑŋ˙

偈 tsy^{53} 拿话堵人，使别人陷入尴尬境地：这家伙说话爱～人

噤声的 tɕiə$^{213-23}$ʃəŋ$^{213-21}$ti˙ 别说话，别吱声：你给我～！说什么话？

噤么声儿的 tɕiə$^{213-21}$mə˙ʂɫõr$^{213-21}$ti˙

叫没声的 tɕiɔ$^{31-55}$mu˙ʃəŋ$^{213-21}$ti˙

住嘴 ʧʮ^{31}tθue^{55}

啰啰 luə$^{213-21}$luə˙ 不住声地说，唠叨

哆啰 tuə$^{213-21}$luə˙

哆啦 tuə$^{213-21}$lɑ/lə˙

二么呕儿 ɭə$^{31-55}$mə˙ŋəur^{213} ①酒喝多了说话没有头绪 ②不知不觉

贬将 piã$^{55-21}$tsiɑŋ˙ 用言语贬低别人

支派 tʂʅ$^{213-21}$pʻɛ˙ 差遣

支使 tʂʅ$^{213-21}$ʂʅ˙

栽派 tθε$^{213-21}$p‘ε˙ 吩咐，安排

转文（儿）tʂuε^{55}uə̃^{53} (uer)^{53} 掉书袋，说话文绉绉

扒问 pɑ$^{213-21}$uə̃˙ 询问

根问 kə̃$^{213-21}$uə̃˙ 寻根究底，追问

摆划 pε$^{55-21}$xuε˙ 处置；安排

铺排 p‘u$^{213-21}$p‘ε˙ 安排，吩咐

打哈哈 tɑ^{55}xɑ$^{213-21}$xɑ˙ （语言上）敷衍了事，应付

打夯儿 tɑ^{55}xɑ̃r^{213} 不按正常的称谓称呼人

囔囔 nɑŋ$^{213-21}$nɑŋ˙ ①小声说话 ②唠叨，软磨硬泡：他不撑小孩儿～，就答应了孩子的要求

磨嘴皮子 mə^{53}tθue^{55}p‘i$^{53-35}$tθɿ˙ 说话，理论，斗嘴

入耳 y$^{213-23}$ɭə^{55} 能听进别人的话（多用于否定句）：我说了好几遍了，你就是不～

点乎 tiə̃$^{55-21}$xu˙ 用言语耍弄（人）

理料 li$^{55-21}$liɔ˙ 教育，调教：你不好上～小孩儿，叫他学坏了，你可就～不过来了

　教调 tɕiɔ$^{31-55}$t‘iɔ˙

指教 tʂʅ$^{55-21}$tɕiɔ˙ 劝说，教育：这个小孩不服～

理整 li$^{55-21}$tʂəŋ˙ 教育、教训（人）：你看看这小子能得要命，～～他，叫他学学怎么当老实人

数量 ʂu$^{55-21}$liɑŋ˙ 用言语批评、教育：你家去～～小孩儿

　数落 ʂu$^{55-21}$luə˙

拨儿拨儿 pər$^{213-21}$pər˙ 支配，指挥

哼 xəŋ^{213} 管束，支配。戏谑说法：你～不着咱！｜你看看你能～～谁呀？

　哼儿 xə̃r^{213}

噌 tθ‘əŋ^{31} 斥责，叱责：挨～

发落 fɑ$^{213-21}$luə˙ ①数落，一条条儿地列举他人的言行并进行议论、批评：他已经认了错了，你就别再～他了 ②发牢骚：你～两句也就行了，别没完没了

簪簪 tθã$^{213-21}$tθã˙ 杜撰，编造：这俩家伙又在～事儿事儿了

捡胳膊数腿 tɕiã$^{213-23}$kə$^{213-21}$p'e˙ʂu^{55}t'ue^{55} 清点（人数）：～的，也就这几个人

引导 iə̃$^{55-21}$tɔ˙ ①指导：你～～他，这孩子知不道怎么学习 ②逗引（小孩儿）：你可别～他了，你看看他就要喊（哭）咧

引逗 iə̃$^{55-21}$təu˙ 逗引（小孩儿）

惹指 iə$^{55-21}$tʂʅ˙ 招惹

　惹捣 iə$^{55-21}$tɔ˙

　惹乎 iə$^{55-21}$xu˙

　戳指 tʂ'uə$^{53-35}$tʂʅ˙

　戳古 tʂ'uə$^{53-35}$ku˙

说溜了嘴 ʃuə$^{213-23}$liəu$^{31-55}$lɔ˙tθue^{55} 无意中泄露出去，走漏消息

血娘倒肚 ɕiə$^{213-23}$ȵiɑŋ^{53}tɔ^{55}tu^{31} 满嘴脏话

嘻哩嘛哈 ɕi$^{213-21}$li˙mɑ$^{213-23}$xɑ^{213} 开玩笑，闹着玩儿：跟学生别～

　嘻哩摆呆 ɕi$^{213-21}$li˙pɛ$^{55-21}$tɛ˙

　嘻哩 ɕi$^{213-21}$li˙

　嘻噹 ɕi$^{213-21}$t'ɑŋ˙

打嚷 tɑ^{55}iɑŋ^{213} 戏谑，开玩笑：老王的名言是——吃肉不如喝汤，轧伙不如～

打聊 tɑ$^{55-21}$liɔ˙ 开玩笑

　打嚷聊嘴 tɑ^{55}iɑŋ^{213}liɔ^{53}tθue^{55}

瞎打嚷 ɕiɑ$^{213-23}$tɑ^{55}iɑŋ^{213} ①乱开玩笑 ②敷衍了事

胡囔囔 xu^{53}naŋ$^{213-21}$naŋ˙

耍古 ʂuɑ$^{55-21}$ku˙ ①取笑某人，开某人的玩笑：～人 ②筹措（资金）：～两个钱儿做生意

涮古 ʃuã$^{31-55}$ku˙ ①取笑某人，开某人的玩笑 ②洗，刷，冲洗：～～衣裳

开涮 k'ɛ$^{213-23}$ʃuã^{31} 取笑某人，拿某人开玩笑

盘道 pã$^{53-35}$tɔ˙ 谈论，商量：俺两个人在～这个事儿

攀道 p'ã$^{213-21}$tɔ˙

讲咕 tɕiaŋ$^{55-21}$ku˙ 谈论，议论：外头都在～您俩的事儿，你还知不道哇？

拉呱儿 lɑ^{53}kuɑr^{55} ①聊天儿 ②讲故事：我没功夫给你～，抽空着

闲拉呱儿 ɕiã^{53}lɑ^{53}kuɑr^{55} 闲聊

拉闲呱儿 lɑ^{53}ɕiã^{53}kuɑr^{55}

扯淡 tʃ'ə^{55}tã^{31} 说些没用的话

拉咕 lɑ$^{53-35}$ku˙ 随便闲聊：咱～～？

呱说 kuɑ$^{55-21}$ʃuə˙ 没完没了地说。含贬义

拉长嚷儿 lɑ$^{213-23}$tʃ'ɑŋ^{53}ʅãr^{213} 拖长声音：谁在～？难听死了！

谝 p'iã^{55} ①夸耀，炫耀 ②逞能，当着别人的面儿显示自己

上谝 ʃɑŋ^{31}p'iã^{55} 逞能

咋呼 tʂɑ$^{213-21}$xu˙ ①呼喊，大声吆喝大声说话 ②炫耀；张扬 ③叫（人），喊（人）：快把他～过来

咋咋呼呼 tʂɑ$^{213-21}$tʂɑ˙xu$^{213-21}$xu˙ ①吆吆喝喝 ②过分张扬

摆摆 pɛ$^{55-21}$pɛ˙ ①炫耀，夸耀 ②挥霍，浪费

充能 tʂ'uŋ$^{213-23}$nəŋ^{53} 逞强

打退堂鼓 tɑ^{55}t'ue^{31}t'ɑŋ^{53}ku^{55} 放弃，半途而废

嗷号 ŋɔ$^{213-21}$xɔ˙ 大声吼叫：你～什么？

唧咕 tsi$^{213-21}$ku˙ 小声说话：恁几个在那里～什么？

吱喂 tʂʅ$^{213-21}$uɛ˙ ①说话。贬义 ②叫嚷：别～了，也不嫌烦人！

吱吱 tʂʅ$^{213-21}$tʂʅ˙

吱吆 tʂʅ$^{213-21}$iɔ˙

圆款 yã$^{53-35}$kʻuã˙ 借口：找～

哈乎 xɑ$^{213-21}$xu˙ 喊乎，训斥（小孩儿）

喊乎 xã$^{55-21}$xu˙

哈巴 xɑ$^{213-21}$pɑ/pə˙

哈打 xɑ$^{213-21}$tɑ/tə˙

二音话 ɭə$^{31-55}$iã˙xuɑ^{31} 态度、意见等含糊、不明确的话

二音子话 ɭə$^{31-55}$iã˙tθʅ˙xuɑ^{31}

起腔 tɕʻi^{55}tɕʻiɑŋ^{213} 生气时，说话声音大

起高腔 tɕʻi^{55}kɔ$^{213-23}$tɕʻiɑŋ^{213}

呼隆大叫 xu$^{213-21}$luŋ˙tɑ^{31}tɕiɔ^{31} 说话或做事的声势很大，显得很张扬：这么点儿事儿，别～的

大呼隆小叫 tɑ^{31}xu$^{213-21}$luŋ˙siɔ^{55}tɕiɔ^{31}/tɑ$^{31-55}$xu˙luŋ˙siɔ$^{55-21}$tɕiɔ˙

胡吹六九 xu^{53}tʃʻue^{213}liəu^{31}tɕiəu^{55} 说大话，胡说八道

诌书离戏 tʂəu$^{213-23}$ʃɥ^{213}li^{53}ɕi^{31} 说不符合实际的话

道 tɔ^{31} 说：我不和你～

嘘嘘拉拉 ɕy$^{213-21}$ɕy˙lɑ$^{213-21}$lɑ˙ 吹牛，信口胡说

诓淡虚拉 kʻuɑŋ$^{213-23}$tã^{31}ɕy$^{213-23}$lɑ^{53}

吹牛皮拉大蛋 tʃʻue$^{213-23}$ȵiəu^{53}pʻi^{53}lɑ^{53}tɑ^{31}tã^{31} 不着边际地吹嘘

吹牛屄拉大蛋 tʃʻue$^{213-23}$ȵiəu^{53}pi^{213}lɑ^{53}tɑ^{31}tã^{31}

吹牛屄 tʃʻue$^{213-23}$ȵiəu^{53}pi^{213}

拉大撑 lɑ$^{213-23}$tɑ^{31}tʂʻəŋ^{213} 夸口，说大话

放屁添风儿 fɑŋ^{31}pʻi^{31}tʻiã$^{213-23}$fə̃r^{213} 别人说话时随声附和。詈语

咧咧 liə$^{213-21}$liə˙ ①说。贬义：你再～，我把嘴给你堵上！②哭。贬义：

刚说她两句，就～起来了，就像受了多大委屈似的

胡咧咧 xu^{53}liə$^{213-21}$liə˙ 胡说八道，乱说一通

胡念子八说 xu$^{53-35}$ȵiã˙tθɿ˙pɑ$^{213-23}$ʃuə^{213}

胡说 xu^{53}ʃuə^{213}

胡扯 xu^{53}ʧ‘ə^{55}

胡诌 xu^{53}ʧəu^{213}

胡编 xu^{53}piã^{213}

胡㧳歪 xu^{53}p‘ɛ$^{213-21}$uɛ˙/xu$^{53-35}$p‘ɛ˙uɛ˙

胡说八道 xu^{53}ʃuə^{213}pɑ$^{213-23}$tɔ^{31}

胡诌八扯 xu^{53}ʧəu^{213}pɑ$^{213-23}$ʧ‘ə^{55}

胡编乱造 xu^{53}piã^{213}lã^{31}tθɔ^{31}

胡编拉咽 xu^{53}piã^{213}lɑ^{31}iã^{31}

扯胡萝卜蒿 ʧ‘ə^{55}xu^{53}luə$^{53-35}$pə˙xɔ^{213}

说七道八 ʃuə$^{213-23}$ʦ‘i^{213}tɔ^{31}pɑ^{213}

编把儿 piã$^{213-23}$pɑr^{31} 撒谎

扒瞎话 pɑ$^{213-23}$ɕiɑ$^{213-23}$xuɑ^{31}

嘴上抹油儿 tθue$^{55-21}$ʃɑŋ˙mə^{55}ʅəur^{53}/iɾəur^{53} ①说谎话 ②说漂亮话

嘎拉 kɑ$^{213-21}$lɑ˙ 背后议论别人；造谣生事，搬弄是非

嘎拉舌头 kɑ$^{213-21}$lɑ˙ʃə$^{53-35}$t‘əu˙

嚼舌头 ʦyə^{53}ʃə$^{53-35}$t‘əu˙

嚼舌根子 ʦyə^{53}ʃə$^{53-35}$kə̃˙tθɿ˙

嘎拉舌头没拉屄 kɑ$^{213-21}$lɑ˙ʃə$^{53-35}$t‘əu˙mu$^{213-21}$lə˙pi^{213} 詈语

编排 piã$^{213-21}$p‘ɛ˙ 制造（某人的）谣言：你别再扒瞎话～人了

诈 tʂɑ^{55} 诱供；引诱别人说出实话

撩指 liɔ$^{53-35}$tʂʅ˙ 用语言或动作逗人玩：你可别～她，一会儿人家就烦了

喊 çiã^{55} 出声地哭，大声地哭

活喊 xə^{53}çiã^{55} 大声哭喊：恁小孩儿在家里～，你快家走瞭瞭去

磨邪 mə^{53}siə^{53} 无端纠缠人：这小孩儿动不动就～，你别惹乎他

习磨 si$^{53-35}$mə˙ 纠缠：这个小孩儿这么能～人哪！

缠磨 ʧ‘ã$^{53-35}$mə˙

拧磨 ȵiŋ$^{53-35}$mə˙

磨 mə^{53}

胡搅蛮缠 xu^{53}tɕiɔ^{55}mã^{53}ʧ‘ã^{53} 纠缠，无理取闹：你别～了，该干什么干什么去！

捣蛋 tɔ^{55}tã^{31} ①搞恶作剧：那个小皮孩儿又～了，把板凳都藏起来了 ②无理取闹

避讳 pe/pi$^{31-55}$xue˙ ①不愿说出或听到令人不愉快的字眼儿 ②回避

敲死 tɕ‘iɔ$^{213-21}$θʅ˙ 说定，谈好之后不再更改：那咱就把这事儿～了！

松口儿 θuŋ$^{213-23}$k‘əur^{55} 由不答应转变成答应

许 ɕy^{55}

咬住口 iɔ$^{55-21}$ʧʮ˙k‘əu^{55} 无论如何也不答应

死住口 θʅ$^{55-21}$ʧʮ˙k‘əu^{55}

咬班 iɔ^{55}pã^{213} 未成年兄弟姐妹之间争吵

压言 iɑ$^{213-23}$iã^{53} 话语有权威性：对于孩子们，老张说话怪有～

镇唬 ʧə̃$^{31-55}$xu˙ 吓唬

下舌 ɕiɑ^{31}ʃə^{53} 嘴不严紧，把听到的话告诉别人

声唤 ʃə̃$^{213-21}$xuã˙ 呻吟

吁气 ɕy$^{213-23}$tɕ‘i^{31} 叹气：你干吗～？是不是有什么事儿事儿愁着了？

长怅气 ʧ‘ɑŋ$^{53-35}$ʧ‘ɑŋ˙tɕ‘i^{31} 叹气，长叹

二十三　位置

上头 ʃaŋ$^{31-55}$t‘əu˙　上面

　上旁儿 ʃaŋ^{31}p‘ãr^{53}

　上边儿 ʃaŋ^{31}prɛr/pirɛr^{213}

下头 çia$^{31-55}$t‘əu˙　下面

　下旁儿 çia^{31}p‘ãr^{53}

　下边儿 çia^{31}prɛr/pirɛr^{213}

地上 ti$^{31-55}$ʃaŋ˙　地下：小心点儿！别掉～了！

　地下 ti$^{31-55}$çiə˙

里头 li$^{55-21}$t‘əu˙　里面

　里旁儿 li^{55}p‘ãr^{53}

　里边儿 li$^{55-21}$prɛr/pirɛr˙

外头 uɛ$^{31-55}$t‘əu˙　外面，野外

　外旁儿 uɛ^{31}p‘ãr^{53}

　外边儿 uɛ^{31}prɛr/pirɛr^{213}

前头 ts‘iã$^{53-35}$t‘əu˙　前边儿，前面

　前旁儿 ts‘iã^{53}p‘ãr^{53}

后头 xəu$^{31-55}$t‘əu˙　后边儿

　后旁儿 xəu^{31}p‘ãr^{53}

山前崖 ʂã$^{21-23}$ts‘ia^{53}iɛ^{53}　山前

　山前边儿 ʂã$^{213-23}$ts‘iã^{53}prɛr/pirɛr^{213}

　山前脸儿 ʂã$^{213-23}$ts‘iã^{53}ɭɛr^{55}

山后头 ʂã$^{213-23}$xəu$^{31-55}$t‘əu˙　山后

　后山崖 xəu^{31}ʂã$^{213-23}$iɛ^{53}

　山后崖 ʂã$^{213-23}$xəu^{31}iɛ^{53}

车前边儿 ʧʻə$^{213-23}$tsʻiã^{53}prɛr^{213} 车前

车后头 ʧʻə$^{213-23}$xəu$^{31-55}$tʻəu˙ 车后

屋后 u$^{213-23}$xəu^{31} 房后

往上 uɑŋ^{31}ʃɑŋ^{31} 以上：这一堆地瓜沉三千斤～

往下 uɑŋ^{31}ɕiɑ^{31} 以下：这一堆地瓜沉三千斤～，撑顶到不了三千斤

东南角儿 tuŋ$^{213-23}$nã^{53}tɕiɾɑr^{213}

东北角儿 tuŋ$^{213-23}$pe$^{213-23}$tɕiɾɑr^{213}

西南角儿 si$^{213-23}$nã^{53}tɕiɾɑr^{213}

西北角儿 si$^{213-23}$pe$^{213-23}$tɕiɾɑr^{213}

东半边 tuŋ$^{213-21}$pã˙piã^{213} 东边

南半边 nã$^{53-35}$pã˙piã^{213} 南边

西半边 si$^{213-21}$pã˙piã^{213} 西边

北半边 pe$^{213-21}$pã˙piã^{213} 北边

路边子上 lu^{31}piã$^{213-21}$tθɿ˙ʃɑŋ˙ 路边儿

当央儿 tɑŋ$^{213-23}$ʅãr/iɾãr^{53} 中间

当中 tɑŋ$^{213-23}$tʂuŋ^{213}

正当央儿 ʧəŋ^{31}tɑŋ$^{213-23}$ʅãr/iɾãr^{53}

正当间儿 ʧəŋ^{31}tɑŋ$^{213-23}$tɕiɾɛr^{31}

中当间儿 tʂuŋ$^{213-23}$tɑŋ$^{213-23}$tɕiɾɛr^{31} ①中间位置（方位） ②中间阶段（时间）

大嘎拉儿 tɑ$^{31-55}$kɑ˙ʅɑr˙ 周围，附近

跟儿里 ker$^{213-21}$li˙

旮旯儿 kɑ$^{213-23}$ʅɑr^{53} ①角落：墙～ ②狭窄偏僻的地方：山～里到处都有草药

漫湖里 mã^{31}xu$^{53-35}$li˙ 野外

漫漫湖里 mã^{31}mã˙xu$^{53-35}$li˙

家前 tɕiɑ$^{213-23}$tsʻiɑ̃^{53} 村前

家后 tɕiɑ$^{213-23}$xəu^{31} 村后

家东 tɕiɑ$^{213-23}$tuŋ^{213} 村东

家西 tɕiɑ$^{213-23}$si^{213} 村西

对门儿 tue^{31}mer^{53} ①大门相对 ②与之位置相对的：门牙掉了俩，没有了～，咬东西都不得劲儿

往 uɑŋ^{31} 向（某处去）：～南走是临沂，～北走是沂水

打……往这 tɑ^{55}……uɑŋ^{31}ʧə^{31} ①从某地到此地：打界湖往这有50里路 ②从某时到现在：打上个月往这我也没干多少活儿

头柱 tʻəu^{53}ʧɥ^{31} 第一位，首要位置：放～上

头直 tʻəu^{53}ʧʅ^{53} 床上靠近床头的地方；头顶：你就把它搁～上吧

回脸朝…… xue^{53}liɑ̃^{55}ʧʻɔ^{53} 面朝，面向

回头朝…… xue^{53}tʻəu^{53}ʧʻɔ^{53}

回门朝…… xue^{53}mɑ̃^{53}ʧʻɔ^{53}

二十四 代词等

我 uə^{55} 第一人称单数

俺 ŋɑ̃/nɑ̃^{55} ①我 ②我的（限于领格）：这是～二哥 ③我们：就～这几个人，没有旁人｜～在这头儿，恁在那头儿 ④我们的：～那些行李你给搁哪儿去了？

咱 tθɑ̃/tθɑ̃^{55} ①咱们：～得一块去 ②我：学习上～不跟他 ③咱们的：～老师叫你去一趟

你 ȵi^{55} 第二人称单数

恁 nɑ̃^{55} ①你；您 ②你们：～这几个小孩儿整天价光玩 ③你的，你们的：～爷待家里吗？

他 tʻɑ/tʻə^{55} 第三人称单数

人家 iã$^{53-35}$tɕiə˙ ①别人：你看看～小王，干得多好！②我（指自己）：～都跟你说了三遍了，你怎么还是记不住？

这 ʧə^{31}

那 nɑ/nə^{31}

乜 ȵiə^{31} 那（中、东、北片）；这（西片）

这下子 ʧə^{31}ɕiɑ$^{31-55}$tθʅ˙ 这些；这么多

那下子 nɑ/nə^{31}ɕiɑ$^{31-55}$tθʅ˙ 那些；那么多

哪几个 nɑ^{55}tɕi$^{55-21}$kə˙ 哪些

这埝儿 ʧə^{31}nɾɛr/ȵiɾɛr^{55} 这里：你光说在～，我找了半天也没找到

这合儿 ʧə^{31}xər^{213}

这门儿 ʧə$^{31-55}$mer˙

这合门儿 ʧə$^{31-55}$xə˙mer˙

这窝儿 ʧə^{31}uər^{213}

这末儿里 ʧə^{31}mər$^{31-55}$li˙

那埝儿 nɑ/nə^{31}nɾɛr/ȵiɾɛr^{55} 那里

那合儿 nɑ/nə$^{31-55}$xər˙

那门儿 nɑ/nə$^{31-55}$mer˙

那窝儿 nɑ/nə^{31}uər^{213}

那合门儿 nɑ$^{31-55}$xə˙mer˙

哪埝儿 nɑ^{55}nɾɛr/ȵiɾɛr^{55} 哪里

哪合儿 nɑ$^{55-21}$xər˙

哪门儿 nɑ$^{55-21}$mer˙

哪窝儿 nɑ$^{55-21}$uər˙

哪合门儿 nɑ$^{55-21}$xə˙mer˙

这么 tʃə$^{31-55}$mə˙

那么 nɑ$^{31-55}$mə˙

这么等儿 tθəŋ$^{31-55}$mu˙trə̃r^{55} 这样：那就～，明天早晨我去接你

什么 ʃəŋ$^{53-35}$mə˙

俺俩 ŋã^{55}liɑ^{55} 我们俩（对第三人而言）

　俺两个 ŋã^{55}liɑŋ$^{55-21}$kə˙

咱俩 tθə̃/tθã^{55}liɑ^{55} 咱们俩，我们俩

咱两个 tθə̃/tθã^{55}liɑŋ$^{55-21}$kə˙

恁俩 nə̃^{55}liɑ^{55} 你们俩

　恁两个 nə̃^{55}liɑŋ$^{55-21}$kə˙

他俩 t'ə/t'ɑ^{55}liɑ^{55} 他们俩

二十五　形容词

好 xɔ^{55}

孬 nɔ^{213} 不好

顶茬 tiŋ^{55}tʂ'ɑ^{53} 有效果，起作用：上回拿的药不～

　顶事 tiŋ^{55}ʂʅ^{31}

　顶用 tiŋ^{55}yŋ^{31}

　管用 kuã^{55}yŋ^{31}

　管乎 kuã^{55}xu^{213}

　挺茬 t'iŋ^{55}tʂ'ɑ^{53}

　当事儿 tɑŋ^{31}ʂɫer^{31}

沾贤 tʂã$^{213-23}$ɕiã^{53} ①行，好 ②有权势、地位

孬包 nɔ$^{213-23}$pɔ^{213} ①不好：这个孩子卓～了 ②不好的孩子：你真是个～

差劲 tʂ'ɑ$^{213-23}$tɕiə̃^{31} 不好：这种东西怪～

　疵毛 tθ'ɿ$^{213-23}$mɔ^{53}

疵毛大褂子 tθ'ɿ$^{213-23}$mɔ^{53}tɑ^{31}kuɑ$^{31-55}$tθɿ˙ 很差劲，很不好

一般 i$^{213-23}$pã^{213} ①普通：这个小娘们儿长得怪～ ②同样的：他俩～大

俊 ʧuə̃/tsyə̃^{31} 美

俊巴 ʧuə̃/tsyə̃$^{31-55}$pə·

俊巴子 ʧuə̃/tsyə̃$^{31-55}$pə·tθʅ·

俊拔儿的 ʧuə̃/tsyə̃^{31}pɑr$^{53-35}$ti·

漂亮 p‘iɔ$^{31-55}$liɑŋ·

刷滑 ʂuɑ$^{213-23}$xuɑ^{53} 这孩子长得这么～！

水生儿 ʂue$^{55-21}$ʂɬə̃r· 漂亮，尤其指皮肤好

水灵 ʂue$^{55-21}$liŋ·

养眼 iɑŋ^{55}iɑ̃^{55} 漂亮

好看 xɔ^{55}k‘ɑ̃^{31}

难看 nɑ̃^{53}k‘ɑ̃^{31} 丑

不养眼 pu$^{213-23}$iɑŋ^{55}iɑ̃^{55}

出挑 ʧ‘ʮ$^{213-21}$t‘iɔ· ①身材好 ②漂亮

秀溜 siəu$^{31-55}$liəu·

秀气 siəu$^{31-55}$tɕ‘i·

听话 t‘iŋ$^{213-23}$xuɑ^{31} 乖顺，乖巧：这小孩儿享～咧

听说 t‘iŋ$^{213-23}$ʃuə^{213}

乖 kuɛ^{213}

帅 ʂuɛ^{31} 英俊，潇洒

帅气 ʂuɛ$^{31-55}$tɕ‘i·

酸 θuɑ̃^{213} ①过分注重打扮：小娘们儿享老～咧 ②事情办得不好：事儿办～了

酸歪 θuɑ̃$^{213-21}$uɛ· 形容人过分注重打扮

酸帮 θuɑ̃$^{213-21}$pɑŋ·

浪 lɑŋ^{31} 行为淫乱放荡（多指女性）

狂 k‘uɑŋ^{53} 张狂：他就～得知不道自己是谁了

胀饱 ʧaŋ$^{31-55}$pɔ˙

木胀 mu$^{31-55}$ʧaŋ˙

挓腰 tʂa$^{31-55}$iɔ˙

打紧 ta^{55}tɕiə̃^{55} 要紧，重要

不打紧 pu$^{213-23}$ta^{55}tɕiə̃^{55} 不要紧，没关系

不碍的 pu$^{213-23}$ŋɛ$^{31-55}$ti˙

不碍事儿 pu$^{213-23}$ŋɛ^{31}ʂɫer^{31}

没事儿 mu^{53}ʂɫer^{31}

不咋不啥（儿）的 pu$^{213-23}$tθa^{53}pu$^{213-23}$ʂa$^{53-35}$(ʂɫar$^{53-35}$) ti˙ 还是老样子

影人 iŋ^{55}iə̃^{53} 形容声音刺耳

嘴臭 tθue$^{55-21}$ʧʻəu˙ 指人说的话（多为不吉利话）让其他人不喜欢听

善面 ʃã^{31}miã^{31} 面容善良，慈祥

善乎 ʃã$^{31-55}$xu˙ ①一般，平常：这个娘们儿可不～ ②善良：她的心可不～

慢毒 mã^{31}tu^{53} 外表善良，内心险恶；阴险：你别看这个家伙一脸子喜相，可～了！

恶臊 ŋə$^{213-23}$sɔ^{31} 面容凶狠，恶毒

㞞 θuŋ^{53} ①傻 ②无能

癫 tiã^{213} 疯；呆；傻：玩～了｜打～了｜学～了

嘲 ʧʻɔ^{53} 傻

嘲嘲巴巴 ʧʻɔ$^{53-35}$ʧʻɔ˙pa$^{213-21}$pa˙ 傻乎乎

傻而咕唧 ʃa$^{55-21}$ɭə˙ku$^{213-21}$tsi˙

憨头憨脑 xã$^{213-23}$təu^{53}xã$^{213-23}$nɔ^{55}

傻不唧的 ʃa$^{55-21}$pu˙tsi$^{213-21}$ti˙

旺 uaŋ^{31} 多，充足

旺星 uaŋ$^{31-55}$siŋ˙ ①生命力强 ②用杆子秤称东西时，秤杆高高翘起

旺活 uɑŋ^{31}xə^{53} ①（物）活得很好：这鱼还～唻！②（人）生活得很好：多日子不见，你还～哪？

旺相 uɑŋ$^{31-55}$siɑŋ˙ 生命力强；健康：老人家越活越～

硬相 iŋ$^{31-55}$siɑŋ˙ 身体健康：老哥儿你看起来还怪～啊！

挺妥 t‘iŋ$^{55-21}$t‘uə˙ ①强劲，结实：车子够～，推个七八百斤没事儿 ②衣着挺括、舒展 ③关系牢靠：人家的关系这么～，这事儿一定能办成

大腰 tɑ$^{31-55}$iɔ˙ 形容人财大气粗

掐衬 tɕ‘iɑ$^{213-21}$ʧ‘ə̃˙ ①数量小，不太满足需要 ②吝啬：你就拿这么点儿么儿？也太～了吧？

大样 tɑ$^{31-55}$iɑŋ˙ ①举止大方 ②不小气

大模大样 tɑ^{31}mu^{53}tɑ^{31}iɑŋ^{31}/tɑ$^{31-55}$mə˙tɑ$^{31-55}$iɑŋ˙ 大大方方地，大胆地：～地走就是，怕什么呢？

　大木堂的 tɑ$^{31-55}$mu˙t‘ɑŋ$^{53-35}$ti˙

大方不拘 tɑ^{31}fɑŋ^{213}pu$^{213-23}$tɕy^{213} 言谈、举止自然，不拘束

细作 si$^{31-55}$tθuə˙ 吝啬：老三家真～，来客了都不割舍放多点儿油炒菜

　抠门儿 k‘əu$^{213-23}$mer^{53}

　小气 siɔ$^{55-21}$tɕ‘i˙

　小作 siɔ$^{55-21}$tθuə˙

　小小作作 siɔ$^{55-21}$siɔ˙tθuə$^{213-21}$tθuə˙

　根毛不拔 kə̃$^{213-23}$mɔ^{53}pu$^{213-23}$pɑ^{53}

　不掉瞎渣儿 pu$^{213-23}$tiɔ^{31}ɕiɑ$^{213-23}$tʂɬɑr^{213}

　庄户细作 tʂuɑŋ$^{213-21}$xu˙si$^{31-55}$tθuə˙

庄庄户户 ʂuɑŋ$^{213-21}$tʂuɑŋ˙xu$^{31-55}$xu˙ 非常朴素

实落 ʃʅ$^{53-35}$luə˙ ①诚实：俺二嫂是个～人 ②安稳，塌实：听他一说，我～的了③确定的，确切的：你哪天走，得给我个～日子 ④稳固的，平稳的：我把梯子放～了 ⑤完全，彻底：病好～了

落利 luə$^{31-55}$li· 利落：事情办得怪～

勤利 tɕʻiã$^{53-35}$li· 勤快，能干

硌犟 kə$^{53-35}$tɕiɑŋ· 倔强，执拗：你看看你呢，这么～做什么？

馋犟 tʂʻã$^{53-35}$tɕiɑŋ· 别人请吃请喝时，自己心里想去，言语上却表现出不愿意

尖馋 tsiã$^{213-21}$tʂʻã· 指人挑食：这个小孩儿怪～

细吃 si^{31}tʃʻʅ^{213}

细食 si^{31}ʃʅ^{53}

牙欢 iɑ$^{53-35}$xuã·

执张 tʃʅ$^{213-21}$tʃɑŋ· ①执拗 ②张狂，得意忘形

要硬 iɔ$^{31-55}$iŋ· 执拗；蛮横

任性 iã^{31}siŋ^{31}

要挣 iɔ$^{31-55}$tʂəŋ·

乍古 kɑ$^{55-21}$ku· 指人做事不讲情面

板整 pã$^{55-21}$tʃəŋ· ①（字迹等）工整，整齐：这个小孩儿写字亨～了 ②（着装等）大方、得体：老三家的出来进去穿衣裳可～了 ③为人本分，作风正派：到哪里～的，别惹得人说闲话

周正 tʃəu$^{213-21}$tʃəŋ·

上脸 ʃɑŋ^{31}liã^{55} ①脸红：喝了两盅子酒就～ ②调皮：这个小孩儿越守着人越～

壮 tʂuɑŋ^{31} ①身体结实：这家伙亨～咧！ ②肥沃：这块地都是黑泥油子，亨老～了 ③肥效大：你看看同样是粪，猪屎粪就比牛屎粪～

扎壮 tʂɑ$^{213-21}$tʂuɑŋ· 坚固，结实：桌子怪～

牢壮 lɔ$^{53-35}$tʂuɑŋ·

柱壮 tʃɥ$^{31-55}$tʂuɑŋ· 身体结实

行壮 ɕiŋ$^{53-35}$tʂuɑŋ· 老年人身体结实

墩壮 tuã$^{213-21}$tʂuaŋ˙ 健康

趴头趴脑儿 p'a$^{213-23}$t'əu^{53}p'a$^{213-23}$nɾɔr^{55} 形容小孩儿很胖

腊髁 tɕiɛ$^{213-21}$k'ə˙ 指人很瘦削

　腊瘦 tɕiɛ$^{213-21}$ʂəu˙

髂髁 tɕ'ia$^{53-35}$k'ə˙ 骨瘦如柴的样子：你看看这孩子～得，太干巴了！

干柴枯棒儿 kã$^{213-23}$tʂ'ɛ^{53}k'u$^{213-23}$pãr^{31} 形容人营养不良，极为瘦弱：你瞭瞭这孩子了，～的，也怪可怜的

　干柴孤棒儿 kã$^{213-23}$tʂ'ɛ^{53}ku$^{213-23}$pãr^{31}

　干巴撩枪 kã$^{213-21}$pə˙liɔ$^{53-35}$ts'iaŋ˙

耐膘 nɛ^{31}piɔ^{213} 指人身体健壮，不能轻易瘦下来

硬梆 iŋ$^{31-55}$paŋ˙ ①硬；结实：豆腐给凉～了 ②身体健壮（尤指老年人）：俺二大爷90岁了，身体可～了 ③分量足：2斤2两，～的

硬梆梆 iŋ^{31}paŋ$^{213-23}$paŋ^{213} 很硬

　绷硬 pəŋ$^{213-23}$iŋ^{31}

　绷绷硬 pəŋ$^{213-21}$pəŋ˙iŋ^{31}

缩缩嘎悠 tʂ'u$^{213-21}$tʃ'ʮ˙ka$^{213-21}$iəu˙ 形容人身材瘦小：你看看这小孩儿～的，怎么就是不长个子呢？

　缩瘪 tʂ'u$^{213-21}$piə˙

　缩缩 tʂ'u$^{213-21}$tʂ'u˙

赖赖歪歪 lɛ$^{31-55}$lɛ˙uɛ$^{213-23}$uɛ^{213} 身体不大健康，有些虚弱

　赖赖巴巴 lɛ$^{31-55}$lɛ˙pa$^{213-23}$pa^{213}

　赖赖巴儿巴儿 lɛ$^{31-55}$lɛ˙par$^{213-21}$par˙

　病病秧儿秧儿 piŋ$^{31-55}$piŋ˙ɿãr$^{213-23}$ɿãr^{213}

赖 lɛ^{31} ①坏，差，不好：你的钢笔字儿写得不～呀！②身体虚弱、多病：你身子怪～，要多注意保养啊！

赖歪 lɛ$^{31-55}$uɛ˙ 身体虚弱；萎靡不振

赖不就的 lɛ$^{31-55}$pu˙tsiəu$^{31-55}$ti˙

赖巴就的 lɛ$^{31-55}$pə˙tsiəu$^{31-55}$ti˙

赖呆 lɛ^{31}tɛ^{213} 指人萎靡不振；呆头呆脑；不活泼

死皮赖踹 θɿ^{55}p‘i^{53}lɛ^{31}tʂ‘uɛ^{31} 形容人不要脸

死皮赖脸 θɿ^{55}p‘i^{53}lɛ^{31}liã^{55}

胎 t‘ɛ^{213} ①柔软：这回和的面怪～ ②柔弱，多指小孩儿：这个孩子身子怪～

麻蹡 mɑ$^{53-35}$tɕ‘yã˙ 手足麻木，不能伸展自如：蹲时间长了，腿都蹲～了

木麻 mu^{31}mɑ^{53} 因蹲坐或其他原因使身体受压而产生的手脚麻木

软乎 yã$^{55-21}$xu˙ 柔软

暄乎 ɕyã$^{213-21}$xu˙ 松软：刚蒸好的馒头真～

筋道 tɕiə̃$^{213-21}$tɔ˙ 指食物有韧性，耐咀嚼：面条儿怪～

硬个直的 iŋ$^{31-55}$kə˙tʃɿ$^{53-35}$ti˙ ①发硬：这豆腐～，不大好吃 ②指持之以恒，坚持不懈：这么厚的一本书，叫他～抄完了！

硬直的 iŋ^{31}tʃɿ$^{53-35}$ti˙

苗乔 miɔ$^{53-35}$tɕ‘iɔ˙ 不坚固：这把椅子太～了，不坐就要散架

派赖 p‘ɛ$^{31-55}$lɛ˙ 脏，不讲卫生：这个人真～，也不知道好好收拾收拾

腻歪 i$^{31-55}$uɛ˙ 脏，不干净：他家里享～了，到处毛包儿

窝囊 uə$^{213-21}$nɑŋ˙

猥囊 ue$^{55-21}$nɑŋ˙

邋遢 lɑ$^{213-21}$t‘ɑ˙ ①不整洁 ②办事儿不利落，拖拉

铺囊 p‘u$^{213-21}$nɑŋ˙ 不整洁，不利索

腌臜 ŋɑ$^{213-21}$θɑ˙ ①肮脏，不干净 ②心里别扭，不痛快 ③糟践 ④使难堪

埋汰 mɛ$^{53-35}$t‘ɛ˙ ①肮脏，不干净 ②挖苦人

神神道道 ʃə̃$^{53-35}$ʃə̃˙tɔ$^{31-55}$tɔ˙ 神神秘秘，不合常理

锯锯拉拉 tɕy$^{31-55}$tɕy˙lɑ$^{213-21}$lɑ˙ ①不舒服，不痛快，形容人心情不好 ②形容人做事不干脆或内心不情愿

脆快 tθʻue$^{31-55}$kʻuɛ˙ 干脆，爽快：你听听这个人说话多～

利整 li$^{31-55}$ʧəŋ˙ ①干净，整齐 ②利索 ③无牵挂，无顾虑

刷妥 ʂuɑ$^{213-21}$tʻuə˙ 办事干脆利索

忽忽 xu$^{213-21}$xu˙ 含混，混淆：他俩人的大号儿我弄～了

入可 y$^{213-21}$kʻə˙ 舒服，舒畅，舒心，舒适，惬意

　舒坦 ʃɥ$^{213-21}$tʻã˙

　滋洇 tθɿ$^{213-21}$iə̃˙

　滋养 tθɿ$^{213-21}$iɑŋ˙

腼片 miã$^{55-21}$pʻiã˙ 腼腆

皮 pʻi^{53} 调皮，顽皮

猴狼 xəu$^{53-35}$lɑŋ˙ 调皮；张狂：这个人怪～

啊拉呜唧 ŋɑ$^{213-21}$lɑ˙u$^{213-21}$tsi˙ 不声不响地，不公开地：这事儿你就～地算完啦？

　哑了呜唧 iɑ$^{55-21}$ɭə˙u$^{213-21}$tsi˙

　哑不唧的 iɑ$^{55-21}$pu˙tsi$^{213-21}$ti˙

细伐 si$^{31-55}$fə˙ 细致；不粗糙

　细伐儿的 si^{31}fɑr$^{53-35}$ti˙/si$^{31-55}$fɑr˙ti˙

　细目簸糠 si$^{31-55}$mu˙pə^{55}kʻɑŋ^{213}

臻致 ʧə̃$^{213-21}$ʧɿ˙ 精致，完美

全奂 tsʻyã$^{53-35}$xuã˙ 齐全

实成 ʃɿ$^{53-35}$ʧʻəŋ˙ 植物种子子粒饱满

　饱成 pɔ$^{55-21}$ʧʻəŋ˙

瘪棱 piə$^{55-21}$ləŋ˙ 果实干瘪：这个葫芦怪～，长得不大实成

昏 xuə̃^{213} 糊涂，头脑不清醒：你～了吗？怎么能这样干呢？

　糊涂 xu$^{53-35}$təu/tu˙

悖昏 pe$^{31-55}$xuə̃˙ ①糊涂 ②不通情达理

晕头晕脑 yə̃$^{213-23}$t‘əu^{53}yə̃$^{213-23}$nɔ^{55} 糊涂；不清醒

晕头胀脑 yə̃$^{213-23}$t‘əu^{53}ʧɑŋ^{31}nɔ^{55}

晕胀嘎吱 yə̃$^{213-21}$ʧɑŋ˙kɑ$^{213-23}$tʂʅ^{213}

晕儿嘎吱 yə̃$^{213-21}$ɭə˙kɑ$^{213-23}$tʂʅ^{213}

巧 tɕ‘iɔ^{55} 手、口灵巧：她真～，什么样的东西都能绣出来

灵巧 liŋ^{53}tɕ‘iɔ^{55}

死心眼儿 θɿ^{55}ʃə̃/siə̃$^{213-23}$ʅɛr/irɛr^{55} 不灵活

死脑筋 θɿ^{55}nɔ$^{55-21}$tɕiə̃˙

整 ʧəŋ^{55} 完整，不残缺，不零碎

整状 ʧəŋ$^{55-21}$tʂuɑŋ˙

囫囵 xu$^{53-35}$lə̃˙

浑 xuə̃^{53} 全部：～身都湿透了

凉快 liɑŋ$^{53-35}$k‘uɛ˙ ①凉爽：天儿真～ ②乘凉：出去～去

僻静 pi/p‘i$^{31-55}$ʦiŋ˙ 安静，幽静

静办 ʦiŋ$^{31-55}$pã˙

侉拉 k‘uɑ$^{55-21}$lə˙ 稀疏，不紧凑的样子；人没有精神，松懈的样子

塌拉 t‘ɑ$^{213-21}$lɑ˙ 分散，不集中，不紧凑

崴拉 uɛ$^{55-21}$lə˙ 走路一瘸一拐的样子

悠拉 iəu$^{213-21}$lə˙ 甩动、摆动的样子：她的辫子～～地

末末 mə$^{213-21}$mə˙ 慢；迟缓

巴眼望眼 pɑ$^{213-23}$iã^{55}uɑŋ^{31}iã^{55} 眼巴巴的

到家的 tɔ^{31}tɕiɑ$^{213-21}$ti˙ 地道的，纯粹的

不地道 pu$^{213-23}$ti$^{31-55}$tɔ˙ 来路可疑，不可靠：这人我听说～

齐拴 ʦ‘i$^{53-35}$ʂuã˙ 整齐

齐刷 ʦ‘i$^{53-35}$ʂuɑ˙

齐整 ʦ‘i$^{53-35}$ʧəŋ˙

称心 tʃʻə̃^{31}ʃə̃/siə̃^{213} 满意

如意 y^{53}i^{31}

可心 kʻə^{55}ʃə̃/siə̃^{213}

合意 xə^{53}i^{31}

满意 mã^{55}i^{31}

年幼 ȵiã^{53}iəu^{31} 年轻

年巴轻轻的 ȵiã$^{53-35}$pə/pu˙tɕʻiŋ$^{213-23}$tɕʻiŋ$^{213-21}$ti˙ 很年轻：～不干点儿正经事儿，你还想找媳妇子了吧？

长 tʃʻɑŋ^{53}

短 tuã^{55}

趁钱 tʃʻə̃^{31}tsʻiã^{53} 有钱，富有，富裕：别看他穿得不怎么的，家里可是怪～

窝憋 uə$^{213-21}$piə˙ ①空间狭窄 ②呆在某个地方：小三儿朝天价～家里

窝眼 uə$^{213-21}$iã˙

窄 tʂe^{213} 空间狭窄：这个院子怪～

窄住 tʂe$^{213-21}$tʃʯ˙

挤束 tsi$^{55-21}$tʂʻu˙ ①摆放得较拥挤 ②狭窄

松缓 θuŋ$^{213-21}$xuã˙ 时间、空间宽松

从闲 tθuŋ$^{213-21}$ɕiã˙

宽快 kʻuã$^{213-21}$kʻuɛ˙ ①宽敞：这间屋怪～的 ②充裕，收入的钱款足够支出

宽绰 kʻuã$^{213-21}$tʃʻɔ˙

超容 tʃʻɔ$^{213-21}$yŋ˙ 生活宽裕：日子过得卓～

从容 tθʻuŋ$^{55-21}$yŋ˙

紧打慢松 tɕiə̃^{55}tɑ^{55}mã^{31}θuŋ^{213} 从容，不慌不忙

拖家带口 tʻuə$^{213-23}$tɕiɑ^{213}tɛ^{31}kʻəu^{55} 携家带口，指家庭负担较重

拉家带口 lɑ$^{213-23}$tɕiɑ^{213}tɛ^{31}kʻəu^{55}

直立 ʧʅ$^{53-35}$li˙ 笔直

四直 θʅ^{31}ʧʅ^{53}

百儿八儿四直 per$^{213-23}$pɑr^{213}θʅ^{31}ʧʅ^{53}

四六条直 θʅ^{31}liəu^{31}t‘iɔ^{53}ʧʅ^{53}

直道 ʧʅ$^{53-35}$tɔ˙ ①直，不弯曲；②性格直爽

直直落落 ʧʅ$^{53-35}$ʧʅ˙lɑ$^{213-21}$lɑ˙ 直截了当，干脆爽快

直实 ʧʅ$^{53-35}$ʃʅ˙ 直率：人是亨～，就是不大会说话

歪二子斜逮 uɛ$^{213-21}$ɭə˙tθʅ˙siə^{53}tɛ^{55} 歪歪扭扭，不整齐

脾性儿 p‘i$^{53-35}$θɾə̃r/siɾə̃r˙ 脾气：老王都这么大年纪了，还是老～～呢？

小性（儿） siɔ^{55}siŋ^{31}（θɾə̃r^{31}） 脾气不大好：使～

邪 siə^{53} 指人脾气、性格不好

邪不楞登 siə^{53}pu˙ləŋ$^{213-23}$təŋ^{213}

摇拉斜逮 iɔ$^{53-35}$lə˙siə^{53}tɛ^{55} （穿着、说话、做事等）较随便：看他穿得～的，一看就知道不是什么好人｜说话、办事都～的，一看就不是正经人家的孩子

焦 ʦiɔ^{31} 脾气暴躁：这个小孩脾气怪～

□ θuə^{53} ①脾气急，暴躁：这个人真～了，说烦就烦 ②风刮得很急很猛

蹚蹚抹毛 t‘ɑŋ$^{213-21}$t‘ɑŋ˙mɑ$^{213-23}$mɔ^{53} 形容人做事不认真，不负责任

大 tɑ^{31} 傲慢；高傲；目中无人

毛手毛脚 mɔ^{53}ʃəu^{55}mɔ^{53}ʨyə^{213} 粗心大意，做事不细致

毛包（儿） mɔ^{53}pɔ^{213}（pɔr^{213}） ①慌了神：小孩儿一看家长来了，就毛了包儿了 ②乱七八糟：家里没个女人，乱得～

毛包六九 mɔ^{53}pɔ^{213}liəu^{31}ʨiəu^{55}

毛七毛八 mɔ^{53}ʦ‘i^{213}mɔ^{53}pɑ^{213} 形容乱七八糟：～的，就这么着吧，将就着交差了

乱五竖三 lã^{31}u^{55}ʃɥ^{31}θã^{213} 形容东西摆放得乱七八糟

乱五十三 lã$^{31-55}$u˙ʃʅ^{53}θã^{213}

扬了翻天 iaŋ$^{53-35}$ɭə˙fã$^{213-23}$t‘iã^{213} 一片狼藉，乱七八糟

扬了子翻天 iaŋ$^{53-35}$ɭə˙tθʅ˙fã$^{213-23}$t‘iã^{213}

超南仰北 tɕ‘iə$^{213-23}$nã^{53}iaŋ^{55}pe^{213} 横七竖八，乱七八糟

大膘 ta^{31}piɔ^{213} 因身体肥胖而抗寒能力强：这家伙真～啊，这么冷的天还穿这么单薄

□ k‘əu^{53} 厉害；刁横：这个小娘们儿～得了不得

不离（儿） pu$^{213-23}$li^{53}（ʅer^{53}） 行，不孬：你真～呀！

娘娘们儿们儿 ȵiaŋ$^{53-35}$ȵiaŋ˙mer$^{53-35}$mer˙ 指男性说话办事儿不痛快，不利索：你看看老伙计你怎么这么～的？

婆婆妈妈 p‘ə$^{53-35}$p‘ə˙ma$^{55-21}$ma˙ 形容人言语啰唆

罗罗嗦嗦 luə$^{213-21}$luə˙θuə$^{213-21}$θuə˙

哨哨叨叨 ʂɔ$^{31-55}$ʂɔ˙tɔ$^{213-21}$tɔ˙

哆哆啦啦 tuə$^{213-21}$tuə˙la$^{213-21}$la˙

打莲花落子 ta^{55}liã$^{53-35}$xua˙lɔ$^{31-55}$tθʅ˙

砸棉花落子 tθa^{53}ȵiã/ȵiaŋ$^{53-35}$xuə˙lɔ$^{31-55}$tθʅ˙

砸蛤蟆儿 tθa^{53}xa$^{53-35}$mar˙

不住声气儿 pu$^{213-23}$ʧʯ^{31}ʃəŋ$^{213-23}$tɕ‘irer^{31}

口齿子牙硬 k‘əu$^{55-21}$tʂ‘ʅ˙tθʅ˙ia^{53}iŋ^{31}/ia$^{53-35}$iŋ˙ 自知理亏而口头上不肯认错或服输：做错了还～

口柴牙硬 kəu^{55}tʂ‘ɛ^{53}ia^{53}iŋ^{31}

嘴硬 tθue$^{55-21}$iŋ˙

下道儿 ɕia^{31}tɔr^{31} （多指说话）下流：越说越～

下桥儿 ɕia^{31}tɕ‘irɔr^{53}

阳性 iaŋ^{53}siŋ^{31} 不老实，说下流话

上讲儿 ʃaŋ^{31}tɕrãr^{55} ①合乎情理，符合规范 ②值得一提。多用于否定：

你那点儿小事儿不～

八哥八哥的 pɑ$^{213-21}$kə˙pɑ$^{213-21}$kə˙ti˙ 嘴巧；说话快：这个妮子嘴是真厉害，～，你是说不过她

八哥儿八哥儿的 pɑ$^{213-21}$kər˙pɑ$^{213-21}$kər˙ti˙

八儿哥儿八儿哥儿的 pɑr$^{213-21}$kər˙pɑr$^{213-21}$kər˙ti˙

撂个石头砸个窝 liɔ$^{213-21}$kə˙ʃʅ$^{53-35}$tʻəu˙tθɑ$^{53-35}$kə˙uər^{213} 指人说话、做事实在

吐口唾沫砸个坑儿 tʻu$^{55-21}$kʻəu˙tʻu$^{31-55}$mə˙tθɑ$^{53-35}$kə˙kʻə̃r^{213} 说话算数儿

没下巴颏子 mu^{53}ɕiɑ$^{31-55}$pɑ/pə˙kə$^{213-21}$tθʅ˙ 指人不说实话或信口胡说：他这个人说话～，诌天无日头的，可别听他的

诌天无日头 tʂəu$^{213-23}$tʻiã^{213}u^{53}i$^{31-55}$tʻəu˙

诌天无头日 tʂəu$^{213-23}$tʻiã^{213}u^{53}tʻəu$^{53-35}$i˙

柴 tʂʻɛ^{53} ①干硬，不柔软：煎饼怪～ ②性格倔强：小二孩享～了，打死也不认错 ③蛮横，粗野

呛 tsʻiɑŋ^{31} 急躁：脾气真～

熊 ɕyŋ^{53} ①难看（的样子）：他长得那个～样，谁跟？ ②坏；调皮：你这个～孩子，老是跟我捣蛋！③蛮横，粗野，凶恶，厉害：这个家伙享～咧！④批评，训斥：今个儿老师又～他了

光棍 kuɑŋ$^{213-21}$kuə̃˙ ①蛮横：乜个娘儿们是个怪～的人 ②开通：那个人是个怪～的人，出得来，进得去，到什么场合都不惧怵

雄头嘎脑 ɕyŋ^{53}tʻəu^{53}kɑ$^{213-23}$nɔ^{55}/ɕyŋ$^{53-35}$tʻəu˙kɑ$^{213-23}$nɔ^{55} 蛮横、凶狠的样子

狗尿不夹 kəu^{55}ȵiɔ^{31}pu$^{213-23}$tɕiɑ^{213} 不伦不类：你这事儿闹得～的

定醒 tiŋ$^{31-55}$siŋ˙ 犹豫

打艮 tɑ^{55}kə̃^{31}

二思 ɭə$^{31-55}$θɿ˙ 犹疑，犹豫，拿不定主意：没有最终决定，那事还～着

二二思思 ɭə$^{31-55}$ɭə˙θɿ$^{213-21}$θɿ˙

二乎 ɭə$^{31-55}$xu˙ ①实现的可能性不大 ②在乎，怕：他这个人就这样，你可别～他

二五眼 ɭə^{31}u^{55}iã^{55}/ʅə$^{31-55}$u˙iã^{55} 不保险，不可靠

不济 pu$^{213-23}$tsi^{31} ①不中用，不能起作用 ②没面子

留脸 liəu^{53}liã^{55} 留面子：别给你～你不觉

磨不开面子 mə$^{31-55}$pu˙k'ε^{213}miã$^{31-55}$tθɿ˙ 碍于情面不便或不肯（做某事）

瞎巴 ɕia$^{213-21}$pə˙ 事情做得不好而感到没面子

没面子 mu^{53}miã$^{31-55}$tθɿ˙ 不体面

下不来台 ɕia$^{31-55}$pu˙lε^{53}t'ε^{53} 难堪，尴尬

大长脸 ta^{31}tʃ'aŋ^{53}liã^{55}

长脸 tʃ'aŋ^{53}liã^{55}

脸大长长 liã^{55}ta^{31}tʃ'aŋ$^{53-35}$tʃ'aŋ˙

面子上不好看相 miã$^{31-55}$tθɿ˙ʃaŋ˙pu$^{213-23}$xɔ^{55}kã$^{31-55}$siaŋ˙ ①不体面 ②难堪，尴尬

好歹不济的 xɔ^{55}tε^{55}pu$^{213-23}$tsi$^{31-55}$ti˙ 无论如何，不管怎么说：～，我还是恁叔，是不是？

吭吭的 xaŋ$^{213-21}$xaŋ˙ti˙ 干活很带劲的样子

稀来易 ɕi$^{213-23}$lε^{53}i^{31} 容易

血来易 ɕiə$^{213-23}$lε^{53}i^{31}

迷迷瞪瞪 mi$^{53-35}$mi˙təŋ$^{213-21}$təŋ˙ 迷迷糊糊

对崩儿 tue^{31}pə̃r^{213} ①对面儿：他俩正好走了个～ ②成对儿的

假酸 tɕia$^{55-21}$θuã˙ 装模作样地（推辞），不诚实

拿样儿 na^{53}ʅãr/iɾãr^{31}

老鼻子 lɔ^{55}pi$^{53-35}$tθʅ˙ 指数量很多

海海的 xε$^{55-21}$xε˙ti˙

拍儿拍儿的 p‘er$^{213-21}$p‘er˙ti˙

扬扬鞭子赶成群 iaŋ$^{53-35}$iaŋ˙piã$^{213-21}$tθʅ˙kã$^{55-21}$tʃ‘əŋ˙tɕ‘yə̃^{53} 形容人多

一包 i$^{213-23}$pɔ^{213} 很多：大家伙儿可是对你～意见，你知道不？

满肚子 mã^{55}tu$^{31-55}$tθʅ˙

大不见小不见 ta$^{31-55}$pu˙tɕiã^{31}siɔ$^{55-21}$pu˙tɕiã^{31} 因找不到而怀疑物品被别人偷偷拿走：我的这个营生～，上哪儿去了？

赖赖乎儿乎儿 lε$^{31-55}$lε˙xur˙xur˙ 勉强：这把镰不快，～的，将就着用吧

赖赖巴儿巴儿 lε$^{31-55}$lε˙par˙par˙

拉拉巴儿巴儿 la$^{31-55}$la˙par˙par˙ ①蹒跚，走路不稳 ②因体力、能力不济，做事比较吃力

丝丝两气儿 θʅ$^{213-21}$θʅ˙liaŋ^{55}tɕ‘ɪer^{31} 气息若有若无，奄奄一息

利便 li$^{31-55}$piã˙ 便利

近便 tɕiə̃$^{31-55}$piã˙ 距离较近且比较方便：住在城里上学怪～

恨好不好 xə̃^{31}xɔ^{55}pu$^{213-23}$xɔ^{55} 恨铁不成钢

暄毛涨鼓 ɕyã$^{213-23}$mɔ^{53}tʃaŋ^{31}ku^{55} 指物体质量小，但占空间却比较大：羽绒服～的，你好上压压再装袋子里

冒鼓玄天 mɔ$^{31-55}$ku˙ɕyã^{53}t‘iã^{213}

七开加一开 ts‘i$^{213-23}$k‘ε^{213}tɕia$^{213-23}$i$^{213-23}$k‘ε^{213} 批评、教训人不留情面：把他数量个～

烂糠 lã$^{31-55}$k‘aŋ˙ 不坚固：卓～

眼子 iã$^{55-21}$tθʅ˙ 让人感到软弱可欺：他就是看你～才欺负你

一顺色 i$^{213-23}$ʃuə̃^{31}ʂe^{213} 同一种颜色，颜色单一：这些制服都是～的

清一色 $ts^{‘}iŋ^{213-23}i^{213-23}ʂe^{213}$

猛 $məŋ^{55}$ 生长的速度快：这孩子长得怪～，到一米八多了

猛量 $məŋ^{55-21}liaŋ^{·}$ 更高、更大、更壮等：他比我还～｜这头牛～点儿

铮亮 $tʂəŋ^{213-23}liaŋ^{31}$ 器物表面光亮耀眼

油脂抹滑 $iəu^{53}tʂʅ^{213}ma^{213-23}xua^{53}$ ①指物体表面油滑 ②形容人油滑

赤脚光腚 $tʂ^{‘}ʅ^{53}tɕyə^{213}kuaŋ^{213-23}tiŋ^{31}$ 衣不蔽体，形容人贫穷

抓腰舒腚 $tʂua^{213-23}iɔ^{213}ʃɥ^{213-23}tiŋ^{31}$ 形容人非常劳累

三五出二 $θã^{213-23}u^{55}tʃ^{‘}ɥ^{213-23}ḷə^{31}$ ①形容时间快，动作麻利：～地，弄弄就弄没了 ②指在事情进行的过程中，突然出现了意想不到的情况：这事儿，本来一个月就能做完，谁寻思，中间～的又出些杈杈，耽误了工夫

万上万 $uã^{31-55}ʃaŋ^{·}uã^{31}$ 极言其多：你算是多得～，俺也不待翻个眼皮的

莀 $mã^{53}$ 生长期较长，成熟期较晚：这茄子比别的品种～，旁的都罢市了，它还大样里结

六指儿 $liəu^{31-55}tʂɫer^{·}$ 特殊。多用于否定和反问：你～啊？有什么了不起的！

鼓动 $ku^{55-21}tuŋ^{·}$ 指人滑稽，幽默风趣：这个家伙怪～，只要跟他待一块儿，你就情管张着嘴喜

严实 $iã^{53-35}ʃʅ^{·}$ 严密：这锅盖得卓～，不漏气儿｜这个人嘴怪～，一般漏不了话

曹 $tθ^{‘}ɔ^{53}$ 心术不正，奸诈：小二孩她爹可真～，让他帮忙门也没有

奸曹诡坏 $tɕiã^{213-23}tθ^{‘}ɔ^{53}kue^{55}xuɛ^{31}$ 阴险狡诈

冷冷哈哈 $ləŋ^{55-21}ləŋ^{·}xa^{213-21}xa^{·}$ ①很冷：这屋里～的，笼上把火暖和暖和 ②待人不热情：客来了，不能～的

不起眼（儿） $pu^{213-23}tɕ^{‘}i^{55}iã^{55}$（$irɛr^{55}$） 不突出，不明显

红馥儿的 $xuŋ^{53}fur^{213-21}ti^{·}$ 通红，红扑扑的：你看人家老王，喝得～脸儿

撇扯 p‘iə$^{55-21}$ʧ‘ə˙ 圆口器皿不圆或不正；物体弯曲变形

乔偏 tɕ‘iɔ$^{53-35}$p‘iã˙

瓢偏 p‘iɔ$^{53-35}$p‘iã˙

瓢楞 p‘iɔ$^{53-35}$ləŋ˙

挨柴 iɛ^{53}tʂ‘ɛ^{53} 对疾病、痛苦、寒冷等各种刺激能够忍受，抵抗力强：他真～，叫镰刀割了一个大口子，一声都没吭

松歪 θuŋ$^{213-21}$uɛ˙ 懒散，不振作

憋饱胀闷 piə$^{213-23}$pɔ^{55}ʧɑŋ^{31}mə̃^{31}/ʧɑŋ$^{31-55}$mə̃˙ 吃得过饱。含贬义

欺身 tɕ‘i$^{213-23}$ʃə̃^{213} 指与身体或与别人靠得太近：这样坐太～

稀凉 ɕi$^{213-21}$liɑŋ˙ 稀疏，稀稀拉拉

稀个拉崩儿 ɕi$^{213-21}$kə˙lɑ$^{213-23}$pə̃r^{213}

稀个拉毛儿 ɕi$^{213-21}$kə˙lɑ$^{213-23}$mɔr^{53}

稀稀拉拉 ɕi$^{213-21}$ɕi˙lɑ$^{213-23}$lɑ^{213}

黄焦拉气 xuɑŋ^{53}tsiɔ^{213}lɑ^{31}tɕ‘i^{31} ①植物缺乏营养，叶子发黄 ②人营养不良，肤色发黄

臊气呱哒的 θɔ$^{213-21}$tɕ‘i˙kuɑ$^{213-23}$tɑ$^{53-35}$ti˙/θɔ$^{213-21}$tɕi˙kuɑ$^{213-21}$tɑ˙ti˙ 有臊味儿：这家伙怎么回事儿，～？

伤天害理 ʃɑŋ$^{213-23}$t‘iã^{213}xɛ^{31}li^{55} 做事残忍，违背伦常

伤天理 ʃɑŋ$^{213-23}$t‘iã$^{213-23}$li^{55}

雾露 u$^{31-55}$ləu˙ 蛮不讲理：你不用～，早晚有人会收拾你！

横理 xuə̃$^{53-35}$li˙ 横行霸道，蛮不讲理：这个人怪～，你可别惹揞他

强梁 tɕ‘iɑŋ$^{53-35}$liɑŋ˙ 蛮横：这个人怪～，你要不听他的，他就跟你没完

粗苛 tθ‘u$^{213-21}$k‘ə˙ ①残忍，粗鲁，蛮横：这人～死了，连他爷娘都打 ②不吉利，巧合：真～，我刚一露头儿就叫老师给逮着了

喀粗 k‘ɑ$^{213-21}$tθ‘u˙ 严厉，粗暴，蛮横

灵透 liŋ$^{53-35}$t‘əu˙ 聪明，机敏

有心眼（儿） iəu^{55}ʃə̃/siə̃$^{213-23}$ʅɛr/irɛr^{55}

透漏 t‘əu$^{31-55}$ləu˙ 聪明伶俐；大胆泼辣：小二孩儿真～，学么像么儿｜那个小孩儿怪～，不管上哪都不打怵

遛逗 liəu$^{31-55}$təu˙ 动作麻利、迅速：这人干什么都享～

遛 liəu^{31}

顺溜 ʃuə̃$^{31-55}$liəu˙

连便 liã$^{53-35}$piã˙ 身体灵巧，动作敏捷

武道 u$^{55-21}$tɔ˙ 手脚灵活，动作敏捷

一溜烟儿 i$^{213-23}$liəu^{31}ʅɛr/irɛr^{213} 形容动作迅速

仓 tθ‘aŋ^{213} 形容人或动物反应敏捷：这个猪怪～，人一到跟儿它就跑

低头耷拉角 ti$^{213-23}$t‘əu^{53}ta$^{213-21}$la˙tɕia^{213} 无精打采的样子

生分 ʂəŋ$^{213-21}$fə̃˙ 疏远

□ kaŋ^{31} 烟、酒等纯度高，劲头足：这烟怪～，够过瘾的

巴结 pa$^{213-21}$tɕiə˙ ①拮据，不宽裕：日子过得怪～ ②节省，节约：他为了全家人～着吃，～着喝，挺不易的 ③吃力：就他那点儿学问，当秘书可怪～

袖袖袒袒 siəu$^{31-55}$siəu˙t‘ã$^{55-21}$t‘ã˙ 工作不大胆，放不开手脚

笑貌稀稀 siɔ^{31}mɔ^{31}ɕi$^{213-21}$ɕi˙ 笑咪咪的

笑目滋儿的 siɔ$^{31-55}$mu˙tθrer$^{213-21}$ti˙

笑么滋儿的 siɔ$^{31-55}$mə˙tθrer$^{213-21}$ti˙

气目哼儿的 tɕ‘i$^{31-55}$mu˙xə̃r$^{213-21}$ti˙ 气冲冲的

气么哼儿的 tɕ‘i$^{31-55}$mə˙xə̃r$^{213-21}$ti˙

恣模洋景 tθʅ$^{31-55}$mu˙iaŋ^{53}tɕiŋ^{55} 欢欢喜喜的

恣模（子）洋阴 tθʅ$^{31-55}$mu˙（tθʅ˙）iaŋ^{53}iə̃^{213}

醉模（子）洋景 tθue$^{31-55}$mu˙（tθʅ˙）iaŋ^{53}tɕiŋ^{55} 醉醺醺的

欢气 xuã$^{213-21}$tɕ‘i˙ 高兴：小孩儿病好了，一家子怪～

不来 pu$^{213-23}$lɛ^{53}　①不高兴：脸上～ ②话不投机：一句话～，他就气得了不得

不意思 pu$^{213-23}$i$^{31-55}$θʅ˙　不高兴，不满意

狼脸狗挂儿的 laŋ$^{53-35}$liã˙kəu^{55}kuar$^{31-55}$ti˙　指人面部表情变化快，不高兴

条道 t'iɔ$^{53-35}$tɔ˙　①妥当，就绪：一切都安排～了 ②好用：家什儿怪～ ③干净，整洁：你看看人家家里，拾掇得～的；再看看自己家里，猪窝似的！④身体健康：这二年俺爷身子怪～

㤘 tʂəu^{31}　脾气倔强，不听劝导：这人～得要命，谁也说不动他

的实 ti$^{53-35}$ʃʅ˙　确实

抵实 ti$^{55-21}$ʃʅ˙　可靠：这个人办事儿怪～

准成 ʧuã$^{55-21}$ʧ'əŋ˙　靠得住，可靠：这个事今天办不～

人五人六 iã^{53}u^{55}iã^{53}liəu^{31}　道貌岸然：看看他穿的也～的，就是不干人事儿

　人模狗样儿 iã^{53}mu^{53}kəu^{55}ʅãr^{31}

像模像样儿 ʦ'iaŋ/siaŋ^{31}mə^{53}ʦ'iaŋ/siaŋ^{31}ʅãr^{31}　①有一定的水平：小板凳儿做得～的！②认真，正规：他俩～地在那里干，你呢，拖奸磨滑，不正经干

耳耳摸摸 ɭə$^{55-21}$ɭə˙mə$^{213-21}$mə˙　隐隐约约，多指事情有所耳闻

顺头顺绺儿 ʃuã^{31}t'əu^{53}ʃuã^{31}ɭəur^{55}　整整齐齐

费事巴脚 fe^{31}ʂʅ^{31}pa$^{213-23}$ʨyə^{213}　费时费力：～的，别弄了

　费事巴力 fe^{31}ʂʅ^{31}pa$^{213-23}$li^{31}

害羞 xɛ^{31}ɕiɔ^{213}

　害丢 xɛ^{31}tiəu^{213}　害羞

　害臊 xɛ^{31}θɔ^{31}

臊木达的 θɔ$^{31-55}$mu˙ta$^{53-35}$ti˙　灰溜溜的

窝掩 uə$^{213-21}$iã˙ 指交通闭塞：这个穷地方是真～

剜研 uã$^{213-21}$iã˙ 钻研，努力

剜钻 uã$^{213-21}$tθuã˙ ①挖，掘 ②钻营 ③努力

钻研 tθuã$^{213-21}$iã˙ 比喻办法、主意等：他怪有～

没将刳查 mu$^{53-35}$tsiaŋ˙k‘u$^{213-21}$tʃ‘ə˙ 无所事事，百无聊赖

把班章 pa^{55}pã$^{213-21}$tʃaŋ˙ 爱岗敬业，事业心强，积极能干

一拿头奔 i$^{213-23}$na^{53}t‘əu^{53}pə̃^{213} 全身心地投入，坚定地向着既定目标奋进。形容人有毅力，能吃苦

红口白牙 xuŋ^{53}k‘əu^{55}pe^{53}ia^{53} 形容说过的话不得反悔

仨角俩棱儿 θa$^{213-23}$tɕia^{213}lia^{55}ʅə̃r^{31} 形容物品不平滑

梯陡竖崖 t‘i$^{213-23}$təu^{55}ʃʮ^{31}iɛ^{53} 非常陡峭

得劲 te$^{213-23}$tɕiə̃^{31} 合适，方便：不～

清亮 tʃ‘uə̃/ts‘yə̃$^{213-21}$liaŋ˙ 清楚，明白

平和 p‘iŋ$^{53-35}$xuə˙ ①平坦：路怪～ ②烟酒度数不高，不太刺激人的感官：烟怪～

平平和和 p‘iŋ$^{53-35}$p‘iŋ˙xuə$^{213-21}$xuə˙

少心无肝 ʃɔ^{55}ʃə̃/siə̃$^{213-23}$u^{53}kã^{213} 做事不专心，心不在焉

惊惧怜的 tɕiŋ$^{213-21}$tɕy˙liã$^{53-35}$ti˙ 惊惧慌张，惊慌不安

惧怵 tɕy$^{31-55}$tʃ‘ʮ˙

硌躁 kə$^{53-35}$tθɔ˙ 物品摆放较乱或事情较多较乱，让人感到心烦：家里乱得真～人

麻秧 ma$^{53-35}$iaŋ˙

严墼 iã$^{53-35}$uə̃˙ 容器接缝处严丝合缝

磨 mə^{213} 慢腾腾，指人做事时磨蹭。常叠用：你在那里～～什么？

磨罗 mə$^{213-21}$luə˙ 做事慢慢腾腾；磨蹭

尖 tsiã^{213} 偷懒

滑 xuɑ^{53} 油滑，偷懒

偷奸磨滑 t‘əu$^{213-23}$tɕiã^{213}mə^{53}xuɑ^{53} 形容故意拖延浪费时间

拖奸磨滑 t‘uə$^{213-23}$tɕiã^{213}mə^{53}xuɑ^{53}

磨洋工 mə^{53}iɑŋ^{53}kuŋ^{213}

掉蛋磨滑儿 tiɔ^{31}tã^{31}mə^{53}xuɑr^{53}

掉蛋 tiɔ^{31}tã^{31}

磨滑儿 mə^{53}xuɑr^{53}

懒歪 lã$^{55-21}$uɛ˙ 懒：这家伙享～了，衣裳穿得跟油褡子似的，仨月也不洗一回

鬼了咕唧 kue$^{55-21}$ɭə˙ku$^{213-21}$tsi˙ 狡猾；心眼儿很多

鬼 kue^{55}

刁 tiɔ^{213}

刁猾 tiɔ$^{213-23}$xuɑ^{53}

破罐子破摔 p‘ə^{31}kuã$^{31-55}$tθʅ˙p‘ə^{31}ʂue^{213} 形容人非常消极

照调 tʃɔ^{31}tiɔ^{31} 走正路，按照一般规律做事。多否定使用：这家伙说话不～，说着说着就下了桥儿

着调 tʃɔ^{53}tiɔ^{31}

照绺调儿 tʃɔ$^{31-55}$liəu˙trɔr/tirɔr^{31}

不照绺调儿 pu$^{213-23}$tʃɔ$^{31-55}$liəu˙trɔr/tirɔr^{31} 不按要求办事

不照绺儿 pu$^{213-23}$tʃɔ^{31}ɭəur^{55}

不上道儿 pu$^{213-23}$ʃɑŋ^{31}trɔr^{31}

瞎胡混 ɕiɑ$^{213-23}$xu^{53}xuə̃^{31}

瞎混 ɕiɑ$^{213-23}$xuə̃^{31}

胡混 xu^{53}xuə̃^{31}

吊儿郎当 tiɔ$^{31-55}$ɭə˙lɑŋ$^{53-35}$tɑŋ˙

提了 ti$^{213-21}$lɔ˙ 倒霉：这回儿他～，平白无故地叫人给揍了一顿

提了鼻儿 ti$^{213-21}$lɔ˙ pɾer/piɾer^{53}

磳了 tθʻəŋ$^{31-55}$lɔ˙

破衣拉撒 pʻə^{31}i^{213}lɑ$^{213-23}$θɑ^{213} 衣衫褴褛

破衣搭撒 pʻə^{31}i^{213}tɑ$^{213-23}$θɑ^{213}

架不住琉璃纂 tɕiɑ$^{31-55}$pu˙ʧɥ^{31}liəu$^{53-35}$li˙tθuã^{55} 飘飘然：有点儿成绩你就烧包得知不道怎么好了，真是～

洋晕 iɑŋ$^{53-35}$yə̃˙ 飘飘然，得意洋洋

湮侮 iã$^{213-21}$u˙ 因送的礼物少而感觉不好意思

硌碜 kə$^{53-35}$tʂʻə̃˙

两耽不搁 liɑŋ^{55}tã^{213}pu$^{213-23}$kə^{213} ①进退两难 ②几件事情都未做好 ③做某事时，未处理好相关事情或环节

实诚 ʃʅ$^{53-35}$ʧʻəŋ˙ 诚实：那个小孩儿不～

实打实 ʃʅ^{53}tɑ^{55}ʃʅ^{53} 真诚，实在

实心实意 ʃʅ^{53}ʃə̃/siə̃^{213}ʃʅ^{53}i^{31} 真心实意

平铺塌的 pʻiŋ^{53}pʻu^{213}tʻɑ$^{213-21}$ti˙ 实在。略含贬义

虚玄套 ɕy$^{213-23}$ɕyã^{53}tʻɔ^{31} ①虚伪，虚假 ②客套

下材 ɕiɑ^{31}tθʻɛ^{53} 下贱：你看他吃饭的样子，就像三天没吃，享～了

紧气 tɕiə̃$^{55-21}$tɕʻi˙ 衣服因紧身显得比较秀气：她穿这身衣裳怪～

基硬 tɕi$^{213-21}$iŋ˙ 食物韧性大，不易嚼烂

基基硬硬 tɕi$^{213-21}$tɕi˙iŋ$^{31-55}$iŋ˙

基拧 tɕi$^{213-21}$ȵiŋ˙

基基拧拧 tɕi$^{213-21}$tɕi˙ȵiŋ$^{53-35}$ȵiŋ˙

嘁索 tɕʻi$^{213-21}$θuə˙ ①地面较干 ②物体水分不大：煎饼怪～

嘁亮 tɕʻi$^{213-21}$liɑŋ˙

干索 kã$^{213-21}$θuə˙

干酥 kã$^{213-21}$θu˙

孙 θuã^{213} 低贱，差劲：卓～｜～死了

一般无二 i$^{213-23}$pã^{213}u^{53}ɭə^{31} 一模一样

量仗无妨 liaŋ$^{31-55}$ʧaŋ˙u^{53}faŋ^{53} 有恃无恐

俗 sy^{53} 嗜好成瘾，次数频繁：你吃烟还怪～味！

俗烦 sy$^{53-35}$fã˙ 因说话唠叨而令人厌烦

俗气 sy$^{53-35}$tɕʻi˙ 粗俗；庸俗

熟臭 ʂu$^{53-35}$ʧʻəu˙ 同样的话因说的次数多而令人厌烦

遵矩 tθuã$^{213-21}$tɕy˙ ①守规矩：这个小孩儿不大～ ②木材好，不变形：榆木怪～

伶牙俐齿 liŋ^{53}ia^{53}li^{31}tʂʻʅ^{55} 形容口齿伶俐，能说会道

条条是道儿 tʻiɔ^{53}tʻiɔ^{53}ʂʅ^{31}trɔr^{31} 形容说话或做事很有条理

倒三不着两 tɔ^{55}θã^{213}pu$^{213-23}$ʧuə^{53}liaŋ^{55} 指人说话颠三倒四，前言不搭后语

嘴碎 tθue$^{55-21}$θue˙ 指人说话多而随便，爱管闲事或爱品头论足

嘴贱毛长 tθue^{55}tsiã^{31}mɔ^{53}ʧʻaŋ^{53}

不上唇齿 pu$^{213-23}$ʃaŋ^{31}ʧʻuã^{53}tʂʻʅ^{55} 不值一提

小小不然 siɔ^{55}siɔ^{55}pu$^{213-23}$iã^{53} 无关紧要，不值一提

鸡毛蒜皮 tɕi$^{213-23}$mɔ^{53}θuã^{31}pʻi^{53} 琐碎：都是些～的小事儿，也值当地提？

虾毛烂糠 ɕia$^{213-23}$mɔ^{53}lã^{31}kʻaŋ^{213} 喻指零碎物品或小人物

毁 xue^{55} 坏；破损：他娘叫他气～了｜东西摔～了

了 liɔ^{55} 物品消失：哨子叫他摔～了

漉漉的 lu$^{31-55}$lu˙ti˙ 湿淋淋的：叫雨淋得～

呱儿呱儿的 kuar$^{213-21}$kuar˙ti˙

挺湿 tʻiŋ$^{213-23}$ʃʅ^{213} 湿透了：淋得～了

挺潮 tʻiŋ$^{213-23}$ʧʻɔ^{53} 很潮湿：屋里～，快敞开窗户通通风儿

挺潮拉湿 t‘iŋ$^{213-23}$ʧ‘ɔ^{53}lɑ$^{213-23}$ʃʅ^{213} 又潮又湿

潮乎 ʧɔ‘ɔ$^{53-35}$xu˙ 有点儿潮湿

般儿般儿的 pɛr$^{213-21}$pɛr˙ti˙ 年龄相仿，一样大：他俩人～年纪

伴班儿的 pã^{31}pɛr$^{213-21}$ti˙

喜相子 ɕi$^{55-21}$siɑŋ˙tθʅ˙ 面部表情很乐观：～脸

哭相 k‘u$^{213-21}$siɑŋ˙ 忧愁，沮丧：～脸

哭丧脸 k‘u$^{213-21}$θɑŋ˙liã^{55}

金饰金淋 tɕiə̃$^{213-23}$ʃʅ^{213}tɕiə̃$^{213-23}$lə̃^{53} 金光闪闪

拿拳 nɑ$^{53-35}$tɕ‘yã˙ 拘束；放不开手脚；施展不开

拿捏 nɑ$^{53-35}$ȵiə˙ ①因拘束显得紧张 ②矫揉造作

拿捻 nɑ$^{53-35}$ȵiã˙

拿模儿作样儿 nɑ^{53}mur^{53}tθəu^{31}ʅãr^{31}

做作 tθəu$^{31-55}$tθuə˙ 造作

虚乎 ɕy$^{213-21}$xu˙ 虚张声势，夸大其词

出心无愧 ʧ‘ʯ$^{213-23}$ʃə̃/siə̃^{213}u^{53}k‘ue^{31} 问心无愧

忽歇 xu$^{213-23}$ɕiə^{213}/xu$^{213-21}$ɕiə˙ 一起一伏：气得肚子一～一～的

忽扇 xu$^{213-21}$ʃã˙ 颤动、扇动的样子：门～～的｜～翅子

呵扇 xə$^{213-21}$ʂã˙ 颤颤悠悠的样子：挑起担子～～的

略略觉觉 lyə$^{213-21}$lyə˙tɕyə$^{213-21}$tɕyə˙ 指人感到胆怯、害怕：他～的，不敢朝前走

黑枯憔瘦 xe$^{213-23}$k‘u^{213}ts‘iɔ^{53}ʂəu^{31} 又黑又瘦

动恼 tuŋ^{31}nɔ^{55} 恼怒，发怒

乌苏 u$^{213-21}$θu˙ 心情不舒畅，失意，不愉快：卓～

长长 ʧ‘ɑŋ$^{53-35}$ʧ‘ɑŋ˙ 时间久：怎么地不习惯，～了就行了

懒语儿 lã^{55}ʅur/yɾur^{55} 不善言谈，不爱说话

闷 mə̃^{213} 指人性格内向，不愿意说话

闷儿闷儿不出 mer$^{213-21}$mer˙pu$^{213-23}$tʃʻʮ^{213} 指人不善言谈

闷儿闷儿不发 mer$^{213-21}$mer˙pu$^{213-23}$fɑ^{213}

镰弯 liã$^{53-35}$uã˙ 形容人腿不直，多指罗圈腿：他的腿～着

清气 tsʻiŋ$^{213-21}$tɕʻi˙ ①清静 ②味道清醇：小葱拌豆腐，吃着卓～

素气 θu$^{31-55}$tɕʻi˙

素净 θu$^{31-55}$tsiŋ˙ 清静

母 mu^{55} 不美观，笨重：这套家什做得怪～

母出 mu$^{55-21}$tʃʻʮ˙ ①老实得有些呆 ②反应迟钝，言行呆板 ③粗笨，粗老笨重

母母出出 mu$^{55-21}$mu˙tʃʻʮ$^{213-21}$tʃʻʮ˙

死相 θʅ$^{55-21}$siɑŋ˙ 不识相，不明事理；办事呆板，不会相机行事

识相 ʃʅ$^{213-23}$siɑŋ^{31} 会看别人的眼色行事；识趣，知趣

老和尚不识塞 lɔ^{55}xə$^{53-35}$tʃʻɑŋ˙pu$^{213-23}$ʃʅ$^{213-23}$θɑ^{213} 指人不懂事理，不识相

拉着不长长，捏着不团团 lɑ$^{213-21}$tʃɔ˙pu$^{213-23}$tʃʻɑŋ$^{53-35}$tʃʻɑŋ˙，ȵiə$^{213-21}$tʃɔ˙pu$^{213-23}$tʻuã$^{53-35}$tʻuã˙ 形容人对任何事情都不紧不慢，不认真对待

捡着不长长，捏着不团团 tɕiã$^{213-21}$tʃɔ˙pu$^{213-23}$tʃʻɑŋ$^{53-35}$tʃʻɑŋ˙，ȵiə$^{213-21}$tʃɔ˙pu$^{213-23}$tʻuã$^{53-35}$tʻuã˙

捡着不舒坦，拉着不直立 tɕiã$^{213-21}$tʃɔ˙pu$^{213-23}$ʃʮ$^{213-21}$tʻã˙，lɑ$^{213-21}$tʃɔ˙pu$^{213-23}$tʃʅ$^{53-35}$li˙ 呆板，死气沉沉

灵性 liŋ$^{53-35}$siŋ˙ ①灵活②灵敏度高：狗鼻子真～，什么味儿都能闻出来

活络 xə$^{53-35}$luə˙ 灵活：你别看这小孩儿人不大，头脑儿倒是怪～

灵活 liŋ^{53}xə^{53}

活泛 xə$^{53-35}$fã˙

活动 xə$^{53-35}$tuŋ˙

死憋 θɿ$^{55-21}$piə· 死板：这人办事儿太～了，弄点儿么事儿都不行

愚讷 y$^{213-21}$nɑ/nə· ①木讷寡言 ②办事不会变通，不灵活

迂么 y$^{213-21}$mə· 办事不利索

迂木 y$^{213-21}$mu·

迂念 y$^{213-21}$ȵiã· 大材小用

野杠 iə$^{55-21}$kɑŋ· 野蛮

偏心眼子 p'iã$^{213-23}$ʃə̃/siə̃$^{213-23}$iã$^{55-21}$tθɿ· 偏袒

偏心眼儿 piã$^{213-23}$ʃə̃/siə̃$^{213-23}$ʅɛr/iɾɛr^{55}

接续 tsiə$^{213-21}$sy· 连续不断

接徐 tsiə$^{213-23}$sy^{53}

能为 nəŋ^{53}ue^{53} 指人有能力

肥成 fe$^{53-35}$ʧ'əŋ· 肥大：这裤子卓～

肥实 fe$^{53-35}$ʃɿ·

肥泛 fe$^{53-35}$fã· 衣物略肥大

不撑当当 pu$^{213-23}$tʂ'əŋ^{213}tɑŋ$^{213-21}$tɑŋ· 指人或物不堪一击

不当当当 pu$^{213-23}$tɑŋ^{213}tɑŋ$^{213-21}$tɑŋ·

乌识乌识的 u$^{213-21}$ʃɿ·u$^{213-21}$ʃɿ·ti· 形容眼睛呆滞无神

乌雷乌雷的 u$^{213-21}$le·u$^{213-21}$le·ti·

趴 p'ɑ^{213} ①低矮：～～屋 ②扁平的：～鼻子

火隆 xuə$^{55-21}$luŋ· 形容兴旺发达：商店开得真～

红火 xuŋ$^{53-35}$xuə· 形容旺盛、兴隆、热闹：小日子过得怪～

手拿把掐 ʃəu^{55}nɑ^{53}pɑ^{55}tɕ'iɑ^{213} ①费心，吃力：看他～的，费了洋劲了 ②忙乱：家里来客了，她忙得～的

埲 pɑŋ^{31} ①尘土飞起或飘落：～了一身土 ②空气中灰尘多：这屋里怪～得上，快出去吧

稳巴儿 uə̃$^{55-21}$par· 稳妥，有把握：你说说这事儿～了吧？

老把儿 lɔ$^{55-21}$par˙

牢靠 lɔ$^{53-35}$k'ɔ˙ 稳妥，确定：事儿还不～，先不要声张

把里攥 par$^{55-21}$li˙tθuã^{31} 形容对事情的处理有把握

砢把儿的 kə^{53}par$^{55-35}$ti˙

满把攥 mã^{55}pa^{55}tθuã^{31}

满把抿 mã^{55}pa^{55}mə̃^{55}

一把抿 i$^{213-23}$pa^{55}mə̃^{55}

离大把儿 li$^{31/53}$ta$^{31-55}$par˙ 指为人处事离开了正确的标准或原则

平拔平 p'iŋ^{53}pa^{53}p'iŋ^{53} 势均力敌

大差不差 ta^{31}tʂ'a^{213}pu$^{213-23}$tʂ'a^{213} 相差不多

八九不离十 pa$^{213-23}$tɕiəu^{55}pu$^{213-23}$li^{53}ʃʅ^{53}

差一差二 tʂ'a$^{213-23}$i^{213}ma$^{213-23}$ḷə^{31}

翻上二下 fã$^{213-23}$ʃaŋ^{31}ḷə^{31}ɕia^{31}

不捡不离儿 pu$^{213-23}$tɕiə̃^{213}pu$^{213-23}$ɭer^{53} 差不多

不紧不离儿 pu$^{213-23}$tɕiə̃^{55}pu$^{213-23}$ɭer^{53}

席上滚地下 si$^{53-35}$ʃaŋ˙kuə̃^{55}ti$^{31-55}$ɕiə˙

乌木灶烟 u$^{213-21}$mu˙tθɔ$^{31-55}$iã˙ 形容颜色发黑或物体表面不清洁

存旧 tθ'uə̃$^{53-35}$tɕiəu˙ 陈旧

狼烟咕嘟 laŋ$^{53-35}$iã˙ku$^{213-21}$tu˙ 烟雾很浓

汗包露水 xã^{31}pɔ^{213}lu$^{31-55}$ʂue˙ 形容汗流浃背

脚撵脚 tɕyə$^{213-23}$ȵiã^{55}tɕyə^{213} 指前面的人刚到，后面的人随后就到了，形容相距的距离或时间短：他～跟着进来了

发扎 fa$^{213-23}$tʂa^{213} ①兴旺发达，富起来了：这一家这两年可是～了 ②脾气突然爆发：她一下子～了，胡噘乱骂起来

守人前没人后 ʃəu^{55}iə̃^{53}ts'iã^{53}mu^{53}iə̃^{53}xəu^{31} 不分场合：你可别～地胡打六闹

顺妥 ʃuə̃$^{31-55}$t‘uə˙ ①顺从，听从：他卓听话，铺排个事，他都～地干 ②顺利：这事办得怪～

顺当 ʃuə̃$^{31-55}$taŋ˙

得济 te$^{213-23}$tsi^{31} 顺心，顺利：这些日子不大～

顺溜 ʃuə̃$^{31-55}$liəu˙

黏缠 ȵiã$^{53-35}$ʧ‘ã˙ ①指人不爽快或做事较慢：这人说话这么～，不会脆快点儿吗？②指事情很麻烦或者疾病恢复得很慢：这事儿倒是～，不好办哪｜这个病享～咧，治了这么长时间都还没治好 ③指人做事软磨硬泡：你怎么这样～人呢？我不是跟你说了吗，不行就是不行

绵缠 miã$^{53-35}$ʧ‘ã˙ 脾气和缓

空手打跩 k‘uŋ$^{213-23}$ʃəu^{55}tɑ^{55}tʂuɛ^{55} 空着两手，不带东西，指人两手空空或赤手空拳

嫩绰 lə̃/luə̃$^{31-55}$tʃ‘ɔ˙ ①蔬菜鲜嫩：小菜儿怪～，你不买点儿？②皮肤白嫩

老干 lɔ$^{55-21}$kã˙ 又老又干瘪

老气 lɔ$^{55-21}$tɕ‘i˙ ①模样比实际年龄显得有些老：这人长得怪～ ②颜色深或样式旧：这布怪～

顶 tiŋ^{55} 不团结，不和睦：这俩人闹得怪～

对乎 tue$^{31-55}$xu˙ ①相称，合适：这把茶壶和这些茶杯还怪～ ②志趣相投：他俩怪～

对撇子 tue^{31}p‘iə$^{55-21}$tθɿ˙ 情投意合：这俩～，一眼就看中了对方

没鼻儿擤 mu^{53}prer^{53}siŋ^{55} 形容人无计可施：事儿到这个地步了，俺真是～了

玩雾 uã$^{53-35}$u˙

傻眼 ʃɑ^{55}iã^{55}

没招儿 mu^{53}tʂɬɔr^{213}

醒睡 siŋ$^{55-21}$ʂue˙ 睡觉易惊醒

泥泥踹踹 mi$^{53-35}$mi˙tʂ‘uɛ$^{213-21}$tʂ‘uɛ˙ 非常泥泞

浓 nuŋ^{31} ①泥泞：下完雨，路上享～了 ②和好的面团儿发软：水放多了，面太～了

拐拐哧哧 kuɛ$^{55-21}$kuɛ˙tʂ‘ʅ$^{213-21}$tʂ‘ʅ˙ 道路弯弯曲曲，拐弯很多

拐拐查查 kuɛ$^{55-21}$kuɛ˙tʂ‘ɑ$^{53-21}$tʂ‘ɑ˙

洋气 iɑŋ$^{53-35}$tɕ‘i˙ 打扮时髦，赶潮流

癔 i^{31} 脾气倔强，我行我素：这个人享～，谁也说不动他

癔症 i$^{31-55}$ʧəŋ˙

直来直去 ʧʅ^{53}lɛ^{53}ʧʅ^{53}tɕ‘y^{31} 直接；爽直：有什么事儿咱就～，情管说就是了

单寒 tã$^{213-23}$xã^{53}/tã$^{213-21}$xã˙ 衣服单薄：这谁家的小孩儿，怎么穿得这么～？

病病歪歪 piŋ$^{31-55}$piŋ˙uɛ$^{213-21}$uɛ˙ 身体不健康

□别 ʧəu$^{55-21}$piə˙ 别扭，不得劲：你看看这事儿弄得，怎么就这么～呢？

殃心 iɑŋ$^{213-21}$ʃə̃/siə̃˙ 厌倦

挺儿挺儿的 t‘ɾə̃r$^{55-21}$t‘ɾə̃r˙ti˙ 直挺挺的，多指人死去

拘一 tɕy$^{213-23}$i^{213} 一致。用于否定句：情况可是不～

蜇拉 ʧə$^{213-21}$lə˙ 形容疼痛的感觉或程度：用碘酒一抹，刀口疼得～的

蜇蜇拉拉 ʧə$^{213-21}$ʧə˙lɑ$^{213-21}$lɑ˙ 微痛的感觉或程度

蹚蹚的 t‘ɑŋ$^{213-21}$t‘ɑŋ˙ti˙ 形容人很多：你看路上人～，怎么这么多？

糠 k‘ɑŋ^{213} ①萝卜、红薯等中间失去水分并出现空隙：萝卜搁～了 ②指人身体不结实

旧暮残生 tɕiəu$^{31-55}$mu˙tθ‘ã^{53}ʂəŋ^{213} 陈旧不堪：这些家古什儿都～的，值不了几个钱了

苫明挡黑 ʃã$^{213-23}$miŋ^{53}tɑŋ^{55}xe^{213} 遮挡光线，使不能很好地采光，指

光线较暗：盖的（被子）放门口晾着，～的，屋里看不清了

慢打慢松 $mã^{31-55}tə^{˙}mã^{31-55}θuŋ^{˙}$ 慢慢腾腾

朽烂 $tɕ^{‘}iəu^{55-21}lã^{˙}$ 腐烂：木头叫雨淋得都～了，多可惜！

旺齉 $uaŋ^{31-55}naŋ^{˙}$ ①鸡蛋等因久放而散黄儿变质：你看看，这么多鸡蛋都～了，多可惜！②话语下流：你看看这家伙话是越说越～

鲜 $siã^{213}$ ①稀罕，少有 ②特殊：图你～点儿？别人捞不着吃，你也没门儿！

毛 $mɔ^{53}$ ①紧张：一听没有他，小王就～了 ②草率：干活儿别太～了 ③轻率，马虎：在外头说话办事儿别太～了 ④急躁：干活这么～干什么？不会慢点儿吗？

如心 $y^{55-21}ʃə̃/siə̃^{˙}$ 如意，满意：这两年日子过得不～

二郎八蛋 $ɭə^{31}laŋ^{53}pa^{213-23}tã^{31}$ 形容人游手好闲，不务正业

撑劲 $tʂ^{‘}əŋ^{213-23}tɕiə̃^{31}$ 形容能承受得住

稀离合得儿 $ɕi^{213-21}li^{˙}xə^{53-35}trer^{˙}$ 东西本身的部件之间结合不紧密、不结实：你这车子怎么搞的，～的？

大咧咧 $ta^{31}liə^{213-23}liə^{213}$ ①管理不细心 ②对问题或事情不在乎

大大咧咧 $ta^{31-55}ta^{˙}liə^{213-23}liə^{213}$

墼顶 $tɕi^{213-21}tiŋ^{˙}$ 地面等干结：下个小雨，接着晴了天，地里都～了｜血疙疤都～了

安练 $ŋã^{213-21}liã^{˙}$ 沉稳，和善

心盛 $ʃə̃^{213-21}ʃəŋ^{˙}$ 热心

火泚 $xuə^{55-21}tθ^{‘}ɿ^{˙}$ 形容人生气、发怒的样子

锥扎不动 $tʂue^{213-23}tʂa^{213}pu^{213-23}tuŋ^{31}$ 形容人非常懒惰

实拍拍地 $ʃɿ^{53-35}p^{‘}e^{213-21}p^{‘}e^{˙}ti^{˙}$ ①紧密，不蓬松 ②踏实

直对直，杠对杠 $ʧɿ^{53}tue^{31}ʧɿ^{53}$，$kaŋ^{31}tue^{31}kaŋ^{31}$ 直来直去，不拐弯抹角；互不相让

出神 $ʧ^{‘}ʮ^{213-23}ʃə̃^{53}$ 发呆；形容到了极点：穷得～

依窝就窝 i$^{213-23}$uər^{213}tɕiəu$^{31-55}$uər˙ 指人不愿动，形容懒惰，不愿意进取：这个娘们儿～，家里埋汰死了｜光～，怎能干好工作？

打不出滚儿来 tɑ$^{55-21}$pu˙tʃʻʮ˙kuer$^{55-21}$lɛ˙ 因为达不到目的呈现出的窘态

招人儿 tʃɔ$^{213-23}$ʅer/iɾer^{53} 讨人喜欢：这个小家伙享会说道，怪～｜冬天里日头地儿里怪～

不可人相 pu$^{213-23}$kʻə^{55}iə̃$^{53-35}$siaŋ˙ 不讨人喜欢，招人烦

挤攮子 tsi$^{55-21}$nɑŋ˙tθɿ˙ 心术不正，差劲：他怪～

皮脸胖壮 pʻi$^{53-35}$liã˙pʻɑŋ$^{31-55}$tʂuɑŋ˙ 形容人不知羞耻

悬楼 ɕyã^{53}ləu^{53} 危险

悬门儿 ɕyã^{53}mer^{53}

悬乎 ɕyã$^{53-35}$xu˙

玄门儿 ɕyã^{53}mer^{53} 玄虚，不可捉摸

邪门儿 siə^{53}mer^{53} 出乎意料，不可捉摸，不正常

魔道 mə$^{53-35}$tɔ˙ 指人或事不正常

牛头马面 ȵiəu^{53}tʻəu^{53}mɑ^{55}miã^{31} 怪模怪样，奇形怪状

烀浓 xu$^{213-21}$nuŋ˙ 蒜泥久放之后或人吃蒜后从嘴里散发出来的气味儿

霍囊 xə$^{213-21}$nɑŋ˙

头沉 tʻəu$^{53-35}$tʃʻə̃˙ ①负担过重：一家七八口子人吃饭，怪～ ②前端较沉

前沉 tsʻiɑ$^{53-35}$tʃʻə˙ 装有东西的物体前面比后面重

后沉 xəu$^{31-55}$tʃʻə̃˙ 装有东西的物体后面比前面重

偏沉 pʻiã$^{213-21}$tʃʻə̃˙ 装有东西的物体一侧比另一侧重

后松 xəu$^{31-55}$θuŋ˙ 开始紧张，后来松懈：干活儿得善始善终，不能～啊

船到桥头渐渐松 tʃʻuã^{53}tɔ^{31}tɕʻiɔ^{53}tʻəu^{53}tsiã^{31}tsiã^{31}θuŋ^{213}

皮条 pʻi$^{53-35}$tʻiɔ˙ 因常打骂导致被打骂者不以为然；屡教不改：孩子都叫你打～了

黏稠裹肚 ȵiã$^{53-35}$ʧʻəu˙kuə^{55}tu^{31} 很黏稠

无其数 u^{53}tɕʻi^{53}ʂu^{31} 不计其数：俺那里太多了，真是～啊

两岔班儿 liaŋ^{55}tʂʻa^{31}pɛr^{213} 大小或规格不一致、不成双、不成对儿：你穿的鞋～

自本 tθʅ$^{31-55}$pə̃˙ 老实，本分，安分守己

嬉皮笑脸 ɕi$^{213-23}$pʻi^{53}siɔ^{31}liã^{55} 嬉笑而不严肃的样子

行骨朵就莲花儿 ɕiŋ^{53}ku$^{213-21}$təu˙tsiəu^{31}liã$^{53-35}$xuar˙ 变化多端

性 siŋ^{53} （木质）容易弯曲和炸裂：这种树怪～，那种树就不～

木性 mu$^{31-55}$siŋ˙

搁爪儿就忘 kə$^{213-23}$tʂɫuar^{55}tsiəu^{31}uaŋ^{31} 形容人健忘

划魂儿 xua^{53}xuer^{53} 形容人忐忑不安

乱遭 lã$^{31-55}$tθɔ˙ 形容局面混乱不堪

乱巴糟糟 lã^{31}pə/pu˙tθɔ$^{213-21}$tθɔ˙

不拉犁乱了缅 pu$^{213-23}$la$^{213-23}$li^{53}lã$^{31-55}$lɔ˙kəŋ^{213} 形容人不但不干工作，反而捣乱破坏

不拉犁乱绳索 pu$^{213-23}$la$^{213-23}$li^{53}lã^{31}ʃəŋ$^{53-35}$θuə˙

别棱 piə$^{53-35}$ləŋ˙ 歪着：你～个头干什么呀？

驴蹿马邋 ly^{53}tθʻuã^{213}ma^{55}la^{31} 形容人到处乱窜

神蹿 ʃə̃$^{53-35}$tθʻuã˙

打不开阵 ta^{55}pu$^{213-23}$kʻɛ$^{213-23}$ʧə̃^{31} 形容忙得不可开交：忙得～

脚不乎地 tɕyə$^{213-23}$pu$^{213-23}$xu$^{213-23}$ti^{31}

脚不沾地 tɕyə$^{213-23}$pu$^{213-23}$ʧã$^{213-23}$ti^{31}

急急火火 tɕi$^{213-21}$tɕi˙xuə$^{55-21}$xuə˙ 匆匆忙忙

急毛活促 tɕi$^{213-23}$mɔ^{53}xə/xuə^{53}tθʻu^{213}

毛屌日火 mɔ^{53}tiɔ^{55}i$^{213-23}$xuə^{55} 匆忙，仓猝。贬义

毛屌失火 mɔ^{53}tiɔ^{55}ʃʅ$^{213-23}$xuə^{55}

急上拉脚 tɕi$^{213-21}$ʃɑŋ˙lɑ$^{213-23}$tɕyə^{213}

急二火三 tɕi$^{213-21}$ɭə˙xuə^{55}θã^{213}

急二子火三 tɕi$^{213-21}$ɭə˙tθʅ˙xuə^{55}θã^{213}

急急拉拉 tɕi$^{213-21}$tɕi˙lɑ$^{213-21}$lɑ˙

毛之毛包儿 mɔ$^{53-35}$tʂʅ˙mɔ^{53}pɔr^{213}

手把不老实 ʃəu^{55}pɑ^{55}/ʃəu$^{55-21}$pɑ˙pu$^{213-23}$lɔ$^{55-21}$ʃʅ˙ 指人爱偷东西

细么铮儿的 si$^{31-55}$mə/mu˙tʂɬə̃r$^{213-21}$ti˙ 形容人身材高挑

手不分丫 ʃəu^{55}pu$^{213-23}$fə̃$^{213-23}$iɑ^{213} 形容人笨拙

仗义 tʃɑŋ$^{31-55}$i˙ 讲义气

穰儿穰儿的 ʅãr^{53}ʅãr$^{53-35}$ti˙ 形容身体非常疲乏或虚弱

半饱不饥 pã^{31}pɔ^{55}pu$^{213-23}$tɕi^{213} 指人没有吃饱

半饱儿 pã$^{31-55}$pɔr˙

少屌无㞗儿 ʃɔ^{55}tiɔ^{55}u^{53}tɕ'iɾəur^{53} 什么也没有，一无所有。詈语：你也不准备准备，～，你叫我怎么弄？

一路子 i$^{213-23}$lu$^{31-55}$tθʅ˙ 一类的：他们～，你看不出来吗？

血头血脸 ɕiə$^{213-23}$t'əu^{53}ɕiə$^{213-23}$liã^{55} 指到处都是血：那边闹乱子了，有个人～地往这边跑

没老狠 mu^{53}lɔ^{55}xə̃^{55} 指打人或动物时下手非常重：你打小孩儿怎么打起来～？

囊个味儿 nɑŋ$^{213-21}$kə˙uer^{31} 气味儿很大，多指难闻的气味：怎么弄得你，身上～？

囊个气儿 nɑŋ$^{213-21}$kə˙tɕ'iɾer^{31}

无来由儿 u^{53}lɛ^{53}ʅəur/iɾəur^{53} 无意义，无聊：～的话你少说吧

匀乎 yə̃$^{53-35}$xu˙ 均匀：煎饼烙得厚薄不～|这些蒜头大小长得怪～

匀和 yə̃$^{53-35}$xuə˙

省俭 ʂəŋ$^{55-21}$tɕiã˙ 节约，节俭

管节 kuã$^{55-21}$tsiə˙ ①节约：就这一点儿，你～着使 ②小心，谨慎

会过 xue^{31}kuə^{31} 节约：这个人真～

独已 tu$^{53-35}$tɕi˙ 自私，容不得人：这个人太～了

文范 uə̃$^{53-35}$fã˙ （人）沉稳，文静；（物）稳当，稳固

光溜的 kuɑŋ$^{213-23}$liəu$^{213-21}$ti˙ 赤条条的，裸体

光溜溜的 kuɑŋ$^{213-23}$liəu$^{213-21}$liəu˙ti˙

光腚拉叉 kuɑŋ$^{213-21}$tiŋ˙lɑ$^{213-23}$tʂʻɑ^{213} 指人赤身裸体

赤脚光腚 tʂʻʅ^{53}tɕyə^{213}kuɑŋ$^{213-23}$tiŋ^{31} 形容经济上捉襟见肘

鲜铮儿 siã$^{213-21}$tʂɬə̃r˙ 鲜亮，新鲜：刚剜的荠菜，怪～，买点儿吧？

鲜亮 siã$^{213-21}$liɑŋ˙

眼生 iã$^{55-21}$ʂəŋ˙ 陌生，不熟悉：这个人看着怪～，是哪里的？

眼生面花 iã$^{55-21}$ʂəŋ˙miã$^{31-55}$xuɑ˙ 只是见过，但不熟悉；似曾相识

长 ʧʻɑŋ^{53} 嗅觉或听觉很灵敏：你耳朵～，三里远的说话声都能听着｜你鼻子真～啊，谁家在煎鱼你都闻着了

长当 ʧʻɑŋ$^{53-35}$tɑŋ˙ 时间长：他当村长当得怪～，一当就是三十年

刺挠 tθʻʅ$^{31-55}$nɔ˙ 身体因异物刺激而发痒：我脊梁骨怪～得上，你快给我扤一扤

压秤 iɑ$^{213-23}$ʧʻəŋ^{31} 物体较重：鲜地瓜～，干秫秸不～

压沉 iɑ$^{213-23}$ʧʻə̃^{53}

黄 xuɑŋ^{53} 失败或落空：这个事怎么就～了呢？

单崩儿 tã$^{213-23}$pə̃r^{213}/tã$^{213-21}$pə̃r˙ 单独，独自

单帮 tã$^{213-21}$pɑŋ˙

单帮儿 tã$^{213-21}$pɑ̃r˙

蔫悠 iã$^{213-21}$iəu˙ 植物因缺少水分而发蔫或人没有精神头儿，打不起精神

蔫悠巴唧 iã$^{213-21}$iəu˙pɑ$^{213-23}$tsi^{213}

蔫悠呱唧 iã$^{213-21}$iəu˙kuɑ$^{213-23}$tsi^{213}

夹密 tɕiɑ$^{213-21}$mi˙ 纺织品或编织物织得很密、很结实：这块布怪～

有头有脸儿 iəu^{55}t‘əu^{53}iəu^{55}ʅɛr^{55} 有身份的：出场的都是些～的人

离骨离棱儿 li^{53}ku^{213}li^{53}ʅə̃r^{31} 形容事物之间的区别很明显或界限很分明

活蹦乱跳 xə^{53}pəŋ^{31}lã^{31}t‘iɔ^{31} 形容人或动物很有精神

半拉嘎唧 pã$^{31-55}$lɑ˙kɑ$^{213-21}$tsi˙ 事情没有做完：作业写了～的就不写了

半拉喀哧 pã$^{31-55}$lɑ˙k‘ɑ$^{213-21}$tʂ‘ʅ˙

至清明白 ʧʅ^{31}ts‘iŋ^{213}miŋ^{53}pe^{53} ①非常明白，完全理解：道理哪你是～，不需要我再给你解释了吧？②头脑清醒，不糊涂：老人家这么大年纪了，还是～的

调斜 tiɔ$^{31-55}$siə˙ 偏，斜，不正：弄床你怎么安的，～着？

调角 tiɔ$^{31-55}$tɕiɑ˙

虚胖 ɕy$^{213-23}$p‘ɑŋ^{31} 身体胖而虚，不结实

胖 p‘ɑŋ^{213} 膨胀，浮肿

囊 nɑŋ^{213} ①浮肿：洗了一天衣裳，手都泡～了 ②很：～丑｜～苦｜～臭

秀密 siəu$^{31-55}$mi˙ 小巧，精致

出溜拐弯儿 ʧ‘ɥ$^{213-21}$liəu˙kuɛ^{55}uɛr^{213} 弯弯曲曲

曲溜拐弯儿 tɕ‘y$^{213-21}$liəu˙kuɛ^{55}uɛr^{213}

云山雾罩 yə̃^{53}ʂã^{213}u^{31}tʂɔ^{31} ①晕头转向 ②说话不着边际，难以琢磨

麻秧 mɑ$^{53-35}$iɑŋ˙ 令人心烦意乱：这事儿真是～头皮！

油煎火燎 iəu^{53}tsiã^{213}xuə^{55}liɔ^{55} 形容人非常着急

火烧火燎 xuə^{55}ʃɔ^{213}xuə^{55}liɔ^{55}

踢蹦乱跳 t‘i$^{213-23}$pəŋ^{31}lã^{31}t‘iɔ^{31}

死巴巴 θʅ^{55}pɑ$^{213-23}$pɑ^{213} 指人处事不灵活：成天～的，什么事儿也办不成

死趴趴 θʅ^{55}p‘ɑ$^{213-23}$p‘ɑ^{213}

鞋趿拉袜趿拉 ɕiɛ^{53}t‘ɑ$^{213-21}$lɑ˙uɑ^{31}t‘ɑ$^{213-21}$lɑ˙ 形容人懒惰，做事拖拉

碰头打脸 pʻəŋ^{31}tʻəu^{53}tɑ^{55}liã^{55} 形容人非常熟悉：俺俩整天～的，不用介绍了

碰头打滚 pʻəŋ^{31}tʻəu^{53}tɑ^{55}kuə̃^{55}

囚 tsʻiəu^{53} ①呆在某处：你成天价～家里干什么？②悲观、闷闷不乐：他成天脸～着

囚克 tɕʻiəu$^{53-35}$kʻə˙ 悲观、闷闷不乐：你整天～着脸，到底有什么事？

苦差 kʻu$^{55-21}$tʂʻɛ˙ 痛苦：这个小孩儿无爹无娘的，真～

丢人现眼 tiəu$^{213-23}$iə̃^{53}ɕiã^{31}iã^{55} 丢脸

丢丑败坏 tiəu$^{213-23}$ʧʻəu^{55}pɛ$^{31-55}$xuɛ˙

经多识广 tɕiŋ$^{213-23}$tuə$^{213-23}$ʃʅ$^{213-23}$kuɑŋ^{55} 经多见广

菜儿 tθʻɾɛr^{31} 一般，不突出：他也就这么～

散索 θã$^{55-21}$θuə˙ 不湿不黏：土松软，疏松

散酥 θã$^{55-21}$θu˙

长木匠短铁匠 ʧʻɑŋ^{53}mu^{31}tsiɑŋ^{31}tuã^{55}tʻiə$^{213-23}$tsiɑŋ^{31} 木匠下料时，总是把毛坯锯得长一些；而铁匠下料时，总是把毛坯打得短一些。指具体情况具体分析，根据情况灵活处理

仨猫瞪着六个眼 θɑ$^{213-23}$mɔ^{53}təŋ$^{31-55}$ʧɔ˙liəu$^{31-55}$kə˙iã^{55} 众目睽睽：你别以为看不着，～，到时候什么都知道了

圪档瓤子插的 kə$^{53-35}$tɑŋ˙iɑŋ$^{53-35}$tθʅ˙tʂʻɑ$^{213-21}$ti˙ ①形容物品质量差，不牢固 ②形容空有外表，不中用

冒冒影影 mɔ$^{31-55}$mɔ˙iŋ$^{55-21}$iŋ˙ 模模糊糊

喔喔嚷嚷 uə$^{213-21}$uə˙iɑŋ$^{213-21}$iɑŋ˙ 指非常嘈杂

嘎嘎嚷嚷 kɑ$^{213-21}$kɑ˙iɑŋ$^{213-21}$iɑŋ˙

弯弯子 uã$^{213-21}$uã˙tθʅ˙ 形容人心地比较坏：他就～心眼多

张口查气 ʧɑŋ$^{213-23}$kʻəu^{55}tʂʻɑ^{53}tɕʻi^{31} 气喘吁吁：他从外面跑家来，～的

啡儿啡儿的 fer$^{213-23}$fer$^{213-21}$ti˙ 气喘吁吁的

少皮无毛 ʃɔ^{55}p‘i^{53}mu^{53}mɔ^{53} 指人、动物遍体鳞伤或者物体损坏得很严重：路上好几辆车撞一块儿了，人和车都～的

少皮没毛 ʃɔ^{55}p‘i^{53}mu^{53}mɔ^{53}

破头烂腚 p‘ə^{31}t‘əu^{53}lã^{31}tiŋ^{31} 破破烂烂

□ tʂ‘uɑ^{53} 笨拙：针线这么～呀？

拙 ʧuə^{213}

拙笨 pə^{31}tʃuə^{213}

粗拉 tθ‘u$^{213-21}$lɑ˙ 不精致：这张桌子做得太～了

粗拉子 tθ‘u$^{213-21}$lɑ˙tθɿ˙ 技术性不强的，手工的：～活

拉气 lɑ$^{213-23}$tɕ‘i^{31} 了不起。多用于否定：得罪你也没什么～

轻来轻去 tɕ‘iŋ$^{213-23}$lɛ^{53}tɕ‘iŋ$^{213-23}$tɕ‘y^{31} 事情较小、重要程度不强或病情很轻等

阴冷 iə̃$^{213-21}$ləŋ˙ 天气阴且寒冷：这天也没日头，怪～

新崭 ʃə̃$^{213-21}$tʂã˙ 崭新：褂子怪～

破齿拉拉的 p‘ə$^{31-55}$tʂ‘ʅ˙lɑ$^{213-21}$lɑ˙ti˙ 破旧，破破烂烂

一癫二魔 i$^{213-23}$tiã^{213}ɭə^{31}mə^{53} 指人精神不太正常

癫张瓜拉 tiã$^{213-23}$ʧɑŋ^{213}kuɑ$^{213-21}$lɑ˙

屈死犟拗 tɕ‘y$^{213-23}$θɿ^{55}tɕiɑŋ^{31}ȵiəu^{31} 态度倔犟，不顺从

一打玩二打要 i$^{213-23}$tɑ^{55}uã^{53}ɭə^{31}tɑ^{55}ʃuɑ^{55} 不认真，敷衍了事

舒舒拉拉 ʃʮ$^{213-21}$ʃʮ˙lɑ$^{213-23}$lɑ^{213} 不伸展

回不过脖来 xue$^{53-35}$pu˙kə^{31}pər$^{53-35}$lɛ˙ 没法继续坚持自己的观点，但又不好意思承认自己的错误：他几句话把我说得～

依拉外赖 i$^{213-23}$lɑ^{213}uɛ$^{31-55}$lɛ˙ 敷衍塞责：你看他～地，管干什么都不板整

地蛆眼 ti$^{31-55}$ts‘y˙iã^{213} ①红薯、马铃薯、芋头等块茎上的疤痕 ②笑话别人眼神不好

鬼转案儿 kue^{55}ʧuã^{31}ŋɛr^{31} 非常着急，非常发愁：你看他愁得～

挤满压满 tsi^{55}mã^{55}iɑ^{31}mã^{55} 容器内装得很满

丝流儿丝流儿的 θɿ$^{213-21}$ʅəur˙θɿ$^{213-21}$ʅəur˙ti˙ 液体盛满器皿，几乎要流出来

见眼脑儿 tɕiã^{31}iã$^{55-21}$nɾɔr˙ 有一定的数量

不见眼脑儿 pu$^{213-23}$tɕiã^{31}iã$^{55-21}$nɾɔr˙ 非常少

嘎拉麻脂 kɑ$^{213-21}$lɑ˙mɑ$^{53-35}$tʂʅ˙ 男女关系暧昧或关系不明确

雾雾睁睁 u$^{31-55}$u˙tʂəŋ$^{213-21}$tʂəŋ˙ 朦朦胧胧

正 ʧəŋ^{31} 与“歪”相对

　正当 ʧəŋ$^{31-55}$tɑŋ˙

　正正当当 ʧəŋ$^{31-55}$ʧəŋ˙tɑŋ$^{213-21}$tɑŋ˙

歪 uɛ^{213} 不正

　斜 siə^{53}

　歪歪 uɛ$^{213-21}$uɛ˙

　斜斜 siə$^{53-35}$siə˙

　偏偏 p‘iã$^{213-21}$p‘iã˙

　趄趄 tɕ‘iə$^{213-21}$tɕ‘iə˙

绺绺 liəu$^{55-21}$liəu˙ ①偏，斜：拙木匠做的家什儿～着 ②叶子因缺水或虫害打卷儿：你看看这些花儿都～叶儿开啦，你多少日子没浇水了？

口轻 k‘əu$^{55-21}$tɕ‘iŋ˙ 吃盐味小，吃淡不吃咸

口重 k‘əu^{55}tʂuŋ^{31} 吃盐味大，吃咸不吃淡

辣木喉的 lɑ$^{31-55}$mu˙xəu$^{53-35}$ti˙ 有些辣

　辣木喉喉的 lɑ$^{31-55}$mu˙xəu^{53}xθu$^{53-35}$ti˙

咸个宁的 ɕiã$^{53-35}$kə˙ȵiŋ$^{53-35}$ti˙ 有点咸

　咸滋儿的 ɕiã^{53}tθɾer$^{213-21}$ti˙

甜木习的 t‘iã$^{53-35}$mu˙si$^{53-35}$ti˙ ①有点甜 ②笑嘻嘻的表情

甜木习习的 t‘iã$^{53-35}$mu˙si^{53}si$^{53-35}$ti˙

苦个仁的 k‘u$^{55-21}$kə˙iə̃$^{53-35}$ti˙ 有点苦

脚踩滥绊 tɕyə$^{213-23}$tʂ‘ɛ^{55}lã^{31}pã^{31} 指东西散落在地上很多、很乱：不是什么好么儿，到处～的

绊绊拉拉 pã$^{31-55}$pã˙la$^{213-21}$la˙ 摆放杂乱

拥拥不倒 yŋ$^{213-21}$yŋ˙pu$^{213-23}$tɔ^{55} 形容东西很多

驴驮马担 ly^{53}t‘uə^{53}ma^{55}tã^{213}

七零八落 ts‘i$^{213-23}$liŋ^{53}pa$^{213-23}$luə^{31} 杂乱

七大八小 ts‘i$^{213-23}$ta^{31}pa$^{213-23}$siɔ^{55} 大小不一

两两三三 liaŋ$^{55-21}$liaŋ˙θã$^{213-21}$θã˙ 零零碎碎，琐碎的

零碎 liŋ$^{53-35}$θue˙

零零碎碎 liŋ$^{53-35}$liŋ˙θue$^{31-55}$θue˙

零散 liŋ$^{53-35}$θã˙

零零散散 liŋ$^{53-35}$liŋ˙θã$^{55-21}$θã˙

杂七杂八儿 tθa^{53}ts‘i^{213}tθa^{53}par^{213}

杂七麻嘎儿 tθa^{53}ts‘i^{213}ma^{53}kar^{213}

鸡零狗碎 tɕi$^{213-23}$liŋ^{53}kəu^{55}θue^{31}

一些 i$^{213-23}$siə^{213} 很多

一大些 i$^{213-23}$ta^{31}siə^{213}

一下子 i$^{213-23}$ɕia$^{31-55}$tθɿ˙

一大下子 i$^{213-23}$ta^{31}ɕia$^{31-55}$tθɿ˙

一点儿 i$^{213-23}$trɛr^{55} 很少

一点儿点儿 i$^{213-23}$trɛr$^{55-21}$trɛr˙

两个个 liaŋ^{55}kə$^{31-55}$kə˙

一把把儿 i$^{213-23}$pa$^{55-21}$par˙

了了 liɔ^{55}liɔ^{55} ①不多：东西～，恁也别嫌少 ②不大：这人本事～

了儿了儿 ɿɔr^{55}ɿɔr^{55}

半边囫囵 pã$^{31-55}$piã˙xu$^{53-35}$lɔ̃˙ （东西）不完整，零碎

囫囵半个 xu$^{53-35}$lɔ̃˙pã$^{31-55}$kə˙

半截拉块 pã^{31}tsiə^{53}la$^{213-23}$k‘uɛ^{31}

半半啰 pã$^{31-55}$pã˙luə˙ ①中间，中途：走到～里，他就累了 ②（东西）不完整，（事情）未做完：干活儿你就干个利索的，干个～算怎么着？

半半啰儿 pã$^{31-55}$pã˙ɿuər˙

半截子 pã^{31}tsiə$^{53-35}$tθɿ˙

半截腰儿 pã^{31}tsiə^{53}ɿɔr/irɔr^{213}

半路地儿 pã$^{31-55}$lu˙trer^{31}

薄 pə^{53} ①稀薄，与“稠”相对 ②少，与“多”相对 ③酒席上菜肴简单：菜怪～ ④不宽裕，与“丰盛”相对：酒席怪～，大家伙儿就将就点儿吧 ⑤厚度小，与“厚”相对 ⑥味淡：酒怪～，没大有味儿，你掺了多少水？

精薄薄 tsiŋ$^{213-23}$pə$^{53-35}$pə˙ 很薄；很稀

溜薄儿薄儿 liəu$^{213-23}$pər$^{53-35}$pər˙

溜薄儿 liəu$^{213-23}$pər^{53}

薄古郎当 pə$^{53-35}$ku˙laŋ$^{53-35}$taŋ˙

稀薄 ɕi$^{213-23}$pə^{53}

精稀 tsiŋ$^{213-23}$ɕi^{213}

枵 ɕiɔ^{213} ①薄：布亨～了 ②眼睛眯缝：眼～～着

面 miã^{31} 某些食物淀粉多、水分少，吃在嘴里感觉发干

稀面 ɕi$^{213-23}$miã^{31} 很面

澥 ɕiɛ^{31} 某些食物淀粉少、水分多，吃在嘴里感觉发甜

精澥澥 tsiŋ$^{213-23}$ɕiɛ$^{31-55}$ɕiɛ˙ 很澥

厚 xəu^{31} ①稠 ②人或物密集：你种的麦子这么～，那还了得！｜山这边儿人烟怪～④菜肴丰盛，丰富：这桌儿菜怪～，怕是吃不了 ⑤厚度大 ⑥浓：

烟雾怪～，什么也看不着

厚实 xəu$^{31-55}$ʃʅ˙ 厚

大厚厚 tɑ^{31}xəu$^{31-55}$xəu˙ 很厚

怪厚 kuɛ^{31}xəu^{31}

享厚 ɕiɑŋ^{53}xəu^{31}

楞厚 ləŋ$^{213-23}$xəu^{31} （西片）

干稠 kɑ̃$^{213-23}$ʧ‘əu^{53} （粥）稠

深 ʃə̃/ʧ‘ə̃^{213}

大深深 tɑ^{31}ʃə̃$^{213-21}$ʃə̃˙/ʧ‘ə̃$^{213-21}$ʧ‘ə̃˙ 很深

怪深 kuɛ^{31}ʃə̃/ʧ‘ə̃^{213}

享深 ɕiɑŋ^{53}ʃə̃/ʧ‘ə̃^{213}

楞深 ləŋ$^{213-23}$ʃə̃/ʧ‘ə̃^{213} （西片）

浅 ʦ‘iɑ̃^{55}

精浅 ʦiŋ$^{213-23}$ʦ‘iɑ̃^{55} 很浅

精浅浅 ʦiŋ$^{213-23}$ʦ‘iɑ̃$^{55-21}$ʦ‘iɑ̃˙

怪浅 kuɛ^{31}ʦ‘iɑ̃^{55}

享浅 ɕiɑŋ^{53}ʦ‘iɑ̃^{55}

高 kɔ^{213}

大高高 tɑ$^{31-55}$kɔ$^{213-21}$kɔ˙ 很高

怪高 kuɛ^{31}kɔ^{213}

享高 ɕiɑŋ^{53}kɔ^{213}

楞高 ləŋ$^{213-23}$kɔ^{213} （西片）

矮 iɛ^{55}

精矮 ʦiŋ$^{213-23}$iɛ^{55} 很矮

精矮矮 ʦiŋ$^{213-21}$iɛ$^{55-21}$iɛ˙

怪矮 kuɛ^{31}iɛ^{55}

享矮 çiaŋ^{53}iɛ^{55}

红 xuŋ^{53}

大红 tɑ$^{31-55}$xuŋ· 红色

栗子红 li$^{31-55}$tθɿ·xuŋ^{53} 黑红色

枣样红 tθɔ$^{55-21}$iɑŋ·xuŋ^{53} 枣红

枣红 tθɔ$^{55-21}$xuŋ·

桃红 t‘ɔ$^{53-35}$xuŋ· 粉红

二红 ɭə$^{31-55}$xuŋ·

通红 t‘uŋ$^{213-23}$xuŋ^{53} 很红

蓝 lã^{53}

深蓝 ʃə̃$^{213-23}$lã^{53}

浅蓝 ts‘iã^{55}lã^{53}

湛蓝 ʧə̃^{31}lã^{53} 很蓝

须蓝 sy/çy$^{213-23}$lã^{53} （西片、南片）

黄 xuɑŋ^{53}

麦黄 mə̃$^{31-55}$xuɑŋ·

金黄 tɕiə̃$^{213-23}$xuɑŋ^{53}

深黄 ʃə̃$^{213-23}$xuɑŋ^{53}

浅黄 ts‘iã^{55}xuɑŋ^{53}

焦黄 tsiɔ$^{213-23}$xuɑŋ^{53} 很黄

绿 ly^{31}

草绿 tθ‘ɔ^{55}ly^{31}

深绿 ʃə̃$^{213-23}$ly^{31} 墨绿

浅绿 ts‘iã^{55}ly^{31}

豆绿 təu^{31}ly^{31}

鸭蛋绿 iɑ$^{213-23}$tã^{31}ly^{31}

黢绿 ts‘y$^{213-23}$ly^{31} 很绿

稀绿 ɕi$^{213-23}$ly^{31}

西绿 si$^{213-23}$ly^{31}

须绿 sy/ɕy$^{213-23}$ly^{31} （西片、南片）

白 pe^{53}

漂白 p‘iɔ$^{213-23}$pe^{53} 很白

煞白 ʂɑ$^{213-23}$pe^{53}

星白 siŋ$^{213-23}$pe^{53}

灰 xue^{213}

灰不溜秋 xue$^{213-21}$pu˙liəu$^{213-21}$ts‘iəu˙ 浅灰

深灰 ʃə̃$^{213-23}$xue^{213}

青 ts‘iŋ^{213} 介于蓝色和黑色之间的颜色，包含黑色：～布

黢紫 ts‘y$^{213-23}$tθɿ^{55} 很紫，呈黑紫色：葡萄～

忽黑 xu$^{213-23}$xe^{213} 很黑：脸都晒得～了

烘黑 xuŋ$^{213-23}$xe^{213}

黢黑 ts‘y$^{213-23}$xe^{213}

漆黑 ts‘i$^{213-23}$xe^{213}

乌黢子黑 u$^{213-21}$ts‘y˙tθɿ˙xe^{213}

乌黑 u$^{213-23}$xe^{213}

翁黑 uŋ$^{213-23}$xe^{213}

黑黢聊巴的 xe$^{213-21}$ts‘y˙liɔ$^{53-35}$pɑ˙ti˙ 黑乎乎的，有些发黑

黑黢聊将的 xe$^{213-21}$ts‘y˙liɔ$^{53-35}$tsiɑŋ˙ti˙

黑不溜秋 xe$^{213-21}$pu˙liəu$^{213-21}$ts‘iəu˙

黑不溜唧 xe$^{213-21}$pu˙liəu$^{213-21}$tsi˙

黑滚的 xe$^{213-21}$kuə̃$^{55-21}$ti˙ 肤色黑而健壮：这家伙晒得～，怪结实

有红似白的 iəu^{55}xuŋ^{53}θɿ^{31}pe$^{53-35}$ti˙ 红中有白，白中有红。多用来

形容脸色

红出溜的 xuŋ$^{53-35}$tʃ'ɥ$^{213-21}$liəu˙ti˙ 略带红色

绿个钲儿钲儿的 ly$^{31-55}$kə˙tʂɬə̃r$^{213-21}$tʂɬə̃r˙ti˙ 淡绿色

紫个莹儿莹儿的 tθɿ$^{55-21}$kə˙ʅə̃r/irə̃r^{53}ʅə̃r/irə̃r$^{53-35}$ti˙ 淡紫色

紫个烂点的 tθɿ$^{55-21}$kə˙lã$^{31-55}$tiã$^{55-21}$ti˙ 含贬义

藕荷色 ŋəu$^{55-21}$xə˙ʂe^{213} 浅紫色

绛紫 tɕiɑŋ^{31}tθɿ^{55} 深紫色

蓝木葭的 lã$^{53-35}$mu˙tɕiɑ$^{53-35}$ti˙ 淡蓝色

蓝（个）直儿的 lã^{53}（lã$^{53-35}$kə˙）tʂɬer$^{53-35}$ti˙

白了迭的 pe$^{53-35}$ɭə˙tiə$^{53-35}$ti˙ 指颜色发白。含贬义

灰出溜的 xue$^{213-21}$tʃ'ɥ˙liəu$^{213-21}$ti˙ 指颜色发灰或发暗。含贬义

黄了巴唧的 xuɑŋ$^{53-35}$ɭə˙pɑ$^{213-21}$tsi˙ti˙ 指颜色发黄。含贬义

黄蜡喀的 xuɑŋ$^{53-35}$lɑ˙k'ɑ$^{213-21}$ti˙ 发黄，略带黄色

青个湛的 ts'iŋ$^{213-21}$kə˙tʃə̃$^{53-35}$ti˙

花花狸狸 xuɑ$^{213-21}$xuɑ˙li$^{53-35}$li˙ 杂色，多种花色混杂在一起

花不楞登 xuɑ/xuɑ$^{213-21}$pu˙ləŋ$^{213-23}$təŋ^{213}

紫青蓝靛 tθɿ^{55}ts'iŋ^{213}lã^{53}tiã^{31} 青一块紫一块，指身体伤痕累累

花拉糊赤 xuɑ$^{213-21}$lə˙xu$^{53-35}$tʃ'ʅ˙ 模糊不清

花里糊赤 xuɑ$^{213-21}$li˙xu$^{53-35}$tʃ'ʅ˙

剔溜圆 t'i$^{213-21}$liəu˙yã^{53} 形容球状物体非常圆

提溜八挂 ti$^{213-21}$/t'i$^{53-35}$ liəu˙pɑ$^{213-23}$kuɑ^{31} 形容东西一串一串，很多的样子：葡萄结得～的

嘟噜八挂 tu$^{213-21}$lu˙pɑ$^{213-23}$kuɑ^{31}

提溜搭挂 ti$^{213-21}$liəu˙tɑ$^{213-23}$kuɑ^{31}

提里嘟噜 $ti^{213-21}li^{˙}tu^{213-21}lu^{˙}$

二十六　副词

大 $tɑ^{31}$　①用在形容词前，表示程度，相当于“很”、“老”、“太”：～远远｜～高高｜～粗粗｜～厚厚｜～长长 ②用在动词前，表示“多”、“再”、“好好”的意思：今们儿没多少事儿，你就～睡一霎儿吧｜多少日子没吃肉了，今晌午～吃了一顿 ③正，正在（修饰比较大的“刮风”、“下雨”）：～下雨的，你上哪去？

粗拉儿地 $tθ‘u^{213-23}ʅɑr^{213-21}ti^{˙}$　大略，粗略：你去把院子～扫一扫

　大略儿 $tɑ^{31}ʅuər^{213}$

　大□儿 $tɑ^{31}p‘ɑr^{213}$

大约摸 $tɑ^{31}yə^{213-21}mə/mu^{˙}$　大约：我也是～着说的

不大离 $pu^{213-21}tə^{˙}li^{53}$　差不多

　不大离儿 $pu^{213-21}tə^{˙}ʅer^{53}$

　没意思 $mu^{213-23}i^{31-55}θʅ^{˙}$　①差不多：他俩的年龄～ ②没有趣味：这书～

　没大意思 $mu^{213-21}tə^{˙}i^{31-55}θʅ^{˙}$　他俩的年龄～｜俩人～高

差不离（儿） $tʂ‘ɑ^{213-21}pu^{˙}li^{53}$（$ʅer^{53}$）　差不多：他俩的情况～

毛 $mɔ^{53}$　①用在数字前表示约数 ②带容器称的重量：～重 ③野生的，品种未经改良的：～桃｜～栗子

家 $tɕiɑ^{213}$　家养（种）的，非野生的：～兔子｜～鸡子｜～韭菜｜～花椒

山 $ʂã^{213}$　野生的，未经改良的：～枣子｜～韭菜｜～花椒｜～葡萄｜～鸡

野 $iə^{55}$　～兔子｜～果儿｜～物儿｜～狸｜～鹊

刚 $tɕiɑŋ^{213}$　才，刚才：我～来

　才 $tθ‘ɛ^{53}$

　刚才 $tɕiɑŋ^{213-23}tθ‘ɛ^{53}$

　刚忙 $tɕiɑŋ^{213-21}mãr^{˙}$

才刚 tθ‘ɛ^{53}tɕiɑŋ^{213}

刚好 tɕiɑŋ$^{213-23}$xɔ^{55} 正好，恰好

正好 ʧəŋ^{31}xɔ^{55}

碰巧 p‘əŋ^{31}tɕ‘iɔ^{55}

有点儿 iəu^{55}trɛr^{55} 表示程度不高，稍微：天～冷｜我～吃不住了

血 ɕiə^{213} 很，非常。修饰部分消极义形容词：～孬｜～笨｜～差劲

囊 nɑŋ^{213} 很，非常。修饰消极义形容词：～苦｜～臭｜～丑｜～臊｜～腥

卓 ʧuə^{213}/tʂuə^{53} 很，非常。修饰形容词和部分动词性短语：～好｜～气人｜～有调远（有计谋，有方法）

好上 xɔ$^{55-21}$ʃɑŋ˙ 好好地：～学习，别光贪玩！｜你～说话！

好生 xɔ$^{55-21}$ʂə̃˙

好上点儿 xɔ$^{55-21}$ʃɑŋ˙trɛr˙ 小心地：坡陡路滑，你～！

怕 p‘ɑ^{31} 也许：～要下雨｜这件事儿今天～完不成了

怕是 p‘ɑ$^{31-55}$ʂʅ˙ 这个活儿今们儿～干不完了，那就明天再来接着干吧

也许 iə^{53}ɕy^{55} 他～今们儿来，～明天来，到底哪一天得看他的安排

可能 k‘ə^{55}nəŋ^{53} 明天我～走，也～不走，关键是看手头的活儿干完干不完

兴许 ɕiŋ$^{213-23}$ɕy^{55} 你要是早打个招呼，～就不会闹误会了

差点儿 tʂ‘ɑ$^{213-23}$trɛr^{55} 几乎：～摔倒了

差一点儿 tʂ‘ɑ$^{213-23}$i$^{213-23}$trɛr^{55} 我～没赶上火车

下么点儿 ɕiɑ$^{31-55}$mə/mu˙trɛr^{55} 今们儿戳蜂窝，～叫蜂子蜇着了

严乎 iɑ̃$^{53-35}$xu˙ 那个大结杏我～够着了，叫他一竿子打下去了

严倒 iɑ̃$^{53-35}$tɔ˙

严倒乎 iɑ̃$^{53-35}$tɔ˙xu˙ 这辆自行车不好骑，我～吃了它的亏

严倒好 iɑ̃$^{53-35}$tɔ˙xɔ˙

瞎么溜儿 ɕiɑ$^{213-21}$mə/mu˙ɿəur^{213} 好悬！我～叫牛牴着了

试不得 ʂʅ$^{31-55}$pu˙ti˙ 你看看吧，夜来～打掉了头，今们儿又～穿一条裤子

非……不 fe$^{213-23}$……pu^{213} 只有……才：非揍他儿回他不改

不……不 pu$^{213-23}$……pu^{213} 不吃儿回亏他是不知道世态炎凉

非……才 fe$^{213-23}$……tθ‘ɛ^{53} 蟚溜猴子非到黑天才出来

赶只 kã$^{55-21}$tθʅ˙ ①立刻：～就来 ②表示发现原来没有发现的情况：～是你干的好事儿 ③表示情理明显，不必怀疑：那～好！

马上马 mɑ$^{55-21}$ʃɑŋ˙mɑ^{55} 立刻：～就来，你等一霎儿

马上 mɑ$^{55-21}$ʃɑŋ˙

赶么 kã$^{55-21}$mə˙

趁早儿 ʧ‘ə̃^{31}tθrɔr^{55} 抓紧时机或提前采取行动：～走吧｜～死了心吧

早晚 tθɔ^{55}uã^{55}/tθɔ$^{55-21}$uã˙ ①随时：你抽自己的时间吧，～来都行 ②最终：～都是你的，你急什么？

眼看 iã^{55}k‘ã^{31} 很快，马上：～就要到期了，你怎么还犯傻？

眼瞅着 iã^{55}ʧ‘əu$^{55-21}$ʧɔ˙ ～就是我的了，没寻思叫他给抢去了

幸亏 ɕiŋ^{31}k‘ue^{213} 由于偶然出现的有利条件而避免了某种不利的事情

亏得 k‘ue$^{213-21}$ti˙

亏了 k‘ue$^{213-21}$lɔ˙

亏里 k‘ue$^{213-21}$li˙

当面 tɑŋ$^{213-23}$miã^{31} 在面前；面对面

背地里 pe^{31}ti$^{31-55}$li˙ 背后

背后 pe^{31}xəu^{31}

待上块儿 tɛ$^{55-21}$ʃɑŋ˙k‘uɛr^{31} 在一起：您俩～拉呱拉呱呗

一块儿 i$^{213-23}$k‘uɛr^{31} 一起：咱～走吧

一道儿 i$^{213-23}$trɔr^{31}

大拥 tɑ$^{31-55}$yŋ˙ 不按次序地：一个儿一个儿地进，不能～着来

挨个儿 iɛ$^{213-23}$kər^{31} 逐个，一个一个地

顺便 ʃuə̃^{31}p‘iã^{31} 你上书店哪？～给我买本儿《新华典》吧

　趁手 ʧ‘ə̃^{31}ʃəu^{55}

顺道儿 ʃuə̃^{31}trɔr^{31} 顺便，顺路：明天我去临沂，～到青驼去看看老朋友

　捎道 ʂɔ$^{213-23}$tɔ^{31}

特为 te$^{53-35}$ue˙ 故意地：我是～跟他说的

　成心 ʧ‘əŋ^{53}ʃə̃/siə̃^{213}

　出心 ʧ‘ɥ$^{213-23}$ʃə̃/siə̃^{213}

到底 tɔ^{31}ti^{55} 究竟：你～是说还是不说？

压根儿 iɑ^{31}ker^{213} 根本，从来

坐实 tθuə$^{31-55}$ʃʅ˙ 着实

实逼 ʃʅ^{53}pi^{53} 确实：～不行，就算了

　死逼 θʅ^{55}pi^{53}

　实在 ʃʅ$^{53-35}$tθɛ˙

　确实 tɕ‘yə$^{213-23}$ʃʅ^{53}

一共 i$^{213-23}$kuŋ^{31} 总共：～才十个人

　总共 tθuŋ^{55}kuŋ^{31}

　共总 kuŋ^{31}tθuŋ^{55}

　共然 kuŋ^{31}iã^{53}

　合物然 xə^{53}u^{31}iã^{53}

　总共然 tθuŋ^{55}kuŋ^{31}iã^{53}

　从共然 tθ‘uŋ^{55}kuŋ^{31}iã^{53}

　共合 kuŋ^{31}xə^{53}

　一总里 i$^{213-23}$tθuŋ$^{55-21}$li˙

　一总子里 i$^{213-23}$tθuŋ$^{55-21}$tθʅ˙li˙

别 pɛ/piə^{53} 不要：～跑，小心磕倒了！

济 tsi^{31} 随意地，无限制地：活儿好好干，饭～吃，工钱亏不了你的

聚 tsy^{31} ～挑～拣

白 pe^{53} 白白地，徒劳地：～吃～喝

干 kã^{213} 今们儿去没要着钱，～跑了一趟

瞎 ɕiɑ^{213} 没有根据的；没有效果的：～编乱造丨你们～找了半天，什么也没找着

偏 p‘iã^{213} 偏偏：你不叫我去，我～去

胡 xu^{53} 随意乱来：～搞丨～说丨～来丨～弄

乱 lã^{31}

先 siã^{213} 在前面：你～走，我随后就到

头里 t‘əu$^{53-35}$li˙ 你～走着，我在后头撵你

早先 tθɔ^{55}siã^{213} 原来，最初：他～知不道，后来才听人说的

早一来 tθɔ^{55}i$^{213-21}$lɛ˙

早一里 tθɔ^{55}i$^{213-21}$li˙

一来 i$^{213-21}$lɛ˙

一起根儿 i$^{213-21}$tɕ‘i˙ker^{213} 最初，开始：～他就不想种地

一开始 i$^{213-23}$k‘ɛ$^{213-23}$ʂʅ^{55}

起先 tɕ‘i^{55}siã^{213}

原先 yã^{53}siã^{213}

当初 tɑŋ$^{213-23}$tʂ‘u^{213}

待早 tɛ^{31}tθɔ^{55}

待早里 tɛ^{31}tθɔ$^{55-21}$li˙

早里 tθɔ$^{55-21}$li˙

早时间 tθɔ$^{55-21}$ʂʅ˙tɕiã˙

原先时间 yã^{53}siã^{213}ʂʅ$^{53-35}$tɕiã˙

起先时间 tɕ‘i^{55}siã^{213}ʂʅ$^{53-35}$tɕiã˙

打起儿 tɑ^{55}tɕ'ɾer^{55}

掐齐 tɕ'iɑ$^{213-23}$ts'i^{53} 从……开始：从现在～，往后统一在三点报账

一自 i$^{213-21}$tθɿ˙ 一旦

不大 pu$^{213-21}$tɑ/tə˙ ①不很，不太（后面跟形容词）：～好｜～宽快｜～好吃｜～容易 ②不经常（后面跟动词）：～上济南｜他两家～走动 ③不愿意，不喜欢：这孩子～说话

另外 liŋ^{31}uɛ^{31}

奉外 fəŋ^{31}uɛ^{31}

奉其外 fəŋ^{31}tɕ'i^{53}uɛ^{31}

各灶 kə$^{213-21}$tθɔ˙

各自 kə$^{213-21}$tθɿ˙

跑不了 p'ɔ$^{55-21}$pu˙liɔ^{55} 一定，肯定：这事儿～是他干的

指定 tʂɿ^{55}tiŋ^{31}

忒 t'e^{213} 太

长 tʃɑŋ^{55} 过于，太：～甜｜～累｜～大

挡不住 tɑŋ$^{31-55}$pu˙tʃʮ˙ 也许，很有可能

可是 k'ə^{55}ʂɿ^{31} 确实，真是：～好｜～不赖｜～见景儿了

再 tθɛ^{31} 表示又一次：～等一等，看看他到底来了来不了

待 tɛ^{31}

可 k'ə^{55}/k'ə^{213} 终于，总算：这回我～出了口气，叫他知道知道我的厉害

总算 tθuŋ^{55}θuã˙

天是 t'iã$^{213-23}$ʂɿ^{31} 真是，实在：这人～好

小 siɔ^{55} 接近：三十岁？我都～四十儿了！｜～百十斤儿

有零儿 iəu^{55}ɭə̃r^{53} 多一点儿：我今年三十～

平 p'iŋ^{53} 正好，放在数字前，多指岁数：我今年～四十，明年就四十出头儿了

甭 pã/pəŋ^{53} 不用，别，不要：你～去

撑死 tʂʻəŋ$^{213-21}$θɿ˙ 至多

　撑顶 tʂʻəŋ$^{213-23}$tiŋ^{55}

　最多 tθue^{31}tuə^{213}

　至多 ʧɿ^{31}tuə^{213}

　顶多 tiŋ^{55}tuə^{213}

　多说 tuə$^{213-23}$ʃuə^{213}

　充其量 tʂʻuŋ$^{213-23}$tɕʻi^{53}liɑŋ^{31}

　无了不了 u^{53}liɔ^{55}pu$^{213-23}$liɔ^{55}

未见起 ue^{31}tɕiã$^{31-55}$tɕʻi˙ 不一定，不见得

　不一就 pu$^{213-23}$i$^{213-23}$tsiəu^{31}

说不就 ʃuə$^{213-21}$pu˙tsiəu^{31}

　说不定 ʃuə$^{213-21}$pu˙tiŋ^{31}

　拿不准 nɑ$^{53-35}$pu˙ʧuə̃^{55}

微须 ue$^{55-21}$sy/ɕy˙ 稍微，略微：今天～有点儿凉，得穿得厚点儿

　微会 ue$^{55-21}$xue˙

只要 tθɿ$^{213-23}$iɔ^{31} ～动弹一下就行｜～能走的都跟我去！

　是其 ʂɿ$^{31-55}$tɕʻi˙

　见只 tɕiã$^{31-55}$tθɿ˙

　但只 tã$^{31-55}$tθɿ˙

沾只 ʧã$^{213-21}$tθɿ˙ 只要，仅仅：嗨，就这事儿啊，你要是早说一声儿，咱～问一下儿就行啊

　仅只 tɕiə̃$^{55-21}$tθɿ˙ 这块石头长小（太小），找个～大一点儿的就行

　只凡 tθɿ$^{213-21}$fã˙

既凡 tɕi$^{31-55}$fã˙ ①既然：咱～干这事儿，就得干出点儿名堂来｜～来了，就不能空着身儿回去吧？ ②只要：～我还有一口气儿，我就不叫你胡来来！

单只 tã$^{213-21}$tθʅ˙ ①只能：你～和他呆一块儿吗？ ②只要：我～努努力着，也不至于考得这么疵毛

纯只 ʧʻuã$^{53-35}$tθʅ˙ 仅仅，只有：～这点钱，待谁手里也富不了

光 kuaŋ/kaŋ^{213}

只凡……都 tθʅ$^{213-21}$fã˙……təu^{213} 只要……就

只凡……就 tθʅ$^{213-21}$fã˙……tsiəu^{31}

就赚了 tşiəu^{31}ʧuã$^{31-55}$lɔ˙ 只是，仅仅：我上曲阜来，～没逛颜庙

随赶着 θue$^{53-35}$kã$^{55-21}$ʧɔ˙ 紧接着，随后

随赶只 θue$^{53-35}$kã$^{55-21}$tθʅ˙

陆陆地 ly$^{213-21}$ly˙ti˙ 连续不断地，络绎不绝地：路上人～

陆陆杠杠 ly$^{213-21}$ly˙kaŋ$^{31-55}$kaŋ˙

陆陆续续 ly$^{213-21}$ly˙sy$^{31-55}$sy˙ 断断续续地：人～地来了

期期离离 tɕʻi$^{213-21}$tɕʻi˙li$^{213-21}$li˙ （疼痛）断断续续地：一到阴天，我的老寒腿就～地疼

当们 taŋ$^{31-55}$mə̃˙ 恐怕，有可能：这回才走，～晚了吧

当们的 taŋ$^{31-55}$mə̃˙ti˙ 多用于反问句中，表示不可能：～！他这时候要来了我就给你白干两天的活儿！（西片）

定而不疑 tiŋ$^{31-55}$ḷə˙pu$^{213-23}$i^{53} 确定无疑的，确凿的

定定不疑 tiŋ^{31}tiŋ^{31}pu$^{213-23}$i^{53}

一句话没落痰儿 i$^{213-23}$tɕy^{31}xua^{31}mu^{53}luə^{31}tʻrɛr^{53} 指话音刚落

论正数儿 luə̃/lə̃^{31}ʧəŋ^{31}şɬur^{31} 按理说，根据礼仪上来说

行 çiŋ^{53} 正在（指在做某事时，另一件事发生了）：～走着路，一块石头飞来砸他身上去了｜～说着话，他就睡着了

喷 pʻə̃^{31} 正在：恁达达～在地里干活，迭不得家走，你回去说一声

大喷 ta$^{31-55}$pʻə̃˙

大样 ta$^{31-55}$iaŋ˙ 正在高潮阶段：洋柿子正～里结

大溜阵 tɑ$^{31-55}$liəu˙ʧə̃^{31} 处于高潮时期或阶段：街里头人喷多，正在～里，挤都挤不出去

大溜世 tɑ$^{31-55}$liəu˙ʃʅ^{31}

猛个登（儿）地 məŋ$^{55-21}$kə˙təŋ$^{213-21}$（tɾə̃r$^{213-21}$）ti˙ 突然

乍么个 tʂɑ$^{31-55}$mə˙kə˙

乍蓦 tʂɑ$^{31-55}$mu˙

乍么地 tʂɑ$^{31-55}$mə˙ti˙

乍 tʂɑ^{31} 开始，起初：～一听，好事儿啦，可细寻思寻思，不是那回事儿

没把子 mu^{53}pɑ$^{55-21}$tθʅ˙ 无限制：～地吃，会伤脾胃的

没把儿 mu^{53}pɑr^{55}

麻利 mɑ$^{53-35}$li˙ 赶快，赶紧：～走，要不就晚了！

麻 mɑ^{53}

截利 tsiə$^{53-35}$li˙

闯个闯个地 tʂʻuɑŋ$^{55-21}$kə˙tʂʻuɑŋ$^{55-21}$kə˙ti˙ 走路一瘸一拐地

漫不得 mã$^{31-55}$pu˙ti˙ 怪不得，难怪：～他没来上课，还是病了呀！

一漫子 i$^{213-23}$mã$^{31-55}$tθʅ˙ 一直地；不分主次地

一准 i$^{213-23}$ʧuə̃^{55} 一定：明天～去，你就在家里等着吧

一就 i$^{213-23}$tsiəu^{31}

每人每 me^{55}iə̃^{53}me^{55} 发放或缴纳钱物时，每人都有相同的份额：发报纸了，～一份

靠 kʻɔ^{31} 经常：这个小娘们儿～溜门子｜小王～吃鱼

好不容易 xɔ$^{55-21}$pu˙yŋ$^{53-35}$i˙ 很不容易：～来一趟，咱得弄点儿东西当纪念吧

好容易 xɔ^{55}yŋ$^{53-35}$i˙

晃涌 xuɑŋ$^{55-21}$yŋ˙

夯涌 xɑŋ$^{213-21}$yŋ˙

不善起 pu$^{213-23}$ʃã$^{31-55}$tɕ'i˙ 不亚于，就跟……一样：在湖里修了路，～修座大桥

不赖起 pu$^{213-23}$lɛ$^{31-55}$tɕ'i˙

不差起 pu$^{213-23}$tʂ'ɑ$^{213-21}$tɕ'i˙

强起 tɕ'iɑŋ$^{53-35}$tɕ'i˙

大是 tɛ$^{31-55}$ʂʅ˙ 大概是，可能：那～不行吧

坐就 tθuə$^{31-55}$tsiəu˙ 当然：那～了

直勾儿勾儿地 ʧʅ^{53}kəur$^{213-23}$kəur$^{213-21}$ti˙ 目不转睛地，多指目光呆滞

直勾儿地 ʧʅ$^{53-35}$kəur$^{213-21}$ti˙

见准 tɕiã^{31}ʧuə̃^{55} 准确，确定：这事儿～吗？

莫其论 mə^{31}tɕ'i^{53}lə̃/luə̃^{31} 不要说，不必说：数量～，质量是主要的

不赶 pu$^{213-23}$kã^{55} 不如：闲着没事儿囚那里，还～找点儿事儿干

不撵 pu$^{213-23}$ȵiã^{55}

撵不上 ȵiã$^{55-21}$pu˙ʃɑŋ^{31}

赶不上 kã$^{55-21}$pu˙ʃɑŋ^{31}

比不上 pi$^{55-21}$pu˙ʃɑŋ^{31}

不跟 pu$^{213-21}$kə̃˙

跟不上 kə̃$^{213-21}$pu˙ʃɑŋ^{31}

不俨 pu$^{213-23}$iã^{55}

不如 pu$^{213-23}$y^{53}

摸不头然 mə$^{213-21}$pu˙t'əu^{53}iã^{53} 突然，出其不意，出人意外：你也不打个招呼，～地赶来，把大家伙儿吓了一跳

悄手蹑脚 ts'iɔ$^{213-23}$ʃəu^{55}ȵiã^{55}tɕyə^{213} 悄悄地，不声不响地

知不道地 ʧʅ$^{213-21}$pu˙tɔ$^{31-55}$ti˙ 出人意料地，不知不觉地：～他怎么就来了？

碰一不二 pʻəŋ^{31}i^{213}pu$^{213-23}$ɭə^{31}　偶尔：～地上趟济南，也没捞着逛

碰巧不遇 pʻəŋ^{31}tɕʻiɔ^{55}pu$^{213-23}$y^{31}

碰不遇 pʻəŋ$^{31-55}$pu·y^{31}

碰遇 pʻəŋ^{31}y^{31}/pʻəŋ$^{31-55}$y·

碰而不遇 pʻəŋ$^{31-55}$ɭə·pu$^{213-23}$y^{31}

偏只 pʻiã$^{213-21}$tθʅ·　偏偏：叫你别去，你～去，怎么样，吃亏了吧？

早巴离儿地 tθɔ$^{55-21}$pə·ʅer$^{53-35}$ti·　早早地

早不离儿地 tθɔ$^{55-21}$pu·ʅer$^{53-35}$ti·

早巴早地 tθɔ$^{55-21}$pə·tθɔ$^{55-21}$ti·

早不早地 tθɔ$^{55-21}$pu·tθɔ$^{55-21}$ti·

从 tsʻyŋ^{53}　①总是，一直：还能～这么大吗？ ②只管，尽管：你～吃就是，不用管他！

只管 tʂʅ^{55}kuã^{55}

情管 tsʻiŋ^{53}kuã^{55}　尽管

旮旮旯儿旯儿 kɑ$^{213-21}$kɑ·ʅɑr$^{53-35}$ʅɑr·　到处，所有的角落：～都是狗屎｜～都找了，也没找着

旮儿旮儿旯儿旯儿 kɑr$^{213-21}$kɑr·ʅɑr$^{53-35}$ʅɑr·　～找一找

四外 θʅ^{31}uɛ^{31}

四下里 θʅ^{31}ɕiɑ$^{31-55}$li·/θʅ$^{31-55}$ɕiɑ·li·

满坳底下 mã^{55}uɑŋ^{31}ti$^{55-21}$ɕiə·

满湖拉套 mã^{55}xu^{53}lɑ^{31}tɔ^{31}

绕道里 iɔ$^{31-55}$tɔ·li·　货郎整天价推着车子～去｜你在这里候着，别～乱走

无待头 u^{53}tɛ$^{31-55}$tʻəu·　较短的时间

没待头儿 mu^{53}/mu$^{213-23}$tɛ$^{31-55}$tʻɾəur·

俨巧 iã^{55}tɕiɔ^{55}　碰巧：你这回算是～了，你要是晚来一霎儿我就走了

没得 mu$^{53-35}$te/ti˙ 难道：～不还你钱了不成？｜你～比我还厉害？

用得 yŋ$^{31-55}$te/ti˙ ①用得着：咱自己会干，还～请人啦？②已经：他怎么～来了？

硬早 iŋ^{31}tθɔ^{55} 早早地：老王才四十挂零儿，～龟腰啦

哪影 nɑ^{55}iŋ^{55} 根本没有：～的事啊！

丁影儿 tiŋ$^{213-23}$ʅə̃r^{55} 一点儿影儿（用于否定句）：从那以后～不见啦

刚刚马儿马儿 tɕiɑŋ$^{213-21}$tɕiɑŋ˙mɑr$^{55-21}$mɑr˙ 刚刚（实际上还差一点儿），基本上：～得够秤｜～算是二十岁

欠估拉儿地 tɕʻiã$^{31-55}$ku˙ʅɑr$^{53-35}$ti˙ 差一点儿：我今年～四十岁

挡挡嘎嘎 tɑŋ$^{31-55}$tɑŋ˙kɑ$^{213-21}$kɑ˙ 一停一顿地：小王儿～地，话都说不成句

顿顿嘎嘎 tuə̃$^{31-55}$tuə̃˙kɑ$^{213-21}$kɑ˙

顿顿罡罡 tuə̃$^{31-55}$tuə̃˙kɑŋ$^{213-21}$kɑŋ˙

一搓火儿 i$^{213-23}$tθʻuə$^{213-23}$xuər^{55} 一口气，一下子：中间咱就不歇歇了，～干完

一撸火儿 i$^{213-23}$lu$^{213-23}$xuər^{55}

佯 iɑŋ^{53} 可能：～那里下雹子

佯巧 iɑŋ^{53}tɕiɔ^{55} ～他在那里，不就办了事儿吗？

佯一 iɑŋ^{53}i^{213} ～地碰巧了，你去了他还没走呢？

一样 i$^{213-23}$iɑŋ^{31} 同样；没有区别

正儿归结 tʃəŋ^{31}ɭə˙kue$^{213-23}$tɕiə^{213} 一本正经：想干你就～地干

正儿八经 tʃəŋ^{31}ɭə˙pɑ$^{213-23}$tɕiŋ^{213}

到乎 tɔ^{31}xu^{213} 几乎，将近：来了～五年了｜你不说，我～忘了

没黑没白 mu^{53}xe^{213}mu^{53}pe^{53} 不分白天黑夜

　黑夜白夜地 xe$^{213-21}$iã˙pe$^{53-35}$iã˙ti˙

　黑白地 xe$^{213-23}$pe$^{53-35}$ti˙

果不其然 kuə^{55}pu^{213}tɕʻi^{53}iã^{53} 果然

　果不然地 kuə/kə$^{53-35}$pu/pə˙iã$^{53-35}$ti˙

真格儿地 tʃə̃$^{213-23}$kər$^{213-21}$ti˙ 真的

　真的 tʃə̃$^{213-21}$ti˙

没大 mu$^{53-35}$tə˙ 很少，几乎不：～有人｜～吃饭｜～来

没大霎 mu$^{53-35}$tə˙ʂɬɑr^{213} 不一会儿

　不大霎儿 pu$^{213-21}$tə˙ʂɬɑr^{213}

　没霎 mu^{53}ʂɬɑr^{213}

一展…… i$^{213-23}$tʃã^{213} 一会儿……（叠用）：～吃这个～吃那个

　一展眼 i$^{213-23}$tʃã^{55}iã^{55}

挨个 iɛ$^{213-23}$kər^{31} 逐一，次第

恍恍 xuɑŋ$^{55-21}$xuɑŋ˙ ①动辄，动不动：老王他～就来了 ②有时：这个人没个准儿，～来，～不来

　动不动 tuŋ$^{31-55}$pu˙tuŋ^{31}

　一弄 i$^{213-23}$nəŋ^{31}

紧上紧 tɕiə̃$^{55-21}$ʃɑŋ˙tɕiə̃^{55} 赶紧，抓紧：这事儿你要不～地办，恐怕办不成

一翅子 i$^{213-23}$tʂʻʅ$^{31-55}$tθʅ˙ 一下子：他～调到济南去了

再罢 tθɛ^{31}pɑ^{31} 罢了：你比旁人强着～，你不赶人家，能什么？

一步远两步近 i$^{213-23}$pu^{31}yã^{55}liɑŋ^{55}pu^{31}tɕiə̃^{31} 不算远也不算近

一个劲儿地 i$^{213-23}$kə^{31}tɕirer$^{31-55}$ti˙ 不停地

二十七 介词、连词等

（1）介词

叫 tɕiɔ³¹ 被：他去牵牛差点儿～牛牴着了

逮 tɛ⁵⁵ 把，引出动作处置的对象：～梯子给我扛过来！｜～小孩儿领回家去

把 pɑ/pɔ/mɑ/mɔ³¹

弄 nəŋ³¹

捞 lɔ⁵³

连 liã⁵³ ①包括在内：～你算上也不够哇！ ②表示强调某一词或某一词组（多有“也”、“都”与之呼应），含有“甚而至于”的意思：～老师都说这道题难

对 tue³¹ 引出指向的对象：～你来说，还不是小菜儿一碟？

比 pe/pi⁵⁵ 用来比较性状和程度的差别：你～我年龄大｜今们儿～夜来晴得好

从 ts'yŋ⁵³ ①起于，引出开始的那一点：～那里走｜～三点到七点 ②表示经过，用在表示处所的词语前面：他刚～俺门口过去 ③表示根据：～他穿的衣裳来看，就不是个庄户人 ④表示范围、处所（西片）：～亲戚关系上别弄大发了｜～家里吃饭

从小 tθ'uŋ/ts'yŋ⁵³siɔ⁵⁵ 从小时候起：这孩子～就怪懂事儿

打 tɑ⁵⁵ 起于，引出起始点：你～哪里来？｜～北京到上海有多远？

打小 tɑ⁵⁵siɔ⁵⁵ 从小时候起：我可～就不怕吓唬！你吓唬我没用！

打小儿 tɑ⁵⁵θrɔr/sirɔr⁵⁵

自打 tθɿ⁵³tɑ⁵⁵ 自从：～你来，我就没闲着过

照 tʃɔ³¹ 按，依：～这样做就行｜～我看，这样就不错

使 ʂɿ⁵⁵ 引进动作、行为所凭借的工具、手段等：你～毛笔写对联

用 yŋ^{31}

待 tɛ^{55} 表示时间、处所、范围：～山上种地｜～黑板上写字｜～树上有一窝野鹊

顺着 ʃuã$^{31-55}$ʧɔ˙ 沿着：～这条大路一直往前走｜～河堐边往上走

循 ʃuã/syã^{53}

靠 k'ɔ^{31}

绺 liəu^{55}

履 ly^{55}

朝 ʧ'ɔ^{53} 表示动作的方向：～后看｜～前走｜～上去｜～下看

往 uɑŋ^{31}

替 t'i^{31} 表示行为的对象，为：～我把书包拿来｜～大家办事

给 tɕi^{53} ①表示行为的对象，为（介词）：～我把书包拿来 ②助词：他把门～关上了

和 xɔ/xə^{31} 引进相关或比较的对象：这个～那个就是不一样！

跟 kã^{213}

问 uã^{31} 向，表示动作的方向、对象：我～你打听个人｜我～你借个锄使

向 ɕiɑŋ^{31}

管 kã^{55} 引出对象，相当于"把"：俺那里～红薯叫地瓜，江苏有一些埝儿～红薯叫山芋

拿 nɑ^{53} ①引出对象，相当于"把"：有些埝儿～麦秸当柴火烧 ②引进动作、行为所凭借的工具、手段等：不能～圆珠笔写作用

头 t'əu^{53} 在……之前：这一栋宅子～俩月就盖起来了

扯南到北 ʧ'ə^{55}nã^{53}tɔ^{31}pe^{213} 从南到北

守着 ʃəu$^{55-21}$ʧɔ˙ 当着：这是他～我说的｜～小孩儿说话可得注意点儿

（2）连词

和 xɔ/xə^{31} 表示联合。跟，与：小王儿～小李儿上界湖去了

连 liã^{53}

兼 tɕiã^{53}

跟 kə̃^{213}

抹了 mɑ$^{213-21}$lɔ˙ 除非：～你去，别人谁去也不行

即便 tsi^{53}piã^{31} 即使：～真是他干的，你也得问明白了再说吧？

忙闲不等 mɑŋ^{53}ɕiã^{53}pu$^{213-23}$təŋ^{55} 无论什么情况：～，你得来一趟

贵贱 kue^{31}tsiã^{31} 无论如何：～别听他的

管怎么说 kuã^{55}tθəŋ$^{55-21}$mə/mu˙ʃuə^{213} ～都得叫大家伙儿明白

不管怎么说 pu$^{213-23}$kuã^{55}tθəŋ$^{55-21}$mə/mu˙ʃuə^{213}

管多今 kuã^{55}tuə$^{213-21}$tɕiə̃˙ 无论何时：～来都行

管几 kuã$^{55-21}$tɕi˙ ①无论什么时候 ②从来，一直：我长这么大，～没听说过这样的事儿唻！

管几时 kuã$^{55-21}$tɕi˙ʃʅ˙

管总 kuã^{55}tθuŋ^{55} ①无论怎么说也……：你～比他强 ②可能：这会儿，老王～到济南了

管总是 kuɑ^{55}tθuŋ^{55}ʂʅ^{31} 无论如何，还是：～晴天比阴冷天强

漫说是 mã^{31}ʃuə$^{213-23}$ʂʅ^{31} 不用说：～你，就是您爷来了也不行

别说是 pɛ^{53}ʃuə$^{213-23}$ʂʅ^{31}

不是间 pu$^{213-23}$ʂʅ$^{31-55}$tɕiã˙ 不然的话，否则：亏了您二大爷，～你早没命了

别看 pɛ^{53}k‘ã^{31} 尽管：～这个家伙一脸子喜相，可慢毒了！

看 k‘ã^{31} ～这人长得不怎么样，其实人还满不错

该……是 kɛ^{213}……ʂʅ^{31} 原因是：这次考试没考好，就该粗心是

叫着 tɕiɔ$^{31-55}$tʃɔ˙ 假如是，如果是：～我，准得把它拿下来

叫……着 tɕiɔ^{31}……tʃɔ^{55} 叫你着，你会怎么着？叫我着，我就不这样啦

不那的 pu$^{213-23}$nɑ$^{31-55}$ti˙ 要不，不然的话：～，你上来试试

（3）助词

着 tʃɔ/tʂɔ/tʂə˙ ①表示动作的持续：他正写～呢 ②表示状态的持续：大门敞～ ③用在动词或表示程度的形容词后面，加强命令或嘱咐的语气：你给我听～，在学校里可要好好听话 ④加在某些动词后面，为介词：沿～｜照～ ⑤表示动作的完成，相当于"……之后"、"……以后"：吃完饭～我再去｜他们走～你再出来 ⑥用在动词后，表示某种行为或变化曾经发生但并未持续到现在，同"过"：他跟我说～晌午饭到饭店里吃来，怎么他人呢？⑦表示假设，相当于"如果……的话"：你听话～我就给你买玩具｜干完活儿～你就家走，干不完就别家去｜下雨～你就把窗户关上

了 lɔ/liɔ˙ 用在动词或形容词后面，表示动作或变化已经完成：他明天就走～｜他娘要是知道～，不知要高兴成什么样儿呢

唠 lɔ˙

狼神 lɑŋ^{53}ʃə̃^{53} 表示列举事物，相当于"等等"：割了麦子就种玉黍、高粱、谷子～的

嘎儿胡期 kɑ$^{213-21}$ɭə˙xu^{53}tɕʻi^{213}

伍的 u$^{55-21}$ti˙

什么的 ʂəŋ$^{53-35}$mə˙ti˙

么儿的 mər$^{53-35}$ti˙

谁的 ʂə$^{53-35}$ti˙ 表示列举人：老张、老王～都走了，你怎么还不走啊

来窝儿 lɛ$^{53-35}$uər˙ 用在数词或数量词之后表示概数：三十～｜半斤～

来物儿 lɛ$^{53-35}$ur˙

来的 lɛ$^{53-35}$ti˙

打末儿末儿 tɑ^{55}mər$^{31-55}$mər˙ 接近；上下：四十～

二十八　量词

把 pɑ^{55}　只

　一把椅子 i$^{213-23}$pɑ^{55}i$^{55-21}$tsɿ˙

　一把暖壶 i$^{213-23}$pɑ^{55}nã^{55}xu^{53}

把 pɑ^{55}　一只手所能握住的量

　一把草 i$^{213-23}$pɑ^{55}tθʻɔ^{55}

　一把米 i$^{213-23}$pɑ^{55}mi^{55}

把子 pɑ$^{55-21}$tθɿ˙　十个，十只

　一把子鸡蛋 i$^{213-23}$pɑ$^{55-21}$tθɿ˙tɕi$^{213-23}$tã^{31}　十只鸡蛋

班 pã^{213}　班次

　一班车 i$^{213-23}$pã^{213}tʃʻə^{213}

瓣（儿） pã^{31}（pɛr^{31}）

一瓣（儿）蒜 i$^{213-23}$pã^{31}（pɛr^{31}）θuã^{31}

辫 piã^{31}　编结起来的一串大蒜

　一辫蒜 i$^{213-23}$piã^{31}θuã^{31}

帮子 pɑŋ$^{213-21}$tθɿ˙　群，伙

　一帮子男人 i$^{213-23}$pɑŋ$^{213-21}$tθɿ˙nã^{53}iə̃^{53}/nã$^{53-35}$iə̃˙

包 pɔ^{213}

　一包茶叶 i$^{213-23}$pɔ^{213}tʂʻɑ$^{53-35}$iə˙

　一包果子 i$^{213-23}$pɔ^{213}kuə$^{55-21}$tθɿ˙

　一包药 i$^{213-23}$pɔ^{213}yə^{213}

抱 pɔ^{31}　两臂合围的量或长度

　一抱柴火 i$^{213-23}$pɔ^{31}tʂʻɛ$^{53-35}$xuə˙

　一抱粗 i$^{213-23}$pɔ^{31}tθʻu^{213}

杯 pe^{213}

一杯茶 i$^{213-23}$pe^{213}tʂ‘ɑ^{53}

一杯牛奶 i$^{213-23}$pe^{213}ȵiəu^{53}nɛ^{55}

本儿 per^{55}

一本儿书 i$^{213-23}$per^{55}ʃʮ^{213}

笔 pe^{213}

一笔款 i$^{213-23}$pe$^{213-23}$k‘uã^{55}

一笔账 i$^{213-23}$pe$^{213-23}$ʧɑŋ^{31}

拨儿 pər^{213} 群，伙

一拨儿人 i$^{213-23}$pər^{213}iã^{53}

来了两拨儿 lɛ$^{53-35}$lɔ˙liɑŋ^{55}pər^{213}

步 pu^{31}

走一步 tθəu^{55}i$^{213-23}$pu^{31}

走一步棋 tθəu^{55}i$^{213-23}$pu^{31}tɕ‘i^{53}

部 pu^{31}

一部书 i$^{213-23}$pu^{31}ʃʮ^{213}

层 ɕiŋ^{53}

一层纸 i$^{213-23}$ɕiŋ^{53}tʂʅ^{55}

一层霜 i$^{213-23}$ɕiŋ^{53}ʂuɑŋ^{31}

层 tθ‘əŋ^{53}

一层箅子 i$^{213-23}$tθ‘əŋ^{53}pi$^{31-55}$tθʅ˙

一层楼 i$^{213-23}$tθ‘əŋ^{53}ləu^{53}

茬（儿） tʂ‘ɑ^{53}（tʂ‘ɫar^{53}） 指在同一块地上，作物种植或生长的次数，借指世系的辈分

老一茬（儿） lɔ^{55}i$^{213-23}$tʂ‘ɑ^{53}（tʂ‘ɫar^{53}）

新一茬（儿） siã$^{213-23}$i$^{213-23}$tʂ‘ɑ^{53}（tʂ‘ɫar^{53}）

起儿 tɕ‘irer^{55} 层

一起儿算子 i$^{213-23}$tɕʻirer^{55}pi$^{31-55}$tθɿ˙

一起儿楼 i$^{213-23}$tɕʻirer^{55}ləu^{53}

场 ʧʻɑŋ^{53}

一场雨 i$^{213-23}$ʧʻɑŋ^{53}y^{55}

闹一场误会 nɔ^{31}i$^{213-23}$ʧʻɑŋ^{53}u$^{31-55}$xue˙

场 ʧʻɑŋ^{55}

朋友一场 pʻəŋ$^{53-35}$iəu˙i$^{213-23}$ʧʻɑŋ^{55}

一场电影儿 i$^{213-23}$ʧʻɑŋ^{55}tiã^{31}ʅə̃r/irə̃r^{55}

出 ʧʻɥ^{213}

一出戏 i$^{213-23}$ʧʻɥ^{213}ɕi^{31}

床 tʂʻuɑŋ^{53}

一床褥子 i$^{213-23}$tʂʻuɑŋ^{53}y$^{31-55}$tθɿ˙

一床毛毯 i$^{213-23}$tʂʻuɑŋ^{53}mɔ^{53}tʻã^{55}

撮 tθuə^{55}/tθʻuə^{213}

一撮毛儿 i$^{213-23}$tθʻuə^{55}/tθʻuə^{213}mɔr^{53}

沓儿 trɑr^{53}

一沓儿纸 i$^{213-23}$trɑr^{53}tʂʅ^{55}

沓子 tɑ$^{53-35}$tθɿ˙ 沓儿

一沓子毛巾 i$^{213-23}$tɑ$^{53-35}$tθɿ˙mɔ^{53}tɕiə̃^{213}

叠子 tiə$^{53-35}$tθɿ˙ 沓儿

一叠子白纸 i$^{213-23}$tiə$^{53-35}$tθɿ˙pe^{53}tʂʅ^{55}

袋 tɛ^{31}

一袋烟 i$^{213-23}$tɛ^{31}iã^{213}

袋儿 trɛr^{31}

一袋儿大米 i$^{213-23}$trɛr^{31}tɑ^{31}mi^{55}

袋子 tɛ$^{31-55}$tθɿ˙

一袋子小米儿 i$^{213-23}$tɛ$^{31-55}$tθɿ˙siɔ^{55}miɾer^{55}

担 tã^{31}

一担粮食 i$^{213-23}$tã^{31}liɑŋ$^{53-35}$ʃɿ˙

石 tã^{31}

一石米 i$^{213-23}$tã^{31}mi^{55}

荡 tɑŋ^{31} 伙儿，群

一荡儿小孩儿 i$^{213-23}$tãr^{31}siɔ^{55}xɛr^{53}

一荡子 i$^{213-23}$tɑŋ$^{31-55}$tθɿ˙

一荡子小孩儿 i$^{213-23}$tɑŋ$^{31-55}$tθɿ˙siɔ^{55}xɛr^{53}

档 tɑŋ$^{31-55}$tθɿ˙ 件儿

一档子事儿 i$^{213-23}$tɑŋ$^{31-55}$tθɿ˙ʂɫer^{31}

刀 tɔ^{213}

一刀烧纸 i$^{213-23}$tɔ$^{213-23}$ʃɔ$^{213-21}$tʂɿ˙

磴 təŋ^{31} 层

一磴楼梯 i$^{213-23}$təŋ^{31}ləu^{53}t‘i^{213}

滴 ti^{213}

一滴油 i$^{213-23}$ti$^{213-23}$iəu^{53}

滴子 ti$^{213-21}$tθɿ˙

一滴子油 i$^{213-23}$ti$^{213-21}$tθɿ˙iəu^{53}

滴答子 ti$^{213-21}$tɑ˙tθɿ˙

一滴答子油 i$^{213-23}$ti$^{213-21}$tɑ˙tθɿ˙iəu^{53}

底子 ti$^{55-21}$tθɿ˙ 在碾上碾压一次的量

摧一底子豆子 tɕ‘iɑ$^{213-23}$i$^{213-23}$ti$^{55-21}$tθɿ˙təu$^{31-55}$tθɿ˙

底儿 tɾer^{55} 在碾上碾压一次的量

压一底儿果子米 iɑ^{31}i$^{213-23}$tɾɛr^{55}kuə$^{55-21}$tθɿ˙mi^{55}

栋 təŋ^{31}

一栋宅子 i$^{213-23}$təŋ^{31}tʂe$^{53-35}$tθʅ˙

斗 təu^{55}

一斗小米儿 i$^{213-23}$təu^{55}siɔ^{55}mɾer^{55}

嘟喽 tu$^{213-21}$ləu˙ 一坛酒为一～

一嘟喽散酒 i$^{213-23}$tu$^{213-21}$ləu˙θã^{55}tsiəu^{55}

嘟噜 tu$^{213-21}$lu˙ 一串儿

一嘟噜葡萄 i$^{213-23}$tu$^{213-21}$lu˙p‘u$^{53-35}$t‘ɔ˙

堵 tu^{55} （墙的）面

一堵墙 i$^{213-23}$tu^{55}ts‘iɑŋ^{53}

段 tuã^{31}

一段文章 i$^{213-23}$tuã^{31}uə̃$^{53-35}$tʃɑŋ˙

对 tue^{31} 两个为一对儿

一对花瓶 i$^{213-23}$tue^{31}xuɑ$^{213-23}$p‘iŋ^{53}

对儿 tɾuer^{31}

一对儿豆枕 i$^{213-23}$tɾuer^{31}təu$^{31-55}$tʃə̃˙

对掐 tue$^{31-55}$tɕ‘iɑ˙ 两拃的距离：这棵树有两～粗

吨 tuə̃^{213} 十刀烧纸为一吨

一吨烧纸 i$^{213-23}$tuə̃^{213}ʃɔ$^{213-21}$tʃʅ˙

顿 tuə̃^{31}

一顿饭 i$^{213-23}$tuə̃^{31}fã^{31}

打一顿 tɑ$^{55-21}$i˙tuə̃^{31}

朵 tuə^{55}

一朵花 i$^{213-23}$tuə^{55}xuɑr^{213}

垛打 tuə$^{213-21}$tə˙ 很小的一堆儿

一垛打泥 i$^{213-23}$tuə$^{213-21}$tə˙mi^{53}

垛打子 tuə$^{213-21}$tə˙tθʅ˙

一垛打子鸡屎 i$^{213-23}$tuə$^{213-21}$tə˙tθɿ˙tɕi$^{213-23}$ʂʅ^{55}

封 fəŋ^{213}

一封信 i$^{213-23}$fəŋ^{213}siə̃/ʃə̃^{31}

服 fu^{31}

一服中药 i$^{213-23}$fu^{31}tʂuŋ$^{213-23}$yə^{31}

副 fu^{31}

一幅画儿 i$^{213-23}$fu^{31}xuɑr^{31}

一副眼镜 i$^{213-23}$fu^{31}iã^{55}tɕiŋ^{31}

杆 kã^{55}

一杆枪 i$^{213-23}$kã^{55}ts‘iaŋ^{213}

个 kə^{31}

一个人 i$^{213-23}$kə^{31}iə̃^{53}

一个萝卜 i$^{213-23}$kə^{31}luə$^{53-35}$pə/pe˙

一个帽子 i$^{213-23}$kə^{31}mɔ$^{31-55}$tθɿ˙

一个奖章儿 i$^{213-23}$kə^{31}tsiaŋ^{55}tʂɬãr^{213}

根 kə̃^{213}

一根头发 i$^{213-23}$kə̃^{213}t‘əu$^{53-35}$fə˙

股 ku^{55}

一股儿香味儿 i$^{213-23}$kur^{55}ɕiaŋ$^{213-23}$uer^{31}

股子 ku$^{55\ 21}$tθɿ˙

一股子烟味儿 i$^{213-23}$ku$^{55-21}$tθɿ˙iã$^{213-23}$uer^{31}

挂 kuɑ^{31}

一挂炮仗 i$^{213-23}$kuɑ^{31}p‘ɔ$^{31-55}$tʃaŋ/tʃəŋ˙

一挂蚊帐 i$^{213-23}$kuɑ^{31}uə̃$^{53-35}$tʃaŋ˙

行 xaŋ^{53}

一行字儿 i$^{213-23}$xaŋ^{53}tθɾer^{31}

盒 xə^{53}

　一盒儿火柴 i$^{213-23}$xər^{53}xuə^{55}tʂ‘ɛ^{53}

盒子 xə$^{53-35}$tθʅ˙

　一盒子烟 i$^{213-23}$xə$^{53-35}$tθʅ˙iã^{213}

摢 xu^{213} 一堆儿

　一摢泥 i$^{213-23}$xu^{213}mi^{55}

壶 xu^{53}

　一壶茶 i$^{213-23}$xu^{53}tʂ‘ɑ^{53}

　一壶酒 i$^{213-23}$xu^{53}tsiəu^{55}

户 xu^{31} ①表示种类，用于人和任何事物 ②用于家庭 ③成对的两扇门为一户

　这户人 tʃə^{31}xu^{31}iã^{53} 这种人，这类人

　这户人家 tʃə^{31}xu^{31}iã$^{53-35}$tɕiɑ˙ 这家人

火 xuə^{55} 次

　手表修了三火 ʃəu^{55}piɔ^{53}siəu$^{213-21}$lɔ˙θã$^{213-23}$xuə^{55}

和 xuə^{31} 次，遍

　衣裳洗了三和 i$^{213-21}$ʃɑŋ˙si$^{55-21}$lɔ˙θã$^{213-23}$xuə^{31}

伙儿 xuər^{55} 群

　一伙儿人 i$^{213-23}$xuər^{55}iã^{53}

　一伙儿小青年儿 i$^{213-23}$xuər^{55}siɔ^{55}ts‘iŋ$^{213-23}$nrɛr/ȵirɛr^{53}

伙扯子 xuə^{55}tʃ‘ə$^{55-21}$tθʅ˙

　一伙扯子小孩儿 i$^{213-23}$xuə^{55}tʃ‘ə$^{55-21}$tθʅ˙siɔ^{55}xɛr^{53}

家 tɕiɑ^{213}

　一家铺子 i$^{213-23}$tɕiɑ^{213}p‘u$^{31-55}$tθʅ˙

架 tɕiɑ^{31}

　一架蘼豆 i$^{213-23}$tɕiɑ^{31}mi$^{53-35}$təu˙

　一架飞机 i$^{213-23}$tɕiɑ^{31}fe$^{213-23}$tɕi^{213}

架子 tɕia$^{31-55}$tθʅ˙ ①绺儿 ②架儿

一架子青线 i$^{213-23}$tɕia$^{31-55}$tθʅ˙ts‘iŋ$^{213-23}$siã^{31}

一架子蘼豆 i$^{213-23}$tɕia$^{31-55}$tθʅ˙mi$^{53-35}$təu˙

间 tɕiã^{213}

一间屋 i$^{213-23}$tɕiã$^{213-23}$u^{213}

件儿 tɕirɛr^{31}

一件儿事情 i$^{213-23}$tɕirɛr^{31}ʂʅ$^{31-55}$ts‘iŋ˙

一件儿衣裳 i$^{213-23}$tɕirɛr^{31}i$^{213-21}$ʃaŋ˙

件子 tɕiã$^{31-55}$tθʅ˙

一件子破褂子 i$^{213-23}$tɕiã$^{31-55}$tθʅ˙p‘ə^{31}kua$^{31-55}$tθʅ˙

一件子大袄 i$^{213-23}$tɕiã$^{31-55}$tθʅ˙ta^{31}ŋɔ^{55}

届 tɕiɛ^{31}

一届会议 i$^{213-23}$tɕiɛ^{31}xue^{31}i^{31}

句 tɕy^{31}

一句话 i$^{213-23}$tɕy^{31}xua^{31}

犋 tɕy^{31} 两头牛为一犋

一犋牛 i$^{213-23}$tɕy^{31}ȵiəu^{53}

卷儿 tɕyrɛr^{55}

一卷儿纸 i$^{213-23}$tɕyrɛr^{55}tʂʅ^{55}

卷 tɕyã^{31}

一卷书 i$^{213-23}$tɕyã^{31}ʃɥ^{213}

棵 k‘ə^{213}

一棵树 i$^{213-23}$k‘ə$^{213-23}$ʃɥ^{31}

一棵石榴 i$^{213-23}$k‘ə^{213}ʃʅ$^{53-35}$liəu˙

可把 k‘ə$^{55-21}$pa˙ 拃

一可把粗的小树儿 i$^{213-23}$k‘ə$^{55-21}$pa˙tθ‘u$^{213-21}$ti˙siɔ^{55}ʂɬur^{31}

口 k‘əu^{55}

一口牙 i$^{213-23}$k‘əu^{55}iɑ^{53}

一口猪 i$^{213-23}$k‘əu^{55}ʧɥ^{213}

三口人 θã$^{213-23}$k‘əu^{55}iə̃^{53}

块 k‘uɛ^{31}

一块墨 i$^{213-23}$k‘uɛ^{31}me^{31}

一块豆腐 i$^{213-23}$k‘uɛ^{31}təu$^{31-55}$fə˙

一块地 i$^{213-23}$k‘uɛ^{31}ti^{31}

一块钱 i$^{213-23}$k‘uɛ^{31}ts‘iã^{53}

拉 lɑ^{213} 堆儿

一拉地瓜皮子 i$^{213-23}$lɑ$^{213-23}$ti$^{31-55}$kuɑ˙pi$^{53-35}$tθɿ˙

里 li^{55}

一里路 i$^{213-23}$li^{55}lu^{31}

二里地 ɭə$^{31-55}$li˙ti^{31}

粒 li^{31}

一粒米 i$^{213-23}$li^{31}mi^{55}

脸 liã^{55}

一脸土 i$^{213-23}$liã^{55}t‘u^{55}

辆 liɑŋ^{31}

一辆车 i$^{213-23}$liɑŋ^{31}ʧ‘ə^{213}

列 liə^{31}

一列火车 i$^{213-23}$liə^{31}xuə^{55}ʧ‘ə^{213}

领 liŋ^{55}

一领席 i$^{213-23}$liŋ^{55}si^{53}

绺 liəu^{55}

一绺头发 i$^{213-23}$liəu^{55}t‘əu$^{53-35}$fə˙

绺子 liəu$^{55-21}$tθɿ˙

一绺子线 i$^{213-23}$liəu$^{55-21}$tθɿ˙siã^{31}

搂 ləu^{55} 两臂合抱的长度

树两搂粗 ʃɥ^{31}liaŋ^{55}ləu^{55}tθ‘u^{213}

路 lu^{31}

一路公共汽车 i$^{213-23}$lu^{31}kuŋ$^{213-23}$kuŋ^{31}tɕ‘i^{31}ʧ‘ə^{213}

末儿 mər^{31} ①遍，次 ②片（地）

第一末儿走丈人家 ti^{31}i$^{213-23}$mər^{31}tθəu^{55}ʧaŋ$^{31-55}$iə̃˙tɕi˙

这一末儿地种菜 ʧə^{31}i$^{213-23}$mər^{31}ti^{31}tʂuŋ^{31}tθ‘ɛ^{31}

末擢儿 mə$^{31-55}$xuər˙ 片，块（地）

几末擢儿黑沙地 tɕi^{55}mə$^{31-55}$xuər˙xe$^{213-23}$ʂa$^{213-23}$ti^{31}

末擢子 mə$^{31-55}$xuə˙tθɿ˙

一末擢子沙地 i$^{213-23}$mə$^{31-55}$xuə˙tθɿ˙ʂa$^{213-23}$ti^{31}

门 mə̃^{53}

一门亲事 i$^{213-23}$mə̃^{53}ʧ‘ə̃/ts‘iə̃$^{213-23}$ʂɿ^{31}

面 miã^{31}

一面袄里子 i$^{213-23}$miã^{31}ŋɔ^{55}li$^{55-21}$tθɿ˙

一面旗 i$^{213-23}$miã^{31}tɕ‘i^{53}

见一面 tɕiã^{31}i$^{213-23}$miã^{31}

亩 mu^{55}

一亩白菜 i$^{213-23}$mu^{55}pe$^{53-35}$tθ‘ɛ˙

排 p‘ɛ^{53}

一排桌子 i$^{213-23}$p‘ɛ^{53}tʂuə$^{213-21}$tθɿ˙

一排瓦屋 i$^{213-23}$p‘ɛ^{53}ua$^{55-21}$u˙

盘 p‘ã^{55}

一盘咸菜 i$^{213-23}$p‘ã^{55}ɕiã$^{53-35}$tθ‘ɛ˙

一盘棋 i$^{213-23}$p‘ã^{53}tɕ‘i^{53}

捧 p‘əŋ^{55}

一捧豆子 i$^{213-23}$p‘əŋ^{55}təu$^{31-55}$tθɿ˙

一捧果子 i$^{213-23}$p‘əŋ^{55}kuə$^{55-21}$tθɿ˙

批 p‘i^{213}

一批货 i$^{213-23}$p‘i$^{213-23}$xuə^{31}

匹 p’i^{213}

一匹马 i$^{213-23}$p‘i$^{213-23}$mɑ^{55}

篇 p‘iã^{213}

一篇文章 i$^{213-23}$p‘iã^{213}uə̃$^{53-35}$ʧɑŋ˙

片 p‘iã^{31}

一片好心 i$^{213-23}$p‘iã^{31}xɔ^{55}ʃə̃/siə̃^{213}

一片儿肉 i$^{213-23}$p‘ɾɛr/p‘iɾɛr^{31}iəu^{31}

铺儿 p‘ur^{213} 片，把儿

两铺儿豆子 liɑŋ^{55}p‘ur^{213}təu$^{31-55}$tθɿ˙

铺子 p‘u$^{213-21}$tθɿ˙

两铺子豆子 liɑŋ^{55}p‘u$^{213-21}$tθɿ˙təu$^{31-55}$tθɿ˙

掐 tɕ‘iɑ^{213} 两只手伸开再合拢后能握起的最大长度

一掐草 i$^{213-23}$tɕ‘iɑ$^{213-23}$tθ‘ɔ^{55}

一掐韭菜 i$^{213-23}$tɕ‘iɑ$^{213-23}$tɕiəu$^{55-21}$tθ‘ɛ˙

圈儿 tɕ‘yɾɛr^{213}

打一圈儿麻将 tɑ^{55}i$^{213-23}$tɕ‘yɾɛr^{213}mɑ$^{53-35}$tsiɑŋ˙

捆（儿） tɕ‘yə̃^{55}（tɕ‘yɾer^{55}）

一捆（儿）行李 i$^{213-23}$tɕ‘yə̃^{55}（tɕ‘yɾer^{55}）ɕiŋ$^{53-35}$li˙

任 iə̃^{31}

做一任官儿 tθuə^{31} i$^{213-23}$iə̃^{31}kuɛr^{213}

扇 ʃã^{31}

一扇门 i$^{213-23}$ʃã^{31}mə̃^{53}

身 ʃə̃^{213}

一身军装 i$^{213-23}$ʃə̃^{213}tɕyə̃$^{213-23}$tʂuaŋ^{213}

一身衣裳 i$^{213-23}$ʃə̃^{213}i$^{213-21}$ʃaŋ˙

升 ʃəŋ^{213}

一升高粱 i$^{213-23}$ʃəŋ^{213}kɔ$^{213-23}$liaŋ^{53}

双 ʂuaŋ^{213}

一双鞋 i$^{213-23}$ʂuaŋ$^{213-23}$ɕiɛ^{53}

水 ʂue^{55} 次

洗一水衣裳 si^{55}i$^{213-23}$ʂue^{55}i$^{213-21}$ʃaŋ˙

洗了三水了 si$^{55-21}$lɔ˙θã$^{213-23}$ʂue$^{55-21}$lɔ˙

台 t‘ɛ^{53}

唱一台戏 tʃ‘aŋ^{31}i$^{213-23}$t‘ɛ^{53}ɕi^{31}

趟（儿） t‘aŋ^{31}（t‘ɾãr^{31}）

跑一趟（儿） p‘ɔ^{55}i$^{213-23}$t‘aŋ^{31}（t‘ɾãr^{31}）

走一趟（儿） tθəu^{55}i$^{213-23}$t‘aŋ^{31}（t‘ɾãr^{31}）

套 t‘ɔ^{31}

一套书 i$^{213-23}$t‘ɔ^{31}ʃɥ^{213}

一套衣裳 i$^{213-23}$t‘ɔ^{31}i$^{213-21}$ʃaŋ˙

挑儿 t‘ɾɔr^{213}

一挑儿水 i$^{213-23}$t‘ɾɔr$^{213-23}$ʂue^{55}

挑子 t‘iɔ$^{213-21}$tθɿ˙

一挑子粮食 i$^{213-23}$t‘iɔ$^{213-21}$tθɿ˙liaŋ$^{53-35}$ʃʅ˙

条 t‘iɔ^{53}

一条河 i$^{213-23}$t‘iɔ^{53}xə^{53}

一条胰子 i$^{213-23}$t‘iɔ^{53}i$^{53-35}$tθɿ˙

条儿 t‘ɾɔr^{53}

一条儿烟 i$^{213-23}$t‘ɾɔr^{53}iã^{213}

条子 t‘iɔ$^{53-35}$tθɿ˙

一条子公事 i$^{213-23}$t‘iɔ$^{53-35}$tθɿ˙kuŋ$^{213-21}$ʂɿ˙ 一件公事

一条子烟 i$^{213-23}$t‘iɔ$^{53-35}$tθɿ˙iã^{213} 十盒未拆封的香烟

帖 t‘iə^{213}

一帖膏药 i$^{213-23}$t‘iə^{213}kɔ$^{213-21}$yə˙

头 t‘əu^{53}

一头牛 i$^{213-23}$t‘əu^{53}ȵiəu^{53}

一头蒜 i$^{213-23}$t‘əu^{53}θuã^{31}

头子 t‘əu$^{53-35}$tθɿ˙ 捆儿

一头子柴火 i$^{213-23}$t‘əu$^{53-35}$tθɿ˙tʂ‘ɛ$^{53-35}$xu˙

庹 t‘uə^{213}

一庹长 i$^{213-23}$t‘uə$^{213-23}$tʃ‘ɑŋ^{53}

汪 uɑŋ^{213}

一汪眼泪 i$^{213-23}$uɑŋ^{213}iã^{55}le^{31}

位 ue^{31}

哪一位 nɑ^{55}i$^{213-23}$ue^{31}

一位宅子 i$^{213-23}$ue^{31}tʂe$^{53-35}$tθɿ˙

味儿 uer^{31} 种

一味儿中药 i$^{213-23}$uer^{31}tʂuŋ$^{213-23}$yə^{31}

窝 uə^{213} 群

一窝鸡 i$^{213-23}$uə$^{213-23}$tɕi^{213}

窝 uə^{213} 挂

一窝苫子 i$^{213-23}$uə^{213}ʃã$^{213-21}$tθɿ˙

下儿 ɕirar^{31}

打一下儿 ta^{55}i$^{213-23}$ɕirar^{31}

下子 ɕia$^{31-55}$tθɿ˙

打一下子 ta^{55}i$^{213-23}$ɕia$^{31-55}$tθɿ˙

页 iə^{31}

一页书 i$^{213-23}$iə^{31}ʃʮ^{213}

拃 tʂa^{213}

一拃长 i$^{213-23}$tʂa$^{213-23}$ʧʻaŋ^{53}

盏 tʂã^{55}

一盏灯 i$^{213-23}$tʂã^{55}təŋ^{213}

张 ʧaŋ^{213}

一张桌子 i$^{213-23}$ʧaŋ^{213}ʧuə$^{213-21}$tθɿ˙

阵（子） ʧə̃^{31}（ʧə̃$^{31-55}$tθɿ˙）

一阵（子）风 i$^{213-23}$ʧə̃^{31}（ʧə̃$^{31-55}$tθɿ˙）fəŋ^{213}

一阵（子）雨 i$^{213-23}$ʧə̃^{31}（ʧə̃$^{31-55}$tθɿ˙）y^{55}

支 tʂʅ^{213}

一支队伍 i$^{213-23}$tʂʅ^{213}tue$^{31-55}$u˙

枝子 tʂʅ$^{213-21}$tθɿ˙

一枝子花 i$^{213-23}$tʂʅ$^{213-21}$tθɿ˙xua^{213}

只 tʂʅ^{213}

一只手 i$^{213-23}$tʂʅ$^{213-23}$ʃəu^{55}

指 tʂʅ^{55} 一个指头的宽度

一指长 i$^{213-23}$tʂʅ^{55}ʧʻaŋ^{53}

二指雨 ɭə^{31}tʂʅ^{55}y^{55}

种 tʂuŋ^{55}

一种虫子 i$^{213-23}$tʂuŋ^{55}tʂʻuŋ$^{53-35}$tθɿ˙

药 ʧəu^{213} 捆儿

一药子碗 $\text{i}^{213\text{-}23}\text{ʧəu}^{213\text{-}21}\text{tθʅ}^{\cdot}\text{uã}^{55}$

柱 ʧʮ^{31}

一柱香 $\text{i}^{213\text{-}23}\text{ʧʮ}^{31}\text{ɕiɑŋ}^{213}$

桩 tʂuɑŋ^{213}

一桩事儿 $\text{i}^{213\text{-}23}\text{tʂuɑŋ}^{213\text{-}23}\text{ʂɫer}^{31}$

桌 ʧuə^{213}

一桌酒席 $\text{i}^{213\text{-}23}\text{ʧuə}^{213}\text{tsiəu}^{55}\text{si}^{53}$

组 tθu^{213}

一组数目字 $\text{i}^{213\text{-}23}\text{tθu}^{213}\text{ʂu}^{31}\text{mu}^{31}\text{tθʅ}^{31}$

尊 tθuə̃^{213}

一尊佛像 $\text{i}^{213\text{-}23}\text{tθuə̃}^{213}\text{fə}^{53}\text{siɑŋ}^{31}$

座 tθuə^{31}

一座桥 $\text{i}^{213\text{-}23}\text{tθuə}^{31}\text{tɕ‘iɔ}^{53}$

一座山 $\text{i}^{213\text{-}23}\text{tθuə}^{31}\text{ʂã}^{213}$

堆 tθue^{213} 堆儿

一堆泥 $\text{i}^{213\text{-}23}\text{tθue}^{213\text{-}23}\text{mi}^{53}$

一堆雪 $\text{i}^{213\text{-}23}\text{tθue}^{213\text{-}23}\text{syə}^{213}$

堆固 $\text{tθue}^{213\text{-}21}\text{ku}^{\cdot}$ 堆儿

一堆固地瓜 $\text{i}^{213\text{-}23}\text{tθue}^{213\text{-}21}\text{ku}^{\cdot}\text{ti}^{31\text{-}55}\text{kuə}^{\cdot}$

二十九　附加成分等

（1）前加成分

绷— pəŋ^{213} 很，非常：～硬｜～～硬｜～直｜～紧

大— tɑ^{31} ～沉沉｜～厚厚｜～粗粗｜～高高｜～胖胖｜～远远

楞— ləŋ^{213} （西片）～沉｜～厚｜～粗｜～大｜～高｜～胖

精— $tsiŋ^{213}$ ～细｜～薄｜～点儿点儿｜～小小｜～细细｜～薄薄

溜— $liəu^{213}$ ～酸｜～薄｜～细｜～滑｜～薄薄｜～细细｜～软乎

焦— $tsiɔ^{213}$ ～酸｜～黏｜～干

煞— $ʂɑ^{213}$ ～白

通— $t'uŋ^{213}$ ～红

须— sy^{213} ～清｜～青｜～尖

须溜— $sy^{213-21}liəu^{·}$ ～尖

黢— $ts'y^{213}$ ～黑｜～紫

烘— $xuŋ^{213}$ ～黑

忽— xu^{213} ～黑

漆— $ts'i^{213}$ ～黑

翁— $uŋ^{213}$ ～黑

乌— u^{213} ～黑

锃— $tʂəŋ^{213}$ ～亮｜～新｜～明

死— $θɿ^{55}$ ～沉｜～不要脸｜～要面子

活— $xə^{53}$ ～急｜～苦｜～受罪

崭— $tʂã^{213}$ ～新

生— $ʂəŋ^{213}$ ～疼｜～痒痒

齁— $xəu^{213}$ ～咸

苦— $k'u^{55}$ ～辣

西— si^{213} ～甜｜～面

稀— $ɕi^{213}$ ～绿｜～烂

磋— $tθ'uə^{213}$ ～涩

怪— $kuɛ^{31}$ ～好｜～孬｜～大｜～小｜～降人｜～恶心｜～腻歪

享— $ɕiɑŋ^{53}$ ～好｜～孬｜～大｜～小｜～厌恶人｜～恶心｜～腻歪

享老— $ɕiɑŋ^{53-35}lɔ^{·}$ ～好｜～孬｜～大｜～小｜～粗｜～细｜～脏｜～

干净

挺— $t^{‘}iŋ^{53}$ ～湿｜～直

四— $θɿ^{31}$ ～平｜～直｜～齐

老— $lɔ^{55}$ ～大｜～长｜～小｜～多｜～远

风— $fəŋ^{213}$ ～快｜～脆

血— $ɕiə^{213}$ ～孬｜～笨

透— $t^{‘}əu^{31}$ ～亮｜～酥｜～明｜～肥｜～面｜～熟

喷— $p^{‘}\tilde{ə}^{31}$ ～香

剔溜— $t^{‘}i^{213-21}liəu^{·}$ ～圆｜～团

长— $ʧaŋ^{55}$ 过于，太：～大｜～小｜～咸｜～淡｜～薄｜～厚｜～过分｜～厉害

二— $ɭə^{31}$ 具有某种特点：～混子｜～急眼｜～半吊子

（2）中加成分

—古— $ku^{·}$ 家～什儿｜家～门儿｜夹～道儿

—巴— $pa/pə^{·}$ 家～什儿｜夹～道子｜

—不— $pu^{·}$ 夹～道子

（3）后加成分

—极了 $tɕi^{53-35}lɔ^{·}$ 气～｜累～｜好～

—要命 $iɔ^{31}miŋ^{31}$ 疼得～｜气得～｜热得～｜累得～｜难受得～

—要死 $iɔ^{31}θɿ^{55}$ 疼得～｜气得～｜热得～｜累得～｜难受得～

—活急 $xə^{53}tɕi^{53}$ 疼得～｜气得～｜热得～｜累得～｜难受得～

—不行了 $pu^{213-23}ɕiŋ^{53-35}lɔ^{·}$ 疼得～｜气得～｜热得～｜累得～｜难受得～

—了不得 $liɔ^{55-21}pu^{·}ti^{53}$ 疼得～｜气得～｜热得～｜累得～｜难受得～

—治不得 $ʧɿ^{31-55}pu^{·}ti^{·}$ 好得～｜能得～｜气得～

—死了 $θɿ^{·}lɔ^{·}$ 疼～｜气～｜热～｜累～｜难受～

—煞了 ʂɑ˙lɔ˙ 吓～｜气～

—坏了 xuɛ$^{31-55}$lɔ˙ 疼～｜气～｜热～｜累～

—毁了 xue$^{55-21}$lɔ˙ 疼～｜气～｜热～｜累～

—得慌 ti˙xuɑŋ˙ 累～｜气～｜狠～｜恨～｜闷～｜憋～｜急～｜火～

—得上 ti˙ʃɑŋ˙ 累～｜气～｜狠～｜恨～｜闷～｜憋～｜急～｜火～

—得夯 ti˙xɑŋ˙ 使～｜累～｜气～｜闷～

—梆 pɑŋ˙ 酸～｜硬～

—梆梆 pɑŋ$^{213-23}$pɑŋ^{213} 硬～｜直～

—乎 xu˙ 形容词后缀：软～｜挤～｜硬～｜潮～

—乎 xu˙ 动词后缀：说～｜抹～｜查～｜佮～｜挤～｜敞～｜扯～｜馋～｜吹～｜掺～｜凑～

—和 xu/xuə˙ 暖～｜暄～｜软～｜暖～｜掺～｜搅～

—乎乎 xu$^{213-23}$xu^{213} 嘲～｜软～｜潮～｜黑～

—乎儿乎儿 xur$^{213-23}$xur^{213} 潮～｜硬～｜软～｜黑～｜肿～

—溜 liəu˙ 光～｜顺～｜滑～

—溜儿的 ɭəur$^{213-21}$ti˙ （西片）略，稍微，一点儿：大～｜小～｜嫩～｜老～｜甜～｜苦～｜红～｜黑～

—大溜（儿）的 tə˙liəu$^{213-21}$（ɭəur$^{213-21}$）ti˙ 甜～｜酸～｜苦～｜辣～｜咸～｜红～｜黑～｜紫～｜高～｜矮～｜胖～｜瘦～

—个溜的 kə^{31}ɭəur$^{213-21}$ti˙ 恣～｜酸～

—么溜儿的 mə˙ɭəur$^{213-21}$ti˙ 甜～｜酸～｜恣～｜苦～

—巴溜的 pə˙liəu$^{213-21}$ti˙ 酸～

—乎儿的 xur$^{213-21}$ti˙ 大～｜小～｜嫩～｜老～｜甜～｜苦～｜红～｜黑～

—大乎（儿）的 tə˙xu$^{213-21}$（xur$^{213-21}$）ti˙ 酸～｜甜～｜苦～｜辣～｜咸～

—个滋儿的 kə˙tθrer$^{213-21}$ti˙ 甜～|酸～

—扑儿的 p‘ur$^{213-21}$ti˙ 矮～|红～

—拉出的 lɑ/lə˙ʧ‘ɥ$^{213-21}$ti˙ 潮～|木～

—呱唧 kuɑ$^{213-23}$ʦi$^{213-21}$ti˙ 蔫悠～

—而呱唧的 ɭə˙kuɑ$^{213-23}$ʦi$^{213-21}$ti˙ 傻～|嘲～|木～

—而巴唧的 ɭə˙pɑ$^{213-23}$ʦi$^{213-21}$ti˙ 傻～|嘲～|木～

—不楞登的 pu$^{213-21}$ləŋ˙təŋ$^{213-21}$ti˙ 傻～|嘲～|憨～|邪～|花～

—巴唧的 pə˙ʦi$^{213-21}$ti˙ 嘲～|熊～|潮～|臊～

—巴唧唧的 pə˙ʦi$^{213-21}$ʦi˙ti˙ 酸～

—不唧唧的 pu˙ʦi$^{213-21}$ʦi˙ti˙ 酸～

—齁齁的 xəu$^{213-21}$xəur˙ti˙ 辣～

—呱哒的 kuɑ$^{213-23}$tɑ$^{53-35}$ti˙ 臊气～

—至咧咧的 ʧʅ˙liə$^{213-21}$liə˙ti˙ 酸～

—至来来的 ʧʅ˙lɛ$^{53-35}$lɛ˙ti˙ 酸～

—个宁/营的 kə˙ȵiŋ/iŋ$^{53-35}$ti˙ 苦～

—刺赖呆的 tθ‘ʅ˙lɛ$^{31-55}$tɛ˙ti˙ 白～|灰～

—么习的 mə˙si$^{53-35}$ti˙ 甜～

—子 tθʅ˙ 土豆～|地豆～|算盘～|泉～|腮帮～|酒盅～|杏核～|瞎～|瘸～|聋～|傻～|脖脐～|耳朵～|鼻孔～

—巴 pə˙ 嘲～|结～|瘸～|哑～|捏～|撮～|剁～|砸～|干～|窄～|紧～|瞎～|挤～

—汉 xã˙ 瞎～|聋～|癫～|胖～

—头 t‘əu˙ 绝户～|二性～|离巴～|柴～|生古～|养汉～

—包 pɔ˙ 齁～|脓～

—种 tʂuŋ^{213} 孬～|坏～|杂～

—打 tə˙ 敲～|锤～|摔～|糊～|踢～|拽～

—达 tə˙ 蹦～|溜～

—查 tʂʻə˙ 刨～|刳～|剜～|扪～|抹～|刮～|糊～|抠～|爬～|挖～|啃～|扒～

—赤 tʂʻʅ˙ 刳～|抹～|刮～|抠～|挖～|扒～

—悠 iəu˙ 转～|逛～|晃～|搓～|窝～|卷～|团～|玩～

—拉 lə˙ 扯～|搅～|翻～|扒～|撇～|拌～|拨～

—楞 ləŋ˙ 斜～|立～|瓢～|瘪～

—么/摸 mə˙ 估～|舔～|咂～|瞰～|踅～|蹭～|搡～

—送 θuŋ˙ 拱～|填～|擩～|还～|拥～

—弄 luŋ˙ 摆～|撺～|戳～|玩～|摩～

—治 ʧʅ˙ 捣～|佛～

—指 tʂʅ˙ 惹～|戳～|鼓～|捂～

—估/咕/古/鼓 ku˙ 占～|扎～|蘸～|捣～|刷～|戳～|涮～|落～|蹲～|讲～

—价 tɕiə˙ 整天～|成年～|别～

—只 tθʅ˙ 赶～|但～|纯～|沾～|仅～

—下 ɕiɑ˙ 多修饰具有“深、远、大”意义的词：高～|深～|粗～|远～|长～

—底 ti˙ 高～|深～

—妥 tuə˙ 顺～|挺～|刷～|稳～

—谁的 ʂe⁵⁵⁻²¹ti˙ 等等：他娘～|小郑～

—的 ti˙ 表示举例：闺女媳妇～|老婆孩子～|工人干部～|师长旅长～|十个八个～

—时间 ʂʅ⁵³⁻³⁵tɕiã˙ ①……的时候：我小～|隋唐～|俺干活～你上哪来？②……的话：你要来～咱不就一块儿去了吗？|你听话～还会有这样的事儿吗？

三十　数字等

初一 tʂ‘u$^{213-23}$i^{213}

初二 tʂ‘u$^{213-23}$ɭə^{31}

初三 tʂ‘u$^{213-23}$θɑ̃^{213}

初四 tʂ‘u$^{213-23}$θɿ^{31}

初五 tʂ‘u$^{213-23}$u^{55}

初六 tʂ‘u$^{213-23}$liəu^{31}

初七 tʂ‘u$^{213-23}$ʦ‘i^{213}

初八 tʂ‘u$^{213-23}$pɑ^{213}

初九 tʂ‘u$^{213-23}$ʨiəu^{55}

初十 tʂ‘u$^{213-23}$ʃɿ^{53}

第一 ti^{31}i^{213}

第二 ti^{31}ɭə^{31}

第三 ti^{31}θɑ̃^{213}

第四 ti^{31}θɿ^{31}

第五 ti^{31}u^{55}

第六 ti^{31}liəu^{31}

第七 ti^{31}ʦ‘i^{213}

第八 ti^{31}pɑ^{213}

第九 ti^{31}ʨiəu^{55}

第十 ti^{31}ʃɿ^{53}

一个 i$^{213-23}$kə^{31}

俩 liɑ^{55} 两个

仨 θɑ^{213} 三个

四个 θɿ$^{31-55}$kə·

五个 u$^{55-21}$kə˙

六个 liəu$^{31-55}$kə˙

七个 ts‘i$^{213-21}$kə˙

八个 pɑ$^{213-21}$kə˙

九个 tɕiəu$^{55-21}$kə˙

十个 ʃʅ$^{53-35}$kə˙

一号 i$^{213-21}$xɔr˙

二号 ɭə$^{31-55}$xɔr˙

三号 θã$^{213-21}$xɔr˙

四号 θʅ$^{31-55}$xɔr˙

五号 u$^{55-21}$xɔr˙

六号 liəu$^{31-55}$xɔr˙

七号 ts‘i$^{213-21}$xɔr˙

八号 pɑ$^{213-21}$xɔr˙

九号 tɕiəu$^{55-21}$xɔr˙

十号 ʃʅ$^{53-35}$xɔr˙

第一个 ti^{31}i$^{213-23}$kə^{31}

第二个 ti$^{31-55}$ɭə˙kə˙/ti^{31}ɭə^{31}kə^{31}

第三个 ti^{31}θã$^{213-21}$kə˙/ti^{31}θã$^{213-23}$kə^{31}

第四个 ti^{31}θʅ$^{31-55}$kə˙/ti^{31}θʅ^{31}kə^{31}

第五个 ti^{31}u$^{55-21}$kə˙/ti^{31}u^{55}kə^{31}

第六个 ti^{31}liəu$^{31-55}$kə˙/ti^{31}liəu^{31}kə^{31}

第七个 ti^{31}ts‘i$^{213-21}$kə˙/ti^{31}ts‘i$^{213-23}$kə^{31}

第八个 ti^{31}pɑ$^{213-21}$kə˙/ti^{31}pɑ$^{213-23}$kə^{31}

第九个 ti^{31}tɕiəu$^{55-21}$kə˙/ti^{31}tɕiəu^{55}kə^{31}

第十个 ti^{31}ʃʅ$^{53-35}$kə˙/ti^{31}ʃʅ^{53}kə^{31}

老大 lɔ^{55}tɑ^{31}

老二 lɔ^{55}ɭə^{31}

老三 lɔ^{55}θã^{213}

老四 lɔ^{55}θʅ^{31}

老五 lɔ^{55}u^{55}

老六 lɔ^{55}liəu^{31}

老七 lɔ^{55}ʦ‘i^{213}

老八 lɔ^{55}pɑ^{213}

老九 lɔ^{55}ʨiəu^{55}

老十 lɔ^{55}ʃʅ^{53}

老幺儿 lɔ^{55}ɭɔr/irɔr^{213}

小幺儿 siɔ^{55}ɭɔr/irɔr^{213}

小末尕儿 siɔ^{55}mə$^{213\text{-}23}$kɑr^{53}

一 i^{213}

二 ɭə^{31}

三 θã^{213}

四 θʅ^{31}

五 u^{55}

六 liəu^{31}

七 ʦ‘i^{213}

八 pɑ^{213}

九 ʨiəu^{55}

十 ʃʅ^{53}

十一 ʃʅ^{53}i^{213}

二十 ɭə^{31}ʃʅ^{53}

二十一 ɭə$^{31\text{-}55}$ʃʅ˙i^{213}

三十 θã$^{213-23}$ʃʅ^{53}

三十一 θã$^{213-21}$ʃʅ·i^{213}

四十 θʅ^{31}ʃʅ^{53}

四十一 θʅ$^{31-55}$ʃʅ·i^{213}

五十 u^{55}ʃʅ^{53}

五十一 u^{55}ʃʅ^{53}i^{213}

六十 liəu^{31}ʃʅ^{53}

六十一 liəu$^{31-55}$ʃʅ·i^{213}

七十 ʦ‘i$^{213-23}$ʃʅ^{53}

七十一 ʦ‘i$^{213-21}$ʃʅ·i^{213}

八十 pɑ$^{213-23}$ʃʅ^{53}

八十一 pɑ$^{213-23}$ʃʅ^{53}i^{213}

九十 ʨiəu^{55}ʃʅ^{53}

九十一 ʨiəu^{55}ʃʅ^{53}i^{213}

一百 i$^{213-23}$pe^{213}

一百零一 i$^{213-23}$pe^{213}liŋ^{53}i^{213}

一百一十 i$^{213-23}$pe^{213}i$^{213-23}$ʃʅ^{53}

　一百一 i$^{213-23}$pe$^{213-23}$i^{213}

一百一十个 i$^{213-23}$pe^{213}i$^{213-23}$ʃʅ$^{53-35}$kə·

一百一十一 i$^{213-23}$pe^{213}i$^{213-23}$ʃʅ^{53}i^{213}

一百一十二 i$^{213-23}$pe^{213}i$^{213-23}$ʃʅ^{53}ɭə^{31}

一百一十九 i$^{213-23}$pe^{213}i$^{213-23}$ʃʅ^{53}ʨiəu^{55}

一百二十 i$^{213-23}$pe^{213}ɭə^{31}ʃʅ^{53}

　一百二 i$^{213-23}$pe$^{213-23}$ɭə^{31}

一百三十 i$^{213-23}$pe^{213}θã$^{213-23}$ʃʅ^{53}

　一百三 i$^{213-23}$pe$^{213-23}$θã^{213}

一百五十 i$^{213-23}$pe$^{213-23}$u^{55}ʃʅ^{53}

　一百五 i$^{213-23}$pe$^{213-23}$u^{55}

一百五十个 i$^{213-23}$pe$^{213-23}$u$^{55-21}$ʃʅ˙kə˙

二百五十 ɭə$^{31-55}$pe˙u^{55}ʃʅ^{53}

　二百五 ɭə$^{31-55}$pe˙u^{55}

二百五十个 ɭə$^{31-55}$pe˙u$^{55-21}$ʃʅ˙kə˙

三百一十 θã$^{213-21}$pe˙i$^{213-23}$ʃʅ^{53}

　三百一 θã$^{213-21}$pe˙i^{213}

一千一百 i$^{213-23}$ts‘iã^{213}i$^{213-23}$pe^{213}

　一千一 i$^{213-23}$ts‘iã$^{213-23}$i^{213}

一千一百一十 i$^{213-23}$ts‘iã^{213}i$^{213-21}$pe˙i$^{213-23}$ʃʅ^{53}

　一千一百一 i$^{213-23}$ts‘iã^{213}i$^{213-21}$pe˙i^{213}

一千一百一十一 i$^{213-23}$ts‘iã^{213}i$^{213-21}$pe˙i$^{213-23}$ʃʅ^{53}i^{213}

一千一百一十九 i$^{213-23}$ts‘iã^{213}i$^{213-21}$pe˙i$^{213-23}$ʃʅ^{53}tɕiəu^{55}

一千二百 i$^{213-23}$ts‘iã^{213}ɭə$^{31-55}$pe˙

　一千二 i$^{213-23}$ts‘iã$^{213-23}$ɭə^{31}

一千九百 i$^{213-23}$ts‘iã^{213}tɕiəu$^{55-21}$pe˙

　一千九 i$^{213-23}$ts‘iã$^{213-23}$tɕiəu^{55}

一万 i$^{213-23}$uã^{31}

一万一千 i$^{213-23}$uã^{31}i$^{213-23}$ts‘iã^{213}

　一万一 i$^{213-23}$uã^{31}i^{213}

一万一千一百 i$^{213-23}$uã^{31}i$^{213-23}$ts‘iã^{213}i$^{213-21}$pe˙

　一万一千一 i$^{213-23}$uã^{31}i$^{213-23}$ts‘iã$^{213-23}$i^{213}

一万一千一百一十 i$^{213-23}$uã^{31}i$^{213-23}$ts‘iã^{213}i$^{213-21}$pe˙i$^{213-23}$ʃʅ^{53}

　一万一千一百一 i$^{213-23}$uã^{31}i$^{213-23}$ts‘iã^{213}i$^{213-21}$pe˙i^{213}

一万一千一百一十一 i$^{213-23}$uã^{31}i$^{213-23}$ts‘iã^{213}i$^{213-21}$pe˙i$^{213-23}$ʃʅ^{53}

i^{213}

一万一千一百二十 i^{213-23}uã^{31}i$^{213-23}$ts'iã^{213}i$^{213-21}$pe˙ɭə^{31}ʃʅ^{53}

一万一千一百二 i^{213-23}uã^{31}i$^{213-23}$ts'iã^{213}i$^{213-21}$pe˙ɭə^{31}

一万两千 i^{213-23}uã^{31}liaŋ^{55}ts'iã^{213}

一万二 i^{213-23}uã^{31}ɭə^{31}

一万两千个 i^{213-23}uã^{31}liaŋ^{55}ts'iã$^{213-23}$kə^{31}

两万五千 liaŋ^{55}uã^{31}u^{55}ts'iã^{213}

两万五 liaŋ^{55}uã^{31}u^{55}

三万五千 θã$^{213-23}$uã^{31}u^{55}ts'iã^{213}

三万五 θã$^{213-23}$uã^{31}u^{55}

百儿八十儿 pe$^{213-21}$ɭə˙pa$^{213-23}$ʂɬer^{53} 一百个左右

五七六百儿 u^{55}ts'i^{213}liəu^{31}per^{213} 五百以上，六百上下

零 liŋ^{53}

嘎 ka^{53} 用手指表示的数目。单伸开食指为一，伸开食指和中指为二，伸开食指、中指、无名指为三，伸开食指、中指、无名指和小拇指为四，五指全部伸开为五，伸开大拇指和小拇指为六，大拇指、食指、中指三指并拢捏在一起为七，称为“捏七”，伸开大拇指和食指为八，称为“别八”，食指伸开后向内弯曲为九，称为“勾子九”

两秤 liaŋ^{55}tʃ'əŋ^{31} 二百斤

二斤 ɭə$^{31-55}$tɕiə˙

二两 ɭə$^{31-55}$liaŋ˙

二钱 ɭə^{31}ts'iã^{53}

两钱 liaŋ^{55}ts'iã^{53}

二厘 ɭə^{31}li^{53}

两厘 liaŋ^{55}li^{53}

两丈 liaŋ^{55}tʃaŋ^{31}

二尺 ɭə$^{31-55}$ʧʻʅ˙

两寸 liɑŋ^{55}tθʻuə̃^{31}

二分 ɭə$^{31-55}$fə̃˙

二里 ɭə$^{31-55}$li˙

两担 liɑŋ^{55}tã^{31}

两斗 liɑŋ^{55}təu^{55}

两升 liɑŋ^{55}ʃəŋ^{213}

两项 liɑŋ^{55}ɕiɑŋ^{31}

二亩 ɭə$^{31-55}$mu˙

几个 tɕi$^{55-21}$kə˙

多少个 tuə$^{213-23}$ʃɔ^{55}kə^{31}

十多个 ʃʅ^{53}tuə$^{213-23}$kə^{31}

十来个 ʃʅ$^{53-35}$lɛ˙kə˙

十拉个 ʃʅ$^{53-35}$lə˙kə˙

十几个 ʃʅ^{53}tɕi^{55}kə^{31}

一百多个 i$^{213-23}$pe^{213}tuə$^{213-23}$kə^{31}

百来个 pe$^{213-23}$lɛ^{53}kə^{31}

十个八个的 ʃʅ$^{53-35}$kə˙pɑ$^{213-21}$kə˙ti˙ 不到十个

八九个 pɑ$^{213-23}$tɕiəu^{55}kə^{31}

千数个儿 tsʻiã$^{213-21}$ʂu˙kər^{31} 一千左右

千数儿 tsʻiã$^{213-21}$ʂɫur˙

百十儿 pe$^{213-21}$ʂɫer˙ 一百左右

半个 pã$^{31-55}$kə˙

一半儿 i$^{213-23}$pɛr^{31}

两半儿 liɑŋ^{55}pɛr^{31}

多半 tuə$^{213-23}$pɛr^{31}

一大半儿 i$^{213-23}$tɑ^{31}pɛr^{31}

一个半 i$^{213-23}$kə^{31}pã^{31}

个半 kə$^{31-55}$pã˙

……上下 ʃɑŋ^{31}çia^{31}

……左右 tθuə^{31}iəu^{31}

三十一　象声词

出拉 ʧ‘ɥ$^{213-21}$lɑ/lə˙　①吸鼻涕的声音 ②走路时鞋摩擦地面的声音

出溜 ʧ‘ɥ$^{213-21}$liəu˙

出隆 ʧ‘ɥ$^{213-21}$luŋ˙

出出拉拉 ʧ‘ɥ$^{213-21}$ʧ‘ɥ˙lɑ$^{213-23}$lɑ^{213}

欻拉 tʂ‘uɑ$^{213-21}$lɑ˙　快速穿过的声音

叮叮当当 tiŋ$^{213-21}$tiŋ˙tɑŋ$^{213-21}$tɑŋ˙

嘀哩当啷 ti$^{213-21}$li˙tɑŋ$^{213-21}$lɑŋ˙

唧哩咣当 tsi$^{213-21}$li˙kuɑŋ$^{213-21}$tɑŋ˙

嘀哩咣当 ti$^{213-21}$li˙kuɑŋ$^{213-21}$tɑŋ˙

嘀哩罡啷 ti$^{213-21}$li˙kɑŋ$^{213-21}$lɑŋ˙

嘀喽咣当 ti$^{213-21}$ləu˙kuɑŋ$^{213-21}$tɑŋ˙

嘀喽罡啷 ti$^{213-21}$ləu˙kɑŋ$^{213-21}$lɑŋ˙

叽哩咕噜 tsi$^{213-21}$li˙ku$^{213-21}$lu˙　①指听不懂或听不清楚的说话声 ②物体滚动的声音：石头～从山上滚下来了

嘀哩咕噜 ti$^{213-21}$li˙ku$^{213-21}$lu˙

嘀里骨碌 ti$^{213-21}$li˙ku$^{213-21}$lu˙　快速滚动的声音

嘀喽骨碌 ti$^{213-21}$ləu˙ku$^{213-21}$lu˙

噼哩啪啦 p‘i$^{213-21}$li˙p‘a$^{213-21}$lɑ˙　燃放鞭炮或少数人鼓掌的声音

噼哩啪哧 p‘i$^{213-21}$li˙p‘a$^{213-21}$ʧ‘ʅ˙　手掌击打之声，快速动作之声

嘭嘭嘭 pʻəŋ$^{213-23}$pʻəŋ$^{213-23}$pʻəŋ^{213} 敲门声

梆梆梆 paŋ$^{213-23}$paŋ$^{213-23}$paŋ^{213}

乓乓乓 pʻɑŋ$^{213-23}$pʻɑŋ$^{213-23}$pʻɑŋ^{213} 一种连续的巨大响声

轰隆 xuŋ$^{213-21}$luŋ˙ 雷声、爆炸声、机器响声等

轰轰 xuŋ$^{213-23}$xuŋ^{213} 山洪爆发时水流的声音

呱啦 kuɑ$^{213-21}$lɑ˙ 打响雷的声音，尤其是接二连三响成一片的雷声

啪啪 pʻɑ$^{213-21}$pʻɑ˙ 击打的声音

呜喽 u$^{213-21}$ləu˙ 冒气泡或水泡的声音

扑通 pʻu$^{213-23}$tʻuŋ^{213} 形容重物落地或落水声

噗噗腾腾 pʻu$^{213-21}$pʻu˙tʻəŋ$^{53-35}$tʻəŋ˙ 拖拉机机器的声音

哗哗 xuɑ$^{213-23}$xuɑ^{213} 流水声

哗啦 xuɑ$^{213-21}$lɑ˙ 风吹树叶、水流以及撞击的声音等

稀哩哗啦 ɕi$^{213-21}$li˙xuɑ$^{213-21}$lɑ˙

七哩夯嘡 tsʻi$^{213-21}$li˙xɑŋ$^{213-21}$tʻɑŋ˙ 撞击或重物滚动的声音

剔哩咣当 tʻi$^{213-21}$li˙kuaŋ$^{213-21}$taŋ˙ 铁桶滚动的声音

剔溜嘡啷 tʻi$^{213-21}$liəu˙tʻɑŋ$^{213-21}$laŋ˙

剔哩趿拉 tʻi$^{213-21}$li˙tʻɑ$^{213-21}$lɑ˙ 走路时鞋摩擦地面的声音

咝喽儿咝喽儿 θɿ$^{213-21}$ʅəur˙θɿ$^{213-21}$ʅəur˙ ①哮喘病人呼吸的声音 ②奄奄一息的人的呼吸声 ③得了病的鸡的呼吸声

剔里喀哧 tʻi$^{213-21}$li˙kʻɑ$^{213-21}$ʧʻʅ˙ 快速行动的声音，也指动作快

吱咯 tʂʅ$^{213-21}$kə˙ 门轴转动时的声音

嘎吱 kɑ$^{213-21}$tʂʅ˙

咯吱 kɑ$^{213-21}$tʂʅ˙ 老鼠啃咬东西的声音

嘎嘣 kɑ$^{213-23}$pəŋ^{213} ①清脆的咀嚼声 ②树枝等折断的声音

嘎唧 kɑ$^{213-21}$tsi˙ ①嗑瓜子、吃东西的声音：他一晌午什么也没干，光～～嗑瓜子了｜这小孩儿一天就光～零嘴儿了，一点人饭不吃 ②不停地说话

声：恁几个～什么的，没完了吗？快睡觉吧

喂儿哇儿 uer$^{213-23}$uɑr^{213} 青蛙、蟾蜍的叫声：蛙子～叫了一夜

□儿□儿 tʂɬuer$^{213-21}$tʂɬuer˙ 猪的尖叫声

□儿□儿 tʂɬuer$^{213-23}$tʂuɑr^{213} 哭闹声，喊叫声

唧唧喳喳 tsi$^{213-21}$tsi˙tʂɑ$^{213-21}$tʂɑ˙ ①鸟叫声 ②小孩儿说话声 ③小声说话

　嘁嘁喳喳 ts‘i$^{213-21}$ts‘i˙tʂ‘ɑ$^{213-21}$tʂ‘ɑ˙

吱吱 tʂʅ$^{213-23}$tʂʅ^{213}/tʂʅ$^{213-21}$tʂʅ˙ ①老鼠的叫声 ②兔子的叫声 ③用来指人说话，含贬义：别～了！

唰唰 ʂuɑ$^{213-21}$ʂuɑ˙ ①蚕吃桑叶的声音 ②下小雨的声音

唰啦 ʂuɑ$^{213-21}$lɑ˙ 风吹树叶等的响声

　唰唰啦啦 ʂuɑ$^{213-21}$ʂuɑ˙lɑ$^{213-23}$lɑ^{213}

吭哧吭哧 k‘əŋ$^{213-21}$ʧ‘ʅ˙k‘əŋ$^{213-21}$ʧ‘ʅ˙ ①用力刨地的声音，也指用力做某事：～两小时他把地刨完了｜他～两小时一道题也没做出来 ②重重的喘息声：他爬楼累得～的

呼哧呼哧 xu$^{213-21}$ʧ‘ʅ˙xu$^{213-21}$ʧ‘ʅ˙ 重重的喘息声：爬上六楼，她就累得～的

康哧康哧 k‘ɑŋ$^{213-21}$ʧ‘ʅ˙k‘ɑŋ$^{213-21}$ʧ‘ʅ˙ 吃脆硬食物发出的声音

嗖嗖的 ʂəu$^{213-21}$ʂəu˙ti˙ 刮大风的声音

　铮儿铮儿的 ʂɬəur$^{213-21}$ʂɬəur˙ti˙

　抽抽的 ʧ‘əu$^{213-21}$ʧ‘əu˙ti˙

　嘤儿嘤儿的 ʅə̃r$^{213-21}$ʅə̃r˙ti˙

铮儿铮儿的 tʂ‘ɬə̃r$^{213-21}$tʂ‘ɬə̃r˙ti˙ 锯木头的声音

嘘啦嘘啦 ʃʅ$^{213-21}$lɑ/lə˙ʃʅ$^{213-21}$lɑ/lə˙ 指人感到寒冷时发出的声音

　嘘嘘啦啦 ʃʅ$^{213-21}$ʃʅ˙lɑ$^{213-21}$lɑ˙

扑出 p‘u$^{213-21}$ʧ‘ʮ˙ 抽烟的声音

哼儿哼儿 xə̃r$^{213-21}$xə̃r˙ ①呻吟声 ②指哼唱歌曲

嗷嚎儿 ŋɔ$^{213-21}$xɔr˙ 放开喉咙呼喊的声音

啁儿啁儿 tʂɬɔr$^{213-21}$tʂɬɔr˙ ①大声喊叫：你～什么？噤声儿的！②狗挨打时的叫声：你听听那个～声儿，准是他又拿着狗出气了

簌拉簌拉 θu$^{213-21}$lɑ˙θu$^{213-21}$lɑ˙ 细碎东西掉落的声音：墙上头～地掉土｜树叶子～地往下落

吧唧 pɑ$^{213-21}$tsi˙/piɑ$^{213-21}$tsi˙ ①咀嚼时嘴发出的声音 ②东西掉落在地的声音

咯噔 kə$^{213-23}$təŋ^{213}/kə$^{213-21}$təŋ˙ 形容皮鞋踏地或物体撞击的声音

簌拉 θu$^{213-21}$lə˙ 树叶儿下落的声音

□儿哟 tʂɬuɑr$^{53-35}$iɔ˙ 晚上黄鼠狼咬鸡时，鸡的尖叫声

啯腾 xu$^{213-21}$t'əŋ˙ 重物落地的声音：他～一下从墙上跳下来了

扑通 p'u$^{213-21}$t'uŋ˙ 重物落地或落水的声音：～一声，跳进池水里

梆当 pɑŋ$^{213-23}$tɑŋ^{213} 敲打硬物或搪瓷器皿摔碎的声音

嘛儿嘛儿 mɑr$^{213-21}$mɑr˙ 牛叫声

嗳儿嗳儿 mɛr$^{213-21}$mɛr˙ 羊叫声

咴儿咴儿 xuer$^{213-21}$xuer˙ 马叫声

昂儿昂儿 ŋɑ̃r$^{213-21}$ŋɑ̃r˙ 驴叫声

□呜 miɑ$^{31-55}$u˙ 猫叫声

嘎嘎嘎 kɑ$^{213-23}$kɑ$^{213-23}$kɑ^{213} 鹅的叫声

呱呱呱 kuɑ$^{213-23}$kuɑ$^{213-23}$kuɑ^{213} 鸭子的叫声

唧唧 tsi$^{213-21}$tsi˙ 小鸡儿的叫声

啾啾 tɕiəu$^{213-23}$tɕiəu^{213} ①鸟叫声 ②叹词。唤鸡声

勾儿勾儿 kəur$^{213-23}$kəur^{213}

□□□ le$^{213-23}$le$^{213-23}$le^{213} 唤鹅、鸭声

扁扁扁 pirɛ^{55}pirɛ^{55}pirɛ^{55} 唤鸭声

鸭鸭鸭 iɑ$^{213-23}$iɑ$^{213-23}$iɑ^{213}

咩 miə²¹³ 羊叫声

咩拉 miə²¹³⁻²¹la˙ 唤羊声

叭儿 par²¹³ 唤猪狗声

驾 tɕia⁵³ 驱使马、牛等的喊声

　嚎 xɔ⁵³

□ tɔ⁵³ 驱猪声

吁 y²¹³ 用牛拉犁或拉车时让牛停下来的喊声

第四章　语法

同语音、词汇相比，沂南方言的语法和普通话语法的一致性最强，但仍有一些富有特点的语法现象，很有总结、分析、研究的必要和价值。本章主要从词、短语、句式三个方面对沂南方言与普通话区别比较明显的语法情况进行介绍。

一　词

（一）单双音节词

1．沂南方言中有些单音节词，在普通话中对应的是双音节形式；有些双音节词，在普通话中对应的是单音节形式。这些词有名词、动词、形容词等，以名词为多。下面所举的例子中，前面为沂南方言词语，后面为普通话词语，以下皆同。例如：

（1）沂南方言为单音节，普通话为双音节

湖——平原	袄——棉袄	殇——夭折
墩——土丘	坡——山坡	巧——灵巧
炭——煤炭	铡——铡刀	客——客人
节——节日	筲——水桶	茶——开水
眼——眼睛	爷——爸爸	园——菜园
儿——儿子	哥——哥哥	逛——散步
板——棺材	虹——彩虹	遛——散步
批——批发	惯——娇惯	苫——苫盖
讹——讹诈	谝——炫耀	剋——训斥

着——传染　　暄——松软　　精——精明

鬼——精明　　奸——阴险　　厚——稠密

（2）沂南方言为双音节，普通话为单音节

厚实——厚　　硬梆——硬　　云彩——云

糊餰——粥　　泉子——泉　　犸虎——狼

鹞子——鹰　　蟼溜——蝉　　河涯——河

2．沂南方言和普通话都是双音节词语，但语素不同，其中有一个语素不同的词语，也有两个语素都不同的词语。例如：

（1）一个语素不同

白夜——白天　　明日——明天　　饱成——饱满

学屋——学校　　皮狐——狐狸　　月明——月亮

炭块——煤块　　松缓——宽松　　草驴——母驴

儿猫——公猫　　野鹊——喜鹊　　数算——计算

方瓜——南瓜　　苇子——芦苇　　斧子——斧头

上年——去年　　打春——立春　　过年——明年

照量——照看　　接续——连续　　存旧——陈旧

身量——身材　　板整——整齐　　软乎——柔软

（2）两个语素都不同

嘲巴——傻子　　皮锤——拳头　　拄棍——拐杖

趴蛋——公猪　　茅房——厕所　　细作——吝啬

顶把——行贿　　声唤——呻吟　　挡害——妨碍

埻土——灰尘　　冻冻——冰块　　日头——太阳

锅屋——厨房　　夜来——昨天　　施为——修理

扎古——打扮　　呱说——谈论　　缩溜——倒退

寿器——棺材　　连便——敏捷　　济着——任由

扎煞——张狂　　殃心——厌倦　　圆场——劝架

圆宽——借口　灵透——机敏　粗苛——残忍
管儿——从来　起先——原来　安练——沉稳

（3）两个语素相同，但是组合的顺序不同

齐整——整齐　熬煎——煎熬　实诚——诚实
倒颠——颠倒　面汤——汤面　是凡——凡是
新崭——崭新　才刚——刚才　拙笨——笨拙
教调——调教　通连——连通　善面——面善
利便——便利　落利——利落　木麻——麻木

3．沂南方言为双音节词，普通话为多音节词。例如：

糖蘸儿——糖葫芦　手灯——手电筒
长庚儿——启明星　转葵——向日葵
臭球儿——樟脑丸　流球——二流子
覆棚——天花板　港家——无烟煤
脖脐——肚脐眼儿　劳力——劳动力
痄腮——腮腺炎　还阳——死而复生
气棒——打气筒　暖壶——热水瓶

4．沂南方言为三音节或多音节词，普通话为双音节词。这类词语比较多，而且有许多是子缀词。例如：

识字班——姑娘　兄弟媳妇子——弟媳
丈母娘——岳母　两来坠儿——连襟
两来襟——连襟　半截腰儿——中间
出溜传——蚯蚓　现今晚儿——现在
黑老鸹——乌鸦　胳拉拜子——膝盖
蛛蛛子——蜘蛛　脚巴丫子——脚趾
屎壳螂——蜣螂　合心眼子——喉咙
扫帚星——彗星　束腰绳子——腰带
野物畜——野兽　杀猪屠子——屠户

锢漏子——锔匠　　轻饶不了——饶恕

嘘铁石——磁铁　　席角子——斗笠

打赖毛——耍赖　　叔伯字——别字

5. 沂南方言有些词语，在普通话中找不到相对应的词语。例如：

聊客能说会道的人　　咬班未成年兄弟姐妹之间争吵

压言说话有权威　　熟臭同样的话说的次数多了使人厌烦

俗烦因说话唠叨而令人厌烦　　横理指人横行霸道，毫不讲理

老生子老年所生的儿子　　醒睡指人睡觉时入睡比较浅，容易惊醒

了生子最小的儿子　　遵矩指人守规矩或物体不变形

二皮脸死皮赖脸的人　　街滑子在集市逛游而又无所事事的人

二冲子做事莽撞的人　　撮巴子专门在集市上抢夺别人东西的人

尖头怪偷懒磨滑的人　　老家局本家族中辈分高的男人

鬼渣子心眼特别多的人　　闲游子整日无所事事、游手好闲的人

供养子祭祀用的食品　　不打辞隔毫不犹豫地答应或承担

养班子家长处在抚养多个未成年子女、生活困难的时期

隔山兄弟同母异父的兄弟　　隔山姊妹同母异父的姐妹

强谋硬主蛮横地包办婚姻　　梯陡竖崖形容非常陡峭

打邮便儿将物品放在长途汽车上递送

（二）词缀

沂南方言的词缀比较丰富，从词缀在词中所处的位置看，有前缀、中缀、后缀，以后缀居多；从词缀的词性看，有实词词缀和虚词词缀；从所构成词的词性看，有名词词缀、动词词缀、形容词词缀等；从读音看，它们基本读为轻声。

下面分别对名词、动词、形容词的词缀进行描写和简单

分析。

1. 名词

（1）前缀

名词前缀主要有“老”和“二”，有的意义完全虚化，有的还存在着一定的实义。“二”作为前缀构成的名词多是具有贬义色彩的指人的词语，这类词语数量不是很多。例如：

老大	老小	老末倒数第一	老本儿
老油条	老把儿做事稳当	老鼻子很多	老大盼子很长时间
老油子	老林祖坟	老荒荒地	老绞儿成熟的经验
二流子	二急眼	二嘲子	二楞子
二冲子	二水儿	二话儿	二性头
二尾子	二皮脸	二货头	二婚头
二道贩子	二半吊子	二不溜子	二下旁人

（2）后缀

沂南方言常见的名词后缀有“子、头、汉、巴、巴子、种、包、货”等。其中，“子”缀比较丰富，沂南方言中的许多“子”缀词在普通话中一般不带“子”。例如：

泉子——泉	手面子——手背
引子——酵母	腚垂子——屁股
馍子——馒头	墨斗子——墨斗
尺棒子——直尺	算盘子——算盘
腮帮子——腮	旮旯子——旮旯
牙花子——牙龈	墙角子——墙角
耳门子——鬓角	裤茬子——短裤
耳巴子——耳光	胸脯子——胸脯
耳刮子——耳光	底板子——肩胛骨

腋肢子——腹股沟　　耳朵眼子——耳孔

手锤子——手锤　　鼻孔眼子——鼻孔

手爪子——手爪　　捻捻转子——陀螺

藕瓜子——藕　　香油馃子——油条

裤脚子——裤腿　　电灯棒子——手电筒

门单子——横批　　耳朵坠子——耳坠

交叉子——马扎儿　　豆枕皮子——枕套儿

蛛蛛子——蜘蛛　　擦拉布子——毛巾

把棍子——木棍　　合心眼子——喉咙

宰把子——屠夫　　蛇虫捋子——蜥蜴

土豆子——土豆　　擀面轴子——擀面杖

地豆子——土豆　　冻冻琉子——冰锥

除了表示事物的“子”缀名词之外，“子”和“头、汉、巴、巴子、种、包、货”等后缀，还可以构成指人的附加式名词，这类词一般具有特定的含义，大多具有贬义色彩，用于背称，具有戏谑或詈语性质。

从意义的角度看，指人的“子”缀词有以下几类：

①指身体具有某种特征，多指有某种缺陷或某种疾病的人。例如：

瘦子　　胖子

瞎子　　秃子

豁子豁嘴的人　　矬子矮小的人

咬舌子口齿不清的人　　左撇拉子习惯用左手做事的人

二尾子两性人　　疤瘌眼子眼部有疤痕的人

龟腰子驼背的人　　清汤罐子喻指无生育能力的男人

瘦猴子很瘦的人　　个眼子一只眼睛失明的人

结巴子口吃的人　　斜眼子眼睛斜视的人

齁包子患有气管炎、支气管炎或哮喘病的人

②指具有某种习惯与品行特点的人。例如：

犟眼子认死理的人　　混子、二混子混日子的人

臊货蛋子风骚的男人　二冲子、二愣子做事莽撞的人

夜猫子经常熬夜的人　鬼渣子心眼儿特别多的人

闲游子游手好闲的人　大老椅子喻指偷懒的人

二半吊子、二不溜子、半吊子办事不出力的人，不正经的人

③指某些特定行业、职业的人。例如：

厨子厨师　　锢漏子锔匠

贩子贩卖东西的人　　武架子会武术的人

马子土匪　　打狗子职业杀狗的人

勾子与外面勾结的人　　伙夫蛋子厨师

宰巴子屠夫　　杀猪屠子屠夫

剃头匠子理发员　　撮巴子抢夺别人东西的人

兵油子老兵　　货郎鼓子货郎

④指具有特殊身份或身世的人。例如：

光棍子、光杆子、单杆子单身汉

跟脚子、带羔子、带犊子妇女再嫁时所带的和前夫所生的子女

带肚子妇女改嫁前怀孕、改嫁后出生的前夫之子女

搭拉爪子为新郎新娘铺床的男人　　孤老头子老鳏夫

姑姑子尼姑　　老书儒子老学究

半掩门子暗娼　　头生子第一胎所生的孩子

⑤指具有某种地域特点的人。例如：

街滑子、街油子、城滑子城里人、城郊人，喻指老练、油滑的人

乡里瓜子乡下人，喻指没见过世面的人　　山杠子山里人

外来户子、外住户子从外地迁到此地的人

坐地户子当地人　　过路子路过此地的人

⑥具有某种突出特点的人。例如：

药篓子、药罐子因身体不好而长期服药的人

酒黏子嗜酒而且喝酒之后话语特别多的人

酒篓子特别能喝酒的人、嗜酒的人　　能豆子机灵的小孩

蹦豆子蹦蹦跳跳、调皮的小孩　　放屁篓子放屁多的人

学习尖子学习成绩突出的人　　菜饱肚子吃菜多的人

病秧子体格较弱、经常得病的人　　猪脑子头脑特别笨的人

臭棋篓子棋艺不精的人　　旱鸭子不会游泳的人

由后缀“头”所构成的名词，指称具有某种性格、经历、身份、特点的人，多具贬义色彩。例如：

生古头吝啬鬼　　二性头急躁、莽撞的人

绝户头无儿子的人　　离巴头外行

茬子头、柴头不易对付的人　　二货头二婚头

养汉头有情夫的女人　　扒灰头与儿媳通奸的公公

尖头偷懒的人　　油头笑料

“汉、巴（巴子）、包（包子）”等后缀所构成的名词，主要指身体有缺陷或以某种手段谋生的人。如：

癫汉精神病患者　　风汉麻风病患者　　聋汉聋子

瞎汉眼睛失明的人　　醉汉醉酒的人　　嘲巴傻子

瘸巴跛子　　结巴口吃的人　　瘫巴子瘫痪之人

撮巴子抢夺别人东西的人　　尿包无能的人

孬包特指调皮的小孩　　齁包哮喘或哮喘病人

“种”和“货”是常用的詈语后缀。如：

孬种　坏种　贱种下贱的人　尿种

杂种　拗种特别固执的人　嘲种很傻的人

窑货、窑子货、破货、烂货、浪货淫乱放荡的女人

流球货二流子　下才货馋鬼　母子货无能的人　菜货无能的人

（3）中缀

沂南方言还有少数带中缀“溜、娄、古、不”的名词。例如：

出溜传　蜚溜猴儿　蜚溜龟儿　乌娄牛子

家古什儿　家古门儿　夹古道儿　夹古道子

家不什儿　夹不道儿　夹不道子　脚不丫子

2. 动词

沂南方言的动词词缀只有后缀一种形式，常见的后缀有“巴、打、查、赤、拉、悠、摸、乎、古、弄、棱、登、送”等。有些后缀还保留一定的实在意义。带有这类后缀的动词多表示动作随意或漫不经心、不郑重对待或者反复进行的语体色彩。除了单用之外，多叠用或使用动补结构。例如：

扬巴　拥巴　撅巴　薅巴　锄巴

摊巴　舔巴　薅巴　耪巴　刨巴

堵巴　塞巴　捣巴　拖巴　炖巴

灌巴　煮巴　弄巴　耕巴　垒巴

挖巴　剜巴　摽巴　栽巴　培巴

糊打　摅达　摔打　踢打　拽打

拍打	戳打	垛打	磕打	锄打
扒查	刳查	扪查	抠查	抹查
爬查	刨查	啃查	拱查	糊查
剋查	拢查	蹿查	刮查	撸查
扒拉	拨拉	拌拉	擢拉	搅拉
扯拉	翻拉	摆拉	拖拉	划拉
转悠	晃悠	逛悠	握悠	搓悠
团悠	卷悠	磨悠	蜷悠	颤悠
瞰么	瞭么	照么	估么	约么
盖么	粘么	咂么	搁么	缠么
热乎	惹乎	轧乎	抹乎	挤乎
煽乎	查乎	凑乎	叉乎	招乎
涮古	扎古	摞古	蘸古	挪古
躲古	蹲古	落古	占古	耍古
摆弄	撺弄	戳弄	玩弄	摩弄
立棱	掇棱	斜棱	还送	拥送
拱送	填送	擩送	换登	作登
打登	倒登	惹指	戳指	鼓指

3. 形容词

沂南方言形容词的词缀有前缀和后缀两种形式。有的词缀结合能力强，有的则较弱。有的词缀具有喜爱的感情色彩，有的带有厌恶的感情色彩。根据词缀的音节数目，可以分为单纯词缀和复合词缀，一个音节的为单纯词缀，两个及以上音节的为复合词缀。以下是沂南方言形容词常见词缀表：

词缀（形容词）			例词
前缀	单纯前缀	楞	～沉、～厚、～粗、～大、～高、～胖
		焦	～酸、～粘、～干、～黄
		精	～瘦、～短、～细、～薄
		溜	～酸、～薄、～细、～滑、～软
		须	～绿、～紫、～蓝、～清、～青、～尖
		血	～好、～孬、～烦、～笨
		透	～亮、～酥、～明、～肥、～面、～熟
		四	～平、～直、～齐
		铮	～亮、～新、～明
		活	～苦、～急、～鲜
		绷	～硬、～紧
		稀	～碎、～烂、～糊
		风	～快、～脆
		西	～甜
		煞	～白
		通	～红
		黢	～黑
		烘	～黑
		忽	～黑
		乌	～黑
		喷	～香
		磋	～涩

词缀		形容词	例词
前缀	复合前缀	虚溜	～绿、～紫、～蓝、～清、～青、～尖
		剔溜	～圆、～团
		乌黢子	～黑
		焦巴子	～黄
后缀	单纯后缀	乎	软～、硬～、晕～、玄～、热～、潮～、嘲～、挤～、暄～、匀～
		溜	光～、滑～、顺～
		楞	斜～、立～、瓢～、瘪～、别～、偏～
		悠	圆～、团～、
		巴	干～、死～、紧～、窄～、挤～、皱～
		乎乎/乎儿乎儿	软～、硬～、晕～、玄～、热～、潮～、嘲～、挤～、暄～、匀～
		溜儿的	大～、小～、嫩～、甜～、苦～、红～、黑～
	复合后缀	巴巴	干～、凶～、可怜～
		大乎儿的	黑～、甜～、苦～、辣～、酸～、潮～、嘲～、圆～、晕～、湿～
		大溜儿的	黑～、甜～、苦～、辣～、酸～、潮～、嘲～、圆～、晕～、湿～
		么习的	甜～
		么丝儿的	甜～
		么躹儿的	辣～
		之咧咧的	酸～
		个营营的	咸～

<table>
<tr><th colspan="3">形容词 / 词缀</th><th>例词</th></tr>
<tr><td rowspan="6">后缀</td><td rowspan="6">复合后缀</td><td>个宁宁的</td><td>咸～</td></tr>
<tr><td>不楞登的</td><td>邪～</td></tr>
<tr><td>而巴唧的</td><td>嘲～、傻～、软～、硬～、臊～、熊～</td></tr>
<tr><td>而呱唧的</td><td>嘲～、傻～</td></tr>
<tr><td>个滋儿的</td><td>咸～、酸～</td></tr>
<tr><td>刺赖呆的</td><td>白～、灰～</td></tr>
</table>

（三）重叠

沂南方言中，重叠可以构词，也可以构形。

1. 重叠式构词（“AA”式）

在沂南方言中，重叠式不是构词的主要手段，所以运用重叠式所构成的词数量有限。名词、动词、形容词、副词中有少量重叠式词语。

（1）名词

第二个音节读为轻声。例如：

咬咬虫子　死咬咬人的死尸（西片）　哗哗儿童小便

秫秫高粱　妈妈乳房　冻冻冰　馍馍馒头

（2）动词

第二个音节读为轻声。例如：

摆摆浪费　忽忽忘记；胡混　打哈哈敷衍塞责

（3）形容词

第二个音节读为轻声。例如：

绺绺偏，斜　哈哈死（戏谑义）　趴趴低矮　刺刺不整齐

（4）副词

表时间的单音节名词重叠后构成表示时间或频率的副词。第二个音节一般不读为轻声。例如：

天天每天	年年每年	月月每月
时时经常	夜夜每天晚上（西片）	晃晃时不时

2．重叠式构形

（1）名词

名词的重叠构形只有“AA”式，在具体语境中它有三种变体：AA儿、A儿A儿、AA子。这三种形式运用了重叠和附加（卷舌韵母和“子”缀）两种语法手段和语音的变化（第二个音节和“子”缀都读为轻声），表达细小或者少量的语法意义，可以表达喜爱的语气。例如：

爪	爪爪儿	爪儿爪儿	爪爪子
面粉末	面面儿	面儿面儿	面面子
末粉末	末末儿	末儿末儿	末末子
杠线条	杠杠儿	杠儿杠儿	杠杠子
道	道道儿	道儿道儿	道道子
方	方方儿	方儿方儿	方方子
棒	棒棒儿	棒儿棒儿	棒棒子
条	条条儿	条儿条儿	条条子
叶树叶	叶叶儿	叶儿叶儿	叶叶子
皱折皱	皱皱儿	皱儿皱儿	皱皱子

（2）动词

动词的重叠构形主要有两种形式，一种是单音节动词的“AA”式，一种是双音节动词（包括复合式和附加式两种）的“ABAB”式。运用重叠和语音变化（“AA”中的第二个音节读为轻声，“ABAB”中的两个“B”音节都读为轻声）表达动作的短时或尝试的意义。例如：

“AA”式

鼓鼓（肚子）	噘噘（嘴）	逗逗（小孩儿）
探探（身子）	弓弓（腰）	虾虾（腰）
纵纵（鼻子）	抗抗（肩）	扭扭（腰）
缩缩（身子）	铺铺（床）	蹭蹭（痒）

“ABAB”式

拾掇拾掇	照望照望照看	捡拘捡拘督促
修理修理	逛游逛游游荡	摩弄摩弄抚摸
理整理整管束	争竞争竞争执	数量数量教育
褒贬褒贬评论	扒查扒查计算	铺排铺排布置、安排

（3）形容词

沂南方言形容词的重叠构形有两种形式，一是单音节形容词的“XAA”式（“X”为副词），二是双音节形容词的“AABB”式。

大粗粗	大长长	大宽宽	大高高	大深深
精细细	精短短	精窄窄	精矮矮	精浅浅

庄庄户户很朴素	赖赖歪歪身体不健康
神神道道很神秘，不可捉摸	锯锯拉拉做事不痛快

这两种重叠构形都能够表达某种状态，在句子中可以做定语、状语、谓语等，做定语时一般在后面加“的”，做状语时一般加“地”。“AA”重叠式后面可以加“着[ʧɔ˙]”。例如：

这个小妮儿胖胖的小脸儿，真好看。做定语

这个碟子浅浅着。做谓语

这个碟子浅浅着不能盛菜汤。做状语

这家伙整天神神道道的,谁也知不道他干什么。做定语

这个家伙神神道道地走了进来。做状语

这个家伙神神道道的。做谓语

（四）代词

<table>
<tr><th colspan="2"></th><th colspan="2">单　数</th><th colspan="2">复　数</th></tr>
<tr><td rowspan="5">人称代词</td><td rowspan="2">第一人称</td><td colspan="2" rowspan="2">俺
我
咱特</td><td>排除式</td><td>俺
咱特</td></tr>
<tr><td>包括式</td><td>咱</td></tr>
<tr><td>第二人称</td><td colspan="2">你
恁
咱特</td><td colspan="2">恁</td></tr>
<tr><td>第三人称</td><td colspan="2">他
她</td><td colspan="2">他/她几个
他/她那一伙儿
他/她那一帮子</td></tr>
<tr><td>不定指</td><td colspan="2">人家
旁人</td><td colspan="2">人家
旁人</td></tr>
<tr><td rowspan="3">指示代词</td><td rowspan="3">近指</td><td>事物</td><td>这
这个</td><td colspan="2">这几个　这些　这下子</td></tr>
<tr><td>处所</td><td>这里书　这合儿
这末儿里　这门儿
这合门儿
这窝儿　这埝儿</td><td colspan="2">这些埝儿
这些窝儿</td></tr>
<tr><td>时间</td><td>这霎儿</td><td colspan="2">这些日子书　这段时间书
这阵子　这盼子</td></tr>
</table>

<table>
<tr><th colspan="2"></th><th colspan="2">单　数</th><th>复　数</th></tr>
<tr><td rowspan="3">远指</td><td colspan="2">事物</td><td>那书　乜少
那个书　乜个少</td><td>那些书　那伙儿/伙子
乜些</td></tr>
<tr><td colspan="2">处所</td><td>那里书、多　乜里少
那合儿　乜合儿少
那门儿　乜门儿少
那埝儿　乜埝儿少
那合门儿
乜合门儿少
那窝儿　乜窝儿少</td><td>那些埝儿　乜些埝儿少
那些窝儿　乜些窝少</td></tr>
<tr><td colspan="2">时间</td><td>那霎儿</td><td>那些日子书　那段时间书
那阵子　那盼子</td></tr>
<tr><td rowspan="4">疑问代词</td><td>人</td><td colspan="2">谁</td><td>谁</td></tr>
<tr><td>事物</td><td colspan="3">什么　多少　怎么　什么样　怎么样　怎么着</td></tr>
<tr><td>处所</td><td colspan="3">哪里书
哪合儿　哪门儿　哪合门儿　哪窝儿　哪埝儿</td></tr>
<tr><td>时间</td><td colspan="2">什么时候书
哪霎儿　几时
哪会儿</td><td>多大工夫　多大/么盼子
多霎儿</td></tr>
</table>

上表小字“书”指书面语或正式场合，其他未加标注的皆为口语词，“特”指特定语境使用的代词。

沂南方言人称代词的复数形式不用“们”（指代自身的“他们”属于单数形式，例如：“就你这么坏的，他们没大见过。你仗势欺人，横行霸道，他们也不怕你！”其中的“他们”指的是说话者本人）。

指示代词“乜”在沂南中、东、南三片是远指代词，而在西片为近指代词。“乜”应为“那”的变读形式，在口语中使用较少，标注“少”字；“那”标注“多”字，表示在口语中使用较多。

下面介绍少数有方言特点的代词：

1. 俺 [nã/ŋã⁵⁵]

“俺”是沂南方言中最常用的第一人称代词和物主代词，兼指单、复数。单、复数的意义根据具体的语境确定。表复数时为排除式。正式场合一般用“我”。例如：

俺不识字，恁叫俺念，不是看俺的笑话嘎？单数

俺都得去上学。复数

要去也得俺一块去！ 可以指单数，也可以指复数

“俺”还可以表示第一人称的物主代词。如：

俺达达　俺娘　俺哥　俺老爷　俺奶奶

俺庄儿　俺伙计　俺娘家　俺那条山峪

2. 恁 [nə̃⁵⁵]

“恁”是沂南方言中常用的第二人称代词和物主代词。作为人称代词使用时，老派用法主要指复数，无尊称义；新派用法兼指单、复数，指单数时为“你”或为尊称的“您”，指复数时不为尊称。单、复数的意义根据具体的语境确定。沂南方言表示单数的第二人称代词一般用“你”。例如：

娘，你坐下。闺女，你也坐下。老派说法

娘，恁坐下。闺女，你也坐下。单数，尊称。新派说法

恁这些小孩，今天都干了些什么事儿？复数

恁都这样了，还想着挣钱，难道说不要命了吗？可以

指单数，也可以指复数。新派说法

“恁”还可以表示第二人称的物主代词。如：

恁达达　恁娘　恁老爷　恁闺女　恁儿

恁庄儿　恁家　恁老爷家　恁闺女家　恁儿家

“恁＋至亲亲属称谓”的结构中，“恁”作为物主代词使用，意义等同于“你的”或“你们的”。若用“恁＋一般亲属称谓”，“恁”除了表示物主代词之外，还可用来称呼别人，表达一种亲近关系。如：“恁大叔”、“恁大婶子”、“恁大嫂子”、“恁二姑”等，可以表达与听话人之间的亲属或亲近关系，即听话人的“大叔”、“大婶子”、“大嫂子”、“二姑”等，这种情况属于背称，是用来称呼说话者和听话者之外的第三者。例如，“你把恁大叔喊恁家来喝酒！”“恁大叔”指“你的大叔”，即听话人的大叔。这种称谓还可以直接面称听话者，指自己子女应该称呼的“大叔”、“大婶子”、“大嫂子”、“二姑”等，使用此种称谓的人是有限制的，听话人的辈分不能比说话人高，如果和说话人的辈分相同，那么年龄一定要比说话人小，如可以说“恁姑”、“恁叔”、“恁婶子”，而不能说“恁爷爷”、“恁奶奶”（这种语境下的“恁”只能为物主代词了）。例如，“恁大叔，你快上俺家来喝酒！”听话人应是说话人孩子的大叔，听话人和说话人是同辈，但年龄比说话人小；再如，“恁二哥，你给二孩儿捎点东西到城里吧！”说话人的孩子应称呼听话人为“二哥”，听话人的辈分比说话人低。

“恁＋亲属称谓”作为面称时，可以用“他＋亲属称谓”来替代，如当面称呼孩子的姑姑可以说“恁姑”，也可以说“他姑”。

沂南方言还用“恁”表示一种亲近关系，多用“俺家恁+亲属称谓”或“恁家俺+亲属称谓”来称呼。说话者和听话者并非一家人。例如：

俺家恁兄弟 俺家恁嫂子 俺家恁三叔 俺家恁奶奶

恁家俺兄弟 恁家俺嫂子 恁家俺三叔 恁家俺奶奶

这两种形式，说话人所指的人辈分上没有限制，晚辈、长辈都可以用这种形式。这两种称谓都表示说话人和听话人的亲近，表达了亲如一家的感情。“俺家恁+亲属称谓”中所指的人是说话人的家人，“恁家俺+亲属称谓”中所指的人是听话人的亲人。如：“俺家恁兄弟”中所指的人，根据不同情况，可以指说话人的丈夫，也可以指儿子，还可以指弟弟或其他和听话人为同辈的男性。“恁家俺兄弟”也可以根据实际情况指听话人的丈夫、儿子或弟弟等其他和听话人为同辈的男性。多数情况指丈夫或儿子。

3．咱 [tθã/tθã^{55}]

“咱”多为第一人称的复数形式，有时也指代第一人称单数，特殊情况下还可以指代第二人称单数。兼指包括式和排除式，一般为包括式。例如：

咱都赶集去吧！第一人称复数，包括听话一方。包括式

咱不去了，叫他那几个去吧！第一人称单数或复数，不包括听话一方。排除式

这事儿可够鲜的，咱还是头一回听说来！第一人称单数

咱到底是不行，不跟人家得人。可以指第一人称单数，也可以指第一人称复数

他光欺负咱，咱不跟他玩儿了。第二人称单数，含有亲切意味，所指对象多为小孩

咱多能行，想干什么就干什么！谁不知道咱了不得！

第二人称单数，含有讽刺意味

（五）语气词

沂南方言的语气词较为丰富，日常生活中使用频率较高而读音和用法又较特殊的有：

1. 嘎 [mã˙]

（1）疑问语气词，相当于普通话的“吗”。

①用于是非问句末尾表示疑问，在肯定和否定两种是非问句中均有使用。如：

你明早晨就走～？

我安排你的那事儿，你干完了～？

小李儿的事儿，你知道了～？

今晚上还开会～？

是～，我怎么知不道？

你这样干，行～？

你上杭州，经过上海，没下去看看～？

这样的事儿他都干出来了，你不揍他～？

你不吃鱼～？——我吃鱼过敏。

恁嫂子，今们儿你不去赶集～？

②用于句末表示反问，有质问、责备的语气。或以肯定形式来表示否定意思，或以否定形式表示肯定意思。如：

我是这样跟你说的～？

你想就这样稀里糊涂地混下去～？

就这样，你能办成什么事儿～？

你干出这样的事儿来对得住你父母～？

道理不是明摆着～？你怎么还装糊涂？

你敢说这话不是你说的～？

你就这么不要脸～？

（2）用于句中停顿处或句末，相当于语气词“嘛”或“啊”。

①用在陈述句句末，起强调语气的作用。如：

哈哈，三人成虎～。

我没说我要去～，这可是你叫我去的！

我喷正在竖着耳朵听～！

有意见就当面提～，咱可不许当面不提背后乱说的！

你怎么连这个都知不道？记下来～！

②用在句中，有引起注意的作用。如：

年轻人～，谁还不犯点儿错误？

我说～，你怎么没去，还是这么着啊！

这件事儿～，其实也怨不得他没干好。

钱～，能省就省点儿呗！

③用在句中，有舒缓语气的作用。如：

你问问老朱～，兴许他知道点儿，我是一点儿也知不道。

他是谁呀，老司机了，见多识广～，过的桥都比你走的路多，你能跟他比呀？

（3）用在假设小句末，意义表示“如果……的话”相当于“呢”。如：

再加上一辆车～，可就不这么挤乎唠。

有意见～，提出来大家商量商量。

不叫你说～，你一包意见；叫你说～，你又哑巴了。

这件事儿你要是给我干好了～，我就请你的客。

2．喃[nɑ̃^{53}/nɑ̃˙/niɑ̃^{53}]

（1）句末语气词，读音为[nɑ̃˙/niɑ̃˙/nə̃˙]，既可用于疑问句，又可用于陈述句，相当于“呢”。如：

怎么连个人影儿都不见～？到底发生了什么事儿？

你把事情办得这样儿，叫我说你什么好～？

你怎么不早点儿说～？我差点儿就冤枉他了。

时间还早着～，你急什么呀？

那不，大喷在地里干活儿～。

你要是真想要～，我就送给你。

（2）用在句首，引起注意，相当于“你看”，是“你看”的合音，读音为[nɑ̃^{53}/n̥iɑ̃^{53}]。如：

～～～，不听我的，毁了吧？

～，你不快点儿，车开走了！

～！给你！

～，接着！小心别掉了！

～，拿好了！

3．咪 [lɛ˙]

（1）用在陈述句句末强调动作正在进行，相当于普通话的“呢”。如：

她俩大喷在地里干活儿～。

小孩儿正写着作业～，你先歇一霎霎儿着。

（2）用在祈使句句末，相当于普通话的“吧”。如：

你把小猫弄出去～！

我害渴了，你给我倒碗茶～。

（3）用在问句末尾，表达疑问语气或反问语气，相当于普通话的“呢”。如：

夜来喝完酒，你怎么家去的～？

你说今早晨是谁打电话找我～？

机器修了半天怎么还不行～？

馍馍熟了没价～？

我怎么跟你说的～？

谁叫你不去找我的～？

你怎么不给我打电话～？

（4）用在感叹句句末强调感叹语气，相当于普通话的“啊”。例如：

小孩儿就是听话儿～！

这个瓜还真甜～！

今们儿天气还怪好～！

4．啥[$x\tilde{a}^{53/\cdot}$]

“啥”在沂南方言中有两种用法：一种是单独使用，读为[$x\tilde{a}^{53}$]，强调前面所述内容以加深听者对所述内容的印象，有加强征询或命令等语气的作用，多用于语气强烈的祈使句；另一种是用在句末，读为[$x\tilde{a}^{\cdot}$]，表达较为舒缓的征询、协商等语气，多用于语气舒缓的祈使句和征求意见的疑问句。例如：

我看这事儿就这样呗，～！ 强调事情的已然，无法改变

我看这事儿就这样呗～？说明事情的已然，带有商量的口吻，并非无法改变

你们好上看看我这篇文章，给我提提问题，～？带有命令的口吻，强调听话者必须按照说话者的要求去做

你们好上看看我这篇文章，给我提提问题～？带有商量

的口吻，有舒缓语气的作用

我先头里去准备着，过一霎儿恁都去，～！带有较强命令口吻的祈使句，说者认为听者必须按照要求去做

我先头里去准备着，过一霎儿恁都去～！带有商量口吻的祈使句，说者希望听者能够按照要求去做

那个狗咬人，别过去，～！强调所述内容，引起听者高度注意

那个狗咬人，别过去～！舒缓表述语气，让听者易于接受

在沂南方言中，“啥[xã^53/˙]”可以用“哈[hɑ^53/˙]”代替，它们属于表达同一种语气的两个自由变体。

另外，沂南东部少数靠近莒县的村庄把“啥”读为“吭”[xɑŋ^53/˙]。

5．嗲[ʂ̩ã^53/˙]

“嗲[ʂ̩ã^53/˙]”应为“是啥”的合音字。在沂南方言中有两种用法，一种单用，读为[ʂ̩ã^53]，有着重强调和加强语气的作用；另一种用在句末，读为[ʂ̩ã˙]，有舒缓语气的作用。

（1）表明是某人、某物或某种情况、情形等。例如：

这不，～，你看吧，都撞成这样了，还怎么用？突出某种情况或情形，起强调的作用

这不～，你看吧，都撞成这样了，还怎么用？较上一种说法有舒缓语气的作用

你看，～，你这怎么搞的，把这营生东西弄毁了。语气强烈，较明显的责备口吻，用于训斥中

你看～，你这怎么搞的，把这营生东西弄毁了。语气缓和，带有不明显的责备口吻，听者容易接受

（2）有征求别人意见或询问之意。例如：

你看看，得这样干，～？征求意见，语气强烈

你看看，得这样干～？征求意见，语气舒缓

这事儿是你干的，～？质问口吻

这事儿是你干的～？询问口吻

在有些只适合表达比较强烈语气的场合，基本单用。在有些只适合表达舒缓语气的场合，只能用在句末。如：

（生气时）我看事情也就这样了，～？

（对儿童）你明天坐火车上学～？

另外，沂南东部少数靠近莒县的村庄读为[ṣaŋ^{53}]。

（六）几个虚词

1．唠[lɔ˙]

（1）相当于普通话的“了”。这种用法可以读为[lɔ˙]，也可以读为[liɔ˙]。既可以表示动作的完成、性状的实现，也可以表示事情发展的结果。另外，还有语气词的用法。例如：

我刚吃～饭，你慢儿慢儿地吃，我等你。助词

你看看，脸都红～。助词、语气词

新桥架起来～，老桥拆～。助词、语气词

到春天～。语气词

（2）相当于介词“在”、“到”。例如：

拿下来，搁～桌子底下就是。

把书放～床头上啵？

一脚把球踢～楼上去了。

羊羔子蹦～屋顶上去了。

（3）表示某种可能性。例如：

能办～就办，也不要太为难。能办得了就办

他上～树，你就上不去。他能够爬上树

你当他没钱哪？他买起～！他能买得起

2．着[tʃə˙/ tʃɔ˙/ tʂɔ˙]

沂南方言的“着”除了与普通话中的“着”相同的用法外，还有以下几种特殊用法：

（1）用在动词性词语之后，表示将来完成某行为动作或达到某种状态之后再进行另一动作，含有“……以后”之意。“着”字后面有时带有“再”或“就”以及第二个动词性词语，不带时实际上隐含着第二个动作，可据语境将其补出来。例如：

吃唠饭～再去也晚不了，你撒什么急？

这事儿等我想好了～我就跟你说。

我走累了，咱歇一霎儿～再走。

等他睡着～你就溜出来。

什么好书？给我看看！——我看完～！

打完麦子种好玉黍～就出去干活儿去。

写完字儿～去拾麦子！

家去坐坐？——迭不得，赶日～。

等他走了～我再告诉你。

（2）相当于“……的时候”。例如：

今们儿你迭不得，那我赶明天晌午～来。

我打算五一～去爬泰山。

怎么还没价给小孩儿盖屋啊？——钱不够，明年～。

后天～上青驼赶会去。

你就这样也想发大财呀？下辈子～吧！

别忘了到十点钟～叫醒我。

黑天～你过来一趟。

你走～别忘了咋呼我一声儿。

下雨～你先给我拾掇屋里去。

锁门～看看窗户关好了没价。

（3）用在假设分句之后，表示对某种情况的假设，相当于普通话的“的话”。例如：

不是闹灾荒～，也到不了这地步儿。

明天不下雨～，咱几个一块儿去爬山。

用～，你就叫小孩儿来拿。

这不是没钱吗？有钱～咱自己盖楼。

咱要有钱～，咱也买台带色儿的电视。

走累～，你就歇一歇，别叫累着。

那边儿要说愿意～，我再来送个信儿。

够不着～，找根杆子打下来。

看着有什么情况～，你麻利给我打电话。

（4）句末语气词，相当于普通话的“吧”。例如：

这事儿啦，今们儿没工夫儿，明天～。

你先坐那里，我给你查查看看～。

先别急着动手，看看情况儿～。

想当兵啊？长到十八岁～！

看新住房吗？装饰好了～。

以上是“着”字在沂南方言中的具体用法，有的用法之间并没有严格的界限，可以根据语境有多种理解。例如：“下雨～你先给我拾掇屋里去”可以理解为“下雨的话你先给我拾掇屋里去”，也可理解为“下雨的时候你先给我拾掇屋里去”；“等他睡着～你就溜出来”可以理解为“等他睡着以后你就溜出来”，也可理解为“等他睡着的时候你就溜出来”。

3．从[ʦ‘yŋ^{53}/tθ‘uŋ^{53}]

沂南方言中，“从”作为动词、形容词（属性词）、介词时读音有[ʦ‘yŋ^{53}]、[tθ‘uŋ^{53}]两种，用法与普通话相同，与普通话的不同之处是作为副词的用法。

沂南方言的“从”作为副词时读[ʦ‘yŋ^{53}]，既可以用于否定句，也可以用于肯定句；普通话的“从”作为副词只用于否定句。

用于否定句时，意为“从来”，与普通话相同。用于肯定句时，意为“一直、情管、只管”，普通话无此用法。如：

你～吃就是，甭管他怎么说。

你～走你的，别的你就别管了。

你～在屋里待着，不管外头有什么事儿，你也别出来。

恁什么也不用管，～等着听信儿就行了。

你～坐着就是，等我回来。

他～在那里不停地干，谁说也不听，都老半天了。

几个小孩儿～在那里玩儿游戏，大人怎么喊也没喊回来。

二 短语

（一）动词的重叠构形

1．单音节动词的重叠构形

单音节动词的重叠形式有两种：“VV”式和“V一V”式。这两种形式的重叠都具有短时、随意和尝试的语法意义。“V一V”比“VV”在语气上显得稍微舒缓一点儿。例如：

说说　　说一说　　拉拉　　拉一拉

管管	管一管	拍拍	拍一拍
敲敲	敲一敲	走走	走一走
逛逛	逛一逛	转转	转一转

下面两句话，从意义的表达上完全一样，同样意义的后一个例句从语气上来说稍微有点儿舒缓。

你得说说他，别叫他乱跑了，好上去上学。

你得说一说他，别叫他乱跑了，好上去上学。

家去坐坐！

家去坐一坐！

2．双音节动词的重叠构形

双音节动词“AB”的重叠构形为“ABAB”，这种构形和普通话相同，具有短时和尝试的语法意义。例如：

学习	学习学习	吆喝	吆喝吆喝
咋呼	咋呼咋呼	呱说	呱说呱说
研究	研究研究	琢磨	琢磨琢磨
匀和	匀和匀和	扎古	扎古扎古
蹦达	蹦达蹦达	拌拉	拌拉拌拉
扫巴	扫巴扫巴	敲打	敲打敲打

（二）量词的重叠构形

沂南方言量词的重叠构形除了和普通话相同的形式之外，还有不同的形式。用“M”表示量词，沂南方言的重叠构形包括以下几种形式：

（1）“M儿M儿”式

这种重叠构形和普通话的“MM”式所表示的语法意义相同，即表示“每一”，强调“无一例外”。量词“A”都不读轻声。如：

件儿件儿都是她亲手缝的。

顿儿顿儿都是我做的。

沟儿沟儿都撒化肥。

辈儿辈儿都喝泉子里的水。

回儿回儿都吃包子。

个儿个儿都是好样儿的。

在沂南方言中，“M儿M儿”式重叠构形还有两种派生形式，一种是“一M儿M儿”式，一种是“一M儿一M儿”式。量词“M”不读轻声。“M儿M儿”式应看做这两种形式的数词省略形式，但“一M儿一M儿”式比“M儿M儿”和“一M儿M儿”两种形式更为强调列举的顺序。例如：

辈儿辈儿都喝泉子里的水。强调每一辈

一辈儿辈儿都喝泉子里的水。强调每一辈

一辈儿一辈儿都喝泉子里的水。强调并按时间顺序列举每一辈

若第二个量词“M”读轻声，沂南方言只有“一M儿M儿”和“几M儿M儿”两种重叠形式。这两种形式没有强调和列举义，表示数量少。“M儿M儿”和“一M儿一M儿”两式中的量词不能读轻声。下面是几种形式的对比：

把儿把儿都是好蒜薹。不读轻声，强调所有的蒜薹都是好的

好蒜薹一把儿一把儿（的）。不读轻声，强调好蒜薹很多

好蒜薹一把儿把儿。不读轻声，强调好蒜薹很多；读轻声，强调好蒜薹极少，大约一把儿

好蒜薹几把儿把儿。读轻声，强调好蒜薹很少，只有几把儿

（2）“M顶M”、“M顶M儿”或“M儿顶M儿”式

这三种重叠形式与“M儿M儿”所表示的语法意义相同，强调“每一”。是否儿化则根据具体的语境而定，“（儿）”表示可以儿化也可以不儿化。例如：

个（儿）顶个（儿）都是出类拔萃的好手儿。

他是天（儿）顶天（儿）下地干活儿。

家（儿）顶家（儿）都闭户锁门，不见个人影儿。

（三）形容词生动形式

沂南方言形容词的生动形式极为丰富，可以表达不同的感情色彩。常见的生动形式有以下几种：

1. 重叠式生动形式

（1）单音节形容词“A”附加前缀“X”构成附加式双音节形容词“XA”。“XA”的生动形式为重叠式，常见的生动形式主要有“XA（儿）A（儿）”、“XA（儿）XA（儿）的”，少数“XA”式形容词还具有生动形式“X儿X儿A”、“X儿AX儿A”。“（儿）”表示可以儿化也可以不儿化。详见下表（表格空白表示无此种重叠式）：

XA	XA(儿)A(儿)	XA(儿)XA(儿)的	X(儿)X(儿)A	X儿AX儿A的
精瘦	精瘦(儿)瘦(儿)	精瘦(儿)精瘦(儿)的		
精稀	精稀稀	精稀精稀的		
精近		精近精近的		
精短	精短短	精短精短的		
精细	精细细	精细精细的		
溜软	溜软(儿)软(儿)	溜软(儿)溜软(儿)的		

XA	XA(儿)A(儿)	XA(儿)XA(儿)的	X(儿)X(儿)A	X儿AX儿A的
焦酸		焦酸(儿)焦酸(儿)的		
焦黏		焦黏(儿)焦黏(儿)的		
西甜		西甜(儿)西甜(儿)的		
囊苦		囊苦囊苦的		
囊腥		囊腥囊腥的		
囊臊		囊臊囊臊的		
囊臭		囊臭囊臭的		
苦辣		苦辣苦辣的		
齁辣		齁辣齁辣的		
齁咸		齁咸齁咸的		
透亮		透亮(儿)透亮(儿)的		
透肥		透肥透肥的		
挺潮		挺潮挺潮的		
挺湿		挺湿挺湿的		
挺硬		挺硬挺硬的		
挺柴		挺柴挺柴的		
稀烂		稀烂稀烂的		
稀嫩	稀嫩嫩	稀嫩稀嫩的		
黢黑		黢黑黢黑的		
黢紫		黢紫黢紫的		
通红		通红通红的		
煞白		煞白煞白的		
锃明		锃明锃明的		
锃亮		锃亮锃亮的		

XA	XA(儿)A(儿)	XA(儿)XA(儿)的	X(儿)X(儿)A	X儿AX儿A的
锃新		锃新锃新的		
四平		四平四平的		
四直		四直(儿)四直(儿)的		
四齐		四齐(儿)四齐(儿)的		
喷香		喷香喷香的	喷(儿)喷(儿)香	喷(儿)香喷(儿)香
绷紧		绷紧绷紧的	绷(儿)绷(儿)紧	
绷硬		绷硬绷硬的	绷(儿)绷(儿)硬	绷(儿)硬绷(儿)硬的
风快		风快(儿)风快(儿)的		风(儿)快风(儿)快的
风脆		风脆(儿)风脆(儿)的		风(儿)脆风(儿)脆的
生疼		生疼生疼的		
活鲜		活鲜活鲜的		
冰凉		冰凉(儿)冰凉(儿)的		
方热		方热方热的		
须清		须清(儿)须清(儿)的		
须青		须青(儿)须青(儿)的		
须尖		须尖须尖的		

（2）复合式双音节形容词“AB”的生动形式主要有儿化式“AB 儿的”和重叠式“AB（儿）B（儿）”和“AAB（儿）B（儿）”。“AB（儿）B（儿）”这种重叠式的生动形式在实际应用中，后面多带有“的”。“（儿）”表示可以儿化也可以不儿化。见下表：

AB	AB 儿的	AB(儿)B(儿)的	AAB(儿)B(儿)
妥当	妥当儿的	妥当当	妥妥当当
稳当	稳当儿的	稳当(儿)当(儿)	稳稳当(儿)当(儿)

AB	AB 儿的	AB(儿)B(儿)的	AAB(儿)B(儿)
安稳	安稳儿的		安安稳(儿)稳(儿)
顺当	顺当儿的		顺顺当(儿)当(儿)
神道	神道儿的		神神道(儿)道(儿)
孤单		孤单单	孤孤单单
隐约		隐约约	隐隐约约
齐整	齐整儿的	齐整(儿)整(儿)	齐齐整整
利整	利整儿的	利整(儿)整(儿)	
条道	条道儿的		条条道(儿)道(儿)
庄户			庄庄户(儿)户(儿)
实落	实落儿的	实落(儿)落(儿)	
扎壮	扎壮儿的		
柱壮	柱壮儿的		
邋遢			邋邋遢遢
二乎	二乎儿的		二二乎乎
利便	利便儿的		
清亮	清亮儿的	清亮亮的	
急火	急火儿的	急火(儿)火(儿)的	急急火(儿)火(儿)

2. 后缀式生动形式

（1）附加单纯后缀

单音节形容词“A”附加单纯后缀“Y”所构成的生动形式主要有“AY 儿的”、“AY（儿）Y（儿）的”、“AAY（儿）Y（儿）的”。见下表：

A	Y	AY	AY 儿的	AY(儿)Y(儿)的	AAY(儿)Y(儿)的
酸	梆	酸梆	酸梆儿的	酸梆(儿)梆(儿)的	酸酸梆(儿)梆(儿)的
硬		硬梆	硬梆儿的	硬梆(儿)梆(儿)的	硬硬梆(儿)梆(儿)的
潮	乎	潮乎	潮乎儿的	潮乎(儿)乎(儿)的	潮潮乎(儿)乎(儿)的
湿		湿乎	湿乎儿的	湿乎(儿)乎(儿)的	湿湿乎(儿)乎(儿)的
干		干乎	干乎儿的	干乎(儿)乎(儿)的	干干乎(儿)乎(儿)的
软		软乎	软乎儿的	软乎(儿)乎(儿)的	软软乎(儿)乎(儿)的
硬		硬乎	硬乎儿的	硬乎(儿)乎(儿)的	硬硬乎(儿)乎(儿)的
傻		傻乎	傻乎儿的	傻乎(儿)乎(儿)的	傻傻乎(儿)乎(儿)的
嘲		嘲乎	嘲乎儿的	嘲乎(儿)乎(儿)的	嘲嘲乎(儿)乎(儿)的
热		热乎	热乎儿的	热乎(儿)乎(儿)的	热热乎(儿)乎(儿)的
胖		胖乎	胖乎儿的	胖乎(儿)乎(儿)的	胖胖乎(儿)乎(儿)的
瘦		瘦乎	瘦乎儿的	瘦乎(儿)乎(儿)的	瘦瘦乎(儿)乎(儿)的
干	巴	干巴	干巴儿的	干巴巴的	干干巴(儿)巴(儿)的
窄		窄巴			窄窄巴(儿)巴(儿)的
紧		紧巴			紧紧巴(儿)巴(儿)的
瞎		瞎巴			瞎瞎巴(儿)巴(儿)的
皱		皱巴			皱皱巴(儿)巴(儿)的
死		死巴		死巴巴的	
赖		赖巴	赖巴儿的	赖巴巴的	赖赖巴(儿)巴(儿)的
暄	和	暄和		暄和(儿)和(儿)的	
暖		暖和		暖和(儿)和(儿)的	
软		软和		软和(儿)和(儿)的	

A		AY	AY儿的	AY(儿)Y(儿)的	AAY(儿)Y(儿)的
匀	和	匀和		匀和(儿)和(儿)的	
光		光溜	光溜儿的	光溜(儿)溜(儿)的	
酸		酸溜	酸溜儿的	酸溜(儿)溜(儿)的	
团		团溜	团溜儿的	团溜(儿)溜(儿)的	
圆		圆溜	圆溜儿的	圆溜(儿)溜(儿)的	
老			老(大)溜儿的	老溜儿溜儿的	
嫩			嫩溜儿的	嫩溜儿溜儿的	
宽			宽溜儿的	宽溜儿溜儿的	
苦			苦溜儿的	苦溜儿溜儿的	
辣			辣溜儿的	辣溜儿溜儿的	
咸	溜		咸溜儿的	咸溜儿溜儿的	
鲜			鲜溜儿的	鲜溜儿溜儿的	
红			红溜儿的	红溜儿溜儿的	
黑			黑溜儿的	黑溜儿溜儿的	
黄			黄溜儿的	黄溜儿溜儿的	
紫			紫溜儿的	紫溜儿溜儿的	
高			高溜儿的	高溜儿溜儿的	
矮			矮溜儿的	矮溜儿溜儿的	
胖			胖溜儿的	胖溜儿溜儿的	
瘦			瘦溜儿的	瘦溜儿溜儿的	
臭			臭哄(儿)的	臭哄哄(的)	
乱	哄			乱哄哄(的)	
闹				闹哄哄(的)	
冷	嗖			冷嗖(儿)嗖(儿)的	

A		AY	AY儿的	AY(儿)Y(儿)的	AAY(儿)Y(儿)的
凉	嗖		凉嗖儿的	凉嗖(儿)嗖(儿)的	
香	喷		香喷儿的	香喷(儿)喷(儿)的	
慢	腾	慢腾	慢腾儿的	慢腾(儿)腾(儿)的	慢慢腾(儿)腾(儿)的
慢	悠	慢悠	慢悠儿的	慢悠(儿)悠(儿)的	慢慢悠(儿)悠(儿)的
直	勾		直勾儿的	直勾(儿)勾(儿)的	直直勾(儿)勾(儿)的
瓢	楞	瓢楞			瓢瓢楞楞的
瘪		瘪楞			瘪瘪楞楞的
斜		斜楞			斜斜楞楞的
扁		扁楞			扁扁楞楞的
甜	丝		甜丝儿的	甜丝(儿)丝(儿)的	
酸	吱		酸吱儿的		
咸			咸吱儿的		
麻	沙		麻沙儿的	麻沙(儿)沙(儿)的	麻麻沙沙的
毛	茸		毛茸儿的	毛茸(儿)茸(儿)的	毛毛茸茸的
雾	蒙		雾蒙儿的	雾蒙(儿)蒙(儿)的	
雾	腾			雾腾腾的	

（2）附加复合后缀

复合后缀是指不止一个音节的后缀形式。沂南方言的复合式后缀有双音节和三音节两种形式。

①双音节后缀MX，前一音节“M”读轻声，主要有“大、么、木、个、出”等。

用“M”表示中缀，用“X”表示后缀，形容词附加“单音节中缀+单音节后缀”的生动形式见下表：

A	MX	AMX(儿)的	AMX(儿)X(儿)的
嘲	大乎	嘲大乎(儿)的	嘲大乎(儿)乎(儿)的
憨		憨大乎(儿)的	憨大乎(儿)乎(儿)的
傻		傻大乎(儿)的	傻大乎(儿)乎(儿)的
怪		怪大乎(儿)的	怪大乎(儿)乎(儿)的
惯		惯大乎(儿)的	惯大乎(儿)乎(儿)的
红		红大乎(儿)的	红大乎(儿)乎(儿)的
黑		黑大乎(儿)的	黑大乎(儿)乎(儿)的
黄		黄大乎(儿)的	黄大乎(儿)乎(儿)的
紫		紫大乎(儿)的	紫大乎(儿)乎(儿)的
丑		丑大乎(儿)的	丑大乎(儿)乎(儿)的
腥		腥大乎(儿)的	腥大乎(儿)乎(儿)的
酸		酸大乎(儿)的	酸大乎(儿)乎(儿)的
膻		膻大乎(儿)的	膻大乎(儿)乎(儿)的
臭		臭大乎(儿)的	臭大乎(儿)乎(儿)的
孬		孬大乎(儿)的	孬大乎(儿)乎(儿)的
甜		甜大乎(儿)的	甜大乎(儿)乎(儿)的
辣		辣大乎(儿)的	辣大乎(儿)乎(儿)的
苦		苦大乎(儿)的	苦大乎(儿)乎(儿)的
胖		胖大乎(儿)的	胖大乎(儿)乎(儿)的
高		高大乎(儿)的	高大乎(儿)乎(儿)的
晕		晕大乎(儿)的	晕大乎(儿)乎(儿)的
干		干大乎(儿)的	干大乎(儿)乎(儿)的
潮		潮大乎(儿)的	潮大乎(儿)乎(儿)的
柴		柴大乎(儿)的	柴大乎(儿)乎(儿)的

<table>
<tr><th>A</th><th colspan="2">MX</th><th>AMX(儿)的</th><th>AMX(儿)X(儿)的</th></tr>
<tr><td>硬</td><td colspan="2">大乎</td><td>硬大乎(儿)的</td><td>硬大乎(儿)乎(儿)的</td></tr>
<tr><td>红</td><td colspan="2" rowspan="6">大溜</td><td>红大溜(儿)的</td><td>红大溜(儿)溜(儿)的</td></tr>
<tr><td>黑</td><td>黑大溜(儿)的</td><td>黑大溜(儿)溜(儿)的</td></tr>
<tr><td>苦</td><td>苦大溜(儿)的</td><td>苦大溜(儿)溜(儿)的</td></tr>
<tr><td>甜</td><td>甜大溜(儿)的</td><td>甜大溜(儿)溜(儿)的</td></tr>
<tr><td>胖</td><td>胖大溜(儿)的</td><td>胖大溜(儿)溜(儿)的</td></tr>
<tr><td>瘦</td><td>瘦大溜(儿)的</td><td>瘦大溜(儿)溜(儿)的</td></tr>
<tr><td>火</td><td colspan="2" rowspan="3">出拉</td><td>火出拉(儿)的</td><td>火出拉拉的</td></tr>
<tr><td>红</td><td>红出拉(儿)的</td><td>红出拉拉的</td></tr>
<tr><td>黑</td><td>黑出拉(儿)的</td><td>黑出拉拉的</td></tr>
<tr><td rowspan="2">甜</td><td>么</td><td>习</td><td>甜么习的</td><td>甜么习习的</td></tr>
<tr><td>么</td><td>丝</td><td>甜么丝儿的</td><td>甜么丝儿丝儿的</td></tr>
<tr><td>辣</td><td>么</td><td>齁</td><td>辣么齁儿的</td><td>辣么齁儿齁儿的</td></tr>
<tr><td>蓝</td><td>个</td><td rowspan="2">莹</td><td>蓝个莹(儿)的</td><td>蓝个莹儿莹儿的</td></tr>
<tr><td>紫</td><td>个</td><td>紫个莹(儿)的</td><td>紫个莹儿莹儿的</td></tr>
<tr><td>绿</td><td>个</td><td>铮</td><td>绿个铮(儿)的</td><td>绿个铮儿铮儿的</td></tr>
<tr><td>硬</td><td rowspan="3">个</td><td rowspan="3">直</td><td>硬个直(儿)的</td><td></td></tr>
<tr><td>酸</td><td>酸个直(儿)的</td><td></td></tr>
<tr><td>愣</td><td>愣个直(儿)的</td><td></td></tr>
<tr><td>咸</td><td rowspan="2">个</td><td rowspan="2">滋</td><td>咸个滋儿的</td><td>咸个滋儿滋儿的</td></tr>
<tr><td>酸</td><td>酸个滋儿的</td><td>酸个滋儿滋儿的</td></tr>
</table>

②三音后缀“MXY”，“M”可视为“中缀”。见下表：

A	M	XY	AMXY 的
嘲	而	巴唧	嘲而巴唧的
傻			傻而巴唧的
憨			憨而巴唧的
软			软而巴唧的
硬			硬而巴唧的
熊			熊而巴唧的
臊			臊而巴唧的
嘲		呱唧	嘲而呱唧的
傻			傻而呱唧的
白	刺	赖呆	白刺赖呆的
灰			灰刺赖呆的
蔫	悠	巴唧	蔫悠巴唧(的)
		呱唧	蔫悠呱唧(的)

（四）形容词的程度表示

沂南方言的形容词除可以运用生动形式来表达语义和语气的增强或减弱外，还可以通过下面几种方式来表达程度。

1. 形容词前加不同的副词或组成特定的形容词短语表达不同的程度，是沂南方言最为常见的程度表示方法。

沂南方言常见的程度副词有“怪、享、卓、乔、血、囊”，从意义而言，它们基本相当于“很、非常”，但用法有别。

“怪、亨、卓、乔”应用的范围较广，几乎可以修饰所有的性质形容词（性质形容词的重叠式除外），这几个程度副词修饰形容词大多构成形容词的比较级。

“血、囊”应用的范围有一定的限制，从意义的角度看，“血、囊”修饰的多是贬义形容词。例如：

血孬　血丑　血脏　血臭　血难看　血难受

囊苦　囊丑　囊脏　囊臭　囊膻　囊腻歪

形容词的最高级一般由形容词和副词词组共同构成形容词短语，沂南方言常见的表示最高程度的形容词短语有“太A了”、“再A不过了”、“再A没有了”、“没A起N/NVP的了”（“N”表示名词性词语，“VP”表示谓词性词语）。详见下表：

原级A	比较级				最高级			
	怪	亨	卓	乔	太A了	再A不过了	再A没有了	没A起N/NVP的了
厚	怪~	亨~	卓~	乔~	太~了	再~不过了	再~没有了	没~起…的了
粗	怪~	亨~	卓~	乔~	太~了	再~不过了	再~没有了	没~起…的了
悠	怪~	亨~	卓~	乔~	太~了	再~不过了	再~没有了	没~起…的了
能	怪~	亨~	卓~	乔~	太~了	再~不过了	再~没有了	没~起…的了
硬	怪~	亨~	卓~	乔~	太~了	再~不过了	再~没有了	没~起…的了
孬	怪~	亨~	卓~	乔~	太~了	再~不过了	再~没有了	没~起…的了
高	怪~	亨~	卓~	乔~	太~了	再~不过了	再~没有了	没~起…的了
矮	怪~	亨~	卓~	乔~	太~了	再~不过了	再~没有了	没~起…的了
湿	怪~	亨~	卓~	乔~	太~了	再~不过了	再~没有了	没~起…的了
香	怪~		卓~	乔~	太~了	再~不过了	再~没有了	没~起…的了
臭	怪~	亨~	卓~	乔~	太~了	再~不过了	再~没有了	没~起…的了

原级A	比较级				最高级			
	怪	享	卓	乔	太A了	再A不过了	再A没有了	没A起N/NP的了
烦	怪～	享～	卓～	乔～	太～了	再～不过了	再～没有了	没～起…的了
焦	怪～	享～	卓～	乔～	太～了	再～不过了	再～没有了	没～起…的了
粗苛	怪～	享～	卓～	乔～	太～了	再～不过了	再～没有了	没～起…的了
窝囊	怪～	享～	卓～	乔～	太～了	再～不过了	再～没有了	没～起…的了
猥囊	怪～	享～	卓～	乔～	太～了	再～不过了	再～没有了	没～起…的了
小心	怪～	享～	卓～	乔～	太～了	再～不过了	再～没有了	没～起…的了
气人	怪～	享～	卓～	乔～	太～了	再～不过了	再～没有了	没～起…的了
喜人	怪～	享～	卓～		太～了	再～不过了	再～没有了	
好看	怪～	享～	卓～	乔～	太～了	再～不过了	再～没有了	没～起…的了
难看	怪～	享～	卓～	乔～	太～了	再～不过了	再～没有了	没～起…的了
硬梆	怪～	享～	卓～		太～了	再～不过了	再～没有了	没～起…的了
平和	怪～	享～	卓～		太～了	再～不过了	再～没有了	没～起…的了
热闹	怪～	享～	卓～	乔～	太～了	再～不过了	再～没有了	没～起…的了

2. 用补语表示体验和感受的程度

在沂南方言中，表示身体体验和心理感受的形容词除了运用程度副词的修饰表达程度之外，还可以运用形容词后加补语的方式进行表达，形容词用“A”表示，补语用“C”表示，比较级为“A得C”，补语为“上”或“吭”（即“慌”的轻声弱读形式）；最高级有两种形式，一种是“AC”，补语为“死了、毁了、坏了”等，一种是“A得C”，补语为“要死”。具体情况见下表：

原级	比较级	最高级			
A	A得上/吭	A死了	A毁了	A坏了	A得要死
恣	恣得上	恣死了	恣毁了		恣得要死
喜	喜得上	喜死了	喜毁了	喜坏了	喜得要死
气	气得上	气死了	气毁了	气坏了	气得要死
烦	烦得上	烦死了			烦得要死
焦	焦得上	焦死了			焦得要死
憋	憋得上	憋死了	憋毁了	憋坏了	憋得要死
晒	晒得上	晒死了	晒毁了		晒得要死
烤	烤得上	烤死了	烤毁了		烤得要死
齁	齁得上	齁死了	齁毁了		齁得要死
丢	丢得上	丢死了	丢毁了		丢得要死
难受	难受得上	难受死了			难受得要死
窝囊	窝囊得上	窝囊死了	窝囊毁了	窝囊坏了	窝囊得要死
恶囊	恶囊得上	恶囊死了	恶囊毁了		恶囊得要死
恶心	恶心得上	恶心死了	恶心毁了		恶心得要死

3．强弱对应形容词的程度

在沂南方言中，强弱对应的形容词存在着不同的程度表示方法，如“大”与“小”、“胖”与“瘦”等。

A	比较级	最高级	A	比较级	最高级
强	XA	XAA	弱	YA(儿)	YA(儿)A(儿)
胖	楞胖	大胖胖	瘦	精瘦(儿)	精瘦(儿)瘦(儿)
肥	楞肥	大肥肥			

A	比较级	最高级	A	比较级	最高级
高	楞高	大高高	矮	精矮(儿)	精矮(儿)矮(儿)
宽	楞宽	大宽宽	窄	精窄	精窄窄
长	楞长	大长长	短	精短	精短短
远	楞远	大远远	近	精近	精近近
深	楞深	大深深	浅	精浅	精浅浅
沉	楞沉	大沉沉	轻	精轻	精轻轻
粗	楞粗	大粗粗	细	精细	精细细
厚	楞厚	大厚厚	薄	精薄	精薄(儿)薄(儿)
			稀	精稀	精稀稀

（五）几个有特定语义的短语结构

1．“V/A＋人”

“V/A＋人”是沂南方言固定的短语结构，意义分别为“使人V/A”或“使人感到V/A”。这种短语结构中的“V/A”可以是单音节动词或形容词，也可以是双音节动词或形容词。和一般意义上的述宾短语结构相同，但表达的语法关系和语法意义却不同。该结构作为带有使动用法的动宾结构，表达出来的语法意义是使人具有某种感受，多为人们不愿忍受的心理感受（“喜人”除外）。例如：

气人　　烦人　　恨人　　怕人　　喜人

愁人　　吓人　　冻人　　扎人　　火人

烙人　　烤人　　晒人　　齁人　　硌人

咬人　　挤人　　噎人　　丢人　　急人

习磨人　　烦气人　　爱将人　　窝囊人　　恶心人

从功能上看，该结构属于形容词性短语，可受程度副词修饰，在句中可做谓语，也可做补语。例如：

卓馋人　太气人　怪烦人　怪吓人

真享人说话或做事让他人感到不舒服

桌子上那一大碗炖猪肉卓馋人。

这孩子太气人了，一点儿也不听话！

宿舍楼头上一到星期五晚上就有人在那里跳舞，那个噪音听着怪烦人。

他那眼瞪着怪吓人。

听听他这话怎么说的吧，真享人！

2.“V不出（个）好V（儿）来”

“V不出（个）好V（儿）来”是沂南方言常见的表达否定意义的短语形式，其带有反问语气的形式为“还能V出（个）好V（儿）来”。这两种形式多用于评价或者预测他人或自己做事的困难程度甚至不可行性，用于评价或者预测自己时多为自嘲或自谦。这两种短语形式在句子中一般充当谓语。例如：

这么先进的东西给他用，怕是用不出个好用来。

就你那点脑子也炒股，还能炒出个好炒来？

这俩小冤家只要呆上块儿在一起就呆不出好呆来。

就他那熊脾气，管儿从来管不出好管来。

你叫他传话还能传出个好传来？

你也不看看他那毛躁劲儿，好车他也开不出个好开来。

他那牙口儿，好么儿好东西他也吃不出个好吃来。

3.“有＋某人＋V+的”

在沂南方言中，“有＋某人＋V＋的”是个带有局部否定意义的评论性短语形式，主要突出某人做某事的困难程度。常见的形式有“有他V的”、“有你V的”，有时也可以用“有我V的”。相当于普通话“够受的”等。例如：

他都仨小孩儿了？哼，有他受的！

筲掉井里了？井这么深，有他捞的！

这么多材料，她不找别人帮忙，就自己一个人整理？有她干的！

“有你V的”除了强调某人做事存在某种困难，有时还表现出一定的劝诫色彩。例如：

哎呀，伙计，这么多麦子你一霎儿半霎儿的能割完吗？歇儿歇儿着，有你割的！

看看吧，集上这么多人！先找埝儿地方玩儿玩儿去，有你买的！

你看看来了几个人了？先等等着，待霎儿有你干的！

你急什么？我先说完着！待霎儿有你说的！

哎哎，闪开闪开，看什么看？有你看的！

“有我V的”是对自我做事的否定性评价，除了强调客观的困难性之外，还有些自我解嘲、自我放松的意义。例如：

这么多事儿的，我看，今天有我干的了。

4. 中补短语

（1）可能补语“V+C+唠”（“V”为动词，“C”为补语）

沂南方言可能补语的短语形式是“VC唠”，其疑问形式为“VC唠啵”，否定形式和普通话的否定形式相同，即“V不C”。

①肯定形式

这个麻袋他扛动唠。他扛得动这个麻袋。

房子你买起唠。你买得起房子。

钱我掏出来唠。我掏得出来钱。

②否定形式（与普通话相同）

这个麻袋他扛不动。

房子你买不起。

钱我掏不出来。

③疑问形式

这个麻袋他扛动唠啵？他能不能扛动这个麻袋？

房子你买起唠啵？你能不能买得起房子？

钱我掏出来唠啵？我能不能掏得出来钱？

（2）处所补语

①“V＋唠/零音节＋处所词”

“V”后的“唠”相当于普通话的“在”（前面已有介绍，见第一章第三节“方言概况”）。介词“唠”快读时脱落为零音节。

下面的例句用介词“唠”和零音节意义完全相同：

一耳刮子打唠脸上了。

一耳刮子打○脸上了。

那就把瓶子放唠窗户台上吧。

那就把瓶子放○窗户台上吧。

②“V+处所词”

沂南方言中的处所补语短语还可以不用介词，动词后面紧跟处所词语。例如：

把麦子扛平房顶上吧。

把拖拉机开场边儿上卸车吧。

把豆子挑场当央儿里吧。

把盒子抬西屋里去。

（3）程度补语

①“A＋得上/得吭”

“A 得上”和“A 得吭”是“A 得慌”的自由变读形式。这种形式的短语用来表示高程度的负面心理感受或生理感觉。沂南方言这类常见的程度补语有：

累～	热～	渴～	饿～	憋～	使累～
闷～	冻～	冰～	疼～	气～	愁～
撑～	胀～	鼓～	盹～	睏～	烦～
操心～	窝囊～	烦恶～	痒痒～	麻秧～	胳躁～
刺挠～	挂牵～	惦记～	挂惦～	麻踷～	腻歪～

②“A＋得＋成什么样儿了”

用带有疑问代词的程度补语形式表达高程度的心理感受。例如：

你看看恁达达，都叫你气得成什么样儿了！

你也不帮大人干点儿活儿，大人都累成什么样儿了！

一听说小孩儿出了事儿，他都吓得成什么样儿了！

瞎丢了的东西又找回来了，把他恣得成什么样儿了！

5.“该＋VP＋的了”

在沂南方言中，“该 VP 的了”句式表达的意思是“到了该做某事儿的时候了”或含有祈使语气的“该做某事儿了”。“的了”读音为“[ti$^{53\text{-}35}$lɔ˙]”，用在动词或动宾短语之后，在句中起强调作用。例如：

该上山砍柴火的了。

该上井挑水的了。

该上学的了。

该吃饭的了。

该玩的了。

该吃的了。

这种句式还能够表达强烈的祈使语气，表现出说话者不耐烦甚至生气的态度。例如：

该上山砍柴火的了！该上山砍柴了！（你为什么还不去？）

该睡觉/睡的了。该睡觉了！（怎么还不睡觉？）

三 句式

（一）比较句

1．“N_1+比+N_2+VP”

这是官话方言最常见的比较句式，也是普通话的比较句式。“比”在沂南方言中发音为[pe/pi^{55}]。这种比较句的否定形式是“N_1+不＋比＋N_2＋VP”或者“N_1+没有＋N_2＋VP”。例如：

我比你高。　　我不比你高。我没有你高。

他比你能吃。　他不比你能吃。他没有你能吃。

2．“N_1+A+起＋N_2”

“N_1+A+起＋N_2”为肯定句式，如“大起……”、“强起……”、“快起……”、“重起……”等。这种比较句式的意义与“N_1+比+N_2+VP”式相同。例如：

在湖里平原地里修了路，强起修座大桥。

穿棉布衣裳强起穿化纤料子的。

冬吃萝卜夏吃姜，强起先生开药方儿。

没的时候帮一口儿，强起有的时候给一斗儿。

你看看这些人谁差起你？

你光说你赖你赖，需要大家伙里帮助。你就这点小病儿，你还赖起老朱啦？

都说小拥车慢，恁年轻的知不道哇，小拥车还慢起木车子啦。

可别说猪毛轻，猪毛还轻起羊毛啦？

其否定形式为“N_1+不＋A＋起＋N_2”。例如：

在湖里平原地里修了路，不强起修座大桥。

在湖里平原地里修了路，不赖起修座大桥。

我听说花儿学习成绩不孬起三子，是吧？

你先头里走着，你放心，走路我不慢起你。

3．“N_1+没＋A＋起＋N_2”

这种句式相当于“N_2+再＋A＋不过了”及“再+A+不过＋N_2了”，在于强调“N_2最A”。例如：

全班学生综合成绩没高起大伟的。大伟的成绩最高

大伟综合成绩再高不过了。

综合成绩再高不过大伟了。

城里晚上没亮起超市的。超市是最亮的

晚上超市再亮不过了。

晚上再亮不过超市了。

没孬起败项人说人坏话的了。说人坏话的人最差了

败项人再孬不过了。

再孬不过败项人的了。

4．“N_1＋赶/撵/比/顶/抵＋不上＋N_2＋VP/A”和“N_1＋不＋跟/赶/抵/撵/掩/如＋N_2＋VP/A”

这两种形式表达的意义相同。例如：

今们儿今天赶/撵/比/顶/抵不上夜来昨天热。

今们儿不跟/赶/抵/撵/掩/如夜来热。

（二）几种疑问句式

除了具有普通话疑问句的常见句式之外，沂南方言还有一些较有特色的疑问句式。

1.“VP＋啵”和“VP＋零音节＋啵”

“VP＋啵”是沂南方言一般疑问句的常见句式，相当于普通话的是非问句。从形式来看，零音节的有无是“VP＋啵”和“VP＋零音节＋啵”这两个疑问句式的不同所在。在实际的口语表达中，这两种句式也有不同的语义。没有零音节的疑问句式可以转换为普通话的是非问句的形式，针对整个问句来进行回答。有零音节的疑问句式可以转换为普通话的选择问句的形式，回答针对动词进行。句中的零音节用“○”代替（下同）。例如：

行啵？行吗？

好啵？好吗？好不好？

管啵？管吗？管不管？行不行？

管用啵？能用吗？能不能用？

吃饭啵？吃饭吗？

吃饭○啵？吃饭不吃饭？

你买台电视机啵？你买电视机吧？

你买台电视机○啵？你买不买台电视机？

2.“VP＋唠＋啵”和“VP＋零音节＋唠＋啵”

句式“VP+唠＋啵”表达疑问的意义，即询问是否要做某事，即是否有某种意愿。例如：

你吃唠啵？（疑问）你吃？

你吃饭唠啵？（疑问）你吃饭不吃饭？

你给小孩儿买兔子唠啵？（疑问）你给小孩儿买不买兔子？

行唠啵？（疑问）行吗？行不行？

好唠啵？（疑问）好吗？好不好？

管唠啵？（疑问）行吗？好吗？可以吗？

管用唠啵？（疑问）管用吗？能用吗？

“VP＋零音节＋唠＋啵”和当“VP”为动宾结构时的形式“V＋零音节＋宾语＋唠＋啵”含义不同，前者问是否要去做某事（问意愿），后者问是否已经做了某事（问经历）。例如：

你吃饭〇唠啵？你吃饭不吃饭？你是否要吃饭？

你吃〇唠啵？你吃过没有？你吃没吃？

你吃〇饭唠啵？你吃饭没吃饭？你吃过饭了没有？

你给小孩儿买兔子〇唠啵？

你给小孩儿买〇兔子唠啵？

另外，“A＋零音节＋唠＋啵”所表达的是询问已经完成或做好的某事的状态。例如：

行〇唠啵？行了吗？行了没有？

好〇唠啵？好了吗？好了没有？

管〇唠啵？可以了吗？好了没有？

管用〇唠啵？管用了吗？管用了没有？

3．“VP＋零音节（唠）＋没价”

“没价”读音为[mu˙tɕi˙]，相当于普通话的“没有”，询问是否已经完成某事或某事完成后的状态。如：

你吃饭〇（唠）没价？你吃饭了吗？你吃饭了没有？

你种玉黍〇（唠）没价？你种玉米了吗？你种玉米了没有？

车子修好〇（唠）没价？车子修好了吗？车子修好了没有？

屋盖起来〇（唠）没价？盖好房子了吗？盖好房子了没有？

价格涨〇上去（唠）没价？价格涨上去了吗？价格涨上去了没有？

好〇（唠）没价？好了吗？好了没有？

行〇（唠）没价？ 行了吗？行了没有？

（三）处置句

沂南方言的处置句主要指“把”字句，用“把”字引出受事并对受事加以处置。“把”在沂南方言中的读音分别为“[pɔ³¹]、[pɑ³¹]”，沂南方言“把”字句的意义和用法与普通话的“把”字句基本相同，但介词“把”还可以用“弄[nəŋ³¹]”、“□[mɔ³¹]”、“□[mɑ³¹]”、“捞”、“漫”等代替，意义不变。例如：

小孩儿知不道厉害，在玉黍地里蹿，玉黍叶子弄身上劙了一些杠杠子。玉米叶把身上划出了一道道血印儿。

他弄头给俺打破了。

谁弄我的车子骑去了，也不说一声？

他捞我的褂子洒上了墨水。

你捞书拿过来。

你漫作业怎么还没交上？你怎么还没把作业交上？

你漫鞋穿上。

（四）被动句

在沂南方言中，被动句除了用介词“被”引出施事或单用“被”字之外，主要运用介词“叫”引出施事的形式“受事＋叫＋施事(＋给)＋VP”。例如：

枪叫派出所（给）收去了。

酒叫我（给）喝光咧。

妮子的婚事叫她娘（给/给她）耽误了。

电线杆子都叫风（给）刮断了。

摩托车叫你（给）弄毁了。

这种句式中的受事还可以在施事的后面，用介词“把”引出，构成“叫＋施事＋把＋受事（＋给）＋VP了”格式。例如：

叫派出所把枪（给）收去了。枪被派出所收去了。

叫我把酒（给）喝光咧。酒被我喝光了。

叫她娘把妮子的婚事（给）耽误了。妮子的婚事被她娘耽误了。

都叫风把电线杆子（给）刮断了。电线杆被风刮断了。

叫你把摩托车（给）弄毁了。摩托车被你弄坏了。

（五）复句及其关联词

沂南方言复句的形式和多数关联词语与普通话基本相同。下面介绍几种和普通话不同的关联词语以及相关复句：

1.“一门(儿)……一门(儿)……”与“一末(儿)……一末(儿)……”

联合复句常用关联词语，表示并列关系，相当于普通话的“一边……一边……”，指同时做两种或两种以上的事情。这两个关联词语表达的意思一致，可以互相替换。例如：

这姊妹俩一门走路一门说话儿。一边走路一边说话

我好经常一门打字一门听音乐。一边打字一边听音乐

小孩儿一末吃饭一末玩儿玩具。一边吃饭一边玩玩具

2. “一展（眼）……一展（眼）……”与“一霎儿……一霎儿……”

联合复句关联词语，表示并列关系，相当于普通话的“一会儿……一会儿……”，指相继做两种或两种以上的事情。“一展眼……一展眼……”多指相隔的时间较短，“一展……一展……”可以指相隔较短的时间，也可以指相隔一定的时间段。“一霎儿……一霎儿……”指相隔的时间很短，有时带有一定的夸张意味。例如：

你一展（眼）看这本儿，一展（眼）又看那本儿，你到底看哪本儿的是？

小老鼠儿一展（眼）伸出头儿来了，一展（眼）又缩回去了。

校长一霎儿到这里去开会，一霎儿到那里去考察，找他可真是不容易。

3. “要不……要不……”

联合复句关联词语，表示选择关系，相当于普通话的“要么……要么……”和“或者……或者……”，可以指两项之间的选择，也可以指超过两项的选择，属于数者选一的不定选择关系。例如：

要不小王儿去，要不小李儿去。

要不小王儿去，要不小李儿去，要不他俩都去。

要不你写，要不我写，要不他写，要不老大写，反正咱四个人得有个写的，是不是？

4."不就……不就……"

联合复句关联词语，表示选择关系，相当于普通话的"不是……就是……"，属于二者选一的不定选择。例如：

不就你讲，不就老朱讲，恁俩商量商量吧。

不就下馆子，不就家走吃，你说上哪去吧？

5."除倒……（不说），还……"

联合复句关联词语，表示递进关系，相当于普通话的"不仅……还……"。沂南方言表示递进关系的关联词语还有"不光……还……"、"……还……"等。例如：

不光不会学习，还不会做人。

不光吃着，还要拿着。

除倒搭上了么儿东西（不说），还没赚着个好儿。

赔了钱不说，还给我丢了人！

6."就是/就算……也……"

偏正复句关联词语，表示假设关系。例如：

就是饿死，我也不吃这个小狼羔子的么儿东西！

就是我走，也不能叫你走！

就算砸锅卖铁，也不能叫小孩儿上不起学！

就算老脸不要，也得找他理论理论！

7."就是……还……"与"别看……还……"

偏正复句关联词语，表示转折关系，相当于普通话的"虽然……但是……"、"尽管……可是……"、"尽管……还……"。例如：

他就是年龄大了些，好歹还能适应工作。

今年就是收成不好，还能过得去。

别看他笨手笨脚，干活儿倒还怪勤力。

别看我没到现场，我比你还清楚。

8.“但只……就／也……”、“沾只……就／也……”和“是其……就／也……”、“叫……就……”

偏正复句关联词语，表示条件关系。“叫”是“只要”的合音。相当于普通话表示充足条件的关联词语“只要……就……”。例如：

老头子真够犟的，但只自己能干得了，就绝不麻烦人。

我但只有钱（的话），就借给你了。

你沾只动动脑子，就不会把事儿弄成这样儿吧？

他沾只努努力，也不会考不上学。

当爷娘的沾只能挣点钱，就不会问儿女要。

你是其努努力，就不会才考这几分儿！

是其懂点儿道理，也不会袖手旁观。

叫他再不改，就该挨揍！

叫你再胡出溜，逮着你我就捶你！

叫你再偷么儿，就叫人家揍扁了！

9.“只凡……就……”和“既凡……就……”

偏正复句关联词语，表示因果关系，相当于普通话的“既然……就……”。例如：

只凡决定了，就把它办好。

既凡决定了，就把它办好。

只凡来了，就不能叫你空手回去。

既凡来了，就不能叫你空手回去。

10.“抹了……（才）……”、“非……才……”

偏正复句关联词语，表示条件关系，相当于普通话的“除非……才……”。例如：

抹了我不见你，见你一回我就揍你一回，我叫你整天价在这里胡出溜！

你非给他买上坦克（玩具），他才不讹你了。

你非尽上最大的努力才叫我满意。

11.“要是……（的话），就……”、“搁……着……”、“……着……”、“自赶……早就……”

偏正复句关联词语，表示假设关系，相当于普通话的“如果……就……”，表示假设与结果一致。例如：

要是我早知道的话，这事儿也许就有点儿救手儿。

搁头二年着，摊子都给你砸了！

搁旁人着，不踹死你才怪！

明天你没事儿着，给我帮帮忙！

不是家里有事儿着，我早就来了。

自赶你走到，恐怕人家早就连碗都刷出来了！

自赶你到家，家里人怕是也许早就睡觉了！

第五章　语料记音

一　情景会话

tɑ^{55}tʃɔ$^{213-21}$xu˚

1. 打招　呼

甲："nə̃^{55}ɭə$^{31-55}$θɔ˙ŋɛ^{31}！"

"恁 二　嫂 唉!"

乙："ɛ^{31}！ȵi^{55}iəu^{55}ʃəŋ$^{53-35}$mə˙ʂɬer$^{31-55}$mɑ̃˙，θɑ̃$^{213-21}$ʃə̃˙tθɿ˙？"

"哎! 你 有　什　么事儿　嘎，三　姊子? "

甲："tɕi$^{213-21}$mer˙ȵi^{55}tɕ‘y^{31}kɑ̃^{55}tsi$^{53-35}$lɔ˙pə˙？"

"今　们儿你 去 赶 集　唠 啵? "

乙："uə^{55}pu$^{213-23}$tɕ‘y$^{31-55}$iɑ˙，iuə^{55}ʃəŋ$^{53-35}$mə˙ʂɬer^{31}ȵi^{55}

"我 不　去　啊，有 什　么 事儿 你

tsiəu^{31}ʃuə$^{213-21}$pə˙。"

就　说　啵。"

kɑ̃^{55}tsi^{53}

2. 赶 集

甲："uə^{55}tɕ‘y^{31}kɑ̃$^{55-21}$kə˙tsi^{53}，siɑ̃$^{213-23}$pɔ^{31}nə̃^{55}u^{55}ɕyŋ$^{213-21}$ti˙

"我 去　赶　个 集，先　把 恁 五 兄　弟

kə$^{213-23}$nə̃^{55}tɕiɑ$^{213-21}$li˙ȵi^{55}tɕi^{53}k‘ɑ̃$^{31-55}$i˙ʃɑŋ$^{55-21}$u/uə̃˙？"

搁　恁 家　里 你 给 看　一晌　午? "

乙："ɕiŋ$^{53-35}$ŋə˙，ȵi^{55}tɕ‘y$^{31-55}$pə˙。"

"行　啊，你 去　啵。"

甲："ȵi^{55}siaŋ^{55}mɛ^{55}trɛr^{55}mər$^{53-35}$lɔ˙pə˙？"

"你 想 买 点儿 么儿 唠啵 ？"

甲："tɕi^{53}uə^{55}ʂɔ$^{213-23}$liaŋ^{55}tɕia$^{31-55}$tθʅ˙ts'iŋ$^{213-23}$siã$^{31-55}$pə˙。"

"给我捎 两 架 子青 线 啵。"

乙："ɕiŋ^{53}。pu$^{213-23}$mɛ^{55}p'aŋ$^{53-35}$ti˙mər$^{53-35}$lɔ˙？"

"行 。不 买 旁 的么儿 唠？"

甲："pu$^{213-23}$mɛ$^{55-21}$lɔ˙。ȵi^{55}ma^{53}tθəu$^{55-21}$pə˙，t'iã$^{213-23}$

"不 买 唠。你麻 走 啵，天

pu$^{213-23}$tθɔ$^{55-21}$liə˙。"

不 早 咧。"

乙："ɕiŋ^{53}。"

"行。"

liəu$^{213-23}$mã$^{53-35}$sʅ˙

3. 遛 门 子串门

甲："ta^{31}θɔ$^{55-21}$tθʅ˙！"

"大嫂 子！"

乙："ɛ^{31}！"

"哎！"

甲："ŋã^{55}ta^{31}kə^{213}tɛ^{55}tɕia$^{213-21}$li˙mu$^{213-21}$tɕiə˙？"

"俺大哥待家 里没 价？"

乙："ʧ'ɥ$^{213-23}$mer$^{53-35}$lɔ˙uə˙。ȵi^{55}iəu^{55}ʃəŋ$^{53-35}$mə˙ʂɬer$^{31-55}$

"出 门儿 唠哇。你有 什 么 事儿

lə˙？"

啦？"

甲："t'ə^{55}ʃaŋ^{31}na$^{55-21}$tɕ'y˙lɔ˙？ŋã^{55}θã$^{213-21}$kə˙siaŋ^{55}kɛ^{31}

"他 上 哪 去 唠？俺 三 哥 想 盖

u^{213}，k‘ã$^{31-55}$lɔ˙miŋ^{53}t‘iã$^{213-21}$ti˙i$^{31-55}$tθɿ˙ʧ‘ʮ$^{213-23}$tsiã$^{55-21}$tɕyə˙，
屋，看 了 明 天 的日 子 出 践 脚，
tɕiɔ$^{31-55}$uə˙tɕi$^{53-35}$t‘ə˙tʂɔ$^{55-21}$tʂɔ˙iã^{53}paŋ$^{213-21}$paŋ˙mãr$^{53-35}$lɛ˙。”
叫 我 给 他 找 找 人 帮 帮 忙儿 唻。”

乙：“ɔ^{31}。t‘ə^{55}ʃaŋ^{31}ȵi$^{213-21}$tθɿ˙tɕiə˙tɕ‘y$^{31-55}$lɔ˙uə˙。tɕi$^{213-21}$
“噢。他 上 妮 子 家 去 唠 哇。今
mer˙ȵi$^{213-21}$tθɿ˙tɕiə˙siɔ^{55}xɛr^{53}tɕiɔ^{55}t‘əu$^{53-35}$uə˙。”
们儿 妮 子 家 小 孩儿 铰 头 哇。”

甲：“ɔ^{31}，ȵi$^{213-21}$tθɿ˙təu$^{213-23}$iəu^{55}siɔ^{55}xɛr$^{53-35}$lɔ˙uə˙，ʂɿ^{31}
“噢，妮 子 都 有 小 孩儿 唠 哇，是
nɾer/ȵiɾer$^{213-21}$lə˙xã$^{53-35}$ʂɿ˙θɾɔ$^{55-21}$uə˙？t‘ə^{55}ʃəŋ$^{53-35}$mə˙ʂɿ$^{53-35}$
妮儿 啦 还 是小儿 啊？她 什 么 时
xəu˙ʧ‘ʮ$^{213-21}$ti˙mə̃$^{53-35}$tθɿ˙？uə^{55}ʧə^{31}lɔ^{55}ʧ‘aŋ^{53}ʂɿ^{53}tɕiã^{213}
候 出 的 门 子？我 这 老 长 时 间
mu$^{213-23}$tɕia$^{213-21}$lɛ˙，uə^{55}xã^{53}ʧɿ$^{213-21}$pu˙tɔ$^{31-55}$lɛ˙。”
没 家 来，我 还 知 不 道 唻。”

乙：“ʃaŋ$^{31-55}$ȵiã˙ʧ‘uə̃$^{213-21}$ʃaŋ˙tθəu$^{55-21}$ti˙。ʂəŋ$^{213-21}$lɔ˙kə˙
“上 年 春 上 走 的。生 了 个
siɔ^{55}θɾɔr^{55}。”
小 小儿。”

甲：“na^{31}kuɛ^{31}ɕi$^{55-21}$iɔ˙，ʂã^{53}？”
“那 怪 喜 哟，嗲？”

乙：“k‘ə^{55}pu$^{213-23}$ʂɿ$^{31-55}$mã˙。”
“可不 是 嘎。”

甲：“ɕia^{31}uɛr^{55}ŋã^{55}ta^{31}kə^{213}tɕia$^{213-21}$lɛ˙pə˙？”
“下 晚儿 俺 大 哥 家 来 啵？”

乙："tɕiɑ²¹³⁻²¹lɛ˙。"
"家 来。"
甲："təŋ⁵⁵t'ə⁵⁵tɕiɑ²¹³⁻²¹lɛ˙tʃɔ˙，ȵi⁵⁵kã²¹³⁻²¹t'ə˙ʃuə²¹³⁻²¹i˙ʂɬə̃r²¹³
"等他家 来着，你跟 他说 一声儿
xã⁵³？"
啥？"
乙："ɕiŋ⁵³⁻³⁵ŋə˙，uə⁵⁵tɕi³¹⁻⁵⁵tʃɔ˙lɔ˙，ȵi⁵⁵fɑŋ³¹ʃã/siã²¹³⁻²¹pə˙。"
"行 啊，我记 着唠，你放 心 啵。"

uã³¹ʂɬer³¹
4. 问事儿

"ts'iã⁵³prɛr²¹³tʃ'ʮ²¹³⁻²¹lɔ˙ʃəŋ⁵³⁻³⁵mə˙ʂɬer³¹⁻⁵⁵lə˙？""tʃ'ʮ²¹³⁻²¹
"前 边儿 出 了什 么事儿 啦？""出
lɔ˙tʃ'ə²¹³⁻²³xuə³¹。""tθəŋ⁵⁵⁻²¹mu˙ti˙？""siɔ⁵⁵tʂ'ɬər²¹³tθuã²¹³⁻²³
了车 祸。" "怎 么 的？" "小车儿 钻
tɑ³¹tʃ'ə²¹³tiŋ³¹ti⁵⁵⁻²¹ɕiə˙tɕy³¹⁻⁵⁵lɔ˙。""iã⁵³tʂuŋ³¹⁻⁵⁵lɔ˙pə˙？""kəu³¹
大车 腚底 下去 了。""严 重 唠啵？""够
ts'iɑŋ³¹⁻⁵⁵ti˙！t'əu⁵³p'i⁵³təu²¹³⁻²³mɑ²¹³⁻²³kuɑŋ²¹³⁻²¹lɔ˙！""nɑ³¹t'ə⁵⁵
呛 的！头皮都 抹 光 了！""那他
tθəŋ⁵⁵⁻²¹mu˙k'ɛ²¹³⁻²¹ti˙tʃ'ə²¹³？""tθəŋ⁵⁵⁻²¹mu˙k'ɛ²¹³⁻²¹ti˙？xã⁵³
怎 么开 的车？""怎 么开 的？还
pu²¹³⁻²³ʂʅ³¹xə²¹³⁻²³tsiəu⁵⁵xə²¹³⁻²³tuə²¹³⁻²¹lɔ˙，i²¹³⁻²¹mə˙k'ɛ²¹³⁻²¹tʃɔ˙
不 是喝 酒 喝 多 了，一 末 开 着
tʃ'ə²¹³tsiəu³¹tɑ⁵⁵tuã⁵⁵⁻²¹iə˙？""ȵi⁵⁵tθəŋ⁵⁵⁻²¹mu˙tʃʅ²¹³⁻²³tɔ³¹ʂʅ³¹
车 就 打盹 啊？""你 怎 么知 道是
xə²¹³⁻²¹ti˙tsiəu⁵⁵⁻²¹nã˙？""ȵi⁵⁵kə³¹⁻⁵⁵tɕ'y˙uã⁵³⁻³⁵i˙uã⁵³⁻³⁵tɕ'i˙！"
喝 的酒 呢？""你过 去 闻 一闻 去！"

“təu$^{213-23}$ʃuə^{213}xə$^{213-23}$ʦiəu^{55}u^{31}ʂɬer$^{31-55}$lɛ˙，ʧə^{31}pu$^{213-23}$ʂʅ^{31}

“都 说 喝 酒 误事儿 唻，这 不 是

xə$^{213-23}$ʦiəu^{55}iɔ^{31}miŋ$^{31-55}$mɑ̃˙！”“təu$^{213-23}$nɑ^{53}xə$^{213-23}$ʦiəu^{55}

喝 酒 要 命 嘎！”“都 拿 喝 酒

te$^{213-21}$lɔ˙ siɑ̃$^{213-23}$tɕ‘irer$^{31-55}$iɑŋ˙。xɔ^{55}tuŋ$^{213-21}$si˙iə^{53}pu$^{213-23}$k‘ə^{55}

得 了 仙 气儿 样。好 东 西 也 不 可

tuə$^{213-23}$yŋ$^{31-55}$ŋə˙！”

多 用 啊！”

suŋ^{31}ʧʮ$^{213-21}$mi˙

5. 送 粥 米

“uə^{55}ʃuə^{213}nə̃^{55}ɭə$^{31-55}$ʃə̃˙tθʅ˙，ȵi^{55}ʧə^{31}ʂʅ^{31}tθəu^{31}ʃəŋ$^{53-35}$mə˙

“我 说 恁 二 婶 子，你 这 是 做 什 么

tɕ‘i^{31}？”

去？”

“θuŋ^{31}ʧʮ$^{213-21}$mi˙tɕ‘i˙。”

“送 粥 米 去。”

“ʂe$^{53-35}$tɕiə˙iəu^{31}iəu$^{55-21}$lɔ˙siɔ^{55}xɛr$^{53-35}$liə˙？”

“谁 家 又 有 了 小 孩儿 咧？”

“ȵi$^{213-21}$tθʅ˙tə^{55}i^{53}ʦ‘iɑ̃$^{53-35}$iə˙ʧə^{31}pu^{213}tɕiɑŋ$^{213-23}$kə$^{213-21}$

“妮 子 她姨 前 夜 这 不 刚 搁

ɕiə˙lɔ˙。”

下 了。”

“θrɔr$^{55-21}$uə˙xɑ̃$^{53-35}$ʂʅ˙iɑ$^{213-21}$t‘rəur˙？”

“小儿 啊 还 是 丫 头儿？”

“i$^{213-23}$ɭə^{53}i$^{213-23}$kue/kuə̃$^{213-21}$ȵy˙。”

“一 儿一 闺 女。”

“iɔ^{31}! luŋ^{53}fəŋ^{31}t‘ɛ$^{213-21}$iə˙! nɑ^{31}k‘ə^{55}tʃə̃$^{213-23}$ɕi$^{213-21}$xɑ̃˙!”
“哟！龙凤胎呀！那可真稀罕！”

“ʂe^{53}ʃuə^{213}pu$^{213-23}$ʂʅ$^{31-55}$lɛ˙!”
“谁说不是唻！”

二 儿歌

siɔ^{55}lɔ$^{55-21}$tʂ‘ɬur˙，p‘ɑ^{53}tʂ‘uɑŋ$^{213-21}$xu˙t‘ɛ^{53}

1. 小老鼠儿，爬窗户台

siɔ^{55}lɔ$^{55-21}$tʂ‘ɬur˙，p‘ɑ^{53}tʂ‘uɑŋ$^{213-21}$xu˙t‘ɛ^{53}，t‘əu$^{213-23}$iəu^{53}
小老鼠儿，爬窗户台，偷油
tʃ‘ʅ^{213}，ɕiɑ$^{31-55}$pu˙lɛ^{53}。
吃，下不来。

tɑ^{31}tu$^{31-55}$tθʅ˙，uɛ$^{213-23}$ləu$^{55-21}$tθʅ˙

2. 大肚子，歪篓子

tɑ^{31}tu$^{31-55}$tθʅ˙，uɛ$^{213-23}$ləu$^{55-21}$tθʅ˙，kə̃$^{213-23}$xɑ$^{53-35}$mə˙t‘əu$^{53-35}$
大肚子，歪篓子，跟蛤蟆头
tθʅ˙liɑŋ^{55}k‘əu$^{55-21}$tθʅ˙。
子两口子。

tu$^{31-55}$tθʅ˙t‘əŋ^{53}，tʂɔ^{55}lɔ^{55}iŋ^{53}

3. 肚子疼，找老营

tu$^{31-55}$tθʅ˙t‘əŋ^{53}，tʂɔ^{55}lɔ^{55}iŋ^{53}；lɔ^{55}iŋ^{53}pu$^{213-23}$tɛ^{55}tɕiɑ^{213}，
肚子疼，找老营；老营不待家，
tʂɔ^{55}lɔ^{55}pɑ^{213}，lɔ^{55}pɑ^{213}tɛ^{55}tɕiɑ$^{213-21}$li˙mə^{53}tɔ$^{213-21}$tθʅ˙，tɑ̃$^{213-23}$
找老八，老八待家里磨刀子，单
kɑ$^{213-23}$ȵi$^{55-21}$ti˙ʂʅ^{55}pɔ$^{213-21}$tθʅ˙。
割你的屎包子。

tʂɑ^{53}kuər$^{55-21}$kuər˙

4. 炸 馃儿 馃儿

tʂɑ^{53}, tʂɑ^{53}, tʂɑ^{53}kuər$^{55-21}$kuər˙, iɔ$^{213-21}$li˙iɔ$^{213-21}$li˙xuɑ$^{213-23}$

炸，炸，炸馃儿 馃儿，腰 里腰 里花

tɾuər$^{55-21}$tɾuər˙。fã^{55}k‘ɛ^{213}tʃəŋ^{31} k‘ɛ^{213}, iɑ$^{213-21}$iɑ˙xu$^{53-35}$ʅur˙

朵儿 朵儿。反 开 正 开，丫 丫葫 芦儿

k‘ɛ$^{213-23}$k‘ɛ^{213}。

开 开。

siɔ^{55}pe^{53}tɕiɾer^{213}, tɕi$^{213-23}$kɑr$^{53-35}$kɑr˙

5. 小 白 鸡儿，叽 嘎儿 嘎儿

siɔ^{55}pe^{53}tɕiɾer^{213},tɕi$^{213-23}$kɑr$^{53-35}$kɑr˙, tɑ^{55}siɔ^{55}tɛ^{55}t‘ə^{55}lɔ$^{55-21}$

小白鸡儿，叽 嘎儿 嘎儿，打小 待她姥

ȵiɑŋ˙tɕiə˙。t‘ə^{55}lɔ$^{55-21}$ȵiɑŋ˙tɕi$^{53-35}$t‘ə˙xɔ^{55}fã^{31}tʃ‘ʅ^{213}, t‘ə^{55}tɕiã$^{31-55}$

娘 家。她姥 娘 给 她好饭吃，她妗

tθʅ˙tɕi$^{53-35}$t‘ə˙iã$^{213-21}$fə̃˙tʂ‘ɑ^{53}。i$^{213-23}$tʂ‘ɑ^{53}tʂ‘ɑ$^{53-35}$tɔ˙ʃʅ^{53}

子给 她胭 粉搽。一 搽 搽 到十

ts‘i$^{213-23}$pɑ^{213}, tɑ^{31}tɕiəu^{31} ɭə^{31}tɕiəu^{31}tʂɔ^{55} p‘ə$^{53-35}$tɕiə˙。tʂɔ^{55}nɑ$^{55-21}$

七 八，大舅二舅找婆 家。找哪

li˙? tʂɔ$^{55-21}$tɔ˙xə^{53}nã^{53}tɑ^{31}kuɛr$^{213-21}$tɕiə˙, iə^{53}iəu^{55}ləu^{53}iə^{53}iəu^{55}

里？找 到河南大官儿 家，也有楼也有

uɑ^{55}, iə^{53}iəu^{55}tɑ^{31}tʃ‘ə$^{213-23}$kuə^{31}ȵiɑŋ$^{53-35}$tɕiə˙, iə^{53}iəu^{55}siɔ^{55}

瓦，也有大车 过娘 家，也有小

tʂ‘ɬər$^{213-23}$fɑŋ^{55}ȵiã$^{53-35}$xuə˙。ʂe^{53}lɛ^{53}pã^{213}? kə$^{213-23}$lɛ^{53}pã^{213}。siɔ^{55}

车儿 纺棉 花。谁来搬？哥 来搬。小

iɑ$^{213-23}$xuɛr^{53}, pɔ^{31}xuŋ^{53}tʂɬɛr^{213}, uã$^{31-55}$uã˙nɛ$^{55-21}$nɛ˙kuə^{31}tɕi^{55}

丫 环儿，抱红毡儿，问 问奶 奶过儿

t‘ɾɛr^{213}？nɛ$^{55-21}$nɛ˙ʃuə^{213}：t‘iã$^{213-23}$iəu^{31}tuã^{55}，lu^{31}iəu^{31}yã^{55}，tɕi$^{53-35}$
天儿？奶 奶 说： 天 又 短， 路 又 远， 给
t‘ə˙（ȵi˙）kə˙i$^{31-55}$tθʅ˙kuə^{31}pã^{31}ȵiã^{53}！
她（你）个 日 子 过 半 年！

ʃʅ^{53}tθɾer^{55}kər^{213}

6. 拾子儿歌儿

lɔ$^{55-21}$kə˙（ku˙）tɑ$^{31-55}$iɑ˙，ʧə̃$^{213-23}$nã^{53}tʂuɑ$^{213-21}$iɑ˙，ɭə$^{31-55}$ʧ‘ʅ˙
老 个（古）大 呀，真 难 抓 呀，二 尺
pe$^{53-35}$liŋ˙，pu$^{213-23}$xuã^{53}tɕiɑ^{213}。kə$^{31-55}$ɭə˙yã$^{53-35}$ɭə^{31}θʅ^{213}，ɭə^{31}θʅ^{31}
白 绫，不 还 家。个 儿 圆 二 思， 二 四
liŋ$^{53-35}$iɑ˙，t‘ɔ$^{53-35}$xuɑ˙ʧ‘əŋ$^{53-35}$ŋɑ˙，t‘ɔ$^{53-35}$xuɑ˙i$^{213-23}$k‘ɛ^{213}，i$^{213-23}$
零 呀，桃 花 城 啊，桃 花 一 开， 一
mã^{31}xuŋ^{53}。θã$^{213-23}$θã$^{213-21}$iɑ˙，tɕiɛ^{55}θã$^{31-55}$iɑ˙，tɕiɛ$^{55-21}$θã˙xuɑŋ^{53}
漫 红。三 三 呀，解 散 呀，解 散 黄
xə^{53}，xe$^{213-21}$liɔ˙t‘iã^{213}。θʅ^{31}tɕiɑ$^{213-23}$li$^{55-21}$iɑ˙，nɑ$^{213-23}$ɕiɛ^{53}
河， 黑 了 天。 四 家 里 呀，纳 鞋
ti$^{55-21}$iɑ˙，i$^{213-23}$pã^{31}kɑŋ$^{213-23}$tʂɭer^{55}，ȵiã$^{55-21}$ʃɑŋ˙ȵi^{55}。u^{55}u$^{55-21}$iɑ˙，
底 呀，一 半 钢 指儿， 撵 上 你。五 五 呀，
təu$^{31-55}$fu˙iɑ˙，təu$^{31-55}$fu˙tiã^{55}tsiɑŋ^{213}，mɔ^{31}u$^{213-21}$ɭəur˙。liəu^{31}
豆 腐 呀，豆 腐 点 浆， 冒 呜 喽儿。六
liəu$^{31-55}$iɑ˙，siəu^{31}tɕ‘iəu$^{53-35}$iɑ˙，siəu$^{31-55}$tɕ‘iəu˙xə$^{53-35}$pɔr˙，liəu^{53}
六 呀，绣 球 呀，绣 球 荷 包儿，留
θue$^{31-55}$t‘ɾəur˙。ts‘i$^{213-23}$ts‘i$^{213-21}$iɑ˙，iɾɛr^{31}ts‘i$^{53-35}$iɑ˙，iɾɛr^{31}lɛ$^{53-35}$
穗 头儿。七 七 呀，燕儿 齐 呀，燕儿 来
tɔ˙xã$^{53-35}$ʃʅ˙。pɑ$^{213-23}$pɑ$^{213-21}$iɑ˙，ȵiəu^{53}lɑŋ$^{53-35}$iɑ˙，ȵiəu^{53}lɑŋ^{53}
到 寒 食。八 八 呀，牛 郎 呀，牛 郎

kuə^{31}xə^{53}, ɕia^{31}ta^{31}syə^{213}。tɕiəu^{55} tɕiəu$^{55-21}$ia˙, iaŋ^{53}liəu$^{55-21}$ia˙,
过 河，下 大 雪。 九 九 呀，杨 柳 呀，
iaŋ^{53}ʃɥ^{31}mɔ$^{53-35}$tθʅ˙, pu$^{213-23}$t‘ɛ^{53}t‘əu^{53}。ʃʅ^{53}ʃʅ$^{53-21}$ia˙, kã^{55}tsi$^{53-35}$
杨 树 毛 子，不 抬 头。十 十 呀，赶 集
ia˙, mɛ^{55}pa^{55}pə$^{213-21}$tθ‘ɛ˙, ŋɔ$^{213-23}$fə̃$^{55-21}$p‘i˙。
呀，买 把 菠 菜，爊 粉 皮。

i$^{213-23}$yã^{53}ɭə^{31}siəu^{31}, θã$^{213-23}$yã^{53}tuə^{31}ləu^{53}。tuə$^{31-55}$tʃ‘əŋ˙
一 圆 二 秀，三 圆 垛 楼。垛 成
ləu$^{53-35}$lɔ˙。i$^{213-23}$tʂ‘əŋ^{213}ɭə^{31} k‘a^{55}, θã$^{213-23}$ tʂ‘əŋ^{213}p‘ɔ^{31}ləu^{53}ta^{55}
楼 唠。一 撑 二 卡，三 撑 炮 楼 打
k‘a^{213}。
磕 。

三 谚语

1. tʃ‘ʅ$^{213-21}$pu˙tɕ‘yŋ^{53},xa/xə$^{213-21}$pu˙tɕ‘yŋ^{53}, θuã$^{31-55}$tɕi˙pu^{55}
吃 不 穷，喝 不 穷，算 计不
tɔ^{31}tsiəu^{31}ʃəu^{31}tɕ‘yŋ^{53}。
到 就 受 穷。

2. lã^{55}iə̃^{53}iəu^{55}lã^{55}fur^{213}, mi$^{53-35}$ʃə̃˙t‘ɛ^{213}tʃɥ^{31}ua$^{55-21}$u˙。
懒人 有 懒福儿，泥 神 胎 住 瓦 屋。

3. iə̃^{53}pu$^{213-23}$tɛ^{55}ʂʅ$^{53-35}$tɕ‘irer˙ li˙, xa/xə$^{213-23}$(k‘əu^{55})liaŋ^{53}
人不 待时 气儿 里，喝 (口) 凉
ʂɬuer^{55} təu^{213}θe$^{213-23}$ia^{53}。
水儿 都 塞 牙。

4. iə̃^{53}ʂəŋ^{213}θã$^{213-23}$tɕiã^{31}pɔ^{55}：tʃ‘əu^{55}ts‘i^{213}、pə^{53}ti^{31}、p‘ə^{31}
人 生 三 件 宝：丑 妻、薄 地、破

miã^{53}ŋɔ^{55}。
棉 袄。

5. kuɑ$^{213-23}$kuər^{55}li^{53}tθrɔr^{55}，ʃe^{53}tɕiã$^{31-55}$lɔ˙ʂe^{53}iɔ^{55}。
瓜 果儿梨 枣儿，谁 见 了 谁 咬。

6. nã$^{53-35}$iə̃˙ʂʅ^{31}ləu^{53}ts'iã^{53}p'ɑr^{53}，ȵy$^{55-21}$iə̃˙ʂʅ^{31}tθ'uə̃^{53}
男 人是 搂 钱 笸儿，女 人 是 存
ts'iã^{53}ɕirɑr^{53}。
钱 匣儿。

7. θã$^{213-23}$tʃ'uə̃^{213}pu$^{213-23}$y^{53}i$^{213-23}$ts'iəu$^{213-23}$mɑŋ^{53}。
三 春 不 如一 秋 忙。

8. tθi$^{31-55}$tɕi˙ti˙p'ɑ$^{53-35}$tθʅ˙ʃɑŋ^{31}tʂ'ɛ$^{53-35}$xu˙。
自 己的 笸 子 上 柴 火。

9. tθɔ^{55}pɑ$^{213-21}$tɕiə˙, uã^{55}tθ'uŋ/ts'yŋ$^{53-35}$yŋ˙。
早 巴 结，晚 从 容。

10. tuŋ$^{213-23}$tsiɑŋ^{31}u$^{31-55}$ləu˙si$^{213-23}$tsiɑŋ^{31}y^{55}, pe$^{213-23}$tsiɑŋ^{31}
东 虹 雾 露 西 虹 雨，北 虹
k'ɑŋ^{31} tɑ^{31}tɔ^{213}, nã^{53}tsiɑŋ^{31}mɛ^{31}ɭə^{53}ȵy^{55}。
扛 大 刀，南 虹 卖 儿 女。

11. ts'i$^{213-21}$yə˙ tθrɔr^{55}, pɑ$^{213-21}$yə˙ li^{53}, tɕiəu$^{55-21}$yə˙ti˙ʂʅ$^{31-55}$
七 月 枣儿，八 月 梨，九 月 的柿
tθʅ˙lã^{31} kã^{55} tsi^{53}。
子 乱 赶 集。

12. k'ã$^{55-21}$tɔ˙ʃɥ$^{53-35}$ʃɥ˙ɕiã$^{55-21}$tʃ'ɥ˙lɑŋ^{53}.
砍 倒 秫 秫 显 出 狼。

13. ʂã$^{213-23}$nã^{53}kɛ^{55}siŋ^{31}nã^{53}i^{53}, tʃ'ʅ$^{213-23}$ʂʅ$^{55-21}$ti˙kəu^{55}li$^{53-35}$
山 难 改 性 难 移，吃 屎 的 狗 离

pu˙k‘ε^{213}ʃʮ^{53}tɕiε^{213}tθ‘uã^{53}。
不 开 秫 秸 攒。

14. t‘iə$^{213-23}$kuŋ$^{213-23}$tɕi^{213}pu$^{213-23}$pɑ^{53}mɔr^{53}，p‘i^{53}tʂə$^{31-55}$li˙
铁 公 鸡 不 拔 毛儿，皮 笊 篱
pu$^{213-23}$ləu^{31}t‘ãr^{213}。
不 漏 汤儿。

15. ȵiəu^{53}（ly^{53}）pu$^{213-23}$xə^{213}ʂue^{55}tɕiɑŋ^{31}ŋã$^{31-55}$pu˙ɕiɑ^{31}
牛 （驴）不 喝 水 犟 按 不 下
t‘əu$^{53-35}$tɕ‘y˙。
头 去。

16. tθʅ^{55}pu$^{213-23}$ɕiã^{53}mu^{55}ʧ‘əu^{55}，kəu^{55}pu$^{213-23}$ɕiã^{53}tɕiɑ$^{213-23}$
子 不 嫌 母 丑，狗 不 嫌 家
p‘ə̃^{53}。
贫。

17. kue/kuə̃$^{213-21}$ȵy˙ ʂʅ^{31}iə$^{213-21}$ti˙siɔ^{55}tsiəu^{55}xur^{53}，ȵiɑŋ$^{53-35}$
闺 女 是 爷 的小 酒 壶儿，娘
ti˙siɔ^{55}miã^{53}ŋɔr^{55}。
的小 棉 袄儿。

18. i$^{213-21}$kə˙ɭə$^{55-21}$pə˙tθʅ˙p‘e$^{213-21}$pu˙ɕiɑŋ^{55}，i$^{213-21}$kə˙iə̃^{55}
一 个 耳 巴 子 拍 不 响，一 个 人
tɑ$^{55-21}$pu˙liɔ^{55}ʧɑŋ^{31}。
打 不 了 仗。

19. pɑ$^{213-23}$tʂ‘ɬə̃r^{53}ʂu^{53}，ʃʅ^{53}tʂ‘ɬə̃r^{53}ʃəu^{213}；ʃʅ^{53}tʂ‘ɬə̃r^{53}ʂu^{53}，
八 成儿 熟，十 成儿 收；十 成儿 熟，
i$^{213-23}$pεr^{31}tiəu^{213}。
一 半儿 丢。

20. t‘ɔ^{53}θã^{213}ɕiŋ^{31}θɿ^{31}li^{53}u^{55}ȵiã^{53}，tθɔ$^{55-21}$ʃɥ˙taŋ$^{213-23}$
桃 三 杏 四 梨 五 年，枣 树 当
ȵiã^{53}tsiəu^{31}mɛ^{31}ts‘iã^{53}。
年 就 卖 钱。

21. tθɔ^{55}ua^{31}iã^{213}，uã^{55}ua^{31}ts‘iŋ^{53}，pã^{31}iə$^{31-55}$li˙ua^{31}tɕiɔ^{31}
早 呱 阴，晚 呱 晴，半 夜 里 鹞 叫
təŋ$^{55-21}$pu˙tɔ^{31} t‘iã$^{213-23}$miŋ^{53}。
等 不 到 天 明。

22. tuŋ$^{213-23}$ʧ‘ɿ$^{213-23}$luə$^{53-35}$pə˙ɕia^{31}ʧ‘ɿ$^{213-23}$tɕiaŋ^{213}，pu$^{213-23}$
冬 吃 萝 卜 夏 吃 姜，不
yŋ^{31}siã$^{213-21}$ʂəŋ˙k‘ɛ$^{213-23}$yə^{31}fãr^{213}。
用 先 生 开 药 方儿。

23. mu$^{53-35}$ti˙ʂɿ$^{53-35}$xəur˙tɕi$^{53-35}$i˙k‘əur^{55}，tɕ‘iaŋ$^{53-35}$tɕ‘i˙
没 的 时 候儿 给 一 口儿，强 起
iəu$^{55-21}$ti˙ʂɿ$^{53-35}$xəur˙tɕi$^{53-35}$i˙təu^{55}。
有 的 时 候儿 给 一 斗。

四 歇后语

1. piə$^{213-23}$ʧ‘ɿ^{213}ʃɥ$^{53-35}$ʃɥ˙——ʃuã^{31}kã$^{213-21}$tθɿ˙p‘a^{53}。
鳖 吃 秫 秫——顺 杆 子 爬。

2. si$^{213-21}$pe˙fəŋ^{213}kua$^{213-23}$tsi$^{53-35}$li˙——liã^{53}fəŋ^{213}tɛ^{31}
西 北 风 刮 蒺 藜——连 风 带
tθ‘ɾer^{31}。
刺 儿。

3. lɔ$^{55-21}$ʧ‘ɥ˙tiɔ$^{31-55}$ʧã/tsiã^{31}iəu^{53}kaŋ$^{213-21}$li˙——iəu^{53}
老 鼠 掉 进 油 缸 里——油

tθue^{55}xuɑ^{53}ʃə^{53}。

嘴滑舌。

4. ʂʅ$^{55-21}$k‘ə˙laŋ^{53}ʃuã$^{213-23}$piã$^{213-23}$ʂɔ$^{213-21}$ʃaŋ˙—— tʂʅ^{55}ʧʅ^{213}

屎壳螂拴鞭稍上——只知

t‘əŋ^{53}yə̃^{53}tɕia^{31}u^{31}，pu$^{213-23}$ʧʅ^{213}θʅ^{55}tθɛ^{31}iã^{55}ts‘iã^{53}。

腾云驾雾，不知死在眼前。

5. xuɑŋ$^{53-35}$ʧʮ˙laŋ$^{53-35}$tθʅ˙tsiaŋ$^{213-23}$siɔ^{55}lɔ$^{55-21}$ʧ‘ʮ˙——

黄鼠狼子将生小老鼠——

i$^{213-23}$uə^{213}pu$^{213-23}$y^{53}i$^{213-23}$uə^{213}。

一窝不如一窝。

6. uə̃$^{53-35}$tθʅ˙iɔ$^{55-21}$lɔ˙mi^{53}ʃə̃$^{53-35}$t‘ɛ˙——mu^{53}iə̃^{53}uer^{31}。

蚊子咬了泥神胎——没人味儿。

7. mi^{53}p‘u$^{53-35}$θɑ˙kuə^{31}xə^{53}—— tθʅ^{53}ʃə̃^{213}nã^{53}pɔ^{55}。

泥菩萨过河——自身难保。

8. θʅ^{55}xu$^{53-35}$t‘uŋ˙li˙ȵiã^{55}ʧʮ^{213}——ʧʅ^{53}lɛ^{53}ʧʅ^{53}tɕ‘y^{31}。

死胡同里撵猪——直来直去。

9. ts‘iəu$^{213-23}$t‘iã$^{213-21}$ti˙mɑ$^{55-21}$tʂɑ˙—— mu^{53}iəu^{55}tɕi^{55}t‘iã$^{213-21}$

秋天的蚂蚱——没有几天

ti˙pəŋ$^{31-55}$tə˙t‘rəur˙lɔ˙。

的蹦跶头儿了。

10. si$^{213-21}$kuɑ/kuə˙tiɔ$^{31-55}$ʧə̃/tsiə̃˙iəu^{53}ləu$^{55-21}$li˙—— iəu^{31}

西瓜掉进油篓里——又

yã^{53}iəu^{31}xuɑ^{53}。

圆又滑。

11. iɔ^{31}fã$^{31-55}$ti˙tɑ$^{55-21}$fɑ/fə˙iɔ^{31}fã$^{31-55}$ti˙——tɕ‘yŋ^{53}tue$^{31-55}$

要饭的打发要饭的——穷对

fu˙。

付。

12. t‘u^{55}ti^{31}lɔ$^{55-21}$iə˙lɑ$^{213-23}$tu$^{31-55}$tθɿ˙——ʃə̃$^{53-35}$tθ‘uã˙。

土地老 爷拉 肚 子——神 窜。

13. t‘u$^{213-21}$tθɿ˙kə̃$^{213-21}$ʧɔ˙yə$^{31-55}$liɑŋ˙tθəu^{55}——tʂã$^{213-23}$

秃 子跟 着月 亮 走——沾

kuɑŋ^{213}pu$^{213-23}$tɕyə^{213}。

光 不 觉。

14. iɔ^{31}fã$^{31-55}$ti˙ŋɑŋ^{55}si^{53}luŋ$^{53-35}$tθɿ˙——tɕ‘yŋ^{53}ʃɔ$^{213-23}$

要 饭 的 焆 席 笼 子——穷 烧

pɔ^{213}（ʃɔ$^{213-23}$tɕ‘yŋ$^{53-35}$pɔ˙/ʃɔ$^{213-23}$tɕ‘yŋ^{53}pɔ^{213}）。

包 （烧 穷 包）。

五 谜语

1. i$^{213-23}$prɛr$^{213-23}$yã^{55}，i$^{213-23}$prɛr$^{213-23}$iŋ^{31}；i$^{213-23}$prɛr$^{213-23}$

一 边儿 软，一 边儿 硬；一 边儿

pɑ$^{213-21}$ʧɔ，i$^{213-23}$prɛr$^{213-23}$nəŋ^{31}；pɑ$^{213-21}$ʧɔ˙fə̃r^{31}，uɑŋ^{31}li^{55}

扒 着，一 边儿 弄； 扒 着 缝儿，往 里

nəŋ^{31}；iɔ$^{55-21}$ʧɔ˙irɑr^{53}，uɑŋ^{31}uɛ^{31}pɑ^{53}。 pu^{31}k‘əu$^{31-55}$tθɿ˙

弄； 咬 着 牙儿，往 外 拔。（谜底：布 扣 子）

2. kɔ$^{213-21}$tɕiə˙təu^{53}，li$^{55-21}$tɕiə˙tɕyə^{213}ʧ‘ə̃$^{53-35}$tɕiə˙ti˙ɭə$^{55-21}$

高 家 头，李 家 脚， 陈 家 的耳

tɔ˙fã$^{213-23}$ŋã$^{213-21}$ʧə˙。 “kuə^{213}”tθɿ^{31}

朵反 安 着。（谜底：“郭” 字）

3. i$^{213-23}$trɛr^{55}i$^{213-23}$xə̃r^{31}ʧ‘ɑŋ^{53}，i$^{213-23}$p‘rər/p‘irər^{213}tɔ^{31}

一 点儿一 横儿 长，一 撇儿 到

nã^{53}liaŋ^{53}，ʃaŋ^{31}ʃʅ^{53}tue^{31}ɕia^{31}ʃʅ^{53}，i$^{31-55}$t‘əu˙tue^{31} yə$^{31-55}$liaŋ˙。
南 梁， 上 十 对 下十，日 头 对 月 亮。

"miɔ^{31}" tθʅ^{31}
（谜底："庙廟" 字）

4. i$^{213-23}$t‘ɾəur^{53}ta^{31}，i$^{213-23}$t‘ɾəur^{53}siɔ^{55}，li$^{55-21}$t‘əu˙tʃ‘əŋ$^{53-35}$
一 头儿 大，一 头儿 小，里 头 盛
lɔ˙kə˙θʅ^{55}iɔ$^{55-21}$iɔ˙。 ʂəŋ$^{213-21}$kuə˙
了个死咬咬。（谜底：生 椁棺材）

5. ɭə^{31}mu^{31}pu$^{213-23}$tʃ‘əŋ^{53}lə̃^{53}。 "siaŋ^{213}" tθʅ^{31}
二 木 不 成 林。（谜底："相" 字）

6. tu^{53}iã^{55}luŋ/lyŋ^{53}。 "ʂəŋ^{55}" tθʅ^{31}
独 眼 龙。（谜底："省" 字）

7. i$^{213-23}$tɕiã$^{213-23}$u^{213}t‘ə^{55}pu$^{213-23}$θuã^{31}ta^{31}，mã$^{31-55}$mã˙iəu$^{213-21}$
一 间 屋它不 算 大，慢 慢 悠
iəu˙lu$^{31-55}$ʃaŋ˙p‘a^{53}，i$^{213-23}$tʃɔ$^{213-23}$ʃəu^{55}t‘ə^{55}tsiəu^{31}t‘iŋ$^{53-35}$ɕiə˙，
悠 路 上 爬，一 招 手它 就 停 下，
iã^{53}tʃã/tsiã$^{31-55}$tɕ‘y˙t‘ə^{55}iəu^{31}tθəu$^{55-21}$liə˙ k‘ə^{31}tʃ‘ə^{213}
人 进 去 它 又 走 咧。（谜底：客 车）

六 故事

ta^{55}məŋ^{31}liaŋ^{53}ku^{31}

1. 打孟良崮

liəu^{31}lɔ^{55}t‘əu$^{53-35}$tθʅ˙tʃə^{31}pu^{213}mu$^{53-35}$lɔ˙ʃʅ$^{53-35}$lə˙ȵiã$^{53-35}$lɔ˙，
六 老 头 子 这 不 没 了十 来 年 了，
t‘ə^{55}ȵiã^{53}tɕ‘iŋ^{213}ʂʅ$^{53-35}$tɕiã˙taŋ$^{213-21}$kuə˙mã^{53}piŋ^{213}liã^{53}tʃaŋ^{55}，ta^{55}
他 年 轻 时 间 当 过 民 兵 连 长，打

məŋ^{31}liɑŋ^{53}ku^{31}ʂʅ$^{53-35}$tɕiã˙t‘ə^{55}tsiəu^{31}tɛ$^{31-55}$ʧɔ˙mə̃^{53}piŋ^{213}tɑ^{55}
孟 良 崮 时 间 他 就 带 着 民 兵 打
tθu^{55}tɕi^{213}。nɑ^{31} ʂʅ$^{53-35}$xəu˙tɕiɛ^{55}fɑŋ^{31}tɕyə̃^{213}tsiə$^{213-23}$liã^{53}ʧ‘ʅ$^{213-21}$
阻 击。那 时 候 解 放 军 接 连 吃
lɔ˙pɛ^{31}ʧɑŋ^{31}，tɕiɔ^{31}kuə^{55}mə̃^{53}tɑŋ^{55}tθ‘uŋ/ts‘yŋ^{53}nã^{53}prɛr/pirɛr^{213}
了败仗，叫 国 民 党 从 南 边儿
ȵiã$^{55-21}$kə˙lɛ˙，p‘ɔ$^{55-21}$ti˙nɛ^{31}kə˙liəu$^{31-55}$təu˙liɔ˙！iəu^{55}iə̃^{53}
撵 过来，跑 得那 个 遛 逗 了！有 人
ʃuə$^{213-23}$nɑ^{31}tɕiɔ^{31}tsiɑŋ$^{213-23}$tɕi^{31}tsiəu^{31}tɕi^{31}，tθã^{55}iə̃$^{53-35}$ti˙liɑŋ^{55}
说 那 叫 将 计 就 计，咱 人 的两
t‘iɔ^{53}t‘ue^{55}tθəŋ$^{55-21}$mu˙ʃuə$^{213-23}$iə^{53}p‘ɔ$^{55-21}$pu˙kə/kuə^{31}tɕ‘i^{31}
条 腿 怎 么说 也跑 不 过 汽
ʧ‘ə^{213} ku$^{55-21}$lu˙tθʅ˙，pɔ$^{31-55}$t‘ə˙iə̃$^{55-21}$tɔ˙ʂã$^{213-23}$li$^{55-21}$t‘əu˙，t‘ə^{55}
车 轱 辘子，把 他引 到山 里 头， 他
tsiəu^{31}mu^{53}/mu^{31}iəu^{55}u^{55}i$^{31-55}$tθʅ˙ʂʅ$^{55-21}$lɔ˙。təu$^{213-23}$ʃuə^{213}tsiɑŋ^{55}
就 没 有武艺 子使 了。都 说 蒋
tɕiɛ^{31}ʃʅ^{53}ɕi$^{55-21}$xuã˙kɔ^{55}ʃəŋ$^{53-35}$mə˙pɔ^{55}le^{55}ʧã^{31}ʃɥ^{53}，uɛr^{53}ʃəŋ$^{53-35}$
介 石喜 欢 搞 什 么堡 垒 战 术，玩儿什
mə˙t‘iə^{55}pi^{31}xə^{53}ue^{53}，siɑŋ^{55}pɔ^{31}xuɑ^{53}tuŋ^{213}iə^{55}ʧã^{31}tɕyə̃^{213}
么 铁 壁 合 围， 想 把 华 东 野 战 军
i$^{213-23}$xuər^{55}siɔ$^{213-23}$miə^{31}，nɑ^{31}ue^{31}k‘əur^{55}iə^{53}t‘ɛ$^{213-23}$tɑ$^{31-55}$lɔ˙！
一 伙儿 消 灭， 那 胃 口儿 也太 大 了！
xə$^{53-35}$ʧɔ˙tsiɑŋ^{55}tɕiɛ^{31}ʃʅ$^{53-35}$ti˙θuã$^{31-55}$p‘ã˙tɑ$^{55-21}$ti˙pu$^{213-23}$tθ‘uə^{31}，
合 着 蒋 介石 的算 盘 打 得不 错 ，
tʂʅ^{55}pu$^{213-23}$kuə^{31}t‘ə$^{55-21}$ti˙pu^{31}ɕiɑ^{31}pu$^{213-23}$ŋã^{31}ʧɔ^{31}t‘ə$^{55-21}$ti˙tɕi^{31}
只 不 过 他 的 部 下 不 按 照 他 的 计

xuɑ^{31}lɛ^{53}。ʧɑŋ$^{213-23}$liŋ^{53}p‘u^{55}iɑŋ$^{55-21}$ʧɑŋ˙ʧɔ˙fe$^{213-23}$tɕi^{213}、tɑ^{31}
划 来。张 灵 甫 仰 仗 着 飞 机、大

p‘ɔ^{31}、tɕ‘i^{31}ʧ‘ə^{213}，tuã^{31} ʧ‘ə̃^{53}i^{53}iə^{53}tuã$^{31-55}$ti˙t‘ɛ$^{213-23}$k‘uɛ$^{31-55}$lɔ˙，
炮、汽 车，□追 陈 毅 也 □ 得 太 快 了，

iə̃$^{53-35}$tɕiə˙tθ‘ɛ^{53}uɑŋ$^{31-55}$li˙kã$^{55-21}$lɔ˙θã$^{213-23}$u^{55}pu^{31}，t‘ə^{55}tsiəu^{31}
人 家 才 往 里 赶 了 三 五 步，他 就

kã$^{55-21}$lɔ˙pɑ$^{213-23}$tɕiəu^{55}pu$^{31-55}$lɔ˙，i$^{213-23}$ ɕiɑ$^{31-55}$tθɿ˙tsiəu^{31}pe^{55}
赶 了 八 九 步 了，一 下 子 就 比

iə̃$^{53-35}$tɕiə˙t‘u^{213}ʧ‘ɥ$^{213-21}$ʧ‘ɥ˙lɛ˙lɔ˙。ȵi^{55}ʃuə^{213}t‘ə^{55}tuã^{31}iə̃^{53}t‘ə^{55}
人 家 突 出 出 来 了。你 说 他 □追 人 他

kə̃$^{213-21}$ʧɥ˙lɔ˙iə^{53}ɕiŋ$^{53-35}$ŋɛ˙，t‘ə^{55}tθ‘uŋ/ts‘yŋ^{53}tɕiɑŋ$^{213-23}$θu^{213}
跟 住 了 也 行 哎，他 从 江 苏

liã^{53}ʂue^{55}tɑ$^{55-21}$tɔ˙tθã^{55}lɛ$^{53-35}$u˙，iəu^{31}tɑ$^{55-21}$tɔ˙ʃə̃/siə̃$^{213-21}$t‘ɛ˙，
涟 水 打 到 咱 莱 芜，又 打 到 新 泰，

t‘ə^{55}tuã$^{31-55}$ʧɔ˙tuã$^{31-55}$ʧɔ˙tsiəu^{31}pu$^{213-23}$tɕiã^{31}iə̃$^{53-35}$lɔ˙。tʂɔ$^{55-21}$pu˙
他 □ 着 □ 着 就 不 见 人 了。找 不

tʂuə^{53}iə̃$^{53-35}$lɔ˙，ʧɑŋ$^{213-23}$liŋ^{53}p‘u^{55}tsiəu^{31}ʃɑŋ$^{31-55}$lɔ˙məŋ^{31}liɑŋ^{53}
着 人 了，张 灵 甫 就 上 了 孟 良

ku$^{31-55}$lɔ˙，nɛ$^{31-55}$kə˙fe$^{213-23}$tɕi$^{213-21}$iə˙tsiəu^{31}tɛ^{55}t‘iã$^{213-21}$ʃɑŋ˙
崮 了，那 个 飞 机 呀 就 待 天 上

ʧuã$^{31-55}$iəu˙lɛ^{53}ʧuã$^{31-55}$iəu˙tɕ‘y^{31}，tsiəu^{31}kə̃$^{213-23}$siɔ^{55}iɔ$^{31-55}$tθɿ˙tɛ^{55}
转 悠 来 转 悠 去，就 跟 小 鹞 子 在

t‘iã$^{213-21}$ʃɑŋ˙tʂɔ^{55} t‘u$^{31-55}$tθɿ˙ʂʅ˙ti˙。tɕiɛ^{55}fɑŋ^{31}tɕyə̃^{213}k‘ə^{55}təu$^{213-23}$
天 上 找 兔 子 似 的。解 放 军 可 都

ʂʅ^{31}t‘u$^{31-55}$tθɿ˙t‘ue^{55}，ʧɑŋ$^{213-23}$liŋ^{53}p‘u^{55}ti˙fe$^{213-23}$tɕi^{213}pe^{53}t‘iã^{213}
是 兔 子 腿，张 灵 甫 的 飞 机 白 天

təu$^{213-21}$tɔ˙ɭə$^{31-55}$pe˙li^{55}tɑ$^{31-55}$ti˙tɕ‘yã$^{213-21}$tθʅ˙təu$^{213-23}$ʧɔ$^{55-21}$pu˙

兜 到二 百里大 的圈 子 都 找 不

tʂuə^{53}iə̃^{53}，i$^{213-23}$uã$^{55-21}$ʃɑŋ˙ti˙kuŋ$^{213-21}$fu˙，tθɔ$^{55-21}$ʃə̃˙tɕ‘i$^{55-21}$lɛ˙

着 人，一 晚 上 的功 夫，早 晨起 来

t‘iã$^{213-23}$tɕiɑŋ$^{213-23}$u$^{31-55}$ləu˙mirə̃r^{53},ʦiəu^{31}pɔ^{31}ʧɑŋ$^{213-23}$liŋ^{53}

天 刚 雾 露 明儿，就 把 张 灵

p‘u^{55}ue^{53}ʂã$^{213-21}$ʃɑŋ˙lɔ˙。

甫 围 山 上 了。

t‘iã$^{213-23}$i$^{213-23}$miŋ^{53},ʧɑŋ^{31}ʦiəu^{31}k‘ɛ$^{213-23}$ʂʅ^{55}tɑ$^{55-21}$lɔ˙。tɕiɛ^{55}

天 一 明，仗 就 开 始打 了。解

fɑŋ^{31}tɕyə̃^{213}ue$^{53-35}$ʧɔ˙məŋ^{31}liɑŋ^{53}ku^{31}ʦiəu^{31}kə̃^{213}pɔ$^{213-231}$

放 军 围 着 孟 良 崮 就 跟 包

tθuŋ/tsyŋ$^{31-55}$tθʅ˙ʂʅ˙ti˙，i$^{213-23}$ɕirə̃r/tθ‘rə̃r^{53}i$^{213-23}$ɕirə̃r/tθ‘rə̃r^{53}

粽 子似的，一 层儿 一 层儿

iəu^{31}i$^{213-23}$ɕirə̃r/tθ‘rə̃r^{53}。ȵi^{55}ʃuə^{213}ʧ‘ə̃^{53}i^{53}iə^{53}ʧə̃$^{213-23}$kəu^{31}

又 一 层儿。 你 说 陈 毅 也 真 够

tɑ^{31}tã$^{55-21}$ti˙，pɔ^{31}tʂʅ^{55}xue$^{213-23}$pu^{31}ŋã$^{213-23}$tuə$^{31-55}$tʂɬuãr˙，ʦiəu^{31}

大胆 的，把 指 挥 部 安 垛 庄儿，就

tɛ^{55}ʧɑŋ$^{213-23}$liŋ^{53}p‘u$^{55-21}$ti˙pi$^{53-35}$tθʅ˙ti$^{55-21}$ɕiə˙，tθuə^{31}ʧə̃^{31}tʂʅ$^{55-21}$

待张 灵 甫 的鼻 子 底 下，坐 镇 指

xue˙tɑ^{55}ʧɑŋ^{31}。ʧə^{31}prɛr/pirɛr^{213}kuŋ$^{213-23}$tɑ^{55}məŋ^{31}liɑŋ^{53}ku^{31}，

挥 打 仗。这 边儿 攻 打 孟 良 崮，

uɛ$^{31-55}$t‘əu˙iəu^{31}pu$^{31-55}$lɔ˙θã$^{213-23}$tɔ^{31}tθu^{55}tɕi^{213}siã^{31}tɑ^{55}tθu^{55}tɕi^{213}。

外 头 又 布 了 三 道 阻 击 线 打 阻 击。

nɛ$^{31-55}$kə˙ʧɑŋ^{31}tɑ$^{55-21}$ti˙nɛ$^{31-55}$kə ɕyŋ$^{213-21}$ŋɔ˙，nɛ$^{31-55}$kə˙tɕi$^{213-21}$

那 个 仗 打 得那 个 凶 噢，那 个 机

kuã˙ts‘iaŋ^{213}ɕiaŋ$^{55-21}$tɕ‘i˙lɛ˙tsiəu^{31}kə̃$^{213-23}$tθã^{55}faŋ^{31}siɔ^{55}p‘ɔ$^{31-55}$

关 枪 响 起来就 跟 咱放小炮

tʂɬə̃r˙ʂʅ˙ti˙，lɔ^{55}yã^{55}tsiəu^{31}t‘iŋ$^{213-21}$ʧɔ˙lɔ˙。nɛ$^{31-55}$kə˙ʧaŋ^{31}ʂʅ^{31}

仗儿似的，老远 就 听 着了。那 个 仗是

xe$^{213-23}$pe$^{53-35}$ti˙ta$^{55-21}$iə˙，uã$^{55-21}$ʃaŋ˙nɛ^{31}kə˙ʧɔ^{31}miŋ^{53}tã^{31}i$^{213-21}$

黑 白 地打 呀，晚 上 那个照 明 弹一

kə˙tɕiə̃$^{31-55}$ti˙uaŋ^{31}t‘iã$^{213-21}$ʃaŋ˙ta^{55}，ʧɔ$^{31-55}$ti˙tsiəu^{31}kə̃^{213}pe^{53}

个 劲 地 往 天 上 打，照 得 就 跟 白

t‘iã$^{213-21}$ʂʅ˙ti˙。tɕiɛ^{55}faŋ^{31}tɕyə̃^{213}kuŋ$^{213-23}$ʂã$^{213-23}$t‘rəur^{53}k‘ə^{55}

天 似的。解 放 军 攻 山 头儿 可

tsiəu^{31}kə̃$^{213-23}$ma$^{55-21}$i˙k‘ə̃^{55}ku$^{55-21}$t‘əu˙ʂʅ˙ti˙，fe^{31}nɛ$^{31-55}$kə˙lɔ^{55}

就 跟 蚂 蚁啃骨 头 似的，费 那 个老

pi$^{53-35}$tθʅ˙tɕiə̃$^{31-55}$lɔ˙，iə$^{53-35}$tɕi˙əkuə^{55}mə̃^{53}taŋ^{55}ʧaŋ$^{31-55}$ʧɔ˙me$^{55-21}$

鼻 子 劲 了，人 家 国 民 党 仗 着 美

kuə˙tɕi^{53}t‘ə$^{55-21}$ti˙u^{55}tɕ‘i^{31}，iəu^{31}ʧã$^{31-55}$ʧɔ˙kɔ$^{213-21}$ʧ‘ɥ˙，tθã^{55}

国 给 他 的武 器，又 占 着 高 处，咱

k‘ə^{55}ʂʅ^{31}ʧ‘ʅ$^{213-21}$lɔ˙ta$^{31-55}$k‘ue˙lɔ˙，tsiəu^{31}ʧã$^{31-55}$ʧɔ˙iə̃^{53}tuə^{213}

可 是 吃 了大 亏 了，就 占 着 人 多

tsiəu^{31}ʂʅ$^{31-55}$liɔ˙，kuŋ$^{213-21}$ɕiə˙i$^{213-23}$kə^{31}ʂã$^{213-23}$t‘rəur^{53}tsiəu^{31}

就 是 了，攻 下一 个 山 头儿 就

te^{55}θʅ^{55}nəŋ$^{31-55}$mu˙tuə$^{213-23}$iə̃^{53}，ɛ$^{213-21}$iɔ˙xɛ˙，ʧə̃$^{213-23}$ʂʅ^{31}ɕiə$^{213-23}$

得死那 么多 人，哎 哟嗨，真 是血

liəu^{53}ʧ‘əŋ^{53}xə$^{53-35}$iə˙，t‘aŋ$^{55-21}$ti˙tɔ$^{31-55}$ʧ‘ɥ˙təu$^{213-23}$ʂʅ^{31}。ȵi^{55}

流 成 河 呀，淌 得到 处 都 是。你

ʃuə$^{213-23}$tsiaŋ^{55}tɕiɛ^{31}ʃʅ^{53}iə^{53}kuɛ^{31}t‘iã$^{53-35}$xuã˙iə̃^{53}，ʧəŋ^{31}ta^{55}

说 蒋 介石也怪 填 欢人， 正 打

tʃaŋ$^{31-55}$ʂʅ˙tɕiã˙，t‘ə^{55}p‘ɛ^{31}fe$^{213-23}$tɕi^{213}tɕi$^{53-35}$tθã˙θuŋ^{31}tã^{31}yə^{31}、
仗 时 间，他 派 飞 机 给 咱 送 弹 药、
θuŋ^{31}mə$^{53-35}$mə˙，t‘ə^{55}fe$^{213-23}$tɕi^{213}pu$^{213-23}$ɕia$^{31-55}$lɛ˙，ʂʅ^{55}tɕiaŋ^{31}
送 馍 馍，他 飞 机 不 下 来，使 降
luə^{31}θã^{55}tɕi$^{53-35}$tθã˙ti$^{31-55}$ɕia˙lɛ˙。na^{31}mə$^{53-35}$mə˙təu^{213}xuaŋ$^{55-21}$
落 伞 给 咱 递 下 来。那 馍 馍 都 恍
xu˙iə^{31}，tɕiaŋ$^{213-23}$tʃəŋ$^{213-21}$tʃ‘ɥ˙lɛ˙ti˙，t‘əu^{31}ɕyrɛr$^{213-21}$lə˙，k‘ə^{55}
惚 热，刚 蒸 出 来 的，透 暄儿 啦，可
ʂəŋ^{55}tθã^{55}lɔ^{55}pe$^{213-23}$siŋ$^{31-55}$ti˙ʃã/siã$^{213-21}$liə˙。tʃaŋ^{213}liŋ^{53}p‘u^{55}
省 咱 老 百 姓 的 心 了。张 灵 甫
tɛ^{55}ʂã$^{213-21}$ʃaŋ˙k‘ə^{55}tsiəu^{31}k‘u$^{55-21}$lɔ/liɔ˙，mu$^{53-35}$ti˙tʃ‘ʅ^{213}，mu$^{53-35}$
待 山 上 可 就 苦 了，没 的 吃，没
ti˙xa/xə^{213}，t‘ə$^{55-21}$ti˙nɛ^{31}siə$^{213-23}$piŋ^{213}，ta$^{55-21}$tɔ˙mə^{31}ʅɔr^{55}，
的 喝，他 的 那 些 兵，打 到 末 了儿，
iəu$^{55-21}$ti˙ue$^{31-55}$lɔ˙tʃ‘ʅ$^{213-23}$mə$^{53-35}$mə˙，liɔ$^{213-21}$ɕiə˙ts‘iaŋ^{213}tsiəu^{31}
有 的 为 了 吃 馍 馍，撂 下 枪 就
pu$^{213-23}$kã$^{31-55}$lɔ˙。t‘ə^{55}tɔ^{31}ʂʅ^{31}siaŋ$^{55-21}$ti˙pu$^{213-23}$nɔ^{213}，siaŋ^{55}uɛr^{53}
不 干 了。他 倒 是 想 的 不 孬，想 玩儿
xuar^{213}，lɛ^{53}kə˙tʂuŋ$^{213-23}$ʃã/siã^{213}k‘ɛ$^{213-23}$xua^{213}，mu^{53}ʃã/siã$^{53-35}$
花儿，来 个 中 心 开 花，没 寻
θʅ˙tʃɔ˙tɕiɔ$^{31-55}$t‘ə˙nəŋ^{31}xua$^{213-21}$la˙lɔ˙，liã^{53}tθʅ^{55}tɕi$^{213-21}$ti˙siɔ^{55}
思 着 叫 他 弄 哗 啦 了，连 自 己 的 小
mirãr^{31}təu$^{213-23}$ta$^{213-21}$ʃaŋ˙lɔ˙。tʃə^{31}mər^{53}tsiəu^{31}kã$^{213-23}$iaŋ^{55}ɭə^{53}
命儿 都 搭 上 了。这 么儿 就 跟 养 儿
iaŋ^{55}kue/kuã$^{213-21}$n̢y˙ʂʅ˙ti˙，pu$^{213-23}$ʂʅ^{31}tθʅ^{55}tɕi^{213}tʃ‘ã/ts‘iã$^{213-23}$
养 闺 女 似 的，不 是 自 己 亲

ʂəŋ$^{213-21}$ti˙，kuã$^{55-21}$tθuŋ˙ʂʅ^{31}tʂ‘ɑ$^{213-23}$trɛr$^{55-21}$lə˙。tʃɑŋ$^{213-23}$liŋ^{53}
生 的，管 总 是 差 点儿 啦。张 灵

p‘u^{55}ʂʅ^{31}lɔ^{55}tsiɑŋ$^{55-21}$ti˙ti^{53}ɕi^{31}，kə$^{213-23}$fɑŋ^{213}mirɛr^{31}təu$^{213-23}$tɕi$^{53-35}$
甫是老蒋 的嫡系，各 方 面儿都 给

t‘ə˙p‘e$^{31-55}$ti˙ts‘yã$^{53-35}$xuã˙，pe^{55}nɛ^{31} siə^{53}tθɑ^{53}p‘ɛr^{53}tɕyə̃$^{213-23}$
他配得全 奂，比那些杂牌儿军

tɕ‘iɑŋ^{53}tuə$^{213-21}$lɔ˙。nɛ^{31}siə^{213}tθɑ^{53}p‘ɛr^{53}tɕyə̃^{213}tʃə̃/tsiə̃^{31}kuã^{55}iə^{53}
强 多 了。那些杂牌儿军 尽 管也

tʃə̃/tsiə̃^{31}kuŋ$^{213-21}$pɑ˙lɔ˙，k‘ə^{55}ʂʅ^{31}ʃə̃/siə̃^{213}pu$^{213-23}$ts‘i$^{53-35}$iə˙，tɕiɛ^{55}
进 攻 罢了，可是心 不 齐 呀，解

fɑŋ^{31}tɕyə̃^{213}tuə$^{213-21}$tuə˙ʃɔ$^{55-21}$ʃɔ˙ti˙tθ‘uŋ/ts‘yŋ^{53}tʃə^{31}li$^{55-21}$t‘əu˙iə^{53}
放军 多 多少 少地 从 这里头也

θuã^{31}ʂʅ^{31}tɕiã$^{55-21}$lɔ˙trɛr^{55}xɔ$^{55-21}$tʃ‘ɥ˙。ʂuə^{55}i^{55}tʃɥ^{55}li^{31}pu^{31}tue^{31}
算 是捡 了点儿好 处。所以主力部队

tɕ‘iɑŋ^{53}kuŋ^{213}məŋ^{31}liɑŋ^{53}ku^{31}tɑ$^{55-21}$lɔ˙liɑŋ^{55}t‘iã$^{213-23}$tuə^{213}，pu$^{213-23}$
强 攻 孟 良崮打 了两 天 多，不

tɔ^{31}θã$^{213-23}$t‘iã^{213}tsiəu^{31}nɑ$^{53-35}$ɕiɑ˙lɔ˙məŋ^{31}liɑŋ^{53}ku^{31}，pɔ^{31}tʃɑŋ$^{213-23}$
到三 天 就 拿 下了孟 良 崮，把张

liŋ^{53}p‘u^{55}pɔ$^{213-21}$lɔ˙pɔ$^{213-21}$ tθʅ˙，i$^{213-23}$kuər^{213} tʃɥ$^{55-21}$lɔ˙。tsiɑŋ^{55}
灵甫包 了包 子，一 锅儿 煮 了。蒋

tɕiɛ^{31}ʃʅ^{53}tu$^{213-23}$tθ‘u$^{213-21}$tʃɔ˙p‘ɑŋ$^{53-35}$ti˙tɕyə̃$^{213-23}$tue^{31}tɕiəu^{31}yã$^{53-35}$nə˙，
介石督 促 着旁 的军 队救 援 哪，

tʃə$^{31-55}$mər˙tɕyə̃$^{213-23}$liŋ^{31}ʂe^{53}kã^{55}pu$^{213-23}$t‘iŋ$^{213-21}$ŋə˙，xã^{53}te^{213}
这 么儿军 令谁敢不 听 啊，还得

tʃə̃/tsiə̃^{31}kuŋ$^{213-21}$ŋə˙，tɑ^{55}tθu^{55}tɕi^{213}tɑ$^{55-21}$ti˙iə^{53}tsiəu^{31}ɕiɑŋ^{53}fe^{31}
进 攻 啊，打阻击打 得也就 享费

tɕiã$^{31-55}$lɔ˙。xɔ^{55}tθɛ^{31}siɔ$^{213-23}$miə$^{31-55}$lɔ˙ʧaŋ$^{213-23}$liŋ^{53}p‘u^{55}，iə^{53}
劲了。好在消灭了张灵甫，也
tsiəu^{31}pu$^{213-23}$tθɛ^{31}yŋ^{31}ta^{55}tθu^{55}tɕi$^{213-21}$lɔ˙，ʧã^{31}ʧ‘aŋ^{55}iə^{53}lɛ$^{53-35}$
就不再用打阻击了，战场也来
pu˙tɕi^{53}xɔ$^{55-21}$ʃaŋ˙ta^{55}θɔ^{55}，tsiəu^{31}kã^{55}tɕiã^{55}ʧ‘ə$^{31-55}$lɔ˙。ʧə$^{31-55}$
不及好上打扫，就赶紧撤了。这
li˙i$^{213-23}$tθəu^{55}，kuə^{55}mã^{53}taŋ^{55}ta^{31}pu^{31}tue^{31}tsiəu^{31}xu$^{213-21}$xu˙
里一走，国民党大部队就呼呼
luŋ$^{53-35}$luŋ˙ti˙lɛ$^{53-35}$lɔ˙。ʧ‘ə̃^{53}i^{53}ʧə/ʧɛ^{31}i$^{213-23}$ʧaŋ^{31}tʂʅ$^{55-21}$xue˙
隆隆地来了。陈毅这一仗指挥
ti˙na^{31}ʧə̃$^{213-23}$ʂʅ^{31}，tɕiɔ^{31}ʃəŋ$^{53-35}$mə˙lã^{53}ue^{55}pu$^{213-23}$lã^{31}，ɕiã^{55}
得那真是，叫什么临危不乱，险
tʂuŋ^{213}tɕ‘iəu^{53}ʃəŋ$^{31-55}$ŋə˙。
中求胜啊。

tuã^{55}lu^{31}

2. 短路

nã^{53}ʃʅ$^{53-35}$mer˙nɛ^{31}i$^{213-23}$t‘iɔ^{53}ʂã$^{213-23}$y$^{31-55}$li˙iəu^{55}ʃʅ^{53}tɕi$^{55-21}$
南石门儿那一条山峪里有十几
kə˙tθ‘uə̃$^{213-23}$tʂɬuãr^{213}，nã^{53}ʃʅ$^{53-35}$mer˙ti˙lɔ^{55}ʧəu$^{213-21}$tɕiə˙iə̃^{53}
个村庄儿，南石门儿的老周家人
k‘əu^{55}pu$^{213-23}$θuã^{31}tuə^{213}，tã^{31}ʂʅ^{31}nã^{53}ȵy^{55}lɔ^{55}ʃɔ^{31}təu$^{213-23}$xue^{31}
口不算多，但是男女老少都会
tɕ‘yã^{53}，yã^{55}tɕiə̃^{31}uə̃^{53}miŋ^{53}。ʧ‘uã$^{53-35}$ti˙ɕyã$^{53-35}$xu˙ti˙，təu^{213}
拳，远近闻名。传得玄乎的，都
ʃuə^{213}lɔ^{55}ʧəu$^{213-21}$tɕiə˙ti˙kəu^{55}təu$^{213-23}$xue$^{31-55}$liaŋ˙ɕia$^{31-55}$tθʅ˙。
说老周家的狗都会两下子。

nã^{53}ʃʅ$^{53-35}$mer˙tɛ^{55}ʂuaŋ^{213}xəu$^{31-55}$ti˙nã^{53}prɛr^{213}，tsʻiŋ$^{213-23}$tʻuə$^{53-35}$
南石 门儿待双 堠 的南边儿，青 驼
ti˙si$^{213-23}$prɛr^{213}。nã^{53}ʃʅ$^{53-35}$mer˙ti˙iã^{53}iɔ^{31}ʂʅ^{31}kã^{55}ʂuaŋ$^{213-23}$
的西 边儿。南石 门儿的人要是赶双
xəu^{31}tsi^{53}，iã$^{53-35}$tʃɔ˙ʂã$^{213-23}$kəu$^{213-23}$tʃʻɥ$^{213-21}$lɛ˙tsiəu^{31}ɕiŋ$^{53-35}$lɔ˙，
堠集，沿着山 沟 出 来就行 了，
kʻə^{55}ʂʅ^{31}iɔ^{31}ʂʅ^{31}kã^{55}tsʻiŋ$^{213-23}$tʻuə^{53}tsi^{53}，tsiəu^{31}te^{213}fã$^{213-23}$
可是要是赶青 驼集，就得翻
kuə^{31}tuŋ$^{213-23}$prɛr$^{213-21}$ti˙ʂã^{213}。ʂã$^{213-23}$kəur^{55}na/nɛ^{31}xu˙nrɛr/ɳirɛr^{55}
过东 边儿 的山。山 口儿那乎埝儿
tuŋ$^{31-55}$pu˙tuŋ^{31}tsiəu^{31}iəu^{55} i$^{213-23}$xuə$^{55-21}$tθʅ˙tuã^{55}lu$^{31-55}$ti˙，tʃɛ^{31}
动 不动 就有一 伙 子短路 的，这
siə^{213}iã^{53}iə^{35}tʃʅ$^{213-21}$tɔ˙lɔ^{55}tʃəu$^{213-21}$tɕiə˙xue^{31}tɕyã^{53}，ʂuə^{55}i^{55}
些人也知 道老周 家会拳，所以
tuã^{55}lu^{31}ʂʅ^{53}iə^{53}uaŋ^{55}uaŋ^{55}xue^{31}uã$^{31-55}$ i˙uã^{31} “na$^{55-21}$li˙ti˙”，tθʅ^{55}
短路时也往 往会问 一问“哪 里的”，只
iɔ^{31}xue^{53}ta^{213}ʃuə$^{213-21}$ti˙pu$^{213-23}$ʂʅ^{31}nã^{53}ʃʅ$^{53-35}$mer˙，tsiəu^{31}liã^{53}
要回答说 的不 是南石门儿，就 连
tsʻiaŋ^{55}tɛ^{31}ta$^{55-21}$ti˙。
抢带打的。

tʃɛ^{31}i$^{213-23}$tʻiã^{213}iəu^{31}ʂʅ^{31}tsʻiŋ$^{213-23}$tʻuə^{53}tsi^{53}，tɔ^{31}ɕia^{31}uɛr^{55}
这一 天 又是青 驼集，到下晚儿
θã$^{213-23}$θʅ^{31}tiã$^{55-21}$ti˙ʂʅ$^{53-35}$xəu˙，kã^{55}tsi$^{53-35}$ti˙iə^{53}təu$^{213-23}$ly$^{213-21}$ly˙
三 四点 的时 候，赶集 的人都 陆 陆
sy$^{31-55}$sy˙ti˙uaŋ^{31}xue^{53}tθəu$^{55-21}$lɔ˙。iəu^{31}iəu^{55}i$^{213-23}$tɕʻyã^{53}tuã^{55}
续 续地往 回 走 了。又有一 群 短

lu$^{31-55}$ti˙tu$^{55-21}$tθɛ˙lɔ˙ʂã$^{213-23}$k‘əu^{55}tuŋ$^{213-23}$prɛr^{213}，lɛ$^{53-35}$i˙xuə$^{55-21}$

路 的堵 在 了山 口 东 边儿，来 一伙

tθʅ˙iã^{53}tsiəu^{31}uã^{31} “nɑ$^{55-21}$li˙ti˙”，xue^{53}tɑ^{213}ʃuə$^{213-23}$ʂʅ^{31} “nã^{53}

子 人 就 问 “哪 里 的”，回 答 说 是 “南

ʃʅ$^{53-35}$mer˙ti˙”，fɑŋ$^{31-55}$kə˙tɕ‘y$^{31-55}$lɔ˙；iəu^{31}lɛ$^{53-35}$i˙xuə$^{55-21}$tθʅ˙，

石 门儿的”，放 过 去 了；又 来 一 伙 子，

tθɛ^{31}uã^{31} “nɑ$^{55-21}$li˙ti˙”，iə^{53}ʃuə$^{213-23}$ʂʅ^{31} “nã^{53}ʃʅ$^{53-35}$mer˙ti˙”，

再 问 “哪 里 的”，也 说 是 “南 石 门儿的”，

iəu^{31}fɑŋ$^{31-55}$kə˙tɕ‘y$^{31-55}$lɔ˙；tθɛ^{31}lɛ$^{53-35}$i˙xuə$^{55-21}$tθʅ˙，tθɛ^{31}uã^{31}

又 放 过 去 了；再 来 一 伙 子，再 问

“nɑ$^{55-21}$li˙ ti˙”，xã^{53}ʃuə$^{213-23}$ʂʅ^{31}“nã^{53}ʃʅ$^{53-35}$mer˙ti˙”，iəu^{31}fɑŋ$^{31-55}$

“哪 里 的”，还 说 是 “南 石 门儿的”，又 放

kə˙tɕ‘y$^{31-55}$lɔ˙。ʧə^{31}iɑŋ^{31}kə$^{31-55}$tɕ‘y˙lɔ˙ts‘i$^{213-23}$pɑ$^{213-23}$xuər^{55}，

过 去 了。这 样 过 去 了 七 八 伙儿，

ʧɛ^{31}siə^{213}tuã^{55}lu$^{31-55}$ti˙k‘ã$^{31-55}$k‘ã˙t‘iã$^{213-23}$iə^{53}pu$^{213-23}$tɑ^{31}tθɔ$^{55-21}$

这 些 短 路 的 看 看 天 也 不 大 早

lɔ˙，ʃɑŋ$^{213-21}$liɑŋ˙ʃuə^{213}：“nɑ^{55}lɛ^{53}nəŋ$^{31-55}$mu˙tuə^{213}nã^{53}ʃʅ$^{53-35}$

了，商 量 说：“哪 来 那 么 多 南 石

mer˙ti˙，ʂʅ$^{31-55}$pu˙ʂʅ^{31}xuŋ^{55}tθã$^{55-21}$ti˙？tθɛ^{31}lɛ^{53}iã^{53}，ʃuə$^{213-23}$

门儿的，是 不 是 哄 咱 的？再 来 人，说

ʃəŋ$^{53-35}$mə˙iə^{53}pu$^{213-23}$nəŋ^{53}tθɛ^{31}fɑŋ$^{31-55}$kə˙tɕ‘y˙lɔ˙！”xɔ^{55}pu$^{213-23}$

什 么 也 不 能 再 放 过 去 了！”好 不

yŋ$^{53-35}$i˙iəu^{31}təŋ$^{55-21}$lɛ˙lɔ˙tɕi$^{55-21}$kə˙iã^{53}，tuã^{55}lu$^{31-55}$ti˙t‘ɾəur^{53}

容 易 又 等 来 了 几 个 人，短 路 的 头儿

tsiəu³¹uã³¹ “nɑ⁵⁵⁻²¹li˙ti˙”，tɑŋ²¹³⁻²³iã⁵³xue⁵³tɑ²¹³xã⁵³⁻³⁵ʂʅ˙“nã⁵³
就 问 “哪 里的”，当 然 回 答 还 是“南
ʃʅ⁵³⁻³⁵mer˙ti˙”。tuã⁵⁵lu³¹⁻⁵⁵ti˙t‘ɾəur⁵³tsiəu³¹tue³¹ʃəu⁵⁵ɕiɑ³¹ʃuə²¹³：
石 门儿的”。短 路 的头儿 就 对 手 下 说：
“tɕiɔ³¹⁻⁵⁵t‘ə˙tθε³¹ʃuə²¹³nã⁵³ʃʅ⁵³⁻³⁵mer˙ti˙，tɑ⁵⁵！” i²¹³⁻²³xuər⁵⁵
“叫 他 再 说 南 石 门儿 的，打！” 一 伙儿
p‘u²¹³⁻²¹lɔ˙ʃɑŋ³¹⁻⁵⁵tɕ‘y˙。pu²¹³⁻²³tʃ‘əŋ⁵³siɑŋ⁵⁵，iə⁵⁵tʃɥ²¹³tʂ‘uɑŋ³¹⁻⁵⁵
扑 了上 去。不 成 想，野猪 撞
tɔ˙lɔ˙ts‘iɑŋ²¹³⁻²³k‘əu⁵⁵⁻²¹ʃɑŋ˙，xə⁵³kε²¹³tʃε³¹xuə⁵⁵⁻²¹tθʅ˙tuã⁵⁵
到了 枪 口 上，活 该 这 伙 子 短
lu³¹⁻⁵⁵ti˙ti²¹³⁻²¹lɔ˙pɾer⁵³， tuã⁵⁵⁻²¹ti˙tʃəŋ³¹ʂʅ³¹lɔ⁵⁵tʃəu²¹³⁻²¹tɕiə˙。
路 的提 了鼻儿倒霉，短 的正 是老 周 家。
k‘ã³¹lε⁵³lɔ⁵⁵tʃəu²¹³⁻²¹tɕiə˙tue³¹tʃε³¹siə²¹³tɕiɑ²¹³⁻²¹xuə˙iə⁵³kuε³¹
看来老周 家对这 些 家 伙也怪
ʂəŋ²¹³⁻²³tɕ‘i³¹，iəu⁵⁵ʃuɑ⁵⁵piã⁵⁵⁻²¹tã˙ti˙，iəu⁵⁵ʃuɑ⁵⁵kɑŋ²¹³⁻²³piã²¹³⁻²¹
生 气，有要 扁 担的，有要 钢 鞭
ti˙，iəu⁵⁵ʃuɑ⁵⁵kuã³¹⁻⁵⁵tθʅ˙ti˙，ti²¹³⁻²¹ləŋ˙pu²¹³⁻²¹ləŋ˙i²¹³⁻²³tʃã³¹
的，有 要 棍 子的，嘀 楞不 楞一 阵，
pɔ³¹tuã⁵⁵lu³¹⁻⁵⁵ti˙təu²¹³⁻²³tθɑ⁵³⁻³⁵ti˙p‘ɑ²¹³⁻²³ti³¹⁻⁵⁵ʃɑŋ˙tuŋ³¹⁻⁵⁵t‘ã˙
把短 路 的都 砸 得趴 地 上 动 弹
pu²¹³⁻²³liɔ⁵⁵⁻²¹lɔ˙。
不 了 了。

tʃε³¹siə²¹³tuã⁵⁵lu³¹⁻⁵⁵ti˙k‘ə⁵⁵θuã³¹ʂʅ³¹tɕiã³¹⁻⁵⁵ʃʅ˙lɔ˙lɔ⁵⁵tʃəu²¹³⁻²¹
这 些 短 路 的可 算 是 见 识了老 周

tɕiə˙ti˙kuŋ$^{213-21}$fu˙lɔ˙，tɑ^{55}nɑ^{31}i^{55}xəu^{31}，ʂã$^{213-23}$kʻəu^{55}nɛ^{31}nɾɛr^{55}
家的功　夫了，打那以后，山　口　那埝儿
tsiəu^{31}tθɛ^{31}iə^{53}mu^{53}iəu^{55}tuã^{55}lu$^{31-55}$ti˙lɔ˙。
就　再也没有短路　的了。

后 记

2005 年 6 月，我从苏州大学毕业，告别恩师汪平先生，带着恩师指导的硕士毕业论文《郯城方言研究》返回临沂师范学院工作。同年 11 月，在方言学启蒙恩师钱曾怡先生的指导下，《郯城方言志》在齐鲁书社出版了。现在，《沂南方言志》即将出版，它仍浸润着钱先生的心血。时隔五年，把它作为一份小礼送给二位恩师，表达学生的敬意和谢意！

2006 年 8 月去沂南县上课，课间与学生的交流让我萌生了研究沂南方言的想法，便用随身携带的录音笔录下了学生们之间的交流，这些声音材料是我记音的第一笔语料。授课期间，我又专门到了沂南县史志办公室，史志办公室的工作人员非常热情，送给我一本《沂南县志》，我从中看到了由罗福腾、曹志耘两位老师撰写的沂南方言部分。2007 年春节假期间，我驱车前往沂南进行方言调查，得到了当地政府的支持和帮助，得到了沂南县史志办公室的许可，拟写作《沂南方言志》。在 2007 年 4 月的杭州方言学会上，我认识了自报家门的刘长锋（沂南人，徐州师范大学 2006 级硕士），后来把他吸纳进了课题组，并于 2007 年 7 月 17 日开始在沂南县进行了为期一周的集中调查（课题组还资助徐州师大 2006 级硕士王平平同学一起参与调查）。调查中得到了沂南县史志办公室邵明武的热情帮助，为课题组提前联系了发音人，并为我们提供了他十多年来记录的零散词条（散见于各种大小不一的纸片，有的甚至写在烟盒上面），后来，他亲自为我们当起了发音人。在《沂南县志》“方言”部分的调查中，邵明武曾跟随罗福腾、曹志耘二位老师做过发音人，他认真、细心，且极富耐心，是一位称职的发音合作人。

沂南方言不是我的母语，调查的过程比较艰苦，当然也是一个难得的学习过程，面对不同于自己母语的方言，面对丰富的方言材料，感到兴奋的同时，也感到恐慌，唯恐拿出去的东西经不起推敲。修改稿子的过程应该是最为辛苦的，自 2008 年初稿拿出后至今，为了修改，仅 A4 打印纸就用了数箱。

沂南方言的第一次调查描写始于罗福腾、曹志耘二位先生，本志对沂南方言所进行的比较全面的调查、描写与研究参考了二位先生的成果。感谢二位先生的筚路蓝缕之功。二位先生的调查（1990 年）距今已二十年，从中我们也感受到了沂南方言的变化，并记录描写了这些变化。

这次的调查及出版要感谢山东省社会科学规划研究重点资助项目（06JDB080）和山东省软科学计划研究项目（A200627－10）基金的支持，本书同时也是山东省文化厅艺术科学研究项目（200601017）和临沂市社科研究项目（4200644）的学术成果。作为临沂方言、民俗语言以及民俗文化的挖掘、整理和研究，我想这只是个开端。

本书能够得以静心和反复修改，还得益于我的博士研究生学习生活。感谢范孙楼！感谢南开园！在教室里，在会议上，在专家们的讲座和报告中，能够聆听到周荐、曾晓渝、张洪明、王红旗、石锋、施向东、洪波、阿错以及沈家煊、刘丹青、麦耘、徐时仪等先生对语言学的理解，能够深切感受到诸师对语言学的执着！仰视诸位先生在语言研究领域的建树，感到惶恐与渺小的同时，我也收获了鞭策、鼓舞、指导和引领，又一次品尝到了幸运的滋味。感谢诸位先生的影响与教诲！

感谢先生全中和女儿津源的理解和支持!感谢家庭的绵绵亲情！

生活的赐予让我感恩不已！

谨以此书献给关心、帮助、支持、祝福并不断给我鼓励和批评、不断引领我前行的师长和亲友！

邵燕梅

2009 年 3 月草于羲之故里

2010 年 8 月修改于南开园

山东方言志丛书已出书目

钱曾怡主编

1 利津方言志	杨秋泽	语文出版社 1991.3
2 即墨方言志	赵日新 沈　明 扈长举	语文出版社 1991.3
3. 德州方言志	曹延杰	语文出版社 1991.12
4. 平度方言志	于克仁	语文出版社 1992.9
5. 牟平方言志	罗福腾	语文出版社 1992.10
6. 潍坊方言志	钱曾怡 罗福腾	潍坊市新闻出版局 1992.12
7. 淄川方言志	孟庆泰 罗福腾	语文出版社 1994.6
8. 荣成方言志	王淑霞	语文出版社 1995.2
9. 寿光方言志	张树铮	语文出版社 1995.1
10. 聊城方言志	张鹤泉	语文出版社 1995.8
11. 新泰方言志	高慎贵	语文出版社 1996.4
12. 沂水方言志	张廷兴	语文出版社 1999.4
13. 金乡方言志	马凤如	齐鲁书社 2000.11
14. 诸城方言志	钱曾怡 曹志耘 罗福腾	吉林人民出版社 2002.12
15. 宁津方言志	曹延杰	中国文史出版社 2003.2
16. 临沂方言志	马　静 吴永焕	齐鲁书社 2003.3
17. 莱州方言志	钱曾怡 太田斋 陈洪昕 杨秋泽	齐鲁书社 2005.6
18. 汶上方言志	宋恩泉	齐鲁书社 2005.8
19. 定陶方言志	王淑霞 张艳华	时代文艺出版社 2005.8
20. 郯城方言志	邵燕梅	齐鲁书社 2005.11
21. 沂南方言志	邵燕梅 刘长锋 邵明武	齐鲁书社 2010.10

图书在版编目(CIP)数据

沂南方言志/邵燕梅等著.—济南:齐鲁书社,2010.10
(山东方言志丛书/钱曾怡主编)
ISBN 978-7-5333-2223-6

Ⅰ.沂… Ⅱ.邵… Ⅲ.北方方言—沂南县 Ⅳ.H172.1

中国版本图书馆 CIP 数据核字(2009)第 103357 号

沂南方言志

钱曾怡主编

邵燕梅 刘长锋 邵明武 著

齐鲁书社出版发行

(地址:济南经九路胜利大街 39 号 邮编:250001)

E-mail:qlss@sdpress.com.cn

日照日报印务中心印刷

850×1168 毫米 32 开本 15.125 印张 1 插页 360 千字

2010 年 10 月第 1 版 2010 年 10 月第 1 次印刷

ISBN 978-7-5333-2223-6

定价: 38.00 元